Knaur

Von Andreas Franz sind außerdem erschienen:

Das achte Opfer
Der Finger Gottes
Die Bankerin
Letale Dosis

Über den Autor:

Andreas Franz wurde 1954 in Quedlinburg geboren. Er ist Übersetzer für Englisch und Französisch. Seine große Leidenschaft war aber von jeher das Schreiben. Und das zu Recht, wie u. a. sein Erfolgsroman *Jung, blond, tot* bezeugt. Der Autor ist verheiratet und hat fünf Kinder.

ANDREAS FRANZ

Jung, blond, tot

Roman

Thomas Kluger

Knaur

Besuchen Sie uns im Internet:
www.droemer-weltbild.de

Vollständige Taschenbuchausgabe Mai 2000
Droemersche Verlagsanstalt Th. Knaur Nachf., München
Dieser Titel erschien bereits unter der Bandnummer 60508.
Copyright © 1996 der deutschsprachigen Ausgabe bei
Droemersche Verlagsanstalt Th. Knaur Nachf., München
Alle Rechte vorbehalten. Das Werk darf – auch teilweise –
nur mit Genehmigung des Verlags wiedergegeben werden.
Umschlaggestaltung: Agentur Zero, München
Umschlagabbildung: Photonica, Hamburg/Eva Rubinstein
Satz: Franzis-Druck, München
Druck und Bindung: Ebner Ulm
Printed in Germany
ISBN 3-426-61788-9

2 4 5 3 1

Wenn die Seele verbrennt,
bleibt nicht einmal Asche

Er spielte im Wohnzimmer, einem großen, hellen Raum mit zwei Fenstern, spärlich eingerichtet mit alten, verschrammten Möbeln. Der Teppichboden abgetreten, die Farben verblaßt, die Wände, bis auf ein Bild von Großvater, von vergilbtem Weiß und leer, von der Decke baumelte eine 25-Watt-Birne unter einem geflochtenen Bastschirm, den eine alte Zigeunerin hiergelassen hatte. Auf dem Tisch ein paar zerlesene Zeitungen, Mode- und Klatschblätter, der Aschenbecher quoll über von Stummeln und Asche. Ein Schaukelstuhl, in dem nie jemand saß, stand in der Ecke neben der alten, staubigen Kommode, deren Holz voller Kerben und Schrammen war.
Er fuhr mit seinem Holzauto über den mit Brot- und Kekskrümeln übersäten Boden, seit Wochen hatte seine Mutter nicht mehr gesaugt, und dabei ahmte er mit dem Mund die Geräusche eines vorbeidonnernden Trucks nach. Die Sonne fiel in breiter Bahn ins Zimmer, trockene Hitze. Er rutschte auf den nackten Knien, drückte mit seiner Hand fest auf das Spielzeug. Mit einemmal hielt er inne, zuckte zusammen, hob den Kopf ein wenig, ein schwarzer Schatten vor der Fliegengittertür verdunkelte den vorderen Teil des Zimmers. Kräftiges Klopfen gegen den Holzrahmen, ein durchdringendes, trockenes Hämmern, das ihm durch Mark und Bein ging und in seinen Ohren dröhnte. Er erstarrte.

Seine Mutter tänzelte zur Tür, nicht ohne vorher ihre Zigarette ausgedrückt zu haben, strich den Rock gerade, zupfte an der Bluse, betrachtete sich kurz im Spiegel, schien zufrieden mit ihrem Äußeren und öffnete die Tür. Der Mann trat ein, er war sehr schlank, doch muskulös, mindestens anderthalb Kopf größer als sie. Er faßte sie kurz mit kräftigem Griff am Kinn, dann blickte er ins Zimmer.

»Schön, daß du da bist«, hauchte sie.

Der Mann deutete mit dem ausgestreckten Arm auf den Jungen. »Was macht der hier?« Harte Stimme, böser Blick.

»Er spielt.«

»Ich habe dir doch deutlich genug gesagt, daß ich ihn nicht sehen will! Schick deinen kleinen Bastard weg!«

»Ja, ja, schon gut. Komm, Spatz, du gehst jetzt rüber in das andere Zimmer. Es wird nicht allzulange dauern.«

Er kroch mit vor Angst geweiteten Augen auf dem Hosenboden ein paar Zentimeter zurück, bis er an die Couch stieß. Er zitterte, wollte etwas sagen, doch seine Kehle war wie zugeschnürt, alles in ihm schien zu Eis zu erstarren.

»Los, steh auf und komm!« sagte sie etwas lauter und faßte ihn am Arm.

Er versuchte, sich so schwer zu machen, daß sie ihn unmöglich würde fortziehen können, aber sie war stärker.

»Verdammt, ich will nicht immer das gleiche Spiel mit dir spielen! Du wirst jetzt machen, was ich dir sage, sonst passiert dir was! Hast du das verstanden?!«

»Hau ihm eins hinter die Ohren, dann kapiert er's schon!«

»Halt du dich aus meiner Erziehung raus!« keifte sie ihn an. »Das geht nur den Jungen und mich etwas an! Du wirst schon noch zu deinem Vergnügen kommen! Los jetzt, komm!«

Der Junge erhob sich zögernd, den Blick ängstlich auf den

Mann mit der drohenden Haltung gerichtet, auf die riesigen Hände, so groß wie Pizzateller. Der Mann ließ sich auf die Couch fallen, spreizte die Beine, nahm seinen Hut ab und begann, sein Hemd aufzuknöpfen. Der Junge wußte nicht, was der Mann vorhatte, aber es wirkte bedrohlich. Die Mutter zog den Jungen hinter sich her, riß die Tür auf, er hielt sich mit seiner kleinen linken Hand an dem morschen Türrahmen fest, doch die Mutter schubste ihn einfach mit einem kräftigen Stoß hinein. Sie schloß die Tür sofort wieder und drehte den Schlüssel herum.

Der Raum war dunkel und brütend heiß, die Fensterläden von außen verriegelt, die Griffe am Fenster abgeschraubt. Nicht einmal ein winziger Sonnenstrahl fiel herein, um wenigstens ein klein bißchen Licht in die furchterregende, erdrückende Finsternis zu bringen. Er trommelte wie immer gegen die Tür und schrie: »Mama, laß mich hier raus, laß mich hier raus, ich will hier raus!« Er schrie vielleicht zwei Minuten, bis der Mann an die Tür kam, dagegentrat, daß Tür und Rahmen erzitterten, das ganze Haus zu vibrieren schien, und zischte: »Wenn du nicht endlich deine gottverdammte Schnauze hältst, reiß ich dir deinen kleinen Arsch auseinander!« Und nach einer kurzen Pause: »Oder ich mach mit dir das gleiche, was ich mit deiner Mutter mach, elender Bastard!«

Und wie immer sank der Junge zu Boden, und wie immer kauerte er sich in eine Ecke, und wie immer wimmerte er nur noch. Und wie so oft urinierte er in die Hose; ein Reflex, er konnte das Wasser nicht zurückhalten.

Stöhnen, dazwischen abgehackte, spitze Schreie aus dem Zimmer. Ein paarmal glaubte er, Schläge zu hören, Mutters Aufschreien, ungehaltene, scharfe Worte des bösen Mannes.

Mutter weinte. Er haßte dieses Schwein da draußen, das

seiner Mutter weh tat. Und er haßte seine Mutter, daß sie dieses Schwein immer wieder ins Haus ließ. Ihn und all die anderen. Sein kleiner Verstand begriff noch nicht, was sie da draußen trieben, aber es konnte nicht gut sein, wenn Mutter so oft weinte. Bestimmt hatte sie Schmerzen, bestimmt tat man ihr weh, warum sonst sollte sie schreien. Wie immer hielt er sich die Ohren zu, um es nicht hören zu müssen. Er verstand nicht, warum sie ihn andauernd in dieses finstere Zimmer sperrte. Er verstand nicht, warum sie sagte, daß sie ihn liebte, und ihm dann so etwas antat. Und wie so oft fiel sein erschöpfter Körper zur Seite, und erlösender Schlaf hüllte ihn ein. Sein Gesicht war tränenverschmiert. Nein, er verstand diese Welt nicht, er war ja auch gerade erst fünf Jahre alt.

Donnerstag, 16. September, 19.45 Uhr

Berger besuchte den Friedhof zweimal in der Woche. Mindestens. Wenn es seine Zeit erlaubte, auch öfters. Seit zwei Jahren kam er, stellte jedesmal einen großen Strauß frischer Blumen in die grüne Plastikvase, alle drei Monate setzte er ein paar neue Pflanzen auf das Doppelgrab. Heute hatte er Freesien gekauft, und er kam, obwohl es regnete und die Dämmerung bereits hereingebrochen war. Er mußte sich beeilen, in einer Viertelstunde wurde das Tor geschlossen.

Mit langsamen Schritten bewegte er sich über den weichen, dunkelerdigen Boden, den Blick geradeaus gerichtet, eine Hand in der Manteltasche. Kühler, böiger Nordwestwind peitschte den Regen gegen Bergers Mantel. Eine alte, schwarzgekleidete Frau mit krummem Rücken und Wollstrümpfen an den rachitischen Beinen kam ihm entgegen, schaute kurz zu ihm auf, tauchte gleich darauf wie ein Schemen in die anbrechende Dunkelheit ein. Er paßte nicht auf, trat in eine Pfütze. Die Bäume verloren ihre ersten Blätter, die Natur legte sich zum Ausklang des Sommers ein buntes Kleid an, der Herbst war nur noch Tage entfernt. Nach einem zeitweise unerträglich langen, heißen, schwülen Sommer gab es kaum jemanden, der sich nicht nach kühleren Tagen und Nächten sehnte. Wenn man dem Wetterbericht glauben konnte, sollte diese Abkühlung schon am Wochenende kommen, aber Berger traute den Prognosen nicht, zu oft in den letzten Tagen und Wochen waren sie falsch gewesen. Bestimmt war auch dieser Regen wieder nur eine schnell vorübergehende Episode.

Das Grab befand sich fast am anderen Ende des Friedhofs. Als er dort war, blieb er beinahe regungslos davor stehen, die Hände vor dem Bauch verschränkt, kniff für einen Moment die Lippen zusammen, nahm den noch nicht einmal verwelkten Strauß, den er erst am Sonntag gebracht hatte, aus der Vase, um den frischen hineinzustellen. Mit der kleinen Harke, die er hinter dem Grabstein hervorholte, begradigte er ein paar kaum sichtbare Unebenheiten im Boden, beobachtet von einem neugierigen Rotschwänzchen, das ruhelos, den Kopf keck geneigt, um die Grabumrandung hüpfte, er legte die Harke wieder zurück, kehrte um, warf die alten Blumen in den dafür vorgesehenen Kompostbehälter und machte sich, müde und erschöpft von einem langen Tag, auf den Weg zum Auto.

Der Regen hatte in den letzten Minuten nachgelassen. Auf den Straßen drängten viele Menschen nach Hause. Er stieg in seinen Wagen, drehte den Zündschlüssel und fuhr los. Andrea, ob sie zu Hause war? In letzter Zeit hielt sie sich immer häufiger bei ihrer Freundin auf, beide siebzehn, beide voller Tatendrang. Manchmal überfiel ihn ein Gefühl beklemmender Melancholie, wenn er nach Hause kam und niemand da war, der ihn begrüßte, wenn das Alleinsein in dem großen Haus ihn erdrückte, Wände ihn kalt anstarrten, keiner außer dem Fernseher mit ihm sprach.

Ein weiterer in einer Reihe anstrengender Tage lag hinter ihm. Spurensuche. Hoffnungslosigkeit. Zwei Mädchen, eines davon bis zur Tat noch unberührt, innerhalb von zwei Wochen bestialisch ermordet. Nein, nicht ermordet, abgeschlachtet. Und kein Hinweis auf den Täter, kein Zeuge. Kein abgerissener Knopf, kein Medaillon, das vom Täter stammen könnte. Nur ein paar bis jetzt nichtssagende Fasern, Sperma, eine winzige Spur Fremdblut und die daraus bestimmte Blutgruppe Null, Rhesusfaktor positiv. Eine Allerweltsblutgruppe, die nichts an der Leere änderte, durch die die Polizei tappte. Eine Leere wie bei den Angehörigen der Opfer, denen mit einem Schlag ein Teil ihres Lebens genommen worden war. Und es schien nur eine Frage der Zeit, bis der Wahnsinnige wieder zuschlug. Die Boulevardblätter, vor allem aber die Nachrichtenredaktionen einiger TV-Sender, stürzten sich mit geradezu perverser Sensationsgeilheit auf die Morde und die Welt der Opfer. Glücklicherweise beschränkte sich der seriöse Journalismus auf die Meldung von Fakten – doch wie lange noch? Ein dritter Mord, womöglich gar ein vierter, und man würde den gesamten Frankfurter Polizeiapparat auseinandernehmen. Ihr lebt von unseren Steuern, also tut etwas! Wofür werdet ihr Beamtenärsche bezahlt, wenn ihr nicht einmal in der Lage seid, unsere unschuldigen Töchter und Mädchen vor einer solchen Bestie zu schützen? Wofür habt ihr euch jahrelang auf unsere Kosten ausbilden lassen, wenn ihr doch nur elende Sesselfurzer seid? Berger hatte ähnliches schon einmal erlebt, als er noch neu bei der Polizei war und kurz nacheinander drei Homosexuellen die Kehle durchgeschnitten wurde. Bekam das Volk den Täter nicht vorgeworfen, wurde eben die Polizei gefressen. Doch das Volk hatte ja keine Ahnung von der Mühe, die es bereitete, Spuren zusammenzusuchen und alle noch so winzigen Puzzlestückchen zu einem vollständigen Bild zu ergänzen. Das Volk wollte Resultate sehen, alles andere interessierte nicht. Aber wie ein Phantom erwischen, das wie aus dem Nichts auftauchte, sein grausiges Geschäft verrichtete und wieder im Dunkel der Anonymität verschwand? Es war praktisch unmöglich, ein Täterprofil zu erstellen, wenn der Täter nichts am Tatort hinterließ. Er leistete solch perfekte Arbeit, daß man blonde Mädchen zwischen vierzehn und zwanzig nur eindringlich warnen konnte, sich nach Einbruch der Dämmerung nicht mehr allein auf der Straße aufzuhalten. Nur in Gruppen oder in männlicher Begleitung. Allein und dazu vielleicht noch durch eine schwach beleuchtete Wohngegend gehen, wo viele sich bei Dunkelheit in ihren Häusern verkrochen, barg im Augenblick ein tödliches Risiko. Vor einem Dreivierteljahr hatte es schon einmal zwei Morde an Frauen in Frankfurt gegeben, allerdings nicht annähernd so grausam. Man schloß zwar nicht völlig aus, daß es sich um ein und denselben Täter handelte, doch die Wahrscheinlichkeit, daß einer erst beim dritten Mal nekrophil wird, schien nach Psychologenmeinung weitgehend ausgeschlossen. Es gab ein oder zwei Übereinstimmungen, doch auch wieder klar erkennbar andere Vorgehensweisen. So hatte der Täter vor neun Monaten seinen Opfern weder Bißwunden zugefügt noch Teile der Vagina mit seinen Zähnen ausgerissen, sondern ihnen »nur« in einem Anfall von Blutrausch den Leib aufgeschlitzt. Zudem waren die damaligen Opfer rothaarig und dunkelbraun, hatten die Dreißig längst überschritten, und sie waren Huren. Nein, diesmal hatten sie es mit einem anderen Kaliber zu tun. Der Mörder vom letzten Winter lief zwar immer noch frei herum, vielleicht aber war er auch tot, auf jeden Fall war dieser Mann viel plumper vorgegangen.

Es war ein Scheißspiel, der Polizei waren die Hände gebunden, solange der Mörder nicht einen gravierenden Fehler beging. Wann aber würde er einen begehen – beim nächsten Mal, beim übernächsten oder erst in ein, zwei oder drei Jahren? Und wann war das nächste Mal? Heute schon, morgen oder übermorgen? Sicher war nur, daß irgendwo in dieser großen Stadt jemand herumlief, der blonde Mädchen auf den Tod nicht ausstehen konnte. Und unter diesen blonden Mädchen waren bestimmt noch immer sehr viele, die selbst die eindringlichsten Warnungen in den Wind schlugen, die nachts allein durch einsame Straßen liefen in der Überzeugung, *ihnen würde schon nichts passieren*. Und irgendeine von ihnen würde der Wahnsinnige erwischen.

Berger schaltete das Licht ein, der nasse Asphalt glänzte. Menschen eilten, nach Erledigung der letzten Einkäufe, über die Bürgersteige, eine zähe Blechlawine quälte sich von einer Ampel zur nächsten. Er öffnete das Seitenfenster einen Spalt, die Luft im Wagen war stickig, die Scheiben beschlagen. Er wünschte sich einen ruhigen Abend, nicht wie vorgestern, als man ihn nachts um halb zwei aus dem Bett geklingelt hatte.

Maureen Nettleton war gerade siebzehn und übel zugerichtet. Gefunden in einem Waldstück gleich bei der S-Bahn-Haltestelle, etwa zehn Fußminuten von zu Hause entfernt. Auf die brutalste Weise vergewaltigt, mit mehr als dreißig Stichen verstümmelt, die Augen ausgestochen, die rechte Brust abgetrennt und neben das Mädchen gelegt, das Schambein mit einem harten Gegenstand von innen zertrümmert, ein Kollege von der Spurensicherung hatte sarkastisch bemerkt, der Täter müsse einen gewaltigen Stahlschwanz haben. Bißwunden an dieser, aber auch an der anderen Brust. Bißwunden an der Zunge, an den Ohren. Bißwunden am Bauch und den unteren Genitalien, die inneren Schamlippen regelrecht abgebissen. Als ob es nicht genug der Perversion gewesen wäre, hatte der Kerl ihr die Haare auch noch zu zwei Rattenschwänzen geflochten und rote Schleifchen darum gebunden, die Arme über der Brust gefaltet, die Beine überkreuzt. Ein höchst makabres Ritual, das der Mörder schon beim ersten Mädchen zelebriert hatte. Schlimmer noch als der gräßliche Anblick der Leiche war, den Eltern den Tod ihrer Tochter mitzuteilen. Der Vater Mitte Vierzig, Deutschlanddirektor einer amerikanischen Großbank, die Mutter etwas jünger, klein und zierlich, attraktiv. Reichtum, eine prachtvolle Villa mit parkähnlicher Anlage, Pool, eine Terrasse mit Marmorboden, das gesamte Grundstück von Bäumen, Sträuchern und einer mannshohen Hecke vor neugierigen Blicken geschützt.

Es war etwas Erbärmliches, Angehörigen mitzuteilen, daß der Ehemann oder die Ehefrau oder ein Kind einem Verbrechen zum Opfer gefallen waren. Zwar hatte er während seiner mittlerweile mehr als zwanzig Jahre bei der Polizei eine Reihe psychologischer Seminare besucht und war auf solche Fälle vorbereitet, doch die Theorie war nichts als Luft, sobald man den Angehörigen gegenüberstand, in ihre fragenden, hoffenden, bangenden und schließlich verzweifelten Gesichter sah. Dann waren jede Schulung, jedes noch so intensive Seminar vergessen. Jeder Fall war anders gelagert, nicht zwei Menschen, die sich in einer solchen Situation gleich verhielten.

Maureens Mutter war zusammengebrochen, hatte geschrien, gegen die Tür und die Wand getrommelt. Zehn Minuten lang. War schluchzend auf die Knie gesunken, den Kopf zwischen den Händen vergraben. Bis der schnell gerufene Arzt ihr eine Beruhigungsspritze gab, nach der sie nur noch wimmerte. Der Arzt sagte, selbst ein Elefant würde nach dieser Dosis mindestens vierundzwanzig Stunden schlafen und hinterher weitere vierundzwanzig Stunden die Welt durch einen rosigen Schleier sehen. Doch hier erzielte die Spritze nur eine oberflächliche Wirkung. Der Vater hatte sich einer Spritze verweigert, war nur rastlos mit gesenktem Kopf in dem riesigen, mit dicken Teppichen ausgelegten Wohnzimmer von einer Ecke in die andere getigert, still mit sich und der Welt hadernd. Ein gebrochener Mann, der all seinen Besitz für das Leben seiner Tochter gegeben hätte.

Auch die vor zwei Wochen ermordete Carola Preusse stammte aus bestem Haus, ein hübsches, intelligentes, blondes Mädchen. Sie hatte nur eine Kirchenversammlung besucht, wollte spätestens um zehn zu Hause sein. Wenige hundert Meter durch die anbrechende Nacht in einer der behütetsten Gegenden laufen, als zusätzlicher Schutz die bereits eingeschaltete Straßenbeleuchtung und die um diese Zeit noch nicht menschenleeren Straßen – eine trügerische Sicherheit. Nach diesem ersten Mord ging man im Präsidium zunächst von einem Einzelfall aus und glaubte nicht, daß der Täter ein zweites Mal zuschlagen könnte.

Berger hatte vieles miterleben müssen, viele Leichen gesehen, doch die beiden letzten waren etwas ganz Besonderes, im negativen Sinn. Jung und hübsch und irgendwie unschuldig – und massakriert. Von einem Wahnsinnigen, einem Psychopathen, da war man inzwischen sicher, aber einem intelligenten Psychopathen. Vielleicht ein notorischer Hasser, dessen Leben aus nichts als tiefstem Abscheu und der Vernichtung des Objektes seines Hasses bestand. Die Gründe für Haß, so hatte Berger sich belehren lassen, waren so zahlreich wie der Sand am Meer. Mancher haßt, wie jemand läuft, das Eßbesteck hält, die Zigarette anzündet, lacht oder sich schminkt, blonde Haare, kurze Röcke, auffällige Ohrringe. Selten aber, so wurde er belehrt, schlüge Haß in derart krasse physische Gewalt um.

Auch heute war wieder einmal alles im Sand verlaufen. Ein paar klägliche Hinweise von Wichtigtuern, lediglich für den Papierkorb. Die Sorge, er könnte wieder zuschlagen. Aus heiterem Himmel, irgendwo in Frankfurt, zu irgendeiner Zeit. Wenn niemand damit rechnete.

Er gab Gas, um die Ampel noch bei Gelb passieren zu können. Dann wieder ein Stau. Vor einigen Wochen war die Verkehrsführung geändert worden, angeblich, um den Anwohnern des Viertels mehr Ruhe und weniger Abgase zu bescheren. Dabei wollten die Anwohner die Verkehrsänderung gar nicht, sie waren nicht einmal gefragt worden. Seit der Umstellung Stau über Stau, manchmal bis in den späten Abend hinein. Berger fluchte still vor sich hin. Er stellte das Radio an, laute, hämmernde, nervtötende Musik, er schaltete gleich wieder ab. Dies war nicht mehr seine Musik. Zum Zerreißen gespannte Nerven, er fühlte sich ausgehöhlt und hatte doch das Gefühl, innerlich gleich zu zerplatzen. Wie so oft, wenn er vom Friedhof kam.

Am einundzwanzigsten September jährte es sich zum zweiten Mal. Sie hatte den Kleinen vom Kindergarten abgeholt. Der übliche Heimweg über die Ausfallstraße, weil dies trotz des Umwegs Zeit sparte. Die Ampel, die sie schon Hunderte oder gar Tausende Male passiert hatte, die gerade auf Grün umsprang, der Lkw-Fahrer, der von der anderen Seite noch bei Rot über die Kreuzung donnern wollte. Mutter und Kind auf der Stelle tot, zermalmt von einem Dreißigtonner, den ein betrunkener Lkw-Fahrer steuerte. Als Strafe Führerscheinentzug für zwei Jahre, sechs Monate Gefängnis auf Bewährung. Ein junger Mann, dem man, so der Richter, mit einem übertriebenen Strafmaß nicht die Zukunft verbauen wollte. Ein junger Mann mit Frau und zwei kleinen Kindern. Von den Toten sprach kaum noch einer.

Die ersten zwei Wochen waren die Hölle – Weinen, Jammern, Nichtverstehen, Zweifeln, Hadern, Beten und doch Gott verfluchen. Warum ausgerechnet sie, und warum spielte ihm das Schicksal so mit?! Weder sie noch sein Sohn hatten je einer Menschenseele ein Leid zugefügt. Ihre Ehe war musterhaft gewesen. Und es war so verdammt ungerecht, daß sie auf diese Weise beendet wurde.

Er dachte an Selbstmord, dann an Rache. Aber er war zu feige für Selbstmord, außerdem trug er die Verantwortung für Andrea. Rache? Rache! Die Schuld des Täters durfte nicht ungesühnt bleiben. Immer und immer wieder putzte Berger seine Pistole, entsicherte sie, zielte auf einen imaginären Punkt, an dem er sich den Mörder seiner Familie vorstellte. Aber wieder war Andrea der Grund, daß er doch keine Rache übte. Sie war fünfzehn und brauchte noch einen Vater. Aber etwas in ihm war zerbrochen. Er, der so oft in seinem Leben mit dem Tod konfrontiert worden war, drohte daran kaputtzugehen. Er konnte nicht mehr lachen, selbst wenn er sich bemühte. Höchstens oberflächlich, nicht aus dem Herzen. Er war öfter, als ihm guttat, betrunken. Und bisweilen hart und ungerecht gegenüber Freunden und Kollegen. Schließlich stürzte er sich in Arbeit, um zu vergessen. Aber noch immer trank er zuviel, war oft unmäßig in seinen Eßgewohnheiten, hatte über zwanzig Kilo zugenommen.

Eine Viertelstunde nachdem er vom Friedhof weggefahren war, langte er zu Hause an. Kein Lichtschein hinter den Fenstern. Er parkte das Auto vor der Garage, stieg aus und ging ins Haus. Die Luft abgestanden, kalter, unsichtbarer Rauch. Andrea rauchte seit einem halben Jahr, er duldete es. Sie ließ sich keine Vorschriften mehr machen. Auf dem Herd ein schmutziger Topf mit dem angebrannten Rest eines Spaghetti-Fertiggerichts. Zwei Teller ungespült im Spülbecken. Krümel auf Tisch und Boden, zwei benutzte Gläser, eine leere Flasche Rotwein. Mit wem hatte sie hier gegessen und getrunken? Er zuckte nur mit den Schultern, stellte die Flasche weg und setzte sich. Den Kopf auf die Arme gestützt, schloß er für einen Moment die Augen. Er hatte Hunger, aber keinen Appetit. Nur eine Kleinigkeit essen, etwas fernsehen, ein großes Glas Cognac trinken, eine Pfeife rauchen. Und vielleicht wie so oft im Sessel einschlafen.

Auf dem Telefontisch im Flur eine kurze Notiz von Andrea. Sie war wieder einmal bei ihrer Freundin, wollte dort übernachten. Zumindest wußte er, wo sie war, er kannte diese Freundin, ein nettes, aufrichtiges Mädchen. Er glaubte auch nicht, daß Andrea in schlechte Gesellschaft geriet, sie hatte einen gesunden Menschenverstand – und einen Dickkopf. Sie würde ihren Weg machen. Noch zwei Jahre bis zum Abitur, danach Studium der Psychologie. Dann, so ihr Wunsch, zur Polizei. Wie er.

Ab morgen würde der Polizeiapparat auf Hochtouren laufen. Julia Durant, eine ihm wärmstens empfohlene Polizistin, würde ihnen während der nächsten Zeit bei der Klärung dieser bizarren Mordfälle zur Seite stehen und einen wesentlichen Teil der Ermittlungsarbeit in der auf zehn Mitarbeiter angewachsenen Sonderkommission übernehmen. Ein wenig graute Berger vor dem Moment, wenn er ihr und nicht seinem Freund und langjährigen Kollegen Schulz wesentliche Kompetenzen übertrug. Schulz würde sich einmal mehr überfahren fühlen, seine Fähigkeiten mißachtet, seinen langen Dienst für Stadt und Staat unterbewertet. Aber Berger erging sich nicht in Gefühlsduseleien. Vor einem oder zwei Jahren wäre Schulz sicher noch der richtige Mann gewesen, doch seit bekannt war, daß seine Frau sich rumtrieb, seine kleine Tochter auf der Krebsstation lag und ihn hohe Schulden plagten, war Schulz nicht mehr der Mann für heikle Fälle. Eines Tages vielleicht wieder. Jetzt brauchte er jemanden, der klar und frei im Kopf war.

Berger kannte Julia Durant nur vom Sehen, als Sitte und Mordkommission vor kurzem zur gleichen Zeit an einen Tatort gerufen worden waren. Eine hübsche und, so sein Eindruck, sehr eigenwillige Person. Doch seit sie bei der Sitte war, war die Aufklärungsquote sprunghaft nach oben geschnellt. Berger setzte große Hoffnungen in ihre Mitarbeit.

Donnerstag, Mitternacht

Schulz war auf dem Weg vom Präsidium nach Hause. Bahnhofsviertel. Die Nacht war nach dem Abzug der letzten Regenwolken sternenklar und angenehm kühl. Trotz der späten Stunde pulsierte das Leben weiter in dieser Stadt, die nie zur Ruhe kam. Die grellen Leuchtreklamen der Bars und Lokale blinkten einladend, Straßendirnen lungerten in dunklen Hauseingängen, traten ein oder zwei Schritte hervor, wenn einer vorbeikam, von dem sie sich eine schnelle Mark für eine schnelle, gefühllose Nummer erhofften, Geld für einen Druck Heroin, Geld für Schnaps. Zigarettenspitzen, die im Dunkel aufblitzten. Ein Paar angetrunkene GIs, die laut schwätzend und lachend über den Bürgersteig schlenderten. Ein schief an der Hauswand lehnender Betrunkener, der seinen Rausch im Schmutz der Straße ausschlief. Türken, Italiener, Jugoslawen, genau war das im diffusen Licht der Straße nicht auszumachen, redeten wild gestikulierend aufeinander ein. Hütchenspieler knieten vor einer matterleuchteten Tür, umringt von zehn Männern, und spielten ihr betrügerisches Spiel – skrupellose Gauner, die immer gewannen. Erst vor drei Tagen war ein argloser Tourist in einem Hofeingang niedergestochen worden, nachdem er sich über die zweifelhaften Methoden des Spiels beschwert hatte; jetzt lag er mit lebensgefährlichen Stichverletzungen in der Uniklinik. Zwei Streifenpolizisten bewegten sich gemächlich die Straße entlang, die Blicke geradeaus gerichtet, denn nachts waren auch Polizisten hier nicht frei von Angst. Eine alte Frau führte ihren Dackel spazieren. Idylle, auf den ersten Blick, doch ungemein trügerisch. Wie ein friedlich dahinplätscherndes Gewässer, das die Augen der lauernden Krokodile verbarg.

In dieser Gegend begann das Leben immer erst nachts. Wenn woanders die Menschen schliefen, kamen sie hier aus ihren Rattenlöchern gekrochen und schwärmten durch die Straßen, Huren, Freier, Loddel, Transvestiten, kriminelle Subjekte, Voyeure, die sich nur im Schutz der Nacht sicher fühlten. Kaum eine Nacht ohne Messerstecherei, wüste Schlägereien oder sogar Tote. Tote, oft kaum gekannt, von irgendwoher gekommen und hier zur Hölle gefahren, weil sie die Spielregeln in diesem Viertel nicht beachtet hatten. Tote, deren Namen keine Zeitung druckte, die von keiner Polizei registriert wurden, die in keiner Statistik auftauchten. Tote, die mit Beton an den Füßen im Main versenkt wurden. Tote, die scheinbar nie existiert hatten.

Unzählige Huren boten ihre Körper feil, auf Drehbühnen räkelten sich nackte Körper zu ekstatischer Musik, gaffende Männer und auch ein paar Frauen, die beim Hinsehen ihr Blut in Wallung brachten. Der Geruch von Döner durchzog die Luft. Autos, die dicht an dicht vor den zahlreichen Nachtbars parkten. Große, breite, bullige, furcht-

20

einflößende Rausschmeißer, die wie Zyklopen die Türeingänge bewachten und gleichzeitig schmeichlerisch zum Eintreten aufforderten. Frauen, grell geschminkt, trotz der Kühle nur mit enganliegenden Shirts, superkurzen Röcken und Netzstrümpfen bekleidet. Eindeutige Bilder in den hellerleuchteten Auslagen, flackernde Lampen. Edelhuren, die in sündhaft teuren Wagen gemächliche Runden drehten, auf der Suche nach Freiern, für die Geld keine Rolle spielte. Und unzählige, roterleuchtete Fenster. Er fuhr langsam, dieses Viertel übte einen besonderen Reiz auf ihn aus, auch wenn er um diese Zeit nicht aussteigen würde. Ihm reichte das Sehen aus der Sicherheit seines Wagens. Er fuhr sie alle ab, Weserstraße, Taunusstraße, Elbestraße, Moselstraße und zuletzt die Kaiserstraße, einst eine Prachtstraße, mittlerweile haftete ihr ein zweifelhafter Ruf an, und jeder Versuch, ihr den Glanz der Vergangenheit wieder einzuhauchen, war bis jetzt gescheitert. Erst weiter unten, an der Gallusanlage, wurde ihr Antlitz ansehnlicher.

Nachdem er seine kurze, nächtliche Rundfahrt beendet hatte, gab er Gas, passierte die nach einem Brand im Wiederaufbau befindliche Oper, überquerte die restaurierte Untermainbrücke und kam in die Schweizer Straße. Auch dort noch viele Menschen, die die Nacht zum Tag machten, wobei es hier ungleich friedlicher zuging als auf der andern Mainseite. Die Ampel sprang auf Rot, er stoppte.

Das Mädchen fiel ihm sofort auf. Sie war mittelgroß, mit langem, blondem Haar und jenem unschuldig-lasziven Gang, den nur Mädchen in einem bestimmten Alter haben. Nicht künstlich angeeignet, sondern natürlich. Die Herausforderung nur unbewußt, das Provozieren nicht mit Absicht. Ihre Bewegungen katzenhaft, sie blieb einen Moment stehen, strich sich mit einer Hand durchs Haar, warf kurz den Kopf zurück, ließ ihren Blick in die Runde schweifen, bevor sie ihren Weg fortsetzte, in Turnschuhen, Jeans und enganliegendem, weißem T-Shirt. Selbst im schwachen Licht der Straßenlaternen erkannte er die sich in der kühlen Nachtluft deutlich unter dem Shirt abzeichnenden eregierten Brustwarzen. Ein anderes Mädchen tauchte scheinbar aus dem Nichts auf, legte einen Arm um die Schulter der Freundin, gemeinsam beschleunigten sie ihre Schritte, bis sie hinter einer Tür wie in einem schwarzen Schlund versanken. Beide mußten etwa in dem Alter wie die zwei ermordeten Mädchen sein. Er stellte sich vor, der Killer wartete in diesem schwarzen Schlund auf seine Opfer.

Er beobachtete gerne junge Mädchen und Frauen, für ihn hätte die Welt aus nichts als jungen Mädchen zu bestehen brauchen. Er wünschte sich in solchen Augenblicken, jünger zu sein, noch einmal von vorne beginnen zu können. Was erwartete ihn, wenn er nach Hause kam? Vielleicht war sie zu Hause, wahrscheinlich aber nicht. Sicher war sie wieder ausgeflogen, ein ruheloser Vogel, um sich ihre Befriedigung einmal mehr woanders zu holen. Der Gedanke schmerzte ihn, er liebte sie beinahe hündisch, verstand nicht, weshalb sie ihn ein ums andere Mal so tief verletzte. Zwölf Jahre waren sie jetzt verheiratet, und jeden Tag quälte sie ihn etwas mehr, als wollte sie ausprobieren, wie lange er dem Martyrium standhielt. Immer häufiger verließ sie das Haus, nachdem sie Julian fürs Bett fertig gemacht hatte, aufgetakelt für die Nacht, für Abenteuer, die sie in fremden Betten suchte und meist auch fand. Er versuchte, nicht darüber nachzudenken, mit wie vielen Männern sie schon geschlafen haben könnte, aber es mußten inzwischen Hunderte sein. Vielleicht war sogar schon einer darunter, der sie infiziert hatte. Denn er konnte sich vorstellen, daß sie fast alles mit sich machen ließ. Nur schlagen ließ sie sich nicht, obgleich sie schon zweimal mit verquollenem und zerschlagenem Gesicht von einem ihrer nächtlichen Streifzüge heimgekehrt war. Wie eine Katze nach einem wilden Revierkampf. Doch auch das hinderte sie nicht, es immer wieder zu probieren, ihn zu demütigen – wofür, das wußte er nicht. Angeblich befriedigte er ihre sexuellen Bedürfnisse nicht, doch das allein konnte es unmöglich sein. Sie war eine Hure, auch wenn sie ihren Körper nicht verkaufte, wenn sie kein Geld für ihre Liebesdienste nahm. Sie war unersättlich geworden, und Schulz wußte längst, daß sie krank war. Nur deshalb hörte er nicht auf, sie zu lieben, nahm er jede noch so große Demütigung in Kauf. Eine kranke Frau zu verlassen war nicht sein Stil, und da waren ja auch noch die beiden Kinder.

Es begann vor drei Jahren, als sie innerhalb von vierzehn Monaten zwei Fehlgeburten hatte, davon einmal Zwillinge. Was immer damals mit ihr geschehen war, sie fing an, sich rumzutreiben, anfangs nur sporadisch, einmal im Monat vielleicht, doch jetzt, wo Sabrina im Krankenhaus lag und ihr Tod nur eine Frage der Zeit war, verschwand sie beinahe jede Nacht.

Lange würde er es nicht mehr aushalten. Irgendwann würden auch seine Kräfte aufgebraucht sein, sein Reservoir erschöpft, irgendwann war er nicht mehr fähig, ihre Eskapaden zu ertragen. Es gab Tage, da hätte er sie umbringen können, wenn sie wie ein billiges Straßenmädchen heimkehrte, beschwipst vom Alkohol, durchgefickt von irgendeinem geilen Schwanz – und scheinbar glücklich.

Er hoffte, sie schlafend vorzufinden, gehüllt in nichts als ein unscheinbares Baumwollnachthemd, das Gesicht von einer dicken Schicht fettiger Nachtcreme bedeckt, viel-

23

leicht sogar Wickler in den Haaren. Dann wüßte er, sie gehörte nur ihm.

Eine halbe Stunde nach Mitternacht war er zu Hause. Schaltete das Licht aus, dann den Motor. Öffnete leise die Tür, versuchte, sie genauso leise auch wieder zu schließen. Das lauteste Geräusch war das Einrasten des Türschlosses beim Drehen des Schlüssels.

Im Haus der kalte Geruch von Gebratenem. Er streifte die Schuhe in der engen Diele ab, hängte seine Jacke an die Garderobe. Schlich auf Zehenspitzen die Treppe hinauf, wenn sie schlief, wollte er sie nicht wecken, die Schlafzimmertür stand einen Spalt offen, der schwere Duft ihres Parfüms hing noch in der Luft. Ihr Bett war unberührt. Er warf einen Blick ins Kinderzimmer, Julian schlief. So geräuschlos er nach oben gegangen war, so leise begab er sich wieder hinunter, betrat die Küche und schloß die Tür hinter sich. Das für ihn bestimmte Schnitzel lag in der Bratpfanne, eine Glashaube darüber, zwei Butterbrote, eine aufgeschnittene Tomate, ein paar Gurkenscheiben unter Klarsichtfolie. Eine Flasche Bier im Kühlschrank. Bis vor kurzem hatte sie ihm wenigstens noch einen Zettel geschrieben. Er aß langsam, ließ den Tag Revue passieren, verscheuchte die Gedanken an sie.

Es hatte einmal eine Zeit gegeben, da war er rast- und ziellos durch die Stadt gefahren in der Hoffnung, sie irgendwo aufzugabeln, wie eine läufige Hündin, die nicht mehr nach Hause fand. Er hatte sie nicht ein einziges Mal gefunden.

Und jetzt, nach vierzehn Stunden Knochenmühle, war er wieder einmal allein. Nichts in seinem elenden Leben stimmte. Er ließ das Brot sinken, weinte. Ließ den Teller stehen, nahm die Flasche Bier, trank sie in einem Zug leer, schenkte sich im Wohnzimmer noch ein großes Glas Jack Daniels ein, der in seinem Magen brannte.

Um ein Uhr ging er ins Bad, entleerte seine Blase, wusch Gesicht und Hände, putzte sich die Zähne. Tiefe Ringe unter den Augen, die vielen Überstunden der vergangenen zwei Wochen hatten Spuren hinterlassen. In ihm vibrierte es, wie immer, wenn sein Körper zur Ruhe kam. Sechs, maximal sieben Stunden Schlaf.

Die Schlafzimmertür knarrte beim Aufmachen. Er schaltete die kleine Nachttischlampe mit der 12-Watt-Birne neben seinem Bett an, die gerade genug Licht spendete, damit er nicht an den Schrank oder das Bett stieß. Zog sich aus, legte seine Sachen fein säuberlich zusammengelegt auf den Stuhl. Die Matratze ächzte, als er sich hinsetzte. Er legte sich auf den Rücken, die Hände über der Brust gefaltet, und starrte an die Decke. Wünschte sich, die Haustür würde aufgehen und sie hereinkommen und er ihr ansehen können, daß in dieser Nacht nichts geschehen war. Sie kam nicht.

Freitag, 17. September, 8.30 Uhr

Er fühlte sich miserabel. Gerädert, wie nach einer durchzechten Nacht. Schulz duschte abwechselnd kalt und warm; allmählich kehrte das Leben in seinen Körper zurück. Er trocknete sich ab, durch die geschlossene Badezimmertür hörte er Joanna in der Küche hantieren. Er rasierte sich naß, ein kleiner Pickel am Kinn brach auf, winzige Blutstropfen rollten aus der kaum sichtbaren Wunde. Er riß ein kleines Stück Toilettenpapier ab, klebte es auf die Wunde und wartete einen Moment, bis die Blutung zum Stillstand kam. Dann kleidete er sich an, kämmte sich, sprühte etwas Eau de Toilette auf sein Gesicht, leichtes Brennen auf der Haut.

Sie stand mit dem Rücken zu ihm an der Arbeitsplatte neben der Spüle. Er murmelte ein »Guten Morgen«, setzte sich an den Tisch. In einem Korb einige Scheiben geschnittenes Brot, frische Brötchen (Schulz überlegte, ob sie sie in der Nacht frisch vom Bäcker mitgebracht hatte – hatte sie es diesmal vielleicht mit einem Bäcker getrieben?!), daneben zwei Sorten Marmelade, Sirup und Nußcreme. Sie drehte sich zu ihm um und strahlte ihn an, erwiderte seinen Gruß, kam auf ihn zu, küßte ihn flüchtig auf die Wange. Er erwiderte den Kuß nicht, schwieg. Er fragte sich immer wieder verwundert, wie sie nach einer *solchen* Nacht so fit sein und so frisch aussehen konnte. Sie hatte ihm den Rücken zugewandt, er beobachtete sie lange und nachdenklich.

»Warum?« fragte er zum hundertsten oder tausendsten Mal.

»Warum was?« fragte sie naiv zurück und packte Schulbrot ein.

»Warum um alles in der Welt tust du das?«

»Warum tue ich was?«

»Du weißt genau, wovon ich rede!« Seine Stimme war eine Spur lauter und schärfer geworden.

»Ehrlich gesagt, ich habe keine Ahnung. Für Rätsel ist es einfach noch zu früh.«

»Oh, mein Gott, tu doch um Himmels willen nicht so verdammt unschuldig! Wo warst du heute nacht? Du bist inzwischen schon fast jeden zweiten Abend weg! Wie soll das weitergehen?«

Sie drehte sich um, blickte ihn unschuldig an. »Ich war ein bißchen aus, na und? Mir fällt eben momentan die Decke auf den Kopf!«

»Dir fällt also momentan die Decke auf den Kopf! Dieses Momentan ist bei dir ja ein ganz schön dehnbarer Begriff!« höhnte er. »Was meinst du wohl, was mir alles auf den Kopf fällt?!« Er atmete hastig, sein Gesicht war rot angelaufen, er spürte sein Herz bis in die Schläfen pulsieren. »Habt ihr wenigstens ein Kondom benutzt?« fragte er beißend.

»Mußt du gleich weg?« fragte sie ausweichend, drehte ihm wieder den Rücken zu.

»Oh, natürlich, darauf bekomme ich ja nie eine Antwort von dir! Habt ihr oder habt ihr nicht?«

»Ja, ja, ja, verdammt noch mal, wir haben! Zufrieden?« Sie schloß die Augen, atmete hastig, krallte ihre Finger um die Arbeitsplatte, legte den Kopf in den Nacken. »Es tut mir leid, wirklich, es tut mir leid!«

»Wie oft du schon gesagt hast, daß es dir leid tut! Von leid tun allein ändert sich aber nichts. Ich bin am Ende meiner Kräfte! Und im Präsidium zerreißen sie sich die Mäuler!«

»Präsidium, Präsidium! Du denkst immer nur an dein Scheißpräsidium! Und was ist mit mir? Wann sehe ich dich denn einmal? Und wenn ich dich sehe, bist du müde. Wie lange ist es her, daß wir etwas gemeinsam unternommen haben?«

»Ich ernähre die Familie, und ich treibe mich nicht rum! Hast du Grund, dich zu beklagen? Außerdem, was sollte ich denn sonst tun? Ich bin Polizist, und das werde ich auch bleiben.« Er stand auf, ging zu ihr – versöhnlicher Blick, er legte seine Hand auf ihre. »Ich habe nie große Anforderungen an das Leben gestellt, ich habe auch nie viel für mich gewünscht, aber ich wünsche mir jetzt, daß wir wieder zusammenfinden. Aber du mußt deinen Teil dazu beitragen. Nur zusammen können wir es schaffen.«

»Ich weiß nicht, was mit mir los ist«, sagte sie und blickte zu Boden. »Ich weiß es wirklich nicht. Es tut alles einfach nur weh. Ich sage mir jeden Tag aufs neue, daß ich es nicht mehr tun will...«

»Dann tu's doch auch nicht...«

»Das sagst du so einfach. Was soll ich bloß machen?«

»Du mußt dir helfen lassen, und zwar von kompetenten Leuten. Es ist eine Krankheit wie Alkoholismus oder Drogensucht. Nur ein geschulter Therapeut kann dir helfen. Aber es kann und darf so nicht weitergehen!« sagte er, stieß die Luft hörbar aus und nahm sie in den Arm. Sie fühlte sich an wie ein hilfloses kleines Kind. Seine Stimme wurde sanfter. »Bitte tu's, wenn nicht für dich, dann für mich!«

»Kennst du denn jemanden?« fragte sie tonlos. Sie war Mitte Dreißig, sah aber immer noch wie ein junges Mädchen aus, wahrscheinlich mit ein Grund, weshalb sie so leicht woanders fand, wonach sie suchte.

»Es dürfte wirklich nicht allzu schwer sein, einen guten Therapeuten aufzutreiben. Wenn du möchtest, kümmere ich mich darum.«

Sie löste sich aus seiner Umarmung und fuhr fort, das Frühstück für Julian zu bereiten.

»Wollen wir heute abend essen gehen?« fragte er, während er sich wieder setzte. »Ich kenne da ein nettes Lokal in einer Seitenstraße gleich bei der Alten Oper. Sie machen eine phantastische Paella.«

»Paella? Und es ist sicher, daß wir gehen? Ich meine, kein dringender Fall, der dich erst um Mitternacht nach Hause bringt?«

»Das kann ich jetzt noch nicht mit Bestimmtheit sagen, aber ich hoffe natürlich nicht.«

»Dann werde ich um halb acht fertig sein. Ich frage Annette, ob sie bei Julian bleibt. Ich werde heute nachmittag

wieder in der Klinik sein. Der Arzt will mit mir sprechen...«

»Ich werde versuchen, heute nachmittag auch dazusein.
Ich würde mich gerne viel öfter um sie kümmern.«

»Dann tu's doch! Es ist sehr schade, daß du so wenig Zeit
für Sabrina hast. Wie soll sie verstehen, daß du so selten
bei ihr bist?«

»Tut mir leid, aber ich muß jetzt los. Wir haben noch immer keine heiße Spur im Fall der beiden Mädchen.«

»Ja, ja, schon gut! Und – ich freue mich auf heute abend.«

»Ich mich auch.« Er stand auf, fuhr sich mit der Serviette
über den Mund, hauchte Joanna einen kaum merklichen
Kuß auf die Wange.

Er würde Sabrina heute besuchen, ganz gleich, ob es Berger recht war oder nicht. Er mußte jetzt jede freie Minute
für sie aufbringen, wer weiß, wie lange es noch möglich
war. Diese verfluchte Krankheit! Angefangen hatte es mit
leichtem Unwohlsein und Fieber, sie war immer blasser
geworden, wollte nur noch schlafen und konnte es doch
nicht, und als sich nach drei Wochen der Zustand, den
man zunächst für einen Virusinfekt gehalten hatte, nicht
besserte, war vom Arzt eine Blutuntersuchung veranlaßt
worden. Das Ergebnis war niederschmetternd, der Arzt
hatte gesagt, daß Sabrinas Leukämie eine besonders heim-
tückische Form sei, eine, die rasend schnell in anderen Or-
ganen Metastasen bildete. Die Chemotherapie hatte ihr die
Haare geraubt, den kleinen Körper ausgezehrt, weil sie jedesmal danach kein Essen mehr bei sich behalten konnte,
nur ihren Willen, den besaß Sabrina noch. Die einzige
Möglichkeit, ihr Leben zu retten, wäre eine Knochenmarktransplantation gewesen, eine höchst kostspielige
Angelegenheit. Aber es gab ja noch nicht einmal einen ge-
eigneten Spender, zudem mußte die Operation in England

29

durchgeführt werden und kostete über hunderttausend Mark. Und dieses Geld besaß Schulz nicht.

Schulz stieg in seinen Renault, startete den Motor und sah zu Joanna, die hinter der Fensterscheibe stand und ihm zuwinkte. Er winkte zurück. Legte eine Kassette ein – Metallica, laut, hart, Ablenkung.

Der Verkehr an diesem Morgen war mäßig stark, er kam gut voran. Kein Sonnenschein wie angekündigt, bedeckter Himmel und drückende Schwüle, die sich wie eine riesige Glocke über die Stadt spannte und die Auspuffgase nur wenig über den Boden aufsteigen ließ. Er kam durch das um diese Zeit verwaiste Bahnhofsviertel. Nur ein paar Geschäftsleute, die die Gitter vor den Türen ihrer Läden hochschoben, Pelzhändler, die fahrbare Ständer über die Bürgersteige rollten, eine Nachtbar, die schon wieder geöffnet hatte. Erbrochenes am Straßenrand. Schulz stand an der Ampel und wandte schnell seinen Blick ab, er konnte alles sehen, Blut, schrecklich zugerichtete Leichen, aber kein Erbrochenes. Um kurz nach neun stellte er sein Fahrzeug auf dem Hof des Präsidiums ab. Stieg aus, schlug die Wagentür zu, ging in das große, alte Gebäude.

Freitag, 9.00 Uhr

Berger saß hinter seinem Schreibtisch, eine aufgeschlagene Akte vor sich, und während er darin blätterte, telefonierte er. Er schaute mit ernstem Blick auf den eintretenden Schulz. Ein junger Mann, etwa Mitte Zwanzig, saß rechts von Berger am Computer. Schwarze Augen hinter einer dunklen Hornbrille, das Gesicht von Pickeln übersät, mit zuviel Gel beschmierte, schwarze Haare. Schulz sah ihn zum ersten Mal. Er war ihm auf den ersten Blick unsympathisch.

Auf der anderen Seite des Tisches stand eine etwa dreißigjährige Frau. Knapp einssiebzig, kurze, dunkle Haare, große, ebenso dunkle Augen, äußerst feinporige, leicht gebräunte Haut, ein südländischer Typ. Volle, dezent geschminkte Lippen, feine Grübchen neben dem Mund, eine attraktive Frau. Sie trug Jeans und eine weitgeschnittene, pinkfarbene Bluse, deren beide oberste Knöpfe offenstanden. Trotz der lockeren Bluse wurde die beachtliche Oberweite nicht gänzlich verdeckt.

Kaum hatte Schulz die Tür geschlossen, legte Berger den Telefonhörer auf.

»Ein Mädchen wird vermißt«, sagte er ohne weitere Begrüßung und lehnte sich zurück. Verschränkte die Arme hinterm Kopf, seufzte auf.

»Schon wieder?« Schulz ließ sich auf den Stuhl fallen, seine eben noch gute Laune war dahin. Er warf erst einen kurzen Blick auf den jungen Mann, dann einen etwas längeren auf die Frau.

»Seit gestern abend. Aber die Eltern haben es erst heute morgen gemerkt. Ich habe eben noch mal mit ihnen telefoniert. Ihr müßt gleich hinfahren.«

»Laß mich raten«, sagte Schulz. »Ungefähr sechzehn, blond?«

»Siebzehn. Ich habe bereits die Fahndungsmeldung rausgegeben. Ach übrigens, wie ich gestern schon andeutete, haben wir Verstärkung bekommen. Das ist Janusz Koslowski, direkt von der Polizeischule. Er wird mich vorerst hier im Büro unterstützen. Und das ist Hauptkommissarin Julia Durant, die im wesentlichen für die Ermittlungsarbeit zuständig ist.« Er stoppte für ein, zwei Sekunden, zog die Stirn in Falten und beobachtete die Reaktion von

Schulz, dessen Miene schlagartig versteinerte. Berger senkte den Blick und sagte: »Sie war bis jetzt bei der Sitte. Staatsanwalt Köhler hat sie uns als Verstärkung geschickt. Ihr beide werdet zusammenarbeiten. Außerdem sind uns auf meine Bitte hin noch sechs weitere Beamte zugeteilt worden. Das wär's soweit, ich würde sagen, ihr macht euch jetzt am besten auf den Weg zu den Eltern.«

Schulz erhob sich gleich wieder und reichte erst Koslowski, dann Julia Durant mit süß-saurer Miene die Hand. Er war enttäuscht, versuchte dies aber zu verbergen. Warum hatte Berger, mit dem er jetzt schon so lange zusammenarbeitete, nicht ihm die Ermittlungsarbeit übertragen? Warum, zum Teufel, eine Frau und dazu noch eine Fremde? Wie er Berger kannte, hielt der ihn wegen seines verkorksten Privatlebens für nicht in der Lage... Natürlich, das war der Grund... aber was, zum Teufel, konnte er schon dafür? Irgendwann würde er Berger für diesen Verrat an ihrer Freundschaft (Freundschaft, Freundschaft, verfluchte Freundschaft!!) zur Rede stellen und ihn zwingen zu sagen, warum er ihm diesen Giftpfeil in die Brust gejagt hatte!

Er und Julia Durant verließen das Büro, im Hinausgehen warf er Berger einen verächtlichen Blick zu. Schulz ließ die Tür hinter sich ins Schloß fallen, es dröhnte hohl durch den langen Gang. Ihre Schritte hallten von den Wänden wider. »Was glauben Sie, was für ein Typ der Täter ist? Allem Anschein nach sind Sie ja ein As auf diesem Gebiet«, sagte er bissig. »Sonst hätte Berger Sie doch sicherlich nicht geholt, oder?«

Julia Durant ignorierte Schulz' Sarkasmus. Sie hatte für weinerliche Männer nur wenig übrig, schon gar nicht für solche, die Niederlagen nicht ertrugen. Sie gab sich aber nicht die Blöße, ihre Abneigung zu zeigen, und antworte-

32

te ganz ruhig: »Keine Ahnung. Die Art und Weise, wie er mit den Leichen umgeht – ich muß zugeben, so was habe ich bisher nur in Büchern gelesen. Ich habe bis jetzt keine Vorstellung, was für ein Typ der Täter sein könnte. Aber wir werden ihn finden.«

»Sie sind ziemlich selbstsicher. Wann wir ihn finden, ist doch die Frage. Er hat bis jetzt wie ein Phantom gearbeitet. Keine Spuren, nichts.«

»Er wird Spuren hinterlassen, jeder hinterläßt bei Sexualverbrechen Spuren. Wahrscheinlich sind sie nur übersehen worden.«

»Berger und ich haben nichts übersehen! Wie lange machen Sie den Job überhaupt schon?«

»Sieben Jahre, davon habe ich sechs in München gearbeitet. Bin erst seit einem Jahr in Frankfurt. Aber Frankfurt ist schlimmer als München. Ein verdammt hartes Pflaster.«

»Das wußten Sie doch, bevor Sie herkamen!«

»Man hatte mich gewarnt. Ich werde damit klarkommen.« Sie stiegen in den Opel, Schulz setzte sich ans Steuer. Der Verkehr war dichter geworden, sie benötigten etwa zwanzig Minuten, bis sie vor dem Haus parkten, in dem die Eltern des vermißten Mädchens wohnten. Ein Haus aus den zwanziger Jahren, mit rußiger Fassade, drei Stockwerke, Arbeitergegend.

Freitag, 9.30 Uhr

»Kommen Sie rein«, sagte der Mann mit sonorer, kratziger Stimme. Julia Durant schätzte ihn auf Mitte bis Ende Vierzig, obwohl er durch die vielen tiefen Falten und die grobporige, sonnengegerbte Haut älter wirkte. Er war unrasiert, rote Augen, von billigem Korn schnapsgeschwän-

gerter Atem, Raucherhusten. Derbe, von harter Arbeit ge-
zeichnete, rissige Hände mit gespaltenen, ungepflegten
Fingernägeln, dunkle Bartstoppeln, er trug ein blau-
schwarz kariertes Flanellhemd und eine schwarze Man-
chesterhose. Die Frau, ein in der Couch zusammengesun-
kenes Häufchen Elend, blickte mit leeren, rotumränderten
Augen auf die Eintretenden. Sie trug eine Schwestern-
tracht, darüber eine dunkelblaue, dünne Wolljacke. Sie
hatte die Knie geschlossen, die Hände gefaltet. Angst, Verzweiflung, vielleicht eine böse Ahnung.
»Bitte, setzen Sie sich«, sagte der Mann und wies auf zwei
Stühle. Die Wohnung war kein Palast, nur eine der vielen
typischen Arbeiterwohnungen in dieser Gegend, die Möbel noch von den Eltern übernommen, der Schrank Gel-
senkirchener Barock, der Teppich längere Zeit nicht gesaugt und abgetreten, verblichen wie die Tapeten, ein paar
alte Spinnweben bewegten sich leicht in den Zimmerecken
und über der Lampe. Der abgestandene, unangenehme
Geruch kalten, gebratenen Essens hatte sich festgesetzt.
Aus einem auf dem Geschirrschrank stehenden Käfig
piepste zaghaft ein Kanarienvogel.
»Lassen Sie uns bitte gleich zur Sache kommen, Herr Lindner«, sagte die Kommissarin, nahm Block und Stift aus ihrer Sommerjacke. »Seit wann genau vermissen Sie Ihre
Tochter?«
»Wir hatten beide Nachtschicht«, erzählte der Mann
stockend, »ich arbeite bei den Farbwerken und meine Frau
im Altersheim. Und als wir heute morgen nach Hause ge-
kommen sind, war Sabines Bett leer.«
»Ist so etwas schon öfter vorgekommen?«
»Einmal, da hat sie bei ihrer Freundin übernachtet. Aber
diesmal ist sie nicht dort. Außerdem sagt sie sonst immer
Bescheid, wenn sie auswärts übernachtet.«

»Hat Ihre Tochter einen Freund?«

»Nein!« war die schnelle Antwort.

»Wissen Sie das ganz genau, oder vermuten Sie es nur?«

»Martha, hat Sabine einen Freund?«

Kopfschütteln, Schweigen. Als fürchtete sie, mit jedem Wort, das sie sprach, einen Schritt näher an eine grausame, für sie nicht greifbare Wahrheit zu stoßen. Eine Wahrheit wie ein wabernder Nebel, durch den sie orientierungslos und hilflos taumelte.

»Aber hundertprozentig sicher sind Sie nicht?« hakte Julia Durant nach.

»Wann kann man bei jungen Leuten schon hundertprozentig sicher sein?! Aber sie hätte es uns gesagt«, beharrte Lindner, die Möglichkeit ausschließend, seine Tochter könnte Geheimnisse haben. »Sie ist ein anständiges Mädchen, müssen Sie wissen. Sie geht schließlich aufs Gymnasium. Sagen Sie, glauben Sie, daß ihr etwas passiert ist? Ich meine, da draußen läuft doch so ein Verrückter rum und massakriert...« Seine Augen weiteten sich schon bei dem Gedanken vor Entsetzen.

Schulz versuchte, Lindner zu beruhigen. »Denken Sie nicht gleich das Schlimmste. Manchmal klärt sich eine solche Sache ganz einfach auf. Ein Kollege von mir hat auch eine Tochter in diesem Alter, und er hat schon die absonderlichsten Dinge erlebt.«

»Nein, nein, ich kenne meine Kleine«, wehrte Lindner ab. »Es ist nicht ihre Art, einfach wegzubleiben. Wissen Sie, zwischen Sabine und uns gibt es keine Geheimnisse. Sie hat uns bis jetzt immer alles gesagt, wirklich alles. Auch wenn sie einen Freund hätte. Sie hat uns noch nie Kummer bereitet.«

»Gibt es irgendeinen Ort, an dem sie sich besonders gerne aufhält?«

»Hier, in ihrem Zimmer, oder bei Nicole, ihrer Freundin. Sie gehen zusammen zur Schule. Sie war gestern abend bei Nicole. Um halb neun wollte Sabine mit dem Bus nach Hause fahren. Es sind nur drei Stationen.«

»Hat Nicole sie in den Bus einsteigen sehen?«

»Weiß ich nicht, ich habe sie nicht gefragt.«

»Wir werden uns mit dieser Nicole gleich mal unterhalten. Wir haben bereits eine Suchmeldung rausgegeben. Wenn Sie uns jetzt bitte die Adresse von Nicole geben würden.«

Lindner schrieb mit ungelenker Schrift Namen und Adresse auf und reichte sie Schulz. Er bedankte sich und wollte gerade zusammen mit Julia Durant die Wohnung verlassen, als diese in der Tür stehenblieb, sich umdrehte und sagte: »Ach ja, beinahe hätten wir's vergessen, wir bräuchten noch ein Bild Ihrer Tochter und wenn möglich auch ein Kleidungsstück von ihr. Am besten etwas, das sie getragen hat und noch nicht gewaschen wurde.«

»Warum?« fragte der Mann verwundert.

»Wenn Sie es haben, dann geben Sie es uns bitte«, ließ Durant die Frage unbeantwortet.

Die Frau stand auf, schlurfte in das Zimmer ihrer Tochter, während Lindner aus dem Wohnzimmerschrank einen Schuhkarton holte, in dem er die Fotos aufbewahrte. Er reichte eines davon der Kommissarin.

»Ist das ein neueres Foto?« fragte sie und schaute auf das bildhübsche Gesicht, die vollen, sinnlichen Lippen, die grünen Katzenaugen, das blonde Haar.

»Es ist in den Sommerferien gemacht worden.«

»Danke.«

Die Mutter kam mit einem Pyjamaoberteil zurück und gab es der Kommissarin. »Was glauben Sie«, fragte sie leise und sah Durant in die Augen, »glauben Sie, daß Sabine etwas passiert ist?«

Durant versuchte zu lächeln. »Im Augenblick glaube ich gar nichts. Es gibt so viele Möglichkeiten, nur bitte, machen Sie sich jetzt nicht zu viele Sorgen.«

Erst im Wagen sagte Schulz: »Es würde einfach irgendwie passen. Das Mädchen, das Alter, das Aussehen. Ich hoffe, ich täusche mich, aber wenn es stimmt, was ihr Vater sagt, dann...«
»Das ist wahr, im Augenblick müssen wir mit dem Schlimmsten rechnen. Es ist ein schmutziges Spiel. Vielleicht kann uns ja diese Nicole weiterhelfen! Wie heißt die Straße noch mal?«
»Nobelring. Ist am Lerchesberg. Feinste Gegend. Dort wohnt der Geldadel von Frankfurt. Jetzt frag ich mich nur, wie kommt ein Mädchen wie Sabine Lindner zu einer Freundin in dieser Gegend?«
»Wir werden es sicher gleich wissen«, sagte Durant und zündete sich eine Zigarette an. »Aber hier, schauen Sie sich das Foto an, vielleicht beantwortet das Ihre Frage.«

Das Haus, in dem Nicole Bernhardt mit ihren Eltern wohnte, lag vor neugierigen Blicken geschützt hinter mannshohen Hecken und noch höheren Zäunen und ausladenden Bäumen versteckt auf einem riesigen Grundstück.
Nicole war zu Hause. Julia Durant schätzte sie auf etwa einsfünfundsiebzig, sie hatte seidig glänzendes, bis weit über die Schultern fallendes, dunkelblondes Haar und ein feingeschnittenes Gesicht mit etwas schräggestellten, blauen Augen und einem feingeschwungenen Mund.
Wahrscheinlich würde sie keine Auskunft über den Verbleib von Sabine Lindner geben können. Freunde und Bekannte der anderen Opfer hatten auch nie etwas gewußt.
Nicole bat die Beamten ins Haus, das Dienstmädchen,

das die Tür geöffnet hatte, verzog sich diskret in einen anderen Raum. Eine gepflegte Frau von etwa Ende Dreißig saß auf einem weißen Ledersofa, die Beine hochgeschlagen, und las. Sie sah auf, als Schulz und Julia Durant eintraten, legte das Buch zur Seite und erhob sich – fragender Blick in einem neugierigen Gesicht. Sie trug lediglich einen bis zum Knie reichenden marinefarbenen Seidenhausmantel, der vorn tief ausgeschnitten war und den Ansatz ihrer vollen Brüste erkennen ließ. Sie war ebenfalls blond, doch obwohl fast faltenlos, hatte ihr Gesicht einen verlebten, leicht gewöhnlichen Ausdruck. Dunkle, von Make-up nur unvollständig kaschierte Ringe lagen unter ihren Augen, ihr rechter Mundwinkel zuckte ein paarmal nervös. Sie war barfuß, die Zehennägel wie die Finger dunkelrot lackiert, sie hatte makellos schöne Beine mit schlanken Fesseln.

Gediegene, geschmackvolle Einrichtung. Dunkelblaue, dichtgewebte Orientteppiche, eine weiße Ledergarnitur, zwei kobaltblaue Bodenvasen, ein Chippendale-Sekretär, eine maßgefertigte Bücherwand, ein gewaltiger Breitbildfernsehapparat. Frau Bernhardt kam mit geschmeidigen Bewegungen auf die Beamten zu, blieb einen Meter vor ihnen stehen.

»Guten Tag«, sagte sie mit rauchiger, erotischer Stimme und musterte Schulz mit leicht spöttischem Lächeln. »Was führt Sie zu uns?«

»Wir sind von der Mordkommission Frankfurt und hätten ein paar Fragen an Ihre Tochter. Sie können natürlich gerne bleiben, sofern es Ihrer Tochter nichts ausmacht. Vielleicht können ja auch Sie uns bei der einen oder anderen Frage weiterhelfen. Es geht, wie Sie sicher schon wissen, um Sabine Lindner. Sie wird seit gestern abend vermißt, und ihre Eltern machen sich große Sorgen um sie.«

»Bitte«, sagte Frau Bernhardt und deutete auf die Ledergarnitur. »Ja, Sabine, es ist seltsam, daß sie nicht zu Hause ist. Man kann nur hoffen…« Sie schüttelte den Kopf und
sah Julia Durant an, die sich gesetzt hatte, während Schulz
stehengeblieben war. »Es ist schon sehr seltsam. Sabine ist
ein zuverlässiges Mädchen.«
Sie stellte sich an die offene Terrassentür, die den Blick auf
den herzförmigen Swimmingpool freigab. Nicole setzte
sich in einen Sessel, die Hände gefaltet.
»Von Herrn Lindner wissen wir, daß Sabine gestern abend
bei Ihnen war. Ist das richtig?«
»Ja, von halb fünf bis gegen acht, kann auch Viertel nach
acht gewesen sein.«
»Sie sind eng befreundet?«
»Sie ist meine beste Freundin. Wir sind fast jeden Tag zusammen. Glauben Sie, daß ihr etwas zugestoßen ist? Wenn
man hört, was so in den letzten Tagen…«
»Im Augenblick glauben wir gar nichts. Es verschwinden
jeden Tag viele Menschen, und die meisten von ihnen tau-
chen kurze Zeit später wieder auf. Noch wollen wir nicht
das Schlimmste annehmen. Aber sagen Sie, zu wem hat
Sabine noch Kontakt?« fragte die Kommissarin weiter.
»Ich verstehe nicht ganz…«
»Nun, Sie werden nicht der einzige Mensch sein, mit dem
Sabine ihre Zeit verbringt. Gibt es vielleicht einen Jungen,
von dem ihre Eltern nichts wissen dürfen?«
Nicole stand auf und stellte sich neben ihre Mutter, die
sich eine Zigarette angezündet hatte. Nicole nahm sich
ebenfalls eine Zigarette. Sie blieb mit dem Rücken zu den
Beamten stehen und schüttelte den Kopf. »Nein, Sabine
hat keinen Freund. Es gab da mal einen, aber die Sache ist
seit einem halben Jahr vorbei. Es war auch keine feste Beziehung, eher oberflächlich. Er hat wohl auch mehr rein-

interpretiert, als da in Wirklichkeit war. Sie hat es mehr als Spaß angesehen, während er es sehr ernst nahm.«

»Was hat er gemacht, als Schluß war?«

»Nichts, er hat ein paar Tage lang ständig hier und bei Sabine angerufen und gewinselt – manche Jungs sind eben echte Memmen –, aber Sabine hat nur drüber gelacht. Wie gesagt, die Sache ist ein halbes Jahr her und…«

»Kennen Sie den Jungen?«

»Ja, er geht auf unsere Schule, macht dieses Jahr sein Abi.«

»Würden Sie ihm zutrauen…«

Frau Bernhardt drehte sich abrupt um, angriffslustiger Blick, wie eine Löwin, die ihr Junges verteidigt, und sagte: »Nein, vergessen Sie's, ich kenne den Jungen, seit er in den Windeln gelegen hat, und ich kenne seine Eltern. Er ist ein überaus sensibler und lieber Kerl. Versuchen Sie's gar nicht erst bei ihm.«

»Wir hätten trotzdem gern seine Adresse.«

»Warum? Wollen Sie unbedingt unnötigen Staub aufwirbeln?«

»Hören Sie zu«, sagte Durant schärfer als beabsichtigt, »ein Mädchen ist verschwunden, und wir werden jeder noch so vagen Spur nachgehen; das ist alles andere als nur das Aufwirbeln unnötigen Staubs, wie Sie es nennen! Zur Zeit ist das Verschwinden eines siebzehnjährigen Mädchens mit blonden Haaren leider überaus ernst zu nehmen!«

»Ich gebe Ihnen eine Karte, auf der Name und Adresse vermerkt sind«, sagte Frau Bernhardt leicht pikiert, zog die oberste Schublade des Sekretärs heraus, entnahm eine Visitenkarte und reichte sie Durant.

»Sonst gab oder gibt es keinen Jungen, mit dem Sabine irgendwann einmal zusammen war oder ist?«

Nicole schüttelte erneut den Kopf. »Zumindest hat sie es

mir nicht gesagt. Aber wir sprechen eigentlich über alles. Ich wüßte es, wenn sie einen Freund hätte.«

»Seit wann sind Sie befreundet?«

»Seit etwa drei Jahren. Wir sehen uns fast jeden Tag.«

»Wie kommt Sabine von hier nach Hause? Es ist ein ganzes Stück Weg bis zu ihrer Wohnung.«

»Gestern ist sie mit dem Fahrrad gekommen, aber weil es zu regnen anfing, hat sie das Rad hier stehengelassen. Manchmal fährt meine Mutter sie, manchmal bringe ich sie zum Bus, gestern ging aber weder das eine noch das andere, weil meine Mutter nicht da war und ich einen dringenden Anruf bekam und Sabine pünktlich zu Hause sein wollte. Ich mußte sie allein gehen lassen.«

»Wie weit ist es bis zur Haltestelle?«

»Drei, vier Minuten zu Fuß. Mit dem 61er sind es noch mal zehn Minuten bis zu ihr nach Hause.« Sie nahm einen langen Zug an der Zigarette und fuhr fort: »Ich habe mich gestern abend schon gewundert, daß sie mich nicht angerufen hat, denn sonst ruft sie immer noch mal hier an, nachdem sie zu Hause angekommen ist. Gut, ich habe fast eine Dreiviertelstunde telefoniert, aber ich habe sofort danach bei ihr angerufen, und es hat sich niemand gemeldet. Ich dachte mir, daß sie vielleicht gerade badet oder schon im Bett liegt, habe es aber ein paar Minuten später trotzdem noch einmal probiert.«

»Ist es schon einmal vorgekommen, daß sie nicht gleich nach Hause gefahren ist? Daß sie einen Umweg genommen hat oder aufgehalten wurde?«

»Ein-, zweimal. Aber das hing damals mit Andreas zusammen, und ich wußte jedesmal davon. Wenn sie etwas anderes vorgehabt hätte, hätte sie es mir gesagt, da bin ich ganz sicher.«

»Auch, wenn es sich um einen Freund gehandelt hätte?«

»Gerade dann.«

»Gut, das war's fürs erste«, sagte Julia Durant, verstaute den Block in ihrer Tasche, stand auf. »Hoffen wir, daß Sabine wieder auftaucht. Sollten wir noch Fragen haben, werden wir uns vielleicht noch einmal an Sie wenden müssen. Auf Wiedersehen.«

Frau Bernhardt nickte mit abwesendem Blick. Rauchte, pulte am rechten Daumen, wirkte etwas nervös. Durant registrierte es, zeigte es aber nicht. Draußen reichte sie Schulz die Visitenkarte.

»Fahren wir also zum Nansenring zu Menzel. Das ist die Parallelstraße«, sagte er.

An der Tür standen nicht einmal die Initialen von Alexander Menzel, einem der einflußreichsten Männer von Frankfurt, Bauunternehmer, Aufsichtsratsvorsitzender, Vorstandsvorsitzender, seine Krakenarme reichten überallhin, kaum ein Unternehmensbereich, in dem er nicht tätig war. Und seit einiger Zeit engagierte er sich auch noch politisch auf kommunaler Ebene, mit wachsendem Erfolg, wie es hieß.

Die Kommissarin drückte den Klingelknopf. Es dauerte eine Weile, bis eine ältere Frau in grauem Kostüm an das Tor kam. Durant hielt ihr den Ausweis hin, bat darum, Andreas Menzel sprechen zu können.

»Er schläft noch«, sagte die Frau blechern und unfreundlich.

»Dann wecken Sie ihn, es ist wichtig«, sagte Durant eisig.

»Folgen Sie mir bitte, und nehmen Sie im Wohnzimmer Platz...«, sagte die Frau, öffnete das Tor und ging vor ihnen ins Haus. Sie deutete auf den Wohnbereich.

Andreas Menzel kam nach fünf Minuten. Er war ungekämmt, hatte sich eine Jogginghose und ein T-Shirt übergezogen. Er war höchstens einssiebzig, ausgesprochen zierlich gebaut, mit feingliedrigen Fingern und dünnen, zerbrechlich wirkenden Armen. Er verschränkte die Arme vor der Brust und lehnte sich in aufreizender Pose an den Schrank. Die Kommissarin spürte hinter der Fassade der Aufsässigkeit einen verstörten, unsicheren Jungen.

»Sie sind Andreas Menzel?« fragte sie.

»Ja, und Sie sind von der Polizei, wie ich gehört habe. Was wollen Sie von mir?«

»Sie kennen Sabine Lindner?«

»Ja.«

»Und Sie waren befreundet? Stimmt das?«

»Ja, aber das ist schon eine ganze Weile her. Ich habe mit ihr Schluß gemacht...«

Durant verkniff sich ein Lächeln. Das war also die andere Version der Geschichte. Ein verschmähter Liebhaber, der nie zugeben würde, den Laufpaß bekommen zu haben, aber wer gab so etwas schon gerne zu.

»Haben Sie sie in letzter Zeit gesehen?«

»Natürlich, in der Schule. Aber wir sprechen nicht mehr miteinander. Uns trennen Welten. Schauen Sie doch, wie wir leben, und dann sie. Sie lebt auf der anderen Seite der Welt. Aber warum fragen Sie mich über Sabine aus?«

»Sie wird seit gestern abend vermißt. Und weil sie blond und erst siebzehn ist... Nun, Sie werden sicher die Nachrichten gehört oder zumindest Zeitung gelesen haben. Was können Sie uns über sie sagen? Welche Hobbys hat sie, wo hält sie sich gerne auf, und so weiter.«

»Wenn sie nicht zu Hause ist, dann ist sie wohl bei Nicole, ihrer Freundin. Die beiden sind unzertrennlich, ein Herz und eine Seele, wie man so was wohl nennt.«

»Wann haben Sie Sabine zuletzt gesehen?«

»Gestern, in der Schule.«

»Wieso sind Sie heute nicht in der Schule?« fragte Schulz.

»Heute hat die gesamte Oberstufe frei. Das machen die zweimal im Jahr. Sonst noch was?«

»Ich denke, das wär's fürs erste«, sagte Julia Durant und wandte sich zum Gehen. Schulz folgte ihr.

»Es kann übrigens sein, daß wir uns nicht zum letzten Mal gesehen haben.«

Als sie zur Tür gingen, sahen sie eine Frau am oberen Treppenabsatz stehen, eine Hand auf das Geländer gelegt. Als die Kommissarin zu ihr hochsah, kam sie mit langsamen Schritten die Stufen herunter. Sie war etwas kleiner als Andreas, doch ebenfalls zierlich. Keine Schminke, aschfahle Haut, graue, trübe Augen, tiefe Falten wie Gräben um Nase und Mundwinkel, braunes, von grauen Strähnen durchzogenes halblanges Haar, das schlichte Kleid unterstrich ihr tristes Erscheinungsbild, ihre Bewegungen wirkten müde.

»Das sind zwei Beamte von der Polizei, Mutti«, sagte Andreas Menzel sanft. »Sabine wird seit gestern vermißt. Du kennst doch noch Sabine, oder?«

»Das ist schade«, sagte Frau Menzel nur, ohne eine Miene zu verziehen. »Sie war ein nettes Mädchen. Wenn Sie mich jetzt bitte entschuldigen wollen.«

»Sie war ein nettes Mädchen? Sie sprechen in der Vergangenheit, als wenn sie tot wäre«, sagte Durant.

Frau Menzel lächelte nachsichtig. »Nun, ich habe sie eine Weile nicht gesehen. Ich weiß nicht, wie sie jetzt ist.«

»Ach so. Entschuldigen Sie bitte die Störung, und wenn etwas ist, Sie wissen, wie wir zu erreichen sind. Auf Wiedersehen.« Durant öffnete die Tür, trat ins Freie. Schwüle Luft.

Auf dem Weg zum Auto sagte Durant: »Haben Sie *die* Frau

gesehen? Das soll die Frau von einem Mann wie Menzel sein?! Kaum zu glauben, aber ich habe mir die Frauen erfolgreicher Männer immer anders vorgestellt.« Sie kniff die Lippen zusammen, steckte sich eine Zigarette an, sagte: »Irgend etwas bei den Bernhardts und auch bei den Menzels stimmt nicht. Ich kann nicht einmal sagen, was es ist, aber ich habe so ein komisches Gefühl. Ist Ihnen das auch aufgefallen, sie haben zwar unsere Fragen beantwortet, aber, verdammt, ich komm nicht drauf!«

»Und woher nehmen Sie dieses Gefühl?« fragte Schulz, beschleunigte zügig, obgleich in der Siedlung nur Tempo 30 erlaubt war. »Ich finde nichts Ungewöhnliches an deren Benehmen. So sind eben die Reichen!«

»Ich habe auch schon andere kennengelernt! Aber bitte, mag sein«, sagte sie, einen Arm aus dem Fenster haltend.

»Nun gut, dann überprüfen wir als nächstes die Strecke, die sie genommen haben muß, und dann nehmen wir uns den Fahrer des Busses vor. Irgendwer muß sie doch gesehen haben!«

Sabine hatte Nicole um kurz vor halb neun verlassen, um den Bus um 20.33 Uhr zu erreichen. Die Haltestelle Triftstraße lag nur wenige Minuten von Sabines Wohnung entfernt, ab Einbruch der Dämmerung von Straßenlaternen mehr als genügend ausgeleuchtet. Ringsum langgezogene Wohnblocks, kein Gebüsch, kein Park, nichts, wo ein Mädchen unbemerkt hätte hingezerrt, vergewaltigt und ermordet werden können.

Sie forderten über Funk Namen und Adresse des Busfahrers an, der am vergangenen Abend Dienst auf dieser Strecke gehabt hatte. Er wohnte am Rand des Bahnhofsviertels in einem heruntergekommenen sechsstöckigen Haus aus der Jahrhundertwende, zu dem die Eingangstür weit offen stand, im Treppenhaus stank es nach einer Mischung aus orientalischer Küche und Fäkalien. Wegner war klein und untersetzt, dicke Tränensäcke unter den Augen, er gähnte, als er die Tür öffnete, seine dunkel behaarte Brust war von einem fleckigen Rippenunterhemd bedeckt, die fettigen Haare verwühlt. Durch die halbzugezogenen Vorhänge drang kaum Licht durch die kleinen, verschmierten Fenster, Bierflaschen, stinkende Mülltüten, ungespülte, dickverkrustete Teller und Gläser, zentimeterdicker Staub, Schmuddelhefte verstreut über Tisch und Boden, Mief. Nur Wegners Dienstuniform hing fein säuberlich über einem Bügel an der Schranktür. Wegner setzte sich auf sein schmutziges Bett, Durant und Schulz zogen es vor, stehen zu bleiben. Wegner zündete sich eine Zigarette an und inhalierte tief. Gelbe Finger mit langen, brüchigen, ungepflegten Fingernägeln hielten die Zigarette, durch den Rauch sah er mit zusammengekniffenen Augen auf die Beamten.

»Was wollen Sie so früh am Morgen? Ich habe bis um eins Dienst geschoben!«

»Sie sind Busfahrer auf der Linie 61?« fragte die Kommissarin, die oft in schmutzigen und verdreckten Wohnungen ermitteln mußte und doch nie begreifen würde, wie sich jemand in solchem Schmutz wohl fühlen konnte. Sie ärgerte sich schon über ihre eigene, im Vergleich dazu jedoch harmlose Unordnung.

»Ist das ein Verbrechen?«

»Sie trinken viel, nicht?«

»Wen geht das was an? Solange ich im Dienst nüchtern bin, kann ich machen, was ich will! Ich fahre seit mehr als zwanzig Jahren unfallfrei, wenn Ihnen das genügt?!«

»Schon gut, war nicht so gemeint, wir haben nur ein paar Fragen an Sie. Hier«, sagte Durant, zog Sabines Foto aus der Jackentasche, hielt es Wegner vors Gesicht. »Kennen Sie dieses Mädchen?«

»Keine Ahnung. Warum?« fragte er schmierig grinsend.

»Können Sie sich erinnern, ob dieses Mädchen gestern abend um kurz nach halb neun an der Haltestelle Stresemannallee zugestiegen ist?«

»Ach so, das wollen Sie wissen! Zeigen Sie noch mal her.« Er betrachtete das Foto jetzt intensiver, nahm einen weiteren tiefen Zug an seiner Zigarette, hustete, zog den Schleim hoch und schluckte ihn runter, reichte das Foto zurück. »Sie ist in meinen Bus gestiegen. Ich weiß das auch nur, weil sie vorne eingestiegen ist und eine Fahrkarte gezogen hat. Und außerdem war der Bus fast leer. Da erinnert man sich an so ein hübsches Gesicht.«

»Und wo ist sie ausgestiegen?«

»Woher soll ich das wissen?! Schwer zu sagen, aber ich glaube, es war an der Triftstraße.« Er überlegte, kratzte sich mit der linken Hand übers unrasierte Kinn, schüttelte den Kopf. »Nein, ich bin ziemlich sicher, daß sie erst am Oberforsthaus ausgestiegen ist. Aber beschwören könnte ich es nicht. Aber ich denke, es war Oberforsthaus. Sie ist hinten ausgestiegen.«

»Ist irgend jemand mit ihr zusammen ausgestiegen?«

»Glaube nicht, der Bus war ja fast leer. Um diese Zeit habe ich kaum Fahrgäste. Außer bei einem Fußballspiel.«

»Ist Ihnen sonst irgend etwas an dem Mädchen aufgefallen?«

»Was soll mir aufgefallen sein?«

»Wirkte das Mädchen zum Beispiel gehetzt, oder machte sie einen anderweitig auffälligen Eindruck? Weinte sie vielleicht?«

»Mein Gott, was Sie alles von mir wissen wollen! Ich habe nur gesehen, daß sie ganz passabel aussah und sonst nichts. Ich glaube, sie war völlig normal. Was ist überhaupt los?«

»Lesen Sie keine Zeitungen? Oder nur dieses Zeugs da?« fragte Julia Durant, auf die Pornos deutend.

»Schon«, antwortete der Mann frech grinsend. »Aber das hier ist spannender.«

»Das war's dann fürs erste. Sollte Ihnen noch etwas einfallen, dann rufen Sie uns bitte an. Hier ist unsere Telefonnummer.« Sie schrieb sie auf einen Zettel, legte ihn auf den Tisch. »Und trinken Sie nicht so viel.«

»Ich fahre seit zwanzig Jahren unfallfrei!« schrie er ihnen wütend hinterher.

Von der Haltestelle, an der Sabine zugestiegen sein sollte, bis zur Wohnung des Mädchens waren es mit dem Bus fünf bis zehn Minuten, es kam darauf an, wo sie ausgestiegen war. Sie parkten am Straßenrand, blieben im Wagen sitzen, sahen aus dem Fenster, nichts als Häuser und Mauern. Schulz trommelte mit den Fingern auf das Lenkrad, den Blick stur geradeaus gerichtet. Er würde lange brauchen, den ihm von Berger versetzten Schlag zu verdauen. Als wenn er nicht schon genug am Hals hätte!

Julia Durant hatte ihr Fenster runtergekurbelt, einen Arm aufgestützt, den Kopf an die Nackenstütze gelehnt, und rauchte eine Zigarette, die zehnte oder elfte an diesem Tag, obwohl sie sich immer wieder vornahm, endlich damit aufzuhören, besonders nach dem Tod ihrer Mutter, einer starken Raucherin, die elend an Lungenkrebs zugrunde gegangen war. Nie würde sie das bläulich verfärbte Gesicht der letzten Tage und Wochen vergessen, die Luftnot, das Röcheln, dieses Ringen um Sauerstoff, die verzweifelten, stummen Hilfeschreie. Damals, vor sechs Jahren, hatte sie sich das erste Mal vorgenommen, das Rauchen aufzugeben. Sie schaffte es genau eine Woche lang. Sie war noch jung, jung genug, um die Warnungen des Arztes zu ignorieren.

»Und die nächste Haltestelle ist dann Oberforsthaus«, sagte sie nach einigen Minuten mehr zu sich selbst und blies den Rauch aus dem Fenster.

»Ich fahre mal dem Bus nach. Da kommt er nämlich schon.«

Die Linie 61 hielt vor ihnen, zwei ältere Frauen stiegen aus, soweit sie erkennen konnte, war der Bus bis auf den Fahrer leer. Schulz startete den Motor, hängte sich an den Bus. Kurz hinter der Haltestelle parkte er den Wagen auf dem Bürgersteig.

»Oberforsthaus«, sagte Schulz, ohne Julia Durant anzusehen. »Was, wenn sie hier ausgestiegen ist? Aus welchen Gründen auch immer?«

»Wie weit ist es zu Fuß von hier bis zur Wohnung?«

»Maximal zehn Minuten, wenn man sich sehr viel Zeit läßt.«

»Könnte sie hier ausgestiegen sein? Und wenn, warum? Ich meine, der Fahrer war sich nicht sicher, wo Sabine den Bus verlassen hat, aber er tendierte eher zum Oberforsthaus.«

»Ich bin der gleichen Meinung. Aber wer weiß schon, was im Kopf einer Siebzehnjährigen vorgeht? Ich jedenfalls nicht.«

»Ich hatte bei der Sitte viel mit Mädchen in diesem Alter zu tun, und ich denke, ich weiß einigermaßen, was in den Köpfen so mancher Mädchen vorgeht«, meinte Durant. »Aber spinnen wir den Faden weiter. Sie ist also hier ausgestiegen, was für mich bedeutet, daß sie nicht vorhatte, nach Hause zu gehen, zumindest nicht gleich. Sie wußte ja, daß ihre Eltern beide arbeiteten. Aber was hat sie hier

49

gewollt? Und warum hat sie dieser Nicole gesagt, sie würde nach Hause fahren?«

Schulz zuckte die Schultern. »Es gibt eine Menge Warums und genauso viele Antworten.«

»Und manchmal gibt es scheinbar Dinge, die man selbst einer besten Freundin nicht anvertraut.«

»Was zum Beispiel?«

»Ein Freund?«

»Nee«, sagte Schulz kopfschüttelnd, »glaub ich nicht. Außer, sie hätte einen Grund gehabt, diese Beziehung zu verheimlichen. Aber ehrlich, glauben Sie an den großen Unbekannten? Das ist mir eine Spur zu hypothetisch. Und außerdem, selbst wenn sie sich mit jemandem, nehmen wir an, einem Freund, verabredet hätte, was hätte sie daran gehindert, wenigstens später am Abend nach Hause zu gehen? Und wenn es stimmt, daß Nicole ihre beste Freundin ist oder war, dann hätte sie ihr von diesem unbekannten Freund erzählt. Fast jedes Mädchen in diesem Alter hat eine gute Freundin, mit der sie über alles und jeden quatscht.«

»Es gibt immer Ausnahmen! Sie kennen das mit den Pferden vor der Apotheke. Mein Gott, sie muß doch irgendwo geblieben sein! Kein Mensch löst sich einfach so in Luft auf!« sagte die Kommissarin und schnippte mit den Fingern. »Ich schlage vor, wir informieren Berger. Er soll am besten einen Suchtrupp anfordern. Oder was meinen Sie?«

»Es wird uns wohl kaum etwas anderes übrigbleiben.«

»Irgend etwas sagt mir, daß sie erst hier ausgestiegen ist. Wäre sie an der Triftstraße ausgestiegen, dann wäre sie doch bestimmt die wenigen Meter direkt nach Hause gegangen. Aber warum könnte sie bis hierher gefahren sein? Wollte sie vielleicht nur eine Kleinigkeit erledigen, was immer es auch gewesen sein mochte? Aber was kann man

50

hier schon großartig erledigen? Hier ist nichts als Wald und Straße. Überall Laternen, dazu dichter Verkehr. Und um halb neun abends würde ich mich hier auch noch ziemlich sicher fühlen. Kommen Sie, ich schlage vor, wir schauen uns die Gegend mal ein bißchen näher an.«

»Sie sprechen von einer Kleinigkeit, die sie vielleicht erledigen wollte«, bemerkte Schulz und schlug die Fahrertür zu. »Aber wenn von dieser Kleinigkeit nicht einmal ihre beste Freundin etwas weiß oder wissen durfte, dann war es vielleicht doch keine Kleinigkeit.«

Julia Durant nickte. Schulz hatte recht. Wenn sie erst hier ausgestiegen war, was immer wahrscheinlicher wurde, dann mußte es einen verdammt triftigen Grund geben. Vielleicht sogar einen, der sie das Leben kostete.

Die Wolkendecke wurde löchriger, vereinzelt drängten erste Sonnenstrahlen durch das Grau. Drückende Schwüle, auf den Boden gedrückte Abgase der Autos, die in langen Kolonnen an ihnen vorüberzogen. Nachdem sie etwa dreihundert Meter tief in den Wald hineingelaufen waren, über knackendes, morsches Reisig und abgebrochene Äste, erkannten sie die Sinnlosigkeit, zu zweit dieses weitausgedehnte Terrain absuchen zu wollen. Dies war mehr als nur die Suche nach einer Nadel im Heuhaufen.

»Wonach suchen wir eigentlich?« fragte Schulz. »Ist es nicht geradezu pervers, daß wir schon wenige Stunden, nachdem ein Mädchen vermißt wird, daran denken, daß es eigentlich gar keine andere Erklärung geben kann, als daß sie tot ist?«

»Ich wünschte, wir bräuchten diese Möglichkeit nicht in Betracht ziehen.«

Sie kehrten zum Wagen zurück, Schulz nahm über Funk Kontakt zu Berger auf, bat ihn, eine Hundertschaft und eine Hundestaffel loszuschicken, um das Gebiet um das

Oberforsthaus zu durchkämmen. Gleichzeitig sollten Anlieger befragt werden, ob ihnen am vergangenen Abend zwischen acht und etwa zehn Uhr etwas Ungewöhnliches aufgefallen war.

Das Einsatzkommando traf bereits vierzig Minuten später ein. Instruktionen wurden ausgegeben, die Hunde schnüffelten am Pyjamaoberteil, die Männer und Hunde schwärmten aus. Nach einer weiteren halben Stunde machten sich Schulz und Durant auf den Weg zurück ins Präsidium. Sie hofften, ihre Befürchtung würde nicht zur Gewißheit, es gäbe für alles eine plausible und harmlose Erklärung. Auch wenn die Chancen dafür im Augenblick eher schlecht standen.

Freitag, 10.00 Uhr

Dr. phil. Alexander Patanec, vierundvierzig, Philosoph, Psycho- und Hypnosetherapeut, Buchautor, Astrologe, Kartenleger und Medium (er selber bezeichnete sich als genialen Esoteriker), machte Notizen auf einer Karteikarte, um einige der wenig bemerkenswerten Details aus der eben beendeten Sitzung mit seiner Klientin zu vermerken. Neben sich hatte er eine Tasse mit heißem Kaffee stehen, den er schwarz und ohne Zucker trank. Patanec legte den Stift beiseite, steckte die Karte in den Karteikasten, lehnte sich zurück. Die allmählich durch die Wolken brechenden Sonnenstrahlen fielen durch das breite, vom Boden bis zur Decke reichende Fenster auf seinen Hinterkopf, er drehte sich mit dem Sessel und ließ die Jalousie gerade so weit herunter, daß noch genügend Licht einfiel. Er verschränkte die Arme hinter dem Kopf und starrte einen Moment an die erst vor wenigen Tagen frisch geweißte Decke.

Ihm blieben ungefähr zehn Minuten bis zur nächsten Klientin. Eine schöne, attraktive Frau, die ein dichtes, unsichtbares Netz um sich gewebt hatte, das zu durchdringen ihm bis jetzt nur ansatzweise gelungen war. Obwohl erst sechsunddreißig Jahre alt, kam sie bereits im elften Jahr zu ihm, sprach sich aus (elf Jahre lang Seelen-Smalltalk und Analyse), er hatte schon mehrmals versucht, sie zu bewegen, sich einer Hypnosebehandlung zu unterziehen, um die Wurzeln ihrer Lebensangst zu erforschen, bislang erfolglos. Ihr Inneres wehrte sich vehement gegen eine mögliche Einflußnahme auf das Unterbewußtsein. Auch das Angebot von Patanec, ihr ein Horoskop zu erstellen, hatte sie bisher entschieden abgelehnt. Als fürchtete sie sich vor einer Wahrheit, die sie zwar kannte, aber nicht wahrhaben wollte. Sie tat, als würde sie an diesen Horoskop-Humbug, wie sie es nannte, nicht glauben, in Wirklichkeit hatte sie nur Angst davor.

Er ließ seinen Blick durch den großzügig eingerichteten Raum schweifen; dies tat er mehrmals am Tag, und er tat es gerne, es verschaffte ihm Genugtuung zu wissen, es geschafft zu haben, den Weg, den seine Mutter ihm nach Vaters frühem Tod bereitet hatte, konsequent gegangen und nun dort gelandet zu sein, wo er immer hatte sein wollen. Zumindest einige der Mächtigen lagen ihm zu Füßen, Politiker, Unternehmer, Künstler, um von ihm, meist vor wichtigen persönlichen und beruflichen Entscheidungen, astrologischen Rat einzuholen, was ihn mit tiefster Befriedigung und größtem Stolz erfüllte, machte ihn dies in bestimmten Momenten doch zum Herrscher über die Herrschenden. Sie vertrauten seinem sicheren Instinkt und gaben zum Teil selbst die schmutzigsten Abgründe ihrer Seele preis. Astrologische Hilfe und Kartenlegen wurde von Männern und Frauen gleichermaßen gewünscht, therapeutische Maßnahmen hingegen überwiegend von Frauen in Anspruch genommen. Seine Klientel bestand zum größten Teil aus der Crème de la Crème der Frankfurter High-Society, doch sein außergewöhnliches Talent hatte sich bis weit über die Grenzen Frankfurts hinaus herumgesprochen.

Es war eine seltsame, für viele, die davon wußten, sogar widernatürliche Verbindung zwischen Wissenschaft und Esoterik. Er hatte schon als kleines Kind übersinnliche Fähigkeiten bei sich entdeckt, die ihn bisweilen selbst erschreckten. Er konnte Dinge voraussehen und -ahnen, die anderen verborgen blieben.

Er war sieben, als er nachts schreiend aufgewacht war und zitternd und stockend seiner Mutter mitzuteilen versuchte, wie er das Nachbarhaus abbrennen sah, in dem sich eine Frau und ihre drei Kinder aufhielten, darunter sein bester Freund. Seine Mutter hatte versucht, alles als einen Alptraum abzutun, indem sie ihm das unversehrte Haus zeigte; genau einen Tag später brannte es durch einen Blitzeinschlag bis auf die Grundmauern nieder. Er hatte danach viele Visionen gehabt und diese Fähigkeit auch nicht verloren, als er Psychologie studierte, in der Hoffnung, eine plausible Lösung für sein, wie er es früher nannte, »Problem« zu finden.

Der Psychologe Patanec praktizierte bis dreizehn Uhr, der Esoteriker drei bis vier Stunden am Nachmittag, manchmal arbeitete er auch bis spät in die Nacht, vor allem, wenn er wieder einmal an einem Buch schrieb.

Er nahm einen Schluck von seinem heißen Kaffee, paßte nicht auf, ein Tropfen fiel auf sein pinkfarbenes Hemd. Patanec, ein sehr beherrschter Mensch, ging ruhig zum Waschbecken, um den Fleck mit heißem Wasser auszuwaschen.

Die Tür ging auf, ohne daß die Person angeklopft hätte, sie tat das nie, sie wußte, daß Patanecs Tür tagsüber nie verschlossen war. Eine mittelgroße, überaus hübsche Frau, mit markanten Gesichtszügen, leicht vorstehenden Wangenknochen, Katzenaugen, nicht zu vollen, zart geschwungenen Lippen. Gekonnt aufgetragenes Make-up brachte die reichlich vorhandenen Vorzüge noch besser zur Geltung. Sie trug hochhackige schwarze Pumps und schwarze Seidenstrümpfe, einen etwa zehn Zentimeter über dem Knie endenden engen Lederrock, eine weiße, gerüschte Bluse. Ihre Lippen leuchteten in kräftigem Rot, ohne daß dies auch nur im entferntesten ordinär gewirkt hätte, steinweißer Lidschatten und dunkelblaue Wimperntusche unterstrichen das unergründlich tiefe Blau der Augen. Wie so oft war das bis weit über die Schultern fallende, mattblonde Haar zu einem Pferdeschwanz gebunden, niemand, der in ihr eine sechsunddreißigjährige Mutter von drei Kindern vermutet hätte. Sie lächelte kurz und unverbindlich, sagte nichts, setzte sich einfach auf die Couch.

»Hallo«, sagte Patanec und legte den Lappen, mit dem er den Kaffeefleck behandelt hatte, auf den Waschtischrand.

»Gekleckert?« fragte sie spöttisch lächelnd.

»Nur Kaffee. Sie sind früh dran.«

»Ich wollte nicht draußen im Auto sitzen. Wenn ich störe, kann ich auch draußen warten.«

»Ach was, ich habe es nicht so gemeint.« Patanec begab sich hinter seinen Schreibtisch, holte ein Blatt Papier, legte es auf eine Unterlage, kam zurück, setzte sich in den schräg neben der Couch stehenden Sessel. Er wußte nicht, ob er heute etwas schreiben würde, er kannte ihre Geschichte auswendig, wenn auch nur das oberflächliche Leben, ihr Inneres hatte sie mit tausend Schlössern gegen unerwünschte Eindringlinge verriegelt.

Susanne Tomlin hatte die Füße übereinandergelegt, stützte sich mit beiden Händen auf den Couchrand. Stille. Sie sah zu Boden, er nahm die Gelegenheit wahr, diese vollkommene Einheit aus endlosen Beinen, edel ausschwingenden Hüften, straffer, nicht zu voller Oberweite zu betrachten, er fand, ihre Schönheit nahm mit jedem Mal, da er sie sah, zu. Unvergängliche Schönheit, die auch von innen kam, die etwas Reines hatte.

»Wie war Ihre letzte Woche?« fragte er.

»Unauffällig«, erwiderte sie, ohne ihre Haltung zu verändern, sie wippte lediglich leicht mit den Beinen. »Es war eine langweilige Woche. Daniel war zwar dann und wann zu Hause, aber glauben Sie bloß nicht, daß ich viel von ihm gehabt hätte. Ich bin am Dienstag nach Mailand geflogen, um eine Bekannte zu besuchen und etwas für die Kinder einzukaufen. Dabei habe ich mir gleich vier neue Kleider zugelegt, obgleich es nicht einmal nötig gewesen wäre.« Sie sagte das weder stolz noch überheblich, für sie war ein Einkaufsbummel in Mailand so selbstverständlich wie für andere ein Einkauf in einem Billigmarkt. Sie hatte nie ein anderes Leben kennengelernt, doch im Gegensatz zu vielen anderen Männern und Frauen war sie nicht zu einem Snob verkommen, konnte sie sich noch über Kleinigkeiten freuen und suchte seit langem ernsthaft nach einem oder dem wahren Sinn in ihrem Leben. Und Patanec hätte ihr gern dabei geholfen, wäre sie nur ein wenig kooperativer gewesen. Sie machte eine Pause, blickte Patanec an. Sie wirkte unruhig, ging zum Fenster, blieb mit dem Rücken zu Patanec stehen. Schweigen. Sie zog die Jalousie hoch, drehte den Fenstergriff, zog das Fenster ein Stück auf, lärmendes Vogelgezwitscher, der Duft der spätsommerlichen Blüten.

»Ist das nicht herrlich?« sagte sie eine Weile später, die frische Luft tief einatmend. »Gibt es etwas Schöneres als den

56

Gesang von Vögeln? Vögel sind so unschuldig, so rein. Ich glaube, sie freuen sich einfach über jeden neuen Tag. Sie machen sich keine Sorgen über das Heute und Morgen, sie leben einfach. Wäre es nicht herrlich, wenn wir auch so sein könnten? Sich keine Gedanken über das Morgen machen zu müssen, keine Angst zu haben, einfach nur fröhlich sein?«

Sie drehte sich um, die Hände auf die Fensterbank gestützt, den Blick zu Boden gerichtet. Kniff die Lippen aufeinander, preßte die Knie zusammen. Ließ wieder einen Moment verstreichen, ehe sie sagte: »Ich weiß nicht, wie es weitergehen soll. Ich gebe mir alle Mühe, und doch schaffe ich es nicht. Wenn ich glaube, einmal wirklich frei zu sein, kommt es wieder. Es überfällt mich wie ein Blitz aus heiterem Himmel, und ich bin völlig hilflos. Gestern abend war es so. Ich war allein zu Hause, weil Daniel wieder einmal in der Klinik aufgehalten wurde. Das Hausmädchen hatte Ausgang, und die Kinder lagen im Bett. Ich saß auf der Couch, der Fernseher lief, ich hatte es mir gemütlich gemacht, als es anfing. Ich weinte, ohne daß ich erklären könnte, warum. Ich weiß nicht einmal, wie lange ich geweint habe, wie lange ich das Gefühl hatte, in einer unendlichen Leere verloren zu sein, aber ich glaube, es dauerte eine ganze Weile. Ich mußte mich übergeben. Ich habe mich übergeben, ohne daß ich Schmerzen hatte, einfach so. Ich schluckte zehn Milligramm Valium und fühlte mich ein wenig besser. Daniel kam gegen elf heim, aber er war völlig abwesend, wie immer in der letzten Zeit nach einem anstrengenden Tag.«

Diese Geschichte, immer in etwas abgeänderter Form, hörte Patanec jetzt schon seit etlichen Jahren, nur das mit dem Valium und der leichten Verbitterung über ihren Mann erzählte sie erst seit kurzem. Dabei war es Tomlin selbst, der

57

seine Frau zu ihm geschickt hatte, angeblich wegen Depressionen, die sich nicht unerheblich auf ihr Privatleben auswirkten.

Patanec und Tomlin verband mehr als nur berufliches Interesse, sie trafen sich regelmäßig zu einem Match im Tennisclub oder saßen an der Bar und tauschten ärztliche Geheimnisse aus. Aber wenn Patanec mit Tomlin auch über viele Patienten sprach, so hatte er, obwohl Tomlin bisweilen penetrant bohrte, ihm gegenüber nie auch nur ein Wort über Susanne Tomlin fallenlassen, das hatte er ihr hoch und heilig versprechen müssen. Andernfalls hätte sie wahrscheinlich entweder sich selbst oder ihn, Patanec, umgebracht. Und Patanec wäre nicht Patanec, hätte er nicht immer noch gehofft, daß Susanne Tomlin ihm eines Tages nicht nur ihr Herz öffnete.

Sie schaute wieder aus dem Fenster, die Haltung straff und aufrecht, der Pferdeschwanz endete zwischen ihren Schulterblättern. Manche Sitzungen vergingen fast schweigend, sie lag dann nur auf der Couch, wohl wissend, daß er sie betrachtete. Bisweilen hatte er das Gefühl, als genösse sie seine Blicke, dieses Abtasten ihres Körpers, dann und wann zog sie sich geradezu aufreizend an, wobei sie geschickt genug war, nie alles zu zeigen, sondern der Phantasie des Betrachters noch Spielraum zu lassen.

Sie fuhr fort: »Als Daniel kam und das Valium wirkte, stand ich unter der Dusche. Ich habe so heiß wie lange nicht geduscht, und es machte mir nicht einmal etwas aus. Daniel hat zwar kurz ins Bad geschaut und guten Abend gesagt, ist aber gleich in seinem Arbeitszimmer verschwunden. Wie oft ich dieses Arbeitszimmer schon verflucht habe! Warum bleibt er nicht in der Klinik, wenn er ohne Arbeit nicht leben kann, warum muß er auch noch zu Hause arbeiten, wo die Kinder und ich ihn doch schon so selten zu Gesicht bekommen?! Aber nein, für ihn ist alles wichtig, nur ich nicht.«

Sie hielt inne, kaute auf der Unterlippe, sah kurz zu Patanec, als kontrollierte sie, ob er überhaupt noch da war und ihr zuhörte.

»Er hätte mich nehmen können, ich wünschte mir, er hätte es getan. Früher haben wir uns unter der Dusche geliebt, an den unmöglichsten Orten, aber das ist lange her. Und heute morgen war er schon wieder weg, bevor ich aufwachte. Ich habe aber auch fast elf Stunden geschlafen. Ich reagiere auf Valium sehr sensibel. Ich glaube, ich werde mich nie daran gewöhnen.«

»Was fühlen Sie, wenn er Sie nicht beachtet?«

»Ich weiß es nicht. Nein«, korrigierte sie sich, »das stimmt nicht, ich weiß es schon, nur, ich kann es nicht beschreiben. Es tut einfach nur weh und...«

Er stellte keine Frage, wartete, bis sie ihre Gedanken sortiert hatte und weitersprechen konnte. Sie drehte sich um, setzte sich in seinen Schreibtischsessel, wippte. Nahm einen Stift aus dem Ständer und drehte ihn durch ihre langen, schlanken, fragilen Finger, deren Nägel im gleichen Rot wie die Lippen leuchteten. »Ich glaube, ich habe keine Zeit mehr. Es ist auch wirklich nichts weiter berichtenswert. Ich sollte besser gehen.«

»Sie haben Ihre Gefühle noch nicht ausgedrückt...«

»Gefühle, Gefühle!... Welche Gefühle? Ich glaube, ich habe gar keine Gefühle. Nicht wirklich. Ich denke, ich bin behindert, hier drin«, sagte sie mit dieser angenehm warmen Stimme und faßte sich an die linke Brust, »hier drin fehlt etwas. Manchmal denke ich, ich bin unfähig, zu lieben. Dann wieder denke ich, das stimmt nicht, das kann einfach nicht stimmen. Aber es muß doch einen Grund geben, warum Daniel mir so häufig ausweicht!« Sie erhob sich, strich ihren Rock gerade, zupfte an den Rüschen ihrer Bluse und ging zum Waschtisch, um ihr Gesicht im Spiegel zu betrachten. »Sei's drum, ich werde heimfahren. Die Kinder kommen bald aus der Schule, und ich will dasein. Es ist nicht Daniels Schuld, es ist allein meine.«

»Es ist nie die Schuld einer Person allein«, sagte Patanec und stand ebenfalls auf. »Wer meint, immer selbst an allem schuld zu sein, irrt. Man bringt sich leicht in eine Märtyrerposition, wenn man so denkt.«

Patanec legte das unbeschriebene Blatt Papier auf den Tisch, ging auf Susanne Tomlin zu, blieb etwa einen Meter vor ihr stehen. Ihr orientalisches Parfüm fächelte auf unsichtbaren Bahnen in seine Nase, für einen Moment war er geneigt, über ihr Gesicht zu streicheln oder sie in den Arm zu nehmen. Doch zu der Sorte Frau zählte sie nicht, da gab es andere, die mit eindeutigen Absichten auf der Suche nach Abenteuern zu ihm kamen, es gab Angebote, die hatte er nicht ausschlagen können. Mit unergründlichem Blick tastete sie sein Gesicht und seinen Körper ab, ohne ihre Gedanken preiszugeben.

Er reichte ihr die Hand, sie hatte kalte Hände. »Auf Wiedersehen und bis nächsten Freitag.«

»Wiedersehen«, erwiderte sie, nahm ihre Handtasche und verließ den Raum. In der Tür blieb sie stehen, drehte sich noch einmal um. »Würde es Ihnen viel ausmachen, wenn ich einfach vorbeikäme, wenn es mir schlechtgeht? Ich meine, ich will nicht aufdringlich erscheinen, aber manchmal habe ich das Gefühl, ich müßte mich aussprechen, und da ist keiner, mit dem ich reden kann. Ich verspreche auch, nur dann zu kommen, wenn es nicht anders geht«, sagte sie entschuldigend. Da war wieder dieser kindlich-naive Gesichtsausdruck, den Patanec so an ihr mochte.

»Natürlich, aber es kann sein, daß Sie warten müssen.«

»Das macht nichts. Ich habe sowieso viel zuviel Zeit. Danke.«

Kaum eine halbe Stunde war sie geblieben, hatte zum ersten Mal, soweit Patanec sich erinnern konnte, recht bitter von der Vernachlässigung durch ihren Mann gesprochen, von der Sehnsucht nach Zärtlichkeit, die ihr von Daniel Tomlin aber im Augenblick verwehrt wurde. Aber Patanec fühlte, daß auch dies nur Oberfläche war, daß dies unmöglich der alleinige Grund für ihre Melancholie sein konnte.

Er stellte sich ans Fenster, beobachtete, wie sie in den Mercedes stieg, kurz mit den Händen ihr Haar ordnete und schließlich, ohne sich anzuschnallen, langsam rückwärts durch das Tor rollte. Seine nächste Patientin kam erst in einer guten halben Stunde. Er ging nach oben, zog ein frisches Hemd an, trank einen Scotch, legte noch etwas Giorgio Beverly Hills auf. Die Frau, die jetzt kam, legte Wert auf so etwas.

Freitag, 11.30 Uhr

Schulz und Durant kehrten ins Präsidium zurück, Koslowski war allein im Büro. Seine Krawatte war schlampig gebunden, er stand einen Moment neben der Kommissarin, fauliger Mundgeruch, akneübersätes Gesicht, fettglänzendes Haar, Schweißflecken unter den Achseln, perfekt vervollständigt durch seine unangenehme Ausstrahlung. Durant ging auf angemessenen Abstand zu ihm, öffnete das Fenster weit.

»Irgendwelche Anrufe?« fragte sie und setzte sich.

Koslowski schüttelte den Kopf. »Nichts Weltbewegendes. Nur ein paar Reporter. Kommissar Berger hat sie abgewimmelt und an die Pressestelle verwiesen.«

»Sobald man bei denen auch nur den Mund aufmacht, verdrehen die einem jedes Wort«, murmelte Schulz und zog sich einen Stuhl heran.

Berger kam herein, ließ die Jalousie herunter, das grelle Sonnenlicht schmerzte in seinen Augen. »Was ist mit dieser Lindner? Hatten Sie Erfolg bei der Freundin?«

»Nein. Im Moment können wir nur abwarten, bis das Gebiet um das Oberforsthaus abgesucht worden ist. Ich fürchte, sie werden Erfolg haben, wenn man denn ein totes Mädchen als Erfolg bezeichnen kann«, erwiderte Julia Durant zynisch.

»Wie fühlen Sie sich?« fragte Berger.

»Beschissen«, sagte sie und zündete sich eine filterlose Gauloise an, »auch wenn ich weiß, daß Gefühle tödlich sein können. Aber der Busfahrer kann sich an sie erinnern, und er scheint ziemlich sicher zu sein, daß sie erst am Oberforsthaus ausgestiegen ist. Ab da verliert sich ihre Spur.« Sie machte eine Pause, schnippte Asche in den Aschenbecher, sah Berger dabei an. »Die einzige Möglichkeit, die ich noch sehe, außer daß sie getötet wurde«, fuhr sie fort und schenkte sich einen Kaffee ein, »ist die, daß die Oberstufe ihrer Schule heute frei hat und sie irgendwo anders übernachtet hat, ohne ihren Eltern Bescheid zu sagen. Vielleicht hat sie es einfach vergessen. Obwohl das ihrem sonstigen Verhalten widersprechen würde.« Sie trank einen Schluck, der Kaffee war sehr heiß, sie verzog den Mund. »Nein, sie hätte sich gemeldet.«

»Sie sind also überzeugt, daß sie tot ist?«

Julia Durant nahm einen tiefen Zug an ihrer Gauloise, setzte sich, schlug die Beine übereinander, seufzte auf. »Überzeugt wäre zuviel gesagt. Ich weiß es nicht. Aber es deutet sehr viel darauf hin. Obwohl, sie muß einen Grund gehabt haben, zum Oberforsthaus zu fahren.« Sie drückte die Zigarette aus. »Es gibt alles irgendwie keinen Sinn! Absolut keinen Sinn! Denn angenommen, sie fuhr bis zur Endstation und hat sich dort mit jemandem getroffen, dann könnte es sein, daß es sich, den schlimmsten aller Fälle vorausgesetzt, um ihren Mörder gehandelt hat. Vielleicht sogar den Mann, der auch für die andern beiden Mädchen in Frage kommt.«

»Eine gewagte Hypothese, Kollegin...«

»Sicher, aber ist sie denn so unrealistisch?«

»Und was haben Sie jetzt vor?«

»Ich muß mir unbedingt noch einmal die Akten der beiden andern Fälle anschauen. Ich werde das Gefühl nicht los, daß etwas ganz Wesentliches übersehen wurde.«

Schulz, der auf der anderen Seite des Schreibtischs saß, zog das Telefon zu sich heran. »Ich fürchte, ich werde Joanna anrufen müssen.« Er fuhr sich mit der Handfläche übers Kinn, sah Berger mit einer Mischung aus Traurigkeit und Zorn an. »Ich kann wohl davon ausgehen, daß es spät werden wird«, sagte er bitter.

»Warum?« fragte Berger, die Augen zu Schlitzen verengt. »Warum was?«

»Warum willst du deswegen Joanna anrufen? Habt ihr etwas vorgehabt?«

»Essen gehen und quatschen. Es gibt ein paar Probleme zu bereden.«

»Sabrina?«

»Die auch.«

»Verschieb es, bis die ganze Scheißsache hinter uns liegt. Auch wenn es mir leid tut.«

»Es tut dir nicht leid«, sagte Schulz kühl, nahm den Hörer von der Gabel, tippte die Nummer ein. »Aber sie wird sehr enttäuscht sein.«

Das Freizeichen ertönte fünfmal, bevor am anderen Ende abgenommen wurde.

»Hallo, Schatz«, sagte Schulz. »Ähm, ich wollte mich mal melden...«

»Laß mich raten«, unterbrach sie ihn schnell, sie wußte, was er ihr sagen würde. »Es wird später? Hab ich recht?« Pause, nur ihr schweres Atmen. »Was ist schon wieder los?« Ihre Enttäuschung klang echt, und er konnte es ihr nicht einmal verübeln.

»Tut mir leid, Schatz, aber es wird wieder ein Mädchen vermißt. Das hat leider Priorität. Es könnte also sein, könnte wohlgemerkt, daß es etwas später wird.«

»Nun, es tut mir auch leid«, sagte sie. »Dann verschieben wir es eben auf ein andermal.«

»Wirst du dasein, wenn ich komme?«

»Bis später«, sagte sie, ohne seine Frage zu beantworten, und legte auf.

Schulz hielt den Hörer in der Hand, starrte ihn an. »Dieser verdammte Beruf!« sagte er mit ohnmächtiger Wut und ballte die Fäuste. »Dieser gottverdammte Scheißberuf! Sie hätte sich vielleicht doch besser einen andern Mann nehmen sollen. Einen mit einer geregelten Arbeitszeit.«

»Ich kann dich verstehen...«

Schulz beugte sich nach vorn, zischte Berger wütend ins Gesicht: »Gar nichts kannst du, hörst du, gar nichts kannst du verstehen! Du hast doch überhaupt keinen Schimmer, was wirklich los ist! Also, halt dich mit deinen Kommentaren da raus!«

Die Kommissarin schaute von Berger zu Schulz und beobachtete die beiden Männer. Was sie bisher nur vom Hörensagen kannte, stimmte wohl, Schulz hatte große Probleme mit seiner Familie. Ob das mit Berger stimmte, würde sich noch herausstellen, es hieß, er sei zu einem Zyniker verkommen, seit seine Frau und sein Sohn bei einem tragischen Autounfall ums Leben gekommen waren.

Berger antwortete nichts, nahm, als wäre nichts geschehen, die Akten der beiden ermordeten Mädchen vom Ablagekorb, reichte sie Julia Durant. Das erste Mal, daß sie Gelegenheit bekam, Akteneinsicht zu nehmen. Fotos lagen dabei, der jeweilige Bericht der Gerichtsmedizin, die Berichte der Spurensicherung. Sie überflog die Seiten, hatte jetzt aber nicht die Ruhe, alle Details zu studieren. Sie rauchte eine weitere Gauloise, trank einen Kaffee. Am Rand hatte Berger handschriftlich vermerkt, daß laut Gerichtsmedizin der Täter zumindest über anatomische Grundkenntnisse verfügen mußte, wobei allerdings auch ein Metzger in Betracht kommen konnte. Carola Preusse, das erste Opfer, hatte laut Gerichtsmedizin noch bis zu einer halben Stunde nach den Stichen gelebt, bis sie schließlich verblutet war. Seltsamerweise fehlte in ihrem Fall das Sperma. Weder auf der Kleidung noch in der Vagina, noch am Rektum, noch im direkten Umkreis des Fundortes hatte man Spermaspuren gefunden.

»Wenn ich mir die wahnsinnigen Schmerzen vorstelle, die das Mädchen gehabt haben muß! Wenn ich dieses Miststück zu fassen kriege!« stieß Julia Durant hervor und ballte die Fäuste.

»Was dann?« fragte Berger, zog die Stirn in Falten und schaute auf. Es war nicht gut, Gefühle zu zeigen, das hatte jeder von ihnen in zahlreichen psychologischen Seminaren gelernt. Bergers Blick drückte genau das aus: »keine Gefühle«.

»Tja, was dann? Das ist ja das Schlimme, wir können gar nichts machen. Nicht mal eine runterhauen dürfen wir ihm! Wir dürfen ihn vernehmen, wir dürfen unsere Stimme ein klein wenig anheben, aber nicht einmal richtig anschreien dürfen wir ihn! Wie hat mein Großvater früher einmal so schön gesagt – breitbeinig über den Stacheldrahtzaun ziehen sollte man eine solche Drecksau!«

»Also sind Sie auch für die Todesstrafe?« mischte sich Koslowski ein.

Die Kommissarin wandte ihren Kopf in Koslowskis Richtung, gefährlicher Blick, gefährlicher Tonfall: »Hören Sie zu, ich weiß nicht, wofür *Sie* sind, aber ich werde Ihnen ganz sicher nicht auf die Nase binden, was ich denke oder wofür ich bin. Und in Zukunft werden Sie nicht jedes Wort von mir auf die Goldwaage legen! Es kann nämlich sein, daß wir noch eine ganze Weile miteinander zu tun haben werden.«

Freitag, 16.30 Uhr

Seit fünf Stunden wurde der Wald um das Oberforsthaus Zentimeter für Zentimeter abgesucht. Polizisten mit Stöcken, Hundeführer mit ihren Hunden hatten sich Stück für Stück durch das Dickicht gearbeitet, durch Laub, durch Unterholz, kein Fleckchen wurde ausgelassen.

Sie lag in einer Röhre, notdürftig mit Laub bedeckt. Ungefähr sechshundert Meter von der Bushaltestelle entfernt, knapp dreißig Meter abseits eines Waldweges, an einer schwer zugänglichen Stelle. Einer der Hunde war plötzlich unruhig geworden, hatte Witterung aufgenommen. Ihr Körper war von unzähligen Einstichen übersät, die rechte Brust abgeschnitten, die Augen ausgestochen, der Unterleib aufgeschlitzt, die Kleidung lag neben ihr.

Der Anruf des Einsatzleiters erreichte Berger um kurz nach halb fünf. Zwei Minuten später saßen Durant und

Schulz im Auto und rasten los. Der Hundeführer, dessen Hund die Leiche entdeckt hatte, und zwei weitere Männer des Suchtrupps hatten sich beim Anblick der Leiche übergeben müssen. Das Gebiet um den Fundort war hermetisch abgeriegelt worden.

»Es ist eine verfluchte Sauerei!« flüsterte die Kommissarin fassungslos, als sie vor dem Leichnam stand. Ihr Magen begann zu rebellieren, jetzt im Licht des Tages bot die Leiche einen ekelerregenden Anblick. In der Schwüle hatten sich Schwärme von Mücken auf den toten Leib gesetzt, ergötzten sich am Aas. Sie kämpfte mit der Übelkeit, würgte, schaffte es schließlich doch, sich nicht übergeben zu müssen. Schulz sah ihrem Bemühen mit einer Spur Häme zu. Nach ein paar Sekunden hatte sie sich gefangen.

Sie fragte mit belegter Stimme: »Warum tut er das? Warum, um alles in der Welt, tut er das?« Sie sah niemanden dabei an, sprach mehr zu sich selbst. Dann der Blick auf den Leiter der Suchmannschaft. »Irgendwas gefunden?« Ihre Magennerven begannen sich zu beruhigen.

»Nur das hier«, sagte der Angesprochene und hielt ihr einen kleinen Plastikbeutel hin. »Ein Knopf. Sieht aus wie ein Knopf von so 'nem komischen Mantel, ich komm einfach nicht auf den Namen.«

»Dufflecoat«, sagte die Kommissarin. »Wo lag er?«

»Vor dem Eingang zur Röhre.«

»Gleich ab damit ins Labor. Wenn, dann ist das der erste Hinweis überhaupt. Auch wenn ich im Moment noch daran zweifle. Wer trägt schon um diese Jahreszeit einen Dufflecoat?!«

»Vielleicht der Verrückte, der junge Mädchen abschlachtet!« sagte Schulz, der nur einen ganz kurzen Blick auf die Tote geworfen hatte. Sie sah zu schrecklich aus, um länger hinsehen zu können.

Trotz der Absperrung und der ungünstigen Lage hatte sich ein Ring Schaulustiger am Weg gebildet. Polizisten hatten alle Hände voll zu tun, die Gaffer wieder hinter die Absperrung zu drängen, dennoch schafften es einige immer wieder, den Riegel zu durchbrechen, um einen besseren Blick auf den Fundort zu erhaschen. Der Leichenwagen mußte etwa siebzig Meter entfernt anhalten, weil dicke Äste eine Weiterfahrt unmöglich machten. Fahrer und Beifahrer stiegen aus, gingen zum hinteren Teil des Wagens, öffneten die Tür, zogen einen Zinksarg heraus. Wortlos transportierten sie ihn zu dem toten Mädchen, hoben den Deckel vom Sarg, zogen Schutzhandschuhe über, wollten das Mädchen hineinlegen, aber Julia Durant hielt sie zurück; erst müßten Spurensicherung und Fotograf ihre Arbeit erledigen.

Die fünf Männer trafen kurz nach Schulz und Durant am Tatort ein. Eine kurze Besprechung, Fotos wurden von allen Seiten geschossen, mögliche Spuren an der Toten gesichert, erst dann wurde die Leiche zum Einsargen freigegeben. Kaum zwei Minuten später war die Kiste im Auto verstaut, bereit für den Abtransport zur Gerichtsmedizin. Nach und nach verteilte sich nun auch die Menge der Gaffer.

Auf dem kurzen Weg vom Fundort bis zu den Lindners rauchte Julia Durant zwei Gauloises. Sie war nervös, alle Fasern ihres Körpers angespannt, Stiche in der linken Schläfe, ein typisches Zeichen für Nervosität, es war das erste Mal, daß sie eine Todesnachricht überbringen mußte.

Lindner öffnete die Tür. Angst. Die unausgesprochene Frage – *Wo ist sie? Habt ihr sie gefunden? Kommt sie nach Hause? Sie kommt doch nach Hause?!*
Durants Inneres vibrierte, sie ließ es sich aber nicht an-

merken, sah Lindner ernst an. »Dürfen wir bitte eintreten?«

Er machte wortlos die Tür frei. Weder er noch seine Frau hatten sich seit dem Morgen umgezogen. Auf dem Wohnzimmertisch zwei Flaschen Doppelkorn, eine davon leer, die andere angebrochen, ein überquellender Aschenbecher, die Frau hielt eine halbgerauchte Zigarette zwischen den Fingern. Rotgeweinte Augen. Lindner blieb mit dem Rücken an die Tür gelehnt stehen. Der Kanarienvogel piepste in der Küche. Durant kniff die Lippen kurz aufeinander, setzte sich zögernd auf einen Stuhl. Schulz blieb bei Lindner stehen.

»Haben Sie einen Arzt, den wir gleich anrufen könnten?« fragte die Kommissarin, die folgenden Reaktionen vorausahnend. Sie konnte sich nicht vorstellen, daß diese kleine Frau die Nachricht vom gewaltsamen Tod ihrer Tochter ohne Nervenzusammenbruch überstand. Die Augen der Frau weiteten sich allein bei der Frage vor Panik. Durant sah Lindner an, der nickte kaum merklich. »Geben Sie meinem Kollegen die Nummer, er wird das für Sie erledigen.« Der Mann schlug das kleine, braune Telefonbuch auf, deutete auf die Nummer. Schulz wählte, sprach kurz mit dem Arzt.

»Er wird gleich dasein«, sagte Schulz.

»Sie haben sie gefunden, nicht? Natürlich haben Sie das«, sagte Lindner mit tonloser Stimme, »sonst bräuchten wir jetzt keinen Arzt.« Er hatte im Laufe des Tages viel getrunken, was ihm jetzt vielleicht sogar half. Auch wenn die Nachricht sogar einen Vollrausch verfliegen lassen konnte.

»Haben Sie sie gefunden?«

»Ja.«

»Und wo?«

»Nicht weit von hier, in der Nähe des Oberforsthauses.«

»Wieso dort? Was hat sie am Oberforsthaus gemacht?«

»Das können wir Ihnen nicht sagen. Sie ist einfach eine Haltestelle weitergefahren. Warum?« Julia Durant zuckte hilflos die Schultern. »Wir werden es vielleicht noch herausfinden.«

»Sieht sie schlimm aus? So wie die anderen?«

»Behalten Sie sie einfach so in Erinnerung, wie Sie sie zuletzt gesehen haben. Es tut mir leid, Ihnen keine bessere Nachricht bringen zu können.«

Die Frau wimmerte leise vor sich hin. Lindner löste sich von der Tür, ging zu seiner Frau, setzte sich neben sie, umarmte sie. Weinte stumm dicke Tränen, sein Körper zuckte. Er fragte mit tränenerstickter Stimme: »Am Oberforsthaus? Was hat sie bloß am Oberforsthaus gemacht? Sie steigt doch sonst immer hier vor der Tür aus! Es sind doch nur ein paar Meter!« Er stockte, schneuzte sich, stand wieder auf, ging an den Tisch, nahm einen langen Schluck aus der Flasche Doppelkorn. Stellte die Flasche hin, flüsterte: »Sie war doch meine kleine Süße! Wissen Sie eigentlich, wie lieb sie war? Sie war das einzige und liebste, das wir hatten! Sie hat uns nie Kummer bereitet! Nie, verstehen Sie?!« Dann beugte sich Lindner über den Tisch, vergrub das Gesicht in den Händen und weinte hemmungslos, Sabber tropfte auf die Decke.

Der Arzt klingelte, Schulz öffnete ihm. Ein fragender Blick, Schulz sprach leise mit ihm. Der Arzt nickte nur, ließ wortlos seinen Koffer aufschnappen, holte zwei Spritzen und zwei Ampullen eines Beruhigungsmittels heraus, ging auf Lindner zu, krempelte ihm den linken Ärmel auf, was Lindner sich widerstandslos gefallen ließ, knackte den Verschluß der ersten Ampulle, zog die Spritze auf, drückte die miteingezogene Luft heraus und stach die Spritze in die gut sichtbare Vene der Armbeuge.

»Ich kann ihm keine volle Dosis geben, er hat getrunken. Das Medikament verstärkt die Wirkung des Alkohols.« Dann wandte er sich der Frau zu, die tränenlos weinte, fühlte ihren Puls. »Sie steht unter Schock«, sagte der Arzt leise. »Sie sollte jetzt nicht alleine sein. Der Mann ist in seinem Zustand keine große Hilfe. Am besten wäre ein Verwandter. Ich werde ihr jetzt auch eine Spritze geben, allerdings weiß ich nicht, wie lange die Wirkung vorhält.«

»Haben Sie Angehörige?« fragte er Lindner.

»Eine Schwester«, schluchzte er.

»Hier in Frankfurt?«

»In Höchst.«

»Kann sie herkommen?«

Lindner, von unsäglichem Schmerz durchgeschüttelt, nahm das kleine Telefonbuch und deutete auf einen Namen. Schulz wählte die Nummer, hatte Erfolg. Lindners Schwester versprach, sofort zu kommen.

»Gut«, sagte der Arzt. »Es wäre verantwortungslos, die beiden jetzt allein zu lassen. Manch einer hat in einer solchen Situation schon durchgedreht.«

»Ich glaube, es hat wenig Sinn, jetzt eine Befragung durchzuführen. Wir warten bis morgen damit«, sagte Durant. »Brauchen Sie uns noch?«

»Nein. Sie haben sicher noch eine Menge zu tun. Es muß für Sie doch ein hundsmiserables Gefühl sein, solche Nachrichten zu überbringen! Ich werde warten, ob das Medikament anschlägt. Alles Gute. Und hoffentlich finden Sie diesen Kerl bald.«

Freitag, 17.30 Uhr

Schulz sah Julia Durant von der Seite an. Sie kurbelte das Seitenfenster herunter und ließ den Arm raushängen. Sie quälten sich bei drückender Schwüle durch den spätnachmittäglichen Berufsverkehr, der penetrante Gestank von Abgasen drang ins Wageninnere. Vom Taunus her näherte sich eine schwarze Wolkenfront. Noch war es windstill, die Luft kaum zu atmen, die Lider wurden schwer.

»Es wird Regen geben«, sagte Schulz, als müßte er etwas sagen.

»Hmh.«

»Hoffentlich wird es bald kühler. Ich habe noch nie einen so langen und heißen Sommer erlebt«, sagte er, griff in seine Anzugjacke und holte eine Schachtel Marlboro hervor. Zündete sich eine Zigarette an, inhalierte bis tief in die Lungenspitzen, behielt den Rauch sehr lange in sich, blies ihn durch Mund und Nase wieder aus. »Der Kerl ist krank, oder? Nur ein Kranker kann doch so was fertigbringen!«

»Haben Sie die Eltern gesehen? Mein Gott, da schuften die sich ihr Leben lang die Lunge aus dem Hals, damit ihre Tochter es einmal besser hat, und dann…«

»Ich denke, es wird Zeit, daß wir uns mal mit unserem Psychologen unterhalten. Wir brauchen unbedingt ein Täterprofil. Er soll sich sämtliche Fotos ansehen, die Akten durchlesen. Diese Seelenklempner wissen doch immer etwas mehr als wir. Oder zumindest tun sie so.«

»In München hatte ich einmal mit einem Nekrophilen zu tun, aber der war im Vergleich zu dem hier harmlos. Er hat seine Schwester getötet und Teile von ihr gegessen. Aber bei ihm war es religiöser Wahn. Das hier ist anders. Unheimlicher. Bei irgendwem ist irgendwas gewaltig außer Kontrolle geraten. Wenn ich nur wüßte, was! Wissen Sie, ich hatte mal einen Kollegen, der hätte jetzt gesagt, wir gehen auf das Ende der Welt zu«, sagte sie, lächelte zum ersten Mal seit mehr als zwei Stunden, steckte sich eine Gauloise an. »Er würde jetzt sagen, dies seien die Zeichen der letzten Tage. Lesen Sie die Johannesoffenbarung, hat er gesagt, dort steht all das geschrieben. Krieg, Verbrechen, Unzucht, Hurerei, Götzendienst, was es eben so alles gibt. Die Zeichen der Zeit. Die Welt wird nicht mehr lange bestehen. Nun, er war nicht lange bei uns. Er ist, soweit ich weiß, bei den Zeugen Jehovas gelandet.«

»Spinner. Genau so ein Spinner wie unser junger Kollege Koslowski.«

»Wie lange sind Sie schon bei der Kripo?« fragte Julia Durant.

»Vierzehn Jahre, warum?«

»Interessiert mich nur so. Sie sind verheiratet, wie ich gehört habe. Kinder?«

»Ein Sohn und eine Tochter. Und Sie?«

»Ledig. Das heißt, eigentlich bin ich geschieden. Mein Mann hat es vorgezogen, die gesamte weibliche Belegschaft seiner Werbeagentur durchzubumsen, und ich war die letzte, die davon erfuhr. Als ich's schließlich erfuhr, hab ich Schluß gemacht. Und jetzt bin ich hier gelandet.« Als sie geendet hatte, ärgerte sie sich. Sie hatte Schulz etwas erzählt, das sie ihm gar nicht erzählen wollte, das ihn gar nichts anging. Es war ein Fehler von ihr, daß sie zu oft Dinge sagte, die sie hinterher bereute.

Freitag, 22.00 Uhr

Berger und Schulz verließen gemeinsam das Präsidium. Durant blieb noch im Büro.

»Hoffentlich bleibt es diese Nacht ruhig. Das Leben ist ungerecht, verdammt ungerecht, weißt du das?! Es bestraft immer die Falschen.«

»Und wen sollte es deiner Meinung nach bestrafen?« fragte Schulz mitleidlos. Er wußte, Berger würde den Tod seiner Frau und seines Sohnes nie verwinden, er war es, der sich vom Leben ungerecht behandelt und bestraft fühlte. Aber gab dies Berger das Recht, auch andere ungerecht zu behandeln?

»Schau sie dir doch an, die vom Organisierten, die Zuhälter und das Geschmeiß! Denen passiert so gut wie nie was! Aber die wirklich Unschuldigen... ich möchte im Augenblick am liebsten alles hinschmeißen!«

»Hör zu, eine Frage«, sagte Schulz, blieb stehen und faßte Berger kurz am Ärmel. »Wieso hast du *ihr* den Fall übertragen? Ich dachte, wir wären Freunde und eine Hand wäscht die andere. Du hättest selbst die Ermittlungen übernehmen können, oder zumindest hättest du mir... Es ist noch gar nicht so lange her, da hast du mir versprochen...«

Berger unterbrach ihn mit einer Handbewegung: »Du siehst das falsch. Und außerdem habe ich dir gar nichts versprochen! Hätte ich *dir* den Fall übertragen sollen? Ich glaube, das wäre im Moment nicht sehr ratsam. Und du weißt selbst, warum.«

»Nein, weiß ich nicht. Also, warum?«

»Soll ich dir die Gründe aufzählen? Soll ich das wirklich tun?«

»Bitte, ich warte.«

»Der erste Grund ist Sabrina. Und der zweite ist Joanna. Jedermann hier weiß inzwischen, was mit ihr ist. Ich mag sie, und ich mag dich. Aber ich fürchte, bei euch zu Hause ist etwas außer Kontrolle geraten. Bring dein Zuhause in Ordnung, und dann unterhalten wir uns wieder über deine Karriere. Durant ist eine äußerst fähige Beamtin. Sie hat ausgezeichnete Referenzen vorzuweisen, und sie hat nicht nur bei der Sitte, sondern auch zwei Jahre bei der Mordkommission in München gearbeitet. Und sie hat das, was vielleicht uns beiden fehlt – sie hat einen Riecher, ein Gespür für Menschen und Situationen. Das ist etwas, das man nicht lernen kann, entweder man hat's oder man hat's nicht. Wenn du also auf jemanden wütend bist, dann bitte nicht auf sie, sie hat sich nicht aufgedrängt, weiß Gott nicht, sie ist mir einfach von Köhler ans Herz gelegt worden. Soll ich mich vielleicht gegen Köhler und seine gutgemeinte Hilfe wehren? Das wäre doch töricht, und das weißt du auch.«

»In deinen Augen bin ich also wegen meiner persönlichen Probleme ein ungeeigneter Polizist...!«

»Quatsch, das habe ich nicht gesagt! Hör endlich auf, dich in Selbstmitleid zu suhlen! Warum kannst du nicht deine privaten Probleme draußen vor der Tür lassen? Die Durant kann das offensichtlich.«

»Willst du dich hier etwa als Oberlehrer aufspielen? Ich bin alt genug, falls du das vergessen haben solltest, um auf mich selbst aufzupassen! Außerdem greif dir mal an die eigene Nase! Verdammt noch mal, ja, ich gebe zu, ich habe Probleme, aber habe ich jemals meine Arbeit vernachlässigt? Sag, hab ich das?«

»Nein, aber du bist nicht hundertprozentig bei der Sache. Stimmt, auch ich habe Probleme, und es hat sehr, sehr lange gedauert, bis ich mich einigermaßen gefangen habe.

Noch vor kurzem hätte ich einen Fall wie diesen auch nicht übernehmen können. Ich spreche dir doch nicht ab, ein guter Polizist zu sein, du bist garantiert keinen Deut schlechter als die Durant, aber sie ist im Kopf frei! Allein darum geht es! Und ihre Referenzen sprechen eine deutliche Sprache. Sie ist, wie mir gesagt wurde, wie ein Terrier, sie kann sich in einen Fall verbeißen. Mein Gott, nun nimm das doch nicht so tragisch! Du brauchst auch keine Angst zu haben, daß sie dich herumkommandiert, sie wird sehr viel allein arbeiten. Für dich wird immer noch genügend Arbeit übrigbleiben.«

»Zum Beispiel? Bürokram? Akten ablegen? Rumtelefonieren? Schöne Arbeit! Und das nach so vielen Jahren!«

»Komm, ich bin zwar müde, aber gehen wir einen trinken und unterhalten uns noch ein bißchen. Einverstanden?«

»Vielen Dank, heute nicht! Ein andermal vielleicht. Ich will Joanna nicht zu lange warten lassen.« Er wandte sich zum Gehen, konnte sich aber nicht verkneifen zu sagen: »Weißt du, manchmal verfluche ich den Tag, an dem ich mich entschieden habe, zur Polizei zu gehen. Heute ist so ein Tag. Am liebsten würde ich mir irgendwo einen Job suchen, morgens um sieben aufstehen, nachmittags um fünf heimkommen und jedes Wochenende frei haben. Aber wo finde ich schon so einen Job? Ich bin doch nur ein lausiger Bulle! Ein lausiger Bulle, in einem lausigen Scheißhaus!«

»Und wem wäre damit geholfen, wenn du einen anderen Job hättest? Dir? Oder vielleicht denjenigen, die darauf warten, daß endlich einer diese Bestie einfängt, damit auch sie wieder ruhig schlafen können und keine Angst mehr um ihre Töchter zu haben brauchen?«

»Was kann ich schon ausrichten? Oder du?« Er ging ohne einen Gruß.

»Halt, warte noch einen Moment. Wie geht's Joanna?«

»Gut, denke ich.«

»In jeder Beziehung?«

»Laß mich zufrieden, verdammt noch mal!« Schulz beschleunigte seine Schritte. Er stieg in seinen Wagen, ließ den Motor aufheulen, raste durch den Hof und ließ an der Ausfahrt die Bremsen quietschen. Berger sah ihm kopfschüttelnd nach.

Freitag, 22.30 Uhr

Julia Durant hatte die Fenster geöffnet und die Jalousie heruntergelassen, um zu verhindern, daß ein Schwall Mücken den Raum besetzte. Im Gegensatz zu gestern abend war die Nacht mild und die Luft mit vielen Feuchtigkeitspartikeln durchsetzt, eine Mückennacht. Ein großer Becher dampfenden schwarzen Kaffees stand vor ihr, sie hatte sich zurückgelehnt, die Beine auf den Tisch gelegt, beide Akten lagen aufgeschlagen auf ihren Oberschenkeln. Die bisher gesammelten Fakten waren eher dürftig. In beiden Fällen waren die Augen ausgestochen worden, die rechte Brust abgeschnitten und das Schambein mit einem harten Gegenstand, vermutlich einem Knüppel, von innen gebrochen und Teile der Brust und der Vagina mit den Zähnen ausgerissen, der Schließmuskel des Anus zerrissen worden. Die blonden Haare jeweils zu Zöpfen oder Rattenschwänzen mit roten Schleifchen gebunden. Die Eltern der Mädchen behaupteten jedoch, daß keine der beiden jemals Rattenschwänze getragen hätte. Die Gebißabdrücke belegten eindeutig, daß nur ein und derselbe Täter für beide Morde in Frage kam. Carola Preusse hatte man in einem Gartenhaus gefunden, auf einer Pritsche liegend, die Augenhöhlen an die Decke starrend, seltsamerweise fehlten Spermaspuren. Die Arme lagen über Kreuz, ebenso die Beine. Allem Anschein nach ein Ritual, das der Mörder zelebrierte, nachdem die Mädchen tot waren. Maureen Nettleton lag hinter einem Busch, wo der Hund eines nächtlichen Spaziergängers sie fand. Die gleiche Vorgehensweise, die gleiche Aufbahrung. Durant betrachtete eingehend die von den Leichen gemachten Fotos, die das Makabre noch deutlicher hervorhoben und ihr eine Gänsehaut verursachten.

Der Obduktionsbericht von Sabine Lindner lag noch nicht vor, dafür die Fotos. Durant erkannte sofort die Abweichungen zu den ersten beiden Fällen. Sabine war in einer Röhre gefunden worden, auf dem Bauch liegend, ausgestochene Augen, abgeschnittene rechte Brust, doch konnte die Kommissarin selbst mit der Lupe weder Bißwunden an der Vagina noch an der Brust feststellen, ebenso deutete nichts auf eine von innen vorgenommene Zertrümmerung der Vagina hin. Doch Klarheit würde erst der Obduktionsbericht geben. Außerdem hatte der Täter nur ihr, im Gegensatz zu Carola und Maureen, den Unterleib aufgeschlitzt, außerdem fehlten drei der markantesten Merkmale – die Rattenschwänze, die Rückenlage und die überkreuzten Arme und Beine.

Entweder also handelte es sich hier um einen Nachahmungstäter, oder es war auch diesmal derselbe Mörder, der vielleicht bei seiner Tat gestört worden war und nicht mehr die Zeit gehabt hatte, sein Ritual zu Ende zu bringen. Das wäre unter Umständen eine mögliche, wenn auch nicht unbedingt logische Erklärung für das Fehlen bestimmter Merkmale.

Die ersten beiden Fundorte lagen nur zweihundert Meter auseinander, der dritte war etwa einen Kilometer von den beiden anderen entfernt.

Carola Preusse war sechzehn, Maureen Nettleton siebzehn Jahre alt, einssiebenundsechzig beziehungsweise einseinundsiebzig groß, schlank, beide hatten etwa schulterlanges, blondes Haar. Carola war bis zur Tat noch Jungfrau gewesen. Bei Maureen fanden sich zwei Sorten Sperma, eine Sorte älter als vierundzwanzig Stunden, das andere stammte mit großer Wahrscheinlichkeit vom Täter. Den Akten nach zu urteilen waren aber weder Maureens Vater noch ihre Mutter zum Geschlechtsleben ihrer Tochter befragt worden. Durant wollte das gleich morgen nachholen. Carolas Vater war Spediteur, der es aus eigener Kraft zu beträchtlichem Wohlstand gebracht hatte, er lebte mit seiner Familie in einer Villa nahe der Galopprennbahn Niederrad, der Vater von Maureen war Deutschlanddirektor einer großen internationalen Bank. Die Häuser beider lagen nur zehn Fußminuten auseinander.

Sabines Vater hingegen war nur ein einfacher Arbeiter, allerdings gab es über ihre Freundin Nicole eine direkte Verbindung zur Frankfurter High-Society.

Liefen die Fäden hier zusammen? Kannten die Mädchen den Täter vielleicht sogar? Mordete er gezielt, oder pickte er seine Opfer wahllos aus der Masse heraus? Wenn es aber jemand war, der die Reichen einfach nur haßte? War er irgendwann einmal so sehr gedemütigt worden, daß er sich nun auf diese grausame Weise dafür rächte? Beobachtete er die Mädchen vielleicht eine Zeitlang, bevor er sie umbrachte? Warum aber tötete er nur blonde Mädchen, und warum mußten sie so jung sein? Warum interessierten ihn keine reifen Frauen?

Die Besitzer des Gartenhauses, in dem Carola Preusse gefunden worden war, behaupteten steif und fest, es immer abgeschlossen zu halten. Aber weder das Schloß noch ein Fenster waren aufgebrochen worden, und die Besitzer sagten, nur sie allein besäßen einen Schlüssel. Wer also war, ohne daß sie es wußten, noch im Besitz eines Schlüssels für das Gartenhaus? Hatte irgendwer einmal die Gelegenheit gehabt, sich einen Nachschlüssel anzufertigen?

Maureen war unweit der Niederräder Landstraße, einer selbst nachts stark frequentierten Straße, ermordet worden, darauf wiesen eindeutige Spuren hin. Sabine war etwas mehr als sechshundert Meter von der Bushaltestelle entfernt ermordet worden. Kannte sie ihren Mörder doch? Zumindest bestand bei ihr am ehesten die Wahrscheinlichkeit. War er der Grund, weshalb sie bis zum Oberforsthaus gefahren war? Julia Durant schüttelte den Kopf, streckte sich, gähnte herzhaft. *Nein*, dachte sie, *nur äußerst furchtlose siebzehnjährige Mädchen gehen ab Einbruch der Dunkelheit ohne Begleitung in ein so dichtbewachsenes Waldstück.* Hatte sie sich mit jemandem verabredet, von dem nicht einmal Nicole etwas wußte? Nicole behauptete jedoch, daß es keine Geheimnisse zwischen ihr und Sabine gegeben hatte.

Julia Durant schloß für einen Moment die Augen, dann setzte sie sich kerzengerade hin. Natürlich, was, wenn Nicole log? Und wenn, warum tat sie es? Gab es ein Geheimnis, das selbst über den Tod hinaus bewahrt wurde oder werden mußte? So etwas wie ein ewiger Schwur?

Sie entspannte sich wieder, zündete die vorletzte Gauloise aus der Packung an, lehnte sich zurück. Nein, sagte sie kopfschüttelnd zu sich selbst, sie hatte schon viel erlebt, war mit vielen Geheimnissen konfrontiert worden, hatte schon in einige Abgründe der menschlichen Seele geblickt, doch daß jemand, dazu noch ein derart junger Mensch, wesentliche Fakten verschwieg, die für die Aufklärung eines Mordfalles wichtig waren, das hielt sie für nahezu ausgeschlossen. Niemand, schon gar keine Siebzehnjährige, würde den Mord an ihrer besten Freundin decken. Dies wäre eine vollkommen neue Erfahrung.

Sie ging insgesamt zweimal die Akten durch, ohne jedoch auf nennenswerte Ungereimtheiten zu stoßen. Die Blutuntersuchung der Mädchen war ohne Befund, bei Maureen Nettleton waren lediglich Spuren von Restalkohol nachgewiesen worden. Beide waren physisch gesund gewesen.

Sie wollte am kommenden Tag noch einmal die Eltern der Mädchen aufsuchen. Es gab ein paar Fragen, auf die sie keine Antworten in den Akten fand. Eine Viertelstunde nach Mitternacht schloß sie die Ordner, legte sie auf den Tisch, trank ihren inzwischen kalten Kaffee, stand auf, streckte sich noch einmal, schloß das Fenster. Trotz der heruntergezogenen Jalousie hatten sich eine Menge Mücken durch die winzigen Ritzen gemogelt, schwirrten hektisch um die Lampe. Kaum noch Geräusche von der Straße. Sie stellte sich ans Waschbecken, wusch die Hände, benetzte ihr Gesicht und fuhr sich mit leicht gespreizten Fingern durch das dichte, dunkle Haar. Sie war müde und erschöpft, ein Sechzehnstundentag lag hinter ihr. Und in spätestens acht Stunden wollte sie wieder im Büro sein. Auch wenn Samstag war.

Freitag, 22.45 Uhr

Im oberen Stockwerk des Hauses brannte Licht. Berger parkte den Wagen vor dem Garagentor, er war zu faul, ihn in die Garage zu fahren. Er war etwas nachlässig, in manchen Bereichen seines Privatlebens sogar schlampig geworden. Nur im Winter, wenn es zu heftig regnete oder schneite, stellte er das Auto in die Garage.

Andrea kam die Treppe heruntergelaufen, hauchte ihrem Vater einen Kuß auf die Wange. Ein kurzes Lächeln, dann löste er sich aus ihrer Umarmung und ging ins Wohnzimmer. Andrea folgte ihm.

»Schlechte Laune?« fragte sie geradeheraus, setzte sich ihm gegenüber auf den Zweisitzer.

»Hast du die Nachrichten gehört?«

»Nein«, erwiderte sie und zog die Stirn in Falten. »Ist irgendwas passiert?«

»Das dritte Mädchen. Drei Mädchen in zwei Wochen. Und alle in deinem Alter. Du kannst von Glück sagen, daß du nicht blond bist. Trotzdem solltest du dich in der nächsten Zeit lieber vorsehen.«

»Hast du sie gesehen? Ich meine das tote Mädchen?« Sie streifte ihre Schuhe ab, legte die Beine hoch, drückte ein Kissen vor den Bauch.

»Nur Fotos.«

»Und? Wie sah sie aus?«

»Wie die anderen. Aber wenn du morgen die Zeitung aufschlägst, wirst du sowieso das meiste erfahren. Und das Schlimmste ist, daß wir nicht weiterkommen.«

»Hast du Hunger? Ich hab schon was für dich gemacht. Warte, ich hole es. Bier, Wein?« fragte sie und stand auf. Sie war ein schlankes, hübsches Mädchen mit Bubikopf und einem neckischen Blitzen in den Augen, zartgliedrigen Fingern; Berger wußte, daß sie die Blicke vieler Männer auf sich zog. Und sicher kam bald der erste richtige Freund. Ein Moment, an den Berger nicht denken mochte.

»Ein Bier reicht, danke.« Berger legte den Kopf zurück, schloß die Augen. Er konnte nicht abschalten. Andrea kam mit belegten Broten, einer Tomate, einer sauren Gurke und einer Flasche Bier. Stellte den Teller und die Flasche auf den Tisch.

Berger nahm einen Happen, biß ab und schaute nachdenklich auf Andrea. Nicht auszudenken, ihr würde das gleiche Schicksal widerfahren, wie den anderen Mädchen.

»Möchtest du fernsehen?« fragte sie.

»Ich muß gleich ins Bett, ich fühl mich wie tot.«

»Mußt du morgen arbeiten?«

»Leider. Die Morde lösen sich nicht von allein. Morgen, übermorgen. Freie Tage werden wir wohl erst wieder haben, wenn der ganze Spuk vorüber ist. Wir haben aber seit heute eine neue Mitarbeiterin. Sie übernimmt die Ermittlungsarbeit.«

»Ist sie hübsch?«

»Warum willst du das wissen?«

»Interessiert mich eben. Sag schon!«

»Vom männlichen Standpunkt aus betrachtet würde ich sagen, sie ist hübsch.«

»Und wie alt?«

»Mein Gott, du fragst mir Löcher in den Bauch! Knapp über dreißig. Zufrieden?«

»Haarfarbe?«

»Dunkel.«

»Lang oder kurz?«

»Was?«

»Lange oder kurze Haare?«

»Eher kürzer.«

»Und was meint Schulz, daß du ihm eine Frau vor die Nase gesetzt hast? Er ist doch bestimmt sauer, oder?«

»Könnten wir jetzt bitte das Thema wechseln?« fragte Berger leicht ungehalten.

»Also habe ich recht. Er hätte gerne selbst die Leitung übernommen und fühlt sich übergangen. Und weißt du, was, ich kann ihn sogar verstehen...«

»Gar nichts kannst du! Du kennst die Hintergründe nicht!«

»Du denkst doch nur, daß er zu viele private Probleme hat und deshalb nicht geeignet ist, den Fall…«

»Mein Gott, fängst du jetzt auch noch an! Du hast keine Ahnung, was wirklich los ist! Ich brauche für diese Sache jemanden, der nicht nur ein guter Polizist ist, sondern vor allem über einen gewissen Instinkt verfügt! Und diese Julia Durant besitzt Instinkt!«

»Na ja, geht mich eigentlich auch nichts an. Trotzdem tut er mir leid. Er wartet seit Jahren auf eine Chance, und wenn er mal eine bekommen könnte, kriegt er sie nicht.«

»Ich denke, er wird darüber hinwegkommen.«

Andrea stellte sich ans Fenster, lehnte sich an die Heizung. »Ich werde auch gleich ins Bett gehen. Morgen bin ich nämlich die ganze Zeit bei Martina.«

»Schon wieder? Und warum immer bei ihr? Gefällt es ihr hier nicht oder woran liegt es, daß du immerzu zu ihr gehst? Oder schämst du dich, sie mit herzubringen?«

»Papa! Was soll denn das? Wofür sollte ich mich schämen?«

»Du hast zum Beispiel keine Mutter mehr, die hier saubermacht, nur einen Vater…«

»Mensch, Papa«, sagte sie und kniete sich neben seinen Sessel. »Es ist zwei Jahre her! Manchmal bin ich auch noch traurig, daß Mutti nicht mehr da ist, aber es muß trotzdem weitergehen. Du sollst sie ja nicht vergessen, aber zurückholen kannst du sie auch nicht.«

»Entschuldigung, ich hab das eben nicht so gemeint«, sagte Berger und streichelte Andrea kurz durchs Haar. »Aber du kannst nicht verstehen, wie das ist, wenn man nach Tagen wie diesen nach Hause kommt, und… Ich glaube, ich werde mich nie daran gewöhnen können.« Er machte eine Pause, wechselte das Thema. »Und was macht ihr, wenn ihr allein seid?«

»Dies und das. Nichts Schlimmes, falls du das denken solltest. Morgen abend gehen wir in die Disko. Ach ja, da fällt mir ein, Martina und ich, wir würden gerne nächstes Jahr in den Sommerferien für vier Wochen nach Irland fahren. Darf ich?«

»Was heißt, *darf ich*? Um was geht's? Geld?«

Andrea grinste ihren Vater an. »Klar, um was wohl sonst. So 'ne Fahrt bezahlt sich nicht von allein. Ich bin auch ganz brav.«

»Und wie teuer?«

»Na ja, so zwölfhundert bis fünfzehnhundert Mark werden wir schon brauchen.«

»Ich sag mal ja, aber unverbindlich, einverstanden?«

»Einverstanden«, sagte sie und strahlte ihn an. Sie würde es schon verstehen, aus dem unverbindlich sehr bald ein verbindlich zu machen.

»So, und jetzt hau ich mich endgültig in die Falle. Um acht ist für mich die Nacht zu Ende«, sagte Berger und erhob sich. Er streckte sich, sein Rücken schmerzte von den Schulterblättern bis in die Lenden. Seine Wirbelsäule war in Ordnung, der Arzt hatte gemeint, es wären seelisch bedingte Verspannungen. Müde schlich er die Treppe hoch. Noch vor einer halben Stunde hatte er sich vorgenommen, zu duschen, den Schweiß des mörderischen Tages abzuwaschen, die Haare zu waschen, sich zu rasieren, die Zähne zu putzen, aber er ließ alle Vorsätze fallen, zog sich nur aus, ließ die Sachen vor dem Bett auf dem Boden liegen und legte sich hin. Die Vorhänge waren nicht zugezogen, das Licht der Straßenlaterne zeichnete Schatten des vor dem Haus stehenden Baumes an die Decke. Berger starrte einen Moment dorthin, schloß die Augen. Er schlief zwei Stunden, wachte auf, wälzte sich unruhig im Bett umher. Um halb zwei ging er an den Medizinschrank, holte die Schachtel mit dem Librium heraus und nahm eine Pille. Seit fast zwei Jahren nahm er das Mittel regelmäßig, manchmal zusammen mit Alkohol. Eine Stunde später schlief er wieder ein.

Freitag, 22.45 Uhr

In dieser Nacht stand für Schulz kein Essen in der Küche. Im Wohnzimmer brannte Licht. Er ging hinein, sie saß vor dem Fernsehapparat und sah sich einen billigen Sexfilm auf SAT 1 an.

»Hallo«, sagte er, wunderte sich, sie anzutreffen.

Sie zog an einer Zigarette, blies den Rauch mit kräftigem Druck wieder aus. »Du bist ja schon da!« erwiderte sie mit glasigem Blick, sie war angetrunken.

»Wie du siehst. Was ist das?« Er deutete auf den Fernsehapparat.

»Was glaubst du wohl, was die da machen? Domino spielen? Die bumsen da schon seit einer geschlagenen halben Stunde rum, das heißt, sie tun so. Wenigstens ansehen darf ich mir das ja wohl, oder?«

»Du kannst machen, was du willst. Ich jedenfalls esse jetzt eine Kleinigkeit und gehe zu Bett. Außerdem, seit wann rauchst du wieder?«

»Kann dir doch egal sein! Du bist doch nicht etwa müde, oder?« Eine heiße Nadel, die in seinen Körper und seine Seele gebohrt wurde.

»Was habe ich dir bloß getan?! Falls du es vergessen haben solltest, ich bin Polizist, und im Augenblick kotzt mich der Job bis hier oben an! Wir stecken bis zum Hals in der Scheiße, und du hast nichts anderes zu tun als zu sticheln!«

»Oh, entschuldige, mein Herr! Wenn ich dir auf die Nerven gehe, kann ich ja ausziehen! Dann brauchst du dich um mich überhaupt nicht mehr zu kümmern.«

Schulz trat in die Mitte des Zimmers, setzte sich auf die Lehne der Couch. Stützte den Kopf in beide Hände, die Augen geschlossen, seine Kiefer mahlten aufeinander. »Hast du schon mal ein siebzehnjähriges, bildhübsches Mädchen gesehen, das erst brutal vergewaltigt und dann von oben bis unten mit Messerstichen durchlöchert worden ist? Blondes Haar von Blut durchtränkt, das Gesicht verzerrt, der Unterleib aufgeschlitzt, die Därme quellen heraus, eine Brust abgeschnitten und überall, wohin du siehst, Blut? Am Körper Tausende von Mücken, die sich über das getrocknete Blut hermachen? Nein, das hast du nicht, aber ich habe solche Bilder in den vergangenen vierzehn Tagen dreimal sehen müssen, das letzte Mal vor ein paar Stunden. Sie war so schrecklich zugerichtet, daß es wohl niemanden gab, dem nicht übel wurde. Die Neue und ich, wir *durften* den Eltern die Nachricht überbringen. Es ist das Furchtbarste, was in diesem Beruf geschehen kann, Eltern sagen zu müssen, daß ihr Kind ermordet wurde.« Er blickte auf, atmete tief durch, versuchte, die Ruhe zu bewahren. »Und du sitzt hier und meckerst mich an, weil ich mein Versprechen, mit dir essen zu gehen, nicht einhalten konnte! Im Augenblick hab ich keine Lust, mit dir zu streiten, wirklich nicht.« Er sprach leise, aber eindringlich. Im Hintergrund, vom Fernsehapparat her, lautes Stöhnen, Schulz sah kurz hin, einfach billig, mit Erotik hatte das nichts zu tun.

Sie nippte an ihrem Weinglas, zündete sich eine neue Zigarette an. Mit dem Zeigefinger der linken Hand pulte sie die Haut am Daumen weg. »Dann mach in Zukunft auch keine Versprechungen mehr, von wegen ausgehen, Paella essen und so weiter. Sag in Zukunft gar nichts mehr. Und keine Angst, ich werde keine Forderungen mehr stellen. Ich hätte heute nacht vielleicht doch lieber weggehen sollen, anstatt in diesem öden Haus zu versauern!«

Schulz lachte höhnisch auf. »Bitte, wenn dir davon wohler wird! Im Augenblick tust du mir jedenfalls nur leid! Unendlich leid!« Plötzlich sprang er auf, schrie sie an: »Mein Gott«, er deutete mit einer Hand zum Fenster hin, »ich habe das Gefühl, dich interessiert überhaupt nicht, was da draußen zur Zeit vor sich geht!! Du interessierst dich nur für dein verdammtes Problem, das aber leider auch meines ist! Kannst du nicht ein einziges Mal Rücksicht auf *meine* Gefühle nehmen? Oder ist das zuviel verlangt?«

»Laß mich doch zufrieden!« schrie sie zurück. »Laß mich zufrieden, zufrieden, zufrieden!!!«

Schulz legte den Kopf in den Nacken, schloß die Augen, sagte: »Joanna, das alles kann nicht dein Ernst sein. Was ist bloß aus uns geworden?«

»Das fragst du noch? Schau in den Spiegel, Supermann, dann weißt du's!«

Sie starrte wieder auf den Fernsehapparat, in einer Hand die Zigarette, in der anderen das Weinglas. Er verließ das Zimmer, stopfte eine Scheibe Brot mit Butter und Salami schnell in sich hinein. Dazu ein Glas Milch. Bevor er nach oben ging, betrat er noch einmal das Wohnzimmer. Sie hatte den Fernseher ausgeschaltet. Er lehnte sich an den Türrahmen, fragte: »Was macht Sabrina?«

»Wenn du hingegangen wärst, würdest du es wissen! Aber du hattest ja wieder einmal keine Zeit für sie!«

»Ich möchte nur wissen, wie es ihr geht!«

»Dann besuch sie doch! Aber vielleicht hole ich sie morgen übers Wochenende nach Hause. Der Arzt hat gemeint, es würde keinen Unterschied machen.«

»Hör zu, Schatz«, sagte Schulz und bewegte sich auf Joanna zu, »es tut mir leid wegen eben. Es tut mir wirklich leid. Laß es uns vergessen.« Er wollte sie umarmen, sie stieß ihn zurück.

»Geh schlafen. Du hast deine Ruhe bitter nötig.« Sie trank ihr Glas leer, pulte mit dem Zeigefinger wieder am Daumen, ihr Blick wanderte zum Fenster. Er drehte sich um, ging nach oben, zog sich aus, duschte kurz, legte sich ins Bett. Er fühlte sich hundeelend.

Joanna kam fünf Minuten später. Sie legte sich neben ihn, ihr Atem roch nach Alkohol und Zigaretten vermischt mit dem frischen Duft von Zahnpasta. Mit ihren Fingern fuhr sie langsam über seine Brust und seinen Bauch, ihre Haare kitzelten in seinem Gesicht. »Entschuldige, das war eben dumm von mir. Ich weiß selbst nicht, was mit mir los ist, ich könnte mich manchmal für mein Benehmen ohrfeigen. Ich will gar nicht so sein! Ich habe das eben nur gemacht, um dich zu ärgern. Was ist bloß los mit mir?« Schulz drehte sich auf die Seite, nahm sie fest in den Arm. Sie weinte, weil sie sich selbst haßte, Tränen tropften auf seine Brust. Er schlief mit ihr.

Samstag, 18. September, 7.30 Uhr

Julia Durant wurde vom Sonnenlicht geweckt, das wie spitze Nadeln in ihre Augen stach. Sie verfluchte sich dafür, nicht wenigstens die Vorhänge zugezogen zu haben, doch letzte Nacht war sie so erschöpft gewesen, daß sie sich nur noch ins Bett hatte fallen lassen. Sie wachte in unnatürlich verrenkter Stellung auf, den Kopf fest in den Nacken gepreßt, stechender Druck bis in die Stirn. Dazu bohrende Übelkeit, sie hatte seit gestern spätnachmittag

nichts gegessen, nur Unmengen an Kaffee in sich hinein-
geschüttet. Sie drückte instinktiv auf den Wecker, den sie
auf acht gestellt hatte. Langsam schob sie sich hoch, setzte sich auf die Bettkante, stützte den Kopf in die Hände.
Atmete ein paarmal tief durch, um die Übelkeit zu
bekämpfen, schaute durchs Zimmer. Es wurde Zeit für einen Putztag, doch entweder war sie zu beschäftigt oder
einfach zu müde dafür. Das Pochen im Schädel ging in
Hämmern über, sie rannte ins Bad und erbrach zähen,
grünlichen Schleim. Sie atmete tief ein und kräftig wieder
aus, um den Würgereiz zu unterdrücken.
Sie stöhnte, besah sich im Spiegel, ihre Beine zitterten. Ihr
Magen schmerzte, die Augen waren blutunterlaufen, Tränen der Anstrengung liefen über ihr Gesicht, die sonst vollen, roten Lippen waren blaß und kaum ein Kontrast zur
Haut, ein paar Strähnen des dunklen Haares klebten
schweißnaß an der Stirn. Sie drehte den Wasserhahn auf,
schöpfte mit der Hand Wasser in den Mund, spülte kräftig aus. Befeuchtete das Gesicht mit kaltem Wasser. Trotz
der anhaltenden Übelkeit verspürte sie Appetit auf ein
gutes und reichhaltiges Frühstück. Jeder, der sie und ihren
nervösen Magen kannte, schüttelte nur ungläubig den
Kopf, wie sie kurz nach dem Erbrechen gleich wieder etwas essen konnte.
Sie trug nur ein bis knapp über den Po reichendes, weitgeschnittenes Herrenhemd und einen Slip. Barfuß ging sie in
die Küche, stellte sich auf den kalten Steinfußboden, holte
die Packung Toastbrot heraus, fluchte wenig damenhaft,
weil sich bereits dicker Schimmel am Rand gebildet hatte,
das Haltbarkeitsdatum war seit zwei Wochen abgelaufen,
sie warf die Packung wütend auf den überquellenden, stin-
kenden Müllbeutel, nahm ihn und stellte ihn vor die Tür,
um ihn nachher mit nach unten zu nehmen. Sie riß die

Schranktür auf, fand nur eine Tüte mit Haferflocken, hoffte inständig, daß die Milch, die seit einer Woche im Kühlschrank stand, zum Glück unangebrochen, noch nicht sauer war. Schüttete den Teller dreiviertelvoll mit Haferflocken, mischte etwas Zucker und Kakao darunter. Zog die Lasche auf, roch an der Milch, sie hatte noch nicht einmal einen Stich. Sie kippte so viel Milch über die Haferflocken, bis es fast über den Tellerrand schwappte. Vorsichtig und ohne zu kleckern, verrührte sie Haferflocken und Milch, aß langsam. Nach dem Frühstück setzte sie einen Kessel auf, gab zwei Löffel Instantkaffee in eine große Tasse, rauchte eine Zigarette, wartete auf das Pfeifen des Kessels. Ihr Magen hatte sich wieder beruhigt, sie nahm sich zum werweiß-wievielten-Male vor, in Zukunft besser aufzupassen und öfters eine Kleinigkeit zu essen, die einzige Möglichkeit, ihren Magen bei Laune zu halten.

Der Kessel pfiff, sie goß Wasser in die Tasse, stellte sie vor sich. Nippte ein paarmal an ihrem Kaffee, er war noch zu heiß zum Trinken. Sie nahm die Tasse mit ins Bad und stellte sich unter die Dusche. Noch immer roch es säuerlich nach Erbrochenem. Sie ließ das Wasser über ihren Körper laufen, seifte sich ein. Trocknete sich ab, stellte sich auf die Waage, betrachtete sich von der Seite im Spiegel. Sie hatte eine passable Figur, nur der Busen erschien ihr eine Idee zu groß (aber die meisten Männer standen auf so was), die Fettpölsterchen an den Hüften jedoch und der leicht hängende Bauch ärgerten sie. Sie würde nie eine vollkommene Figur haben, dazu war sie in ihren Eßgewohnheiten zu undiszipliniert und naschte zu gern. Außerdem hatte sie diesen leichten Hängebauch von ihrer Mutter geerbt. Aber noch schien sie den meisten Männern attraktiv genug zu sein, und allein das zählte. Auch wenn sie vorläufig die Nase von Männern voll hatte.

Er war ihre erste große Liebe gewesen und sie überzeugt, diese Ehe würde bis in alle Ewigkeit halten. Bis sie dahinterstieg, daß es keine junge Frau zwischen achtzehn und vierzig in seiner Werbeagentur gab, die er nicht gevögelt hatte. Als sie es durch Zufall erfuhr, hatte sie ihm rechts und links eine runtergehauen, und als er zurückschlug, ihm so kräftig zwischen die Beine getreten, daß er danach mindestens einen Monat lang seinen Schwanz lediglich zum Pinkeln benutzen konnte. Dann war sie eine Nacht lang durch mehrere Kneipen gezogen, hatte sich vollaufen lassen und danach zwei Tage lang nur gekotzt. Eine weitere Woche heulte sie. Nachdem der erste Schock vorüber war, reichte sie die Scheidung ein und schickte Bewerbungen an verschiedene Polizeidienststellen in ganz Deutschland. Das vernünftigste Angebot kam aus Frankfurt.

Sie fönte das Haar, legte einen Hauch Rouge auf die leicht gebräunte Haut, etwas Lippenstift, zog die Augenbrauen nach, ein Spritzer Parfüm. Sie öffnete das Fenster, hielt einen Arm raus, um die Temperatur zu fühlen. Zog eine kurzärmelige, türkisfarbene Bluse, Jeans und Sportschuhe an. Sie fühlte sich fit für den Tag. Ein kurzer Abstecher ins Präsidium, sehen, ob Berger und Schulz da waren, danach die Eltern der beiden ersten Opfer aufsuchen. Sie hoffte, der Obduktionsbericht von Sabine Lindner lag schon vor. Vielleicht bestätigte sich ja ihr Verdacht, daß Sabine von einem anderen getötet worden war.

Sie würde diesen Tag aber, wenn möglich, ohne Schulz verbringen. Seine Gegenwart hemmte sie, er schien verärgert, eine Frau vor die Nase gesetzt bekommen zu haben. Natürlich brachte sie Verständnis für seine Gefühle auf, wenn auch nicht viel. Am liebsten arbeitete sie sowieso allein. Nur dann war sie frei, konnte die Befragungen so durchführen, wie sie es für richtig hielt. Und da sie im Moment vorwiegend mit Frauen zu tun hatte und sie sich recht gut in deren Psyche versetzen konnte, war es vielleicht sogar besser, wenn sie allein arbeitete.

Samstag, 9.00 Uhr

Berger war bereits seit halb sieben im Büro. Das Fenster stand weit offen, die lauwarme Luft drängte durch die Schlitze der Jalousie und ließ die Lamellen sanft aneinanderschlagen. Berger notierte etwas auf einen Zettel und verstaute ihn beim Eintreten von Julia Durant unter der Schreibtischauflage.

»Morgen«, begrüßte sie ihn und hängte ihre Tasche an den Garderobenständer. »Sind Sie schon länger hier?«

»Seit halb sieben. Konnte nicht mehr schlafen. Dieser verdammte Vollmond bringt mich jedesmal um den Verstand!«

»Ich habe geschlafen wie eine Tote. Bin erst nach Mitternacht hier raus. Ich habe die Akten studiert und werde versuchen, noch heute mit den Angehörigen von Carola Preusse und Maureen Nettleton zu sprechen. Ich habe einige Fragen, die nicht in den Protokollen stehen.«

»Sie haben freie Hand.«

»Wenn es Ihnen nichts ausmacht, würde ich aber gerne allein fahren.«

»Ist Schulz Ihnen im Weg?« fragte Berger mißtrauisch.

»Das nicht gerade, aber ich sagte Ihnen schon bei unserem ersten Gespräch, daß ich besser allein arbeiten kann. Ich bin dann freier im Kopf. Es hat nichts mit Schulz persönlich zu tun«, log sie, als sie das Aufblitzen in Bergers Augen bemerkte.

»Also, auch wenn es Ihnen nicht gefällt, ich möchte doch ganz gerne, daß Sie Schulz in zumindest einen Teil Ihrer Befragungen integrieren. Das ist übrigens keine Bitte. Sie sollten wissen, daß Hauptkommissar Schulz ein fähiger Mann ist.«

»Sie sind der Boß«, sagte sie schulterzuckend, setzte sich, schlug die Beine übereinander, steckte sich eine Gauloise an und wechselte das Thema. »Liegt der Obduktionsbericht Lindner schon vor?«

»Nein, aber ich habe bereits Dampf gemacht, und sie haben versprochen, ihn in der nächsten halben Stunde rüberzuschicken.«

»Dann werde ich warten, bis er da ist. Ich schreib so lange den Bericht von gestern.«

»Das hat noch einen Moment Zeit«, sagte Berger und ging zur Kaffeemaschine, um sich einen Kaffee einzuschenken. »Erzählen Sie mir, welchen Eindruck Sie von dieser Nicole Bernhardt und ihrer Mutter haben.«

»Hat Schulz mit Ihnen nicht darüber gesprochen?«

»Ich will Ihre Meinung hören.«

»Mir kommt es vor, als verheimlichen sie uns etwas, aus welchen Gründen auch immer. Kann aber auch sein, daß ich mich irre.«

»Schulz sagt, sie würden sich in der für diese Kreise typischen Weise verhalten, vorsichtig und kein Wort zuviel.«

»Warten wir's ab. Kann natürlich sein, daß er recht hat.«

»Haben Sie eine Theorie, in welche Kategorie der Täter einzustufen ist? Oder können Sie vielleicht sogar ein psychologisches Profil skizzieren?«

Die Kommissarin meinte kopfschüttelnd: »Das würde wohl meine Fähigkeiten nach dieser kurzen Zeit übersteigen. Aber er geht meiner Meinung nach mit System vor.

Er begeht keine Affekthandlungen, er weiß genau, was er will, und er hat einen Plan. Wobei das natürlich noch überhaupt nichts über den Tätertyp aussagt und schon gar nichts mit einem psychologischen Profil zu tun hat. Triebtäter finden sich in allen Gesellschaftsschichten; das ist es doch, was es so schwierig macht. Hätten wir zum Beispiel eine handschriftliche Notiz von ihm, könnten wir von einem Graphologen in etwa seinen Intelligenzgrad und sein mögliches Arbeitsfeld einigermaßen bestimmen. Aber mir ist gestern beim Durchblick der Akten etwas aufgefallen – die Leichenfundorte, die ja wohl auch identisch mit den Tatorten sind, befinden sich alle drei in einem sehr engen Radius. Carola Preusse und Maureen Nettleton stammen jeweils aus sehr wohlhabenden Verhältnissen; Sabine Lindner hat zwar keine reichen Eltern, dafür wohnt ihre beste Freundin, eben diese Nicole Bernhardt, am Lerchesberg. Womit ein Zusammenhang wiederhergestellt ist. Offen ist dabei noch, welche Verbindung zwischen den drei Mädchen besteht und ob es überhaupt eine gibt. Ich glaube übrigens, daß Sabine Lindner von einem anderen Täter umgebracht wurde.«

Bevor Berger darauf antworten konnte, wurde die Tür mit kräftigem Schwung aufgestoßen. Schulz. Er setzte sich, brummte ein mürrisches »Morgen«. Er war ungekämmt und unrasiert, in den kleinen, müden Augen steckte noch gelber Schlaf, er hatte eine Alkoholfahne.

»Guten Morgen, Kollege«, begrüßte ihn Berger mit hochgezogenen Augenbrauen. »Wie war deine Nacht?«

»Wen interessiert das?!« fragte Schulz gereizt. »Sag mir lieber, ob's was Neues gibt! Vielleicht mal wieder ein Mädchen?« Es klang aggressiv und zynisch.

»Nein, bis jetzt nicht, aber unsere Kollegin hat eben einen interessanten Gedanken geäußert. Zwar sieht sie möglicherweise einen Zusammenhang zwischen den drei Morden...«

»Na logisch, es war ein und dasselbe Arschloch!« unterbrach Schulz provozierend, legte die Füße auf den Tisch, holte die Zigarettenschachtel aus der Hemdtasche und zündete sich eine Marlboro an. »Ein und dasselbe gottverdammte Arschloch!«

»Da bin ich mir nicht so sicher«, widersprach ihm Julia Durant. »Ich sehe zwar einen Zusammenhang, aber nicht unbedingt denselben Täter. Mir fiel auf, daß zum Beispiel nur der kleinen Lindner der Bauch aufgeschlitzt wurde, sie nicht auf dem Rücken lag, Arme und Beine nicht überkreuzt waren wie bei den anderen. Und wie Ihnen bestimmt auch aufgefallen ist, fehlte das markanteste Zeichen – die Rattenschwänze!«

»Nein, verdammt noch mal, ist mir nicht aufgefallen, Sie Genie! Was will das schon besagen, wenn das eine oder andere nicht zusammenpaßt? Vielleicht ist er gestört worden, oder er hat mal was Neues ausprobiert – oder er hatte einfach einen schlechten Tag!« Schulz grinste provozierend.

»Kann sein, daß Sie recht haben. Was aber, wenn ich recht habe und wir es mit einem Nachahmer zu tun haben? Die Zeitungen konnten bisher doch nur schreiben, was sie von uns an Informationen bekommen haben. Ausgestochene Augen, abgeschnittene rechte Brust, Verletzungen im Vaginalbereich, das war's! Wir haben zum Beispiel kein Wort über die Bißwunden im Vaginalbereich und an den Brüsten verlauten lassen. Ebenso weiß keiner außer uns und der Gerichtsmedizin, daß er mit einem harten Gegenstand das Schambein von innen zertrümmert. Und sie haben weder Infos über die seltsame Aufbahrung der Leichen bekommen noch über die Rattenschwänze und die roten Schleifen. Sabine ist genau so umgebracht worden, wie es auch in der Zeitung stand. Aber warten wir einfach ab, was der Obduktionsbericht sagt.«

»Sind Sie immer so klug?« fragte Schulz abfällig. »Sie brauchen sich nicht unbedingt vor mir zu profilieren, ich habe auch so schon erfahren, wie verdammt schlau Sie sind!«

»Dann ist es ja gut, Herr Schulz«, erwiderte Julia Durant kühl und mit einem Hauch von Arroganz und hätte sich dafür ohrfeigen können, konnte sich jedoch nicht verkneifen hinzuzufügen: »Somit kennen Sie ja die Regeln in diesem Spiel.«

»Ich kenne die Regeln zur Genüge, ich bin lange genug in diesem Scheißgeschäft! Länger als Sie!«

Berger verfolgte das Duell, ohne einzugreifen, und drückte seine Zigarette im Aschenbecher aus. »Machen Sie sich nichts draus«, sagte er schließlich grinsend, »Hauptkommissar Schulz kann manchmal richtiggehend bösartig sein. Aber er meint's nicht so. Stimmt doch, oder?«

»Ach, leck mich!« sagte Schulz, machte eine wegwerfende Handbewegung und wandte den Kopf ab.

Es klopfte an der Tür, ein schlaksiger junger Mann trat grußlos ein, legte einen Aktenordner auf den Tisch. So grußlos er gekommen war, so grußlos verließ er das Büro wieder. Berger nahm den Ordner in die Hand, blätterte ihn auf. Die Gerichtsmedizin hatte sich beeilt. Berger las etwa zwei Minuten still. Durant beobachtete ihn aus den Augenwinkeln, Schulz rauchte und schmollte. Dann sah Berger auf, lehnte sich zurück, verschränkte die Arme hinter dem Kopf, sah Julia Durant an.

»Bingo!« sagte er und nickte ihr anerkennend zu. »Gratuliere, Kollegin, sieht aus, als hätten Sie recht! Die kleine Lindner scheint tatsächlich ein anderer Fall zu sein. Oder er hat sich tatsächlich etwas anderes einfallen lassen. Hier, lesen Sie.« Er schob den Ordner über den Tisch.

Sie las. Eine andere Tatwaffe, keine Würgemale, der Vaginalbereich bis auf einige Schnittwunden unversehrt. Die Todeszeit wurde ziemlich genau auf einundzwanzig Uhr festgelegt. »Verdammt«, sagte sie plötzlich und zog an ihrer Zigarette. »Die liebe Sabine war vielleicht doch nicht ganz so lieb. Schwanger im dritten Monat. Und sie hatte kurz vor ihrem Tod Sex. Mal sehen, was ihre Eltern dazu zu sagen haben. Und vor allem Nicole. Dann, Herr Schulz«, sagte sie und schlug den Bericht zu, »fahren wir.«

»Nee, ohne mich«, sagte Schulz und winkte ab. »Fahren Sie allein. An diesem Wochenende stehe ich nicht zur Verfügung. Ihr könnt mich entweder im Krankenhaus oder zu Hause finden. Es gibt mehr als nur diese Scheiße hier!«

»Ausgerechnet jetzt?« fragte Berger verärgert.

»Ja, ausgerechnet jetzt!« brüllte Schulz, sprang auf und stützte sich mit beiden Händen auf den Schreibtisch, seine Augen funkelten zornig. »Verdammt noch mal, Sabrina liegt im Sterben, falls du das noch nicht mitgekriegt haben solltest! Und weißt du, wie lange es her ist, seit ich sie zuletzt gesehen habe? Montag. Ich habe sie am letzten Montag für fünf Minuten gesehen, und heute ist Samstag!«

»Schon gut, schon gut, beruhig dich wieder. Geh! Und komm wieder, wenn du dich beruhigt hast.«

»Ich werde wiederkommen, wenn *ich* es für richtig halte! Ich werde so lange bei ihr bleiben, wie *ich* das Gefühl habe, daß sie mich braucht! Wenn unsere liebe Kollegin wirklich so wahnsinnig gut drauf ist, wird sie auch ohne mich zurechtkommen, oder?! Ciao!« Er machte kehrt, knallte die Tür hinter sich zu.

»Was ist mit seiner Tochter?« fragte Julia Durant verstört.

»Genau weiß ich es nicht, nur daß sie unter einer besonders schweren Form von Leukämie leidet und nur durch eine Knochenmarktransplantation gerettet werden könnte. Aber gerade diese Operation kann nicht in Deutschland durchgeführt werden, die Kleine müßte in England operiert werden, aber das würde über hunderttausend Mark kosten, und die Krankenkasse sträubt sich, diese hohen Kosten zu übernehmen, und...« Er seufzte, machte eine hilflose Handbewegung. »Aber Sie wissen ja, wer von uns hat schon so viel Geld. Wir sind eben nichts als einfache Bullen.«

»Das tut mir leid, ich wußte nicht... Wie alt ist sie?«

»Fünf. Und sie ist Schulz' Lieblingskind. Aber was soll's, wir können uns nicht auch noch damit belasten.«

»Wahrscheinlich nicht«, erwiderte Julia Durant ausweichend, überflog noch einmal die Akte, sagte wie beiläufig: »Meinen Sie, Schulz ist in dieser Situation überhaupt geeignet...« Bereits zum zweiten Mal an diesem Morgen trat sie ins Fettnäpfchen. Die Reaktion von Berger war deshalb wie zu erwarten.

Er beugte sich nach vorn, sah sie scharf an. »Jeder von uns, liebe Kollegin, hat sein Päckchen zu tragen, der eine ein schweres, der andere ein leichtes. Ich weiß nur eines – ich möchte mit Schulz nicht tauschen müssen, und er wird von mir zu jeder Zeit alle Unterstützung dieser Welt bekommen. Und wenn er im Krankenhaus bleibt bis... Nun, Sie wissen schon.«

»Tut mir leid, ich hab's nicht so gemeint«, entschuldigte sie sich, nahm ihre Tasche, hängte sie über die Schulter und verließ das Präsidium. Der Tag hatte schlecht begonnen, bestimmt würde es so beschissen weitergehen.

Samstag, 10.00 Uhr

Dr. Patanec stand vor dem Spiegel und betrachtete sein Gesicht. Er hatte gebadet, wie jeden Samstagmorgen – an den anderen Tagen duschte er –, sich rasiert, fühlte mit der Hand, ob die Haut auch wirklich glatt war, bürstete das dichte schwarze, von grauen Strähnen durchsetzte Haar und war zufrieden mit seinem Aussehen. Er war ein Narziß, er wußte es, aber er sah keinen Grund, diese Verliebtheit in sich aufzugeben. Mit Sicherheit waren es nicht nur seine Fähigkeiten als Psychologe, Therapeut und Esoteriker, die ihm zu großem Wohlstand verholfen hatten, eine Menge hatte er wohl auch seinem fabelhaften Aussehen zu verdanken. Vielleicht war es die harmonische Mischung aus deutschem und italienischem Blut, auch wenn sein Name eher slawisch klang, es waren seine Großeltern mütterlicherseits, die aus dem Osten gekommen waren. Er war stolz auf sein dichtes, hinten langgewachsenes Haar, die grauen Schläfen, die ihm etwas Distinguiertes, überaus Männliches verliehen, doch nur die Schläfen waren grau geworden, sein Körper war durchtrainiert und fit bis in jede Faser und jeden Muskel. Er gönnte sich jedes Jahr acht Wochen Urlaub, die er am liebsten zum Surfen auf den Seychellen und Mauritius verbrachte. Seine Mutter sah er nur noch ab und zu, wenn er sie im Heim besuchte. Das schleichende Dahinschreiten der Alzheimerschen Krankheit, gegen die noch kein Kraut gewachsen war, ließ sie zusehends verfallen. Die ersten Monate nach Ausbruch der Krankheit lebte sie noch bei ihm, seit zwei Jahren war sie in einem Heim untergebracht, und die Zeiten, in denen sie klar denken konnte und ihn erkannte, wurden immer seltener und kürzer. Meist dämmerte sie nur vor sich hin oder faselte wirres Zeug, und keiner vermochte zu sagen,

100

was in ihrem Kopf vorging. Manchmal hoffte er, es würde bald zu Ende gehen mit ihr, nicht aus Böswilligkeit, sondern einfach, weil er sie liebte und nicht mit ansehen mochte, wie sie zusehends verfiel. Er hatte sie als lebenslustige, hochintelligente und stets gutgelaunte Frau in Erinnerung, und jetzt wurde diese Erinnerung immer mehr von Senilität und zeitweiliger völliger Abwesenheit verdrängt, während der sie sich in einer für Außenstehende fremden Welt befand. Besuche bei ihr deprimierten ihn jedesmal zutiefst, in der Regel brauchte er einen ganzen Tag, um wieder auf die Beine zu kommen. Manchmal betrank er sich, um zu vergessen, denn wenn es überhaupt einen Menschen außer ihm selber gab, den er liebte, dann seine Mutter.

Er war in seiner Wohnung über der Praxis, als er die Tür klappen hörte. Er besprühte sich mit Giorgio Beverly Hills, verrieb das Eau de Toilette auf Hals und Wangen.

Catherine Bernhardt war ein paar Minuten zu früh dran, aber das war ihre Art. Sie war, neben ein paar weiteren auserwählten Klienten, die einzige, für die er bisweilen samstags Zeit opferte und Unpünktlichkeit tolerierte. Mit langsamen, wiegenden Schritten kam er herunter, die Tür zu seiner Praxis stand offen, eine Wolke Chanel No. 5 hing schwer in der Luft.

Sie hatte sich auf die Couch gesetzt, die Beine eng geschlossen, schaute ihn ernst an, als er eintrat.

»Guten Morgen«, sagte er und ging auf sie zu. »Du bist überpünktlich – wie immer, möchte ich fast sagen.« Er strich ihr leicht mit dem Handrücken über das Gesicht, und für einen Moment schloß sie die Augen; er glaubte, sie schnurren zu hören.

»Ich habe es zu Hause nicht mehr ausgehalten. Ich hoffe, ich störe nicht?« fragte sie.

»Niemals. Möchtest du etwas trinken?«

»Nein, es ist noch zu früh. Nachher vielleicht.«

Patanec setzte sich in seinen Sessel, er wartete, keine Fragen, Schweigen. Sie würde von allein beginnen, ihre Wünsche äußern, offen und direkt, wie es eben ihre Art war. Catherine Bernhardt gehörte zu der schwierigsten Sorte Frauen, die glaubte, sich alles nehmen zu können ohne Rücksicht auf die Gefühle anderer. Unzählig die Affären, die sie hatte, ihr Hunger nach Sex ließ sie ständig Ausschau halten nach neuen Abenteuern. Patanec war Bestandteil dieser Abenteuer, und ihm war klar, daß er ein riskantes Spiel spielte, doch es gab kaum eine Frau, mit der Sex so viel Spaß bereitete.

Heute war es wieder soweit, sie hatte ihn erst gestern angerufen und um diesen Termin gebeten. Allein aus ihrem Tonfall hatte er herausgehört, was sie wirklich von ihm wollte. Vorher schüttete sie ihm häufig ihr Herz aus, ihre Ängste, ihre Sorgen, wobei sowohl die Ängste als auch die Sorgen hausgemacht waren. Zudem log sie viel und gerne, Patanec hatte sie längst durchschaut. Es gab Tage, da erzählte sie Geschichten, die reine Fiktion waren, entsprungen dem Hirn einer äußerst phantasiebegabten Frau, deren Lebensinhalt aus kaum mehr als Geld und Schönheit bestand. Eine Frau, die zeit ihres Lebens nach etwas suchte und es nicht fand und es wahrscheinlich auch nie finden würde. Der Mann, den sie mit neunzehn geheiratet hatte, war fast siebzig, hielt sich viel in seinen Häusern in Australien oder Neuseeland auf, war längst nicht mehr willens und vor allem nicht in der Lage, ihre unstillbaren physischen Bedürfnisse zu befriedigen. Sie war überzeugt, vom Leben betrogen worden zu sein, und durch teils exzessives Sexualverhalten, durch Rumstreunen wie eine heiße Katze glaubte sie, diese Leere, diesen an ihr begangenen Betrug, kompensieren zu können.

Sie verfügte zweifellos über beachtliche körperliche Vorzüge, unterwarf sich jeden Tag mindestens eine Stunde lang der Qual, im hauseigenen Fitneßraum die Ansehnlichkeit ihres Körpers zu bewahren, jede Woche kam einmal die Kosmetikerin, die sämtliche Alterserscheinungen bis jetzt im Keim zu ersticken vermochte, und außerdem gab es noch Dr. Tomlin, der Fältchen um die Augen, einen winzigen Nasenfehler behob, ihren Busen straffte und kaum sichtbare Fettpölsterchen an Hüften und Po absaugte. Allein um ihrem eigenen Schönheitsideal entsprechen zu können, hatte sie schon Unsummen ausgegeben. Deshalb sah Catherine Bernhardt noch immer über die Maßen attraktiv und begehrenswert aus, und ihre offene Einladung, mit ihr zu schlafen, hatte Patanec bereits zur Genüge ausgekostet. Ihr Mann wußte von ihrem Treiben, duldete es generös, froh, daß andere ihm diese Arbeit abnahmen. Die Ehe der Bernhardts war blanke Fassade, hinter der jeder seiner eigenen Wege ging. Geliebt hatten sie sich nie, Catherine, die aus kleinbürgerlichen Verhältnissen stammte, hatte den Ehrgeiz, reich zu heiraten, und der alte Bernhardt hatte das Geld. Eine Scheidung kam für Catherine überhaupt nicht in Frage, sie wollte sich nicht der Annehmlichkeiten berauben, die der Reichtum mit sich brachte. Sie kam lieber regelmäßig zu Patanec, um sich die Sorgen vom Hals zu reden, sich die Karten legen zu lassen oder mit ihm zu schlafen.

Für Patanec war sie eine bedauernswerte Person, die ihrem Leben keinen Sinn abgewinnen konnte. Wenn sie redete, kam selten mehr dabei heraus als leere Phrasen. Ursprünglich war sie wegen Angstzuständen gekommen, behauptete sie. Angeblich traute sie sich nicht mehr unter

Menschen, verfiel den eigenen Worten nach in dumpfe Depressionen, sagte, eine unsichtbare Macht wolle sie zerstören, doch die Art und Weise, wie sie die Symptome und Beschwerden schilderte, verriet Patanec, daß sie dies alles irgendwo gelesen hatte. Vielleicht stimmte ein Teil davon, doch wenn, dann war es die Unfähigkeit, das Leben sinnvoll zu gestalten, war es die Langeweile, die Eintönigkeit, die Catherine Bernhardt umgaben. Dagegen half auch nicht ihr Engagement in einigen Wohltätigkeitsorganisationen, das Eintreten für Behinderte, großzügige Spenden.

»Gestern war die Polizei bei uns«, begann sie zögernd. »Eine Freundin von Nicole wurde vermißt. Natürlich dachten wir sofort an die anderen Mädchen und hofften, ihr wäre nicht das gleiche Schicksal wie ihnen widerfahren... Du weißt schon, wovon ich spreche. Aber sie ist tot. So tot wie Maureen und das andere Mädchen. Ich glaube, ich fange ernsthaft an, mir über den Tod Gedanken zu machen, obgleich ich furchtbare Angst vor ihm habe. Außerdem habe ich Angst, Nicole könnte das gleiche passieren.«

»Du hast Angst vor dem Tod. Vor was? Dem Sterben, dem Danach?«

»Vor dem Tod allgemein. Ich habe gestern abend mehr als eine halbe Flasche Gin getrunken und trotzdem immerzu an Sabine denken müssen. Vielleicht war auch nur der Vollmond an meiner Stimmung schuld. Aber ich hatte als Kind schon Angst vor dem Tod. Ich erinnere mich, wie ich einmal, ich war vielleicht acht oder neun, aufwachte, mich schreiend im Bett aufsetzte und wie wahnsinnig schrie: ›Ich will noch nicht sterben, ich will noch nicht sterben. Ich will noch nicht sterben!‹ Meine Mutter war nicht da, und mein Vater hat mich nur zornig angeschrien, ich solle nicht so ein Theater machen, ich würde ja das ganze Haus aufwecken. Ich glaube, seitdem habe ich Angst vor dem Tod.«

Die kurze Phase des Redens war vorüber. Sie legte sich hin, fuhr allmählich mit der Hand über den flachen Bauch, tiefer, verweilte kurz auf der von einem winzigen blauen Seidenhöschen bedeckten Scham, streichelte lasziv über die Innenseiten ihrer Schenkel. Verweilte nicht lange bei den Schenkeln, sondern glitt wieder höher, unter den Rock, streifte schnell das Höschen ab.

»Komm her«, sagte sie, wie immer. »Ich brauche das jetzt.«

»Warum?« fragte er, wie immer.

»Weil ich Angst habe«, erwiderte sie, wie immer.

Patanec öffnete seine Hose, ließ sie zu Boden gleiten. Das Hemd behielt er an. Mit einer kurzen Bewegung schob sie den kurzen Rock über ihren Po. »Ich will es schnell und hart. So hart du kannst.« Sie spreizte die Beine, Patanec drang rasch in sie ein. Sie schrie kurz auf und biß sich in die linke Hand. Ihre Brüste waren von der Bluse bedeckt. Er stieß ein paarmal kräftig zu, dann drehte sie sich, sagte, er solle sie von hinten nehmen. Wieder schrie sie auf, stöhnte, knurrte.

Es dauerte zehn Minuten, es dauerte selten länger. Catherine Bernhardt hatte Schweißperlen auf der Stirn, glättete den Rock und legte sich genauso wieder hin wie vor dem Beischlaf. Patanec zog seine Hose an und setzte sich.

»Meine Angst ist weg«, sagte sie. »Für den Moment jedenfalls.«

»Gut.«

»Hast du noch mehr Besucher heute?« fragte sie.

»Ja.«

»Oh, dann genießt also noch jemand außer mir das Privileg, den großen Meister am Samstag beehren zu dürfen. Ist es ein Er oder eine Sie?«

»Eine Sie.«

»Ist sie wie ich?« fragte sie anzüglich.

»Du weißt, ich spreche nicht über meine Patienten.«

»Das ist auch gut so. Wenn ich nämlich wüßte, was du mit deinen anderen Besucherinnen machst, vielleicht würde ich dann nicht mehr kommen.« Sie setzte sich auf, zog die Stirn in Falten, sagte: »Ich fahre heute abend nach Baden-Baden. Hast du nicht Lust mitzukommen?«

»Heute geht es nicht, ein andermal wieder.«

»Schade, ich hätte mich gefreut, den Abend mit dir verbringen zu können. Wir hätten in unserem Hotel übernachten können...«

»Es tut mir leid, es geht wirklich nicht.«

»Na ja«, sagte sie schulterzuckend, »dann ein andermal.« Sie berührte mit ihrer Fingerspitze seine Lippen, machte kehrt, ging, ohne sich noch einmal umzublicken.

Baden-Baden! Seine Schwachstelle, genau wie Wiesbaden, Bad Homburg, Monte Carlo, Atlantic City. Seine Schwachstelle und eines Tages sein Ruin. Hunderttausende hatte er schon verspielt, Patanec, der notorische Spieler. Er hätte es sich heute nicht leisten können, mitzufahren, er brauchte erst wieder Geld. Aber das war kein Problem, es war nie ein Problem gewesen.

Samstag, 11.00 Uhr

Vor ihrem Besuch bei Nicole Bernhardt wollte Julia Durant versuchen, mit den Familien der anderen beiden Mädchen zu sprechen. Sonnenschein, kein kühles Schauerwetter wie angekündigt. Die Straßen waren, wie immer am Samstagmorgen um diese Zeit, von in die Stadt drängenden Einkaufswütigen verstopft, eine unendliche Blechlawine quälte sich von Ampel zu Ampel. Durchdringender Gestank von Abgasen. Durant kurbelte das

Seitenfenster herunter, stellte die Lüftung ab. Legte den linken Arm auf den Fensterrahmen und machte das Radio an. Hatte sie erst einmal den Hauptbahnhof passiert, waren es nur noch zehn Minuten.

Sie hatte sich nicht angemeldet, es war meist besser, die zu Befragenden unvorbereitet anzutreffen. So hatten sie keine Möglichkeit, sich irgendwelche Antworten auf irgendwelche Fragen zurechtzulegen.

Sie bog am Platz der Republik ab, kam am Hauptbahnhof vorbei, der Stahltroß wurde löchriger. Fuhr über eine breite Ausfallstraße, hielt sich rechts, gelangte in eine schmale Straße. Von einer Sekunde zur anderen änderte sich das Bild. Beiderseits hohe Bäume, dichte Büsche, großzügig angelegte Gärten, malerische, aufwendig gestaltete Häuser mit teilweise märchenhaften Holzfensterläden, ausladenden Dachterrassen, versteckt gelegenen Swimmingpools und auch hier, wie schon am Lerchesberg, viele Fenster durch Gitter geschützt, Überwachungskameras und andere meist unsichtbare Alarmsysteme wie Bewegungsmelder und Lichtschranken.

Sie hielt vor dem Haus Nr. 11. Vor der Dreifachgarage ein roter Ferrari, drinnen ein Jaguar und ein Mercedes. Ein uniformierter Mann steckte gerade mit seinem Kopf unter der Motorhaube des Jaguar. Ein Marmorplattenweg führte in einem Halbkreis zum Haus. Dahinter dehnte sich ein parkähnliches Gelände aus. Nur die Initialen W. P. für Werner Preusse prangten an dem massiven Eisen des hohen, kunstgeschmiedeten Tores.

Sie klingelte. Sekunden später knackte es im Lautsprecher, eine weibliche Stimme. Die Kommissarin nannte ihren Namen, den Grund ihres Kommens, das Tor öffnete sich automatisch und beinahe geräuschlos, und sobald sie durchgegangen war, schloß es sich wie von Geisterhand wieder.

Eine Frau, vielleicht dieselbe, die eben über die Anlage mit ihr gesprochen hatte, stand in der Tür. Sie war groß, fast einsachtzig, sehr schlank, auffallend war ihr ausdrucksloses, faltenreiches Gesicht, obwohl Julia Durant nicht glaubte, daß sie die Vierzig bereits überschritten hatte. Sie trug ein schlichtes, bis über die Knie reichendes, schwarzes Kleid, das dunkle, glatt nach hinten gekämmte Haar war zu einem Knoten gebunden. Ihr Gesichtsausdruck war traurig, sie musterte Durant aus grauen, tiefliegenden Augen, die Regenwolken glichen. Die herunterhängenden Mundwinkel zuckten leicht, sie streckte die knöcherne Hand aus, sobald Durant bei ihr war. Die Frau hatte weder Busen noch Po, erste Krampfadern zeichneten sich unter den dünnen strumpflosen Beinen mit der unnatürlich weißen Haut ab. Durant schätzte ihr Gewicht auf höchstens fünfzig Kilo, zu wenig für eine Frau ihres Alters und ihrer Größe.

»Das letzte Mal waren zwei Herren hier«, sagte die Frau mit dunkler Stimme, die in krassem Gegensatz zu ihrer mageren Gestalt stand. »Wenn Sie mir bitte folgen möchten.«

»Ich will nicht lange stören«, sagte die Kommissarin und folgte der Frau ins Haus. »Ich habe nur ein paar Fragen.«
Die Ausstattung des Hauses war perfekt, eine Spur zu perfekt, fast steril. Der Raum, in den sie geführt wurde, strahlte die kalte Atmosphäre einer Leichenhalle aus, sie glaubte nicht, daß dies allein mit dem Tod von Carola Preusse zusammenhing. Hier war kein Leben, hier waren saubere Teppiche, saubere Fenster, saubere Möbel, keimfreie Luft. Ein Bär von einem Mann, mit riesigen, fleischigen Händen, hockte wie ein Pascha in einem wuchtigen Lederohrensessel, kleine Schweinsaugen blitzten interessiert auf. Er hatte einen gewaltigen Bauch und ein Dreifachkinn, das

von vielen kleinen blauen Äderchen durchzogene, rotglänzende Gesicht zeugte von entweder zu hohem Blutdruck oder zuviel Alkohol oder von beidem. Neben sich auf einem gläsernen Beistelltisch hatte er eine angebrochene Flasche Cognac und ein halbgefülltes Glas stehen.

»Bitte«, sagte Frau Preusse, auf die Couch deutend. »Dürfen wir Ihnen etwas zu trinken anbieten? Es ist sehr schwül draußen.«

»Nein, danke, sehr liebenswürdig. Ich bin wirklich nur gekommen, weil ich noch ein paar Fragen an Sie habe.«

»Aber wir haben doch Ihren Kollegen schon alles beantwortet«, sagte die Frau und setzte sich.

»Nun, es gibt noch die eine oder andere offene Frage. Zum Beispiel würde mich interessieren, ob Ihre Tochter oder Sie Maureen Nettleton kannten?«

»Maureen Nettleton?«

»Das Mädchen, das nach Ihrer Tochter...«

Der Mann richtete sich im Sessel auf, nahm das Glas und schüttete den Inhalt in sich hinein. Er stieß leise auf, schenkte sich gleich nach. »Nein«, sagte er barsch, »Carola hat diese Nettleton nicht gekannt. Sie sind auf unterschiedliche Schulen gegangen, und auch sonst hat sie andere Freunde gehabt. Freunde, die zum Bekanntenkreis meiner Frau gehören!«

»Bitte, nicht jetzt!« flehte die Frau, ihre Haltung verkrampfte sich. »Das eine hat doch mit dem andern nichts zu tun. Carola ist tot, und daran ändert auch mein Bekanntenkreis nichts.«

»O doch, meine Liebe, das tut es! Sie müssen nämlich wissen, daß Carola keine Freunde hatte, keine richtige Freundin, keinen Freund, nichts! Sie war nicht im Tennisclub, sie ging nie schwimmen, sie fuhr nicht Rad, sie hörte keine moderne Musik, sie sah nicht mal fern! Wie oft hätte ich mir gewünscht, aus ihrem Zimmer Gitarrengejaule und Schlagzeuggehämmere zu hören, dann hätte ich nämlich gewußt, daß sie ein normales Mädchen ist! Aber sie war nicht normal, und das ist alles das Werk dieser Frau da!«

»Werner...«

»Werner, Werner! Ich habe die Schnauze so voll«, brüllte er und stand auf, nahm sein Glas mit ans Fenster, ein Hüne von über einsneunzig und an die drei Zentner schwer. Mit gedämpfter Stimme fuhr er fort: »Diese verdammte Kirche hat mir meine Tochter gestohlen, schon lange bevor sie tot war! Ich hatte manchmal das Gefühl, sie glaubten, eine Sünde zu begehen, wenn sie nur lachten! Alles in dieser verdammten Kirche war Sünde! Schauen Sie sich ruhig einmal richtig hier um, was sehen Sie? Heiligenbilder, Kruzifixe, zehn oder zwanzig verschiedene Bibeln! Dies ist kein Haus, dies ist eine Irrenanstalt! Und sie«, er deutete mit dem ausgestreckten Arm auf seine Frau, seine Lippen bebten, sein Kopf wurde dunkelrot, »wenn überhaupt jemand schuld hat, dann sie! Sie hat Schuld auf sich geladen! Ich hätte nie etwas dagegen gehabt, wenn sie für ihre Religion gelebt hätte, aber sie mußte ja unbedingt Carola da mit hineinziehen! Meine Tochter ist gestorben, ohne auch nur im entferntesten etwas vom Leben gehabt zu haben! Sie hat in den ganzen gottverdammten sechzehn Jahren nicht eine einzige Freundin gehabt! Haben Sie so etwas schon einmal gehört? Es hört sich doch wahnwitzig an! Wie oft habe ich versucht, Carola vor ihr zu retten, aber dieser Kokon, den meine Frau seit ihrer Geburt um sie gesponnen hat, war zu fest für mich. Wissen Sie, daß Carola getötet wurde an einem Tag, als sie wieder einmal von *ihrer* Kirche heimkam?! Verdammte Religion, verdammte bigotte Bande!« Er hielt inne, leerte sein Glas, mit einemmal fing er an zu weinen und warf das Glas mit aller

Wucht gegen den Schrank, wo es in tausend kleine Splitter zerbarst. Er hielt eine Hand vor die Augen und schluchzte, der massige Körper bebte. Seine Frau saß wie paralysiert da, blickte zu Boden. Durant schwieg betroffen. Sie wollte warten, bis der Mann sich gefangen hatte. So plötzlich wie er begonnen hatte zu weinen, so plötzlich hörte er auf.

»Es tut mir leid«, sagte er, holte ein Taschentuch aus seiner Hosentasche und schneuzte sich, wischte die Tränen mit einer Hand weg, »ich heule wie eine kleine Memme, seit Carola tot ist. Ich besaufe mich und heule. Heulen und besaufen!« Er steckte die Pranken in die Hosentaschen, schob die Schultern nach vorn. »Sie war eigentlich das einzige, was mich am Leben hielt. Sehen Sie mich an, mich großen, starken Mann! Mit diesen Händen habe ich es zu etwas gebracht, ich habe mehr Geld, als ich jemals ausgeben könnte, mir gehören die drei größten Fuhrunternehmen im Rhein-Main-Gebiet, ich habe Häuser in Frankreich und Florida, aber ich habe schon lange keine Frau mehr – und jetzt ist auch noch meine Tochter tot! Alles, was ich aufgebaut habe, habe ich für sie und Carola gemacht. Und wie ist es mir gedankt worden?! Ist Ihnen bekannt, daß Carola unter Angstzuständen litt? Angeblich soll eine Kirche doch Geborgenheit bieten, aber Carola hatte Angst! Angst vor Krankheiten, Angst vor dem Tod, Angst vor der Angst! Seit zwei Jahren war sie in psychotherapeutischer Behandlung – übrigens das einzige Mal, daß ich mich durchsetzen konnte, weil meine liebe Frau auch gegen einen Psychologen etwas einzuwenden hatte! Zwei Jahre lang kannte ich die Ursache ihrer Angst, aber sie wollten nicht wahrhaben, wo die Wurzeln dieser Angst lagen, nämlich in dieser verdammten Kirche! Immer und immer wieder habe ich versucht, wenigstens ein klein wenig Einfluß auf Carola zu nehmen... Manchmal wünschte ich, ich hätte diese Frau nie kennengelernt, manchmal wünschte ich, ich wäre nur ein einfacher Arbeiter mit einem kleinen Gehalt und hätte meine Ruhe. Dann würde Carola noch leben. Verdammte Pest!!«

Er ging zum Schrank, holte ein neues Glas heraus, schenkte sich wieder ein. Setzte sich, warf seiner Frau einen undeutbaren Blick zu.

»Wenn Sie so freundlich wären, mir die Anschrift der Gemeinde zu geben, ich würde gerne den einen oder anderen befragen. Reine Routine, versteht sich.«

Der Mann diktierte, Julia Durant schrieb schnell mit. »Sie sagen, Carola hatte keinen Kontakt zu irgendwelchen anderen Mädchen oder Jungen ihres Alters. Was ist mit Schulkameraden?« fragte sie.

»Nein, nicht einmal das. Sie besuchte eine Privatschule. Unser Chauffeur brachte sie jeden Morgen hin und holte sie nachmittags wieder ab. Sie verbrachte die meiste Zeit des Tages auf ihrem Zimmer oder, wenn das Wetter schön war, draußen im Garten. Nur dreimal in der Woche besuchte sie diese verdammte Kirche!«

»Hatte sie dort irgendwelche außergewöhnlichen Kontakte?«

»Ja«, stieß der Mann zynisch hervor, »Bibelkontakte! Jeder einzelne von denen bigott bis ins Mark!«

»Es tut mir leid«, sagte die Kommissarin und steckte Block und Stift wieder weg, »es hätte immerhin sein können, daß ich etwas erfahre, das mir weiterhilft. Ich will Sie jetzt aber nicht länger stören.« Sie erhob sich, jetzt stand auch die Frau auf.

»Ach was, Sie haben nicht gestört!« sagte der Mann. »Im Gegenteil, es ist ganz angenehm, mal wieder ein frisches Gesicht in diesem Totenhaus zu sehen! Wenn ich Ihnen ir-

112

gendwie helfen kann, dieses gottverdammte Schwein zu finden, dann sagen Sie's. Ich würde zu gerne dabeisein, wenn Sie ihn schnappen, ich würde ihm die Nüsse eigenhändig rausreißen und ihm ins Maul stopfen!«

»Wenn es noch etwas gibt...«

»Ja, ja, wir stehen zu Ihrer Verfügung, ich zumindest. Und kommen Sie, wann immer Ihnen danach ist, damit wenigstens für ein paar Minuten Leben hier reinkommt! Warten Sie«, sagte er, hievte seine massige Gestalt aus dem Sessel und stellte das Glas auf den kleinen Tisch, »ich bringe Sie zur Tür.«

Durant reichte der demütig dastehenden Frau die Hand. Ein kraftloser Händedruck, ein dahingemurmeltes »Auf Wiedersehen«. Preusse begleitete sie zum Ausgang.

»Es tut mir ein bißchen leid wegen eben«, entschuldigte er sich, »ich trinke in der letzten Zeit zuviel, und es gibt niemanden, mit dem ich reden kann, mit der da drin schon gar nicht. Ich weiß nicht, aber manchmal überkommt es mich einfach. Manchmal denke ich, beides zusammen ist nicht möglich, Geld und Glück. Es ist ein verdammtes Scheißspiel! Tun Sie mir einen Gefallen, schnappen Sie das Schwein!«

»Wir werden unser Bestes tun. Und danke, daß Sie sich Zeit für mich genommen haben.«

»Ist doch selbstverständlich.«

Der junge Mann steckte noch immer unter der Motorhaube des Jaguar, Werkzeug lag auf dem Boden. Die Luft war mild, der durchdringende, kräftige Duft von Sträuchern und Blumen schwebte über dem Anwesen, Vögel, die aus den Bäumen lärmten.

Julia Durant stieg in ihren kleinen Wagen, lehnte sich zurück, rauchte. Ein deprimierender Besuch. Ein Mädchen, das keinerlei Freunde hatte. Ein Mädchen, ge-

113

fangen von der Mutter, wenn es stimmte, was der Mann behauptete, und es schien zu stimmen, die Mutter hatte nichts getan, um diesen Eindruck zu korrigieren. Ein Mädchen, die genausogut niemals existiert haben könnte. Ein Mädchen, das auf die denkbar grausamste Weise zu Tode gekommen war.

Sie hatte nur selten Mitleid, denn, und das hatte sie frühzeitig lernen müssen, Mitleid behinderte im Kopf. Aber sie hatte Mitleid mit dem Mann, aber auch mit der Mutter, die beide auf ihre Weise am Leben gescheitert zu sein schienen.

Sie schnallte sich an, startete den Motor, legte den Gang ein und fuhr los. Die nächste Adresse lag nur fünf Minuten entfernt.

Ein in T-Form gebautes Anwesen, schattenspendende Bäume, eine übermannshohe Hecke, gepflegter, kurz geschnittener Rasen, ein sich monoton im Kreis drehender Rasensprenger. Julia Durant wurde von der Mutter von Maureen Nettleton, dem zweiten Opfer des Mörders, empfangen, sie war etwas kleiner als die Kommissarin, sehr attraktiv und gepflegt. In dem faltenlosen, glatten Gesicht waren das hervorstechendste große, braune Augen sowie ein voller, sinnlicher Mund. Sie trug das dichte hennafarbene Haar halblang und offen, auffällig war, daß sie statt schwarzer Kleidung eine dunkelblaue, schlichte Bluse und einen gelben Rock anhatte.

»Bitte kommen Sie rein«, sagte sie. Zwei Kinder spielten schweigend im Garten, eine ältere Frau saß gedankenverloren in einer Hollywoodschaukel. Im Haus roch es nach Sauerkraut und Gebratenem, etwas fiel scheppernd zu Boden.

Julia Durant wurde in einen kleinen, spartanisch eingerichteten und von Sonnenlicht überfluteten Raum geführt. Auch hier ein schweres, schmiedeeisernes Gitter vor dem Fenster.

»Ich will nicht lange stören«, sagte sie, während Frau Nettleton sich mit katzenhaften Bewegungen setzte und Durant einen Stuhl anbot. »Nur ein paar Fragen.«

»Ich stehe zu Ihrer Verfügung«, sagte die Frau lächelnd. »Mein Mann ist leider nicht da, er hält sich für zwei Tage in der Schweiz auf.«

»Es macht nichts, es genügt, wenn ich mit Ihnen sprechen kann. Zunächst würde ich gerne etwas über den Freundeskreis von Maureen wissen. Mit wem war sie häufig zusammen, ich bräuchte so viele Namen wie möglich.«

Die Frau zuckte die Schultern. »Maureen hatte einen sehr großen Freundeskreis. Sie war sehr lebenslustig und schon sehr früh außergewöhnlich selbständig. Nicht, daß Sie mich jetzt mißverstehen, aber sie hat ihr Leben frühzeitig in die Hand genommen. Sie war zuverlässig, wir hatten nie Grund zur Klage. Sie hatte eine feste Freundin, mit der sie regelmäßig zusammen war, ja und dann war sie noch im Tennisclub und natürlich oft am Wochenende unterwegs. Hier eine Party, dort eine Fete, Diskos, na ja, was man eben mit siebzehn so macht. Mein Mann und ich haben sie in ihrer Freiheit nicht beschnitten, aber immer Ehrlichkeit von ihr verlangt. Und ich glaube ganz fest, daß sie ehrlich war. Sie hatte zum Beispiel noch keinen Freund, sie sagte, das hätte noch Zeit...«

»Kein Freund?« fragte Durant, den Obduktionsbericht noch vor Augen. Sie neigte den Kopf ein wenig zur Seite. »Heißt das, Sie wußten nicht, daß Maureen nicht mehr unberührt war?«

»Nein«, erwiderte Frau Nettleton etwas verwundert und blickte Durant geradeheraus an. »Das wußte ich tatsäch-

115

lich nicht. Andererseits, sie ist vergewaltigt worden, und da ist es doch natürlich, daß…«

»Sicher, aber es sind bei der Obduktion zwei Sorten Sperma festgestellt worden.«

»Aber das kann nicht sein, sie hat nie einen Jungen mit nach Hause gebracht.« Die Frau wurde unruhig. »Können sich Ihre Ärzte nicht irren?«

»Nun, Frau Nettleton, Jungs bringt man in diesem Alter kaum mit nach Hause, wenn es *darum* geht. Es tut mir leid, aber Gerichtsmediziner irren sich nur selten…«

»Sie hat viel Sport getrieben, vielleicht ist dabei einmal…«

»Nein«, sagte die Kommissarin nachdrücklich, »das kann nicht sein. Beim Sport gelangt kein Sperma in die Scheide. Ihre Tochter hatte circa vierundzwanzig Stunden vor ihrem Tod mit noch einem anderen Mann Geschlechtsverkehr. Das ist eine Tatsache.« Sie stoppte hier und blickte die Frau an, die ein nachdenkliches Gesicht machte.

Maureens Mutter zuckte die Schultern. »Na ja, die Kinder sagen einem eben nicht alles. Es ändert ohnehin nichts mehr.« Sie zündete sich eine Zigarette an.

»Aus diesem Grund ist es wichtig, daß wir soviel wie möglich über den Bekanntenkreis von Maureen erfahren.«

»Natürlich, warten Sie.« Sie stand auf, holte ein Adreßbuch und gab der Kommissarin insgesamt neun Adressen. Bevor Durant wieder ging, sagte Maureens Mutter, als müßte sie sich rechtfertigen: »Sie wundern sich bestimmt, daß hier kaum etwas nach Trauer aussieht. Wissen Sie, Trauer bringt uns Maureen nicht zurück. Der erste Schock war fürchterlich, ich erinnere mich noch ganz genau daran, ich habe geschrien wie eine Wahnsinnige. Mein Mann stand auch unter Schock, aber er hat es nicht rausgelassen. Er frißt immer alles in sich hinein, dann fährt er wie jetzt zwei oder drei Tage in die Berge, wandert, und irgendwie läßt er den ganzen Druck wieder ab. Ich beneide ihn darum. Aber nachdem wir uns einigermaßen gefangen hatten, mein Mann und ich, haben wir miteinander geredet und sind zu dem Schluß gekommen, daß wir so normal wie möglich weiterleben möchten, auch wenn seit diesem schrecklichen Unglück noch nicht einmal eine Woche vergangen ist. Aber wir haben noch zwei Kinder, und auf die kommt es jetzt an. Wissen Sie, wir haben zwei Tage lang geweint, wir haben die schrecklichsten Tage unseres Lebens hinter uns, und wir finden, das reicht. Wir haben uns gefragt, warum ausgerechnet Maureen so grausam und vor allem so früh sterben mußte, aber wir wissen es nicht, und womöglich werden wir es nie erfahren. Wir wollen aber unsere Trauer nicht zur Schau stellen. Ich denke, Sie werden das verstehen können.«

Julia Durant nickte lächelnd, verabschiedete sich. Ihr dritter Besuch führte sie zu Nicole Bernhardt.

Als die Kommissarin, vom Hausmädchen eingelassen, in das Wohnzimmer geführt wurde, war Nicoles feinkonturiges Gesicht eine starre, undurchdringliche Maske. Sie saß, die Knie eng beieinander, auf dem Sofa, hatte rotgeweinte Augen, eine rote Nasenspitze, hielt ein Taschentuch in der Hand. Sie hatte das streng nach hinten gekämmte Haar zu einem Pferdeschwanz gebunden, trug ein gelbes, weitgeschnittenes T-Shirt und kurze Sporthosen, weiße Turnschuhe an den nackten Füßen.

»Sie haben das mit Sabine erfahren, wie ich sehe«, sagte Durant und setzte sich unaufgefordert Nicole gegenüber in einen Sessel. Nicole nickte, putzte sich die Nase.

»Es tut mir leid. Wirklich, ich hatte gehofft, es würde eine simple Lösung geben.« Sie hielt inne und wartete einen Moment.

»War Sabine noch Jungfrau?« war Julia Durants erste, schnell und etwas zu hart gestellte Frage. Nicoles Kopf schoß hoch, ein erschrockener Blick. Sie erhob sich, stellte sich ans Fenster. Schweigen.

»War sie's oder war sie's nicht?« fragte Durant noch einmal.

»Woher soll ich das denn wissen?« sagte Nicole, ohne sich umzudrehen, den Blick auf den Garten gerichtet.

»Wenn ich Sie gestern richtig verstanden habe, dann hat Sabine mit Ihnen über alles gesprochen. Das stimmt doch, oder?«

Die Antwort kam zögernd. »Ja, warum?«

»Das ist seltsam. Dann wundert mich nämlich, daß Sabine mit Ihnen nicht darüber gesprochen hat, daß sie schwanger war, und zwar im dritten Monat. Hat sie mit Ihnen darüber gesprochen oder hat sie nicht?«

Nicole zuckte erneut zusammen. »N-n-n-nein«, stammelte sie, »davon wußte ich nichts.«

»Dann möchte ich Ihnen sagen, daß wir zum Beispiel gestern herausgefunden haben, daß Sabine nicht an der Triftstraße, sondern erst am Oberforsthaus ausgestiegen ist. Was könnte sie bewogen haben, nicht direkt vor ihrer Haustür, sondern eine Haltestelle weiter auszusteigen? Ich meine, die Triftstraße liegt nun mal nur ein paar Meter von der Wohnung der Lindners entfernt.«

»Keine Ahnung.«

»Wirklich keine Ahnung? Sabine wurde im Wald ermordet, was Sie ja wohl sicherlich mitbekommen haben. Soll ich Ihnen erzählen, wie man sie zugerichtet hat?«

Nicole schüttelte energisch den Kopf, ihre Haltung verkrampfte sich.

»Hätten Sie eine Erklärung, was sie abends bei Einbruch

der Dunkelheit dort gemacht haben könnte? Können Sie mir sagen, mit wem sie sich traf?«

»Was wollen Sie eigentlich von mir? Ich habe Sabine nicht umgebracht!« schrie Nicole mit hochrotem Kopf, weinte wieder, wandte sich ab.

»Habe ich das behauptet? Ich behaupte aber, daß Sie mir etwas ganz Wesentliches verschweigen! Hören Sie, ich weiß nicht, was Sie und Sabine für Geheimnisse haben oder hatten. Doch bei Mord hören für mich Geheimnisse und Schwüre auf! Wenn Sie wirklich so enge Freundinnen waren, dann muß Sabine Ihnen von ihrer Schwangerschaft erzählt haben. Hat sie es getan?«

»Nein.« Eine schnelle, zu schnelle Antwort.

Julia Durant stellte sich neben Nicole, legte einen Arm um ihre Schultern, was Nicole sich widerstandslos gefallen ließ. Die Kommissarin änderte ihre Taktik, ihr Tonfall wurde sanfter, sie blieb aber unnachgiebig. »Hören Sie, Nicole, ich will Sie nicht verletzen. Aber wenn Sie mir nicht weiterhelfen, lassen Sie mir keine andere Wahl, als Sie mit aufs Präsidium zu nehmen, wo ein Verhör unter durchaus unangenehmeren Bedingungen durchgeführt werden kann, und ich weiß nicht, ob ich dann dabeisein werde. Also, wie sieht es aus, wollen Sie mir helfen?«

Nicole nickte unsicher, zögernd.

»Sie wußten doch von der Schwangerschaft, nicht?«

Nicole fuhr sich mit dem Taschentuch über die Nasenspitze, ging zum Sekretär, zog die oberste Schublade heraus, entnahm eine Zigarette. Zündete sie an, setzte sich, schenkte sich ein Glas Wasser ein. Trank einen Schluck, stellte das Glas wieder hin.

»Sie hat es mir vor ein paar Tagen gesagt.«

»Vor ein paar Tagen? Wie lange genau ist das her?«

»Am Donnerstag.«

»Donnerstag! Also wenige Stunden, bevor sie ihrem Mörder in die Arme lief. Und wie hat sie es Ihnen erzählt? Traurig, bitter, enttäuscht, wie?«

»Mein Gott, sie war total verzweifelt! Sie wußte nicht, was sie machen sollte, sie hatte es ja gerade eben erst erfahren. Sie hatte von jeher Probleme mit ihrer Regel und sich anfangs nicht weiter gewundert, als sie wieder einmal ausblieb. Es war ja schließlich nicht das erste Mal. Sie hat auch nicht im entferntesten daran gedacht, daß sie schwanger sein könnte, denn sie hatte absolut keine Beschwerden. Keine Übelkeit, keinen Heißhunger, nichts. Als die Regel aber auch das zweite Mal ausblieb, ist sie dann aber doch stutzig und nervös geworden. Sie besorgte sich einen Schwangerschaftstest in der Apotheke, bei dem sich rausstellte, daß sie schwanger war. Sie war total am Boden zerstört, sie ließ sich sofort einen Termin bei einem Arzt geben, der ihr dann auch das niederschmetternde Ergebnis bestätigte. Als sie vorgestern hier war, hat sie sich erst einmal ausgeheult. Ich versuchte, sie so gut es ging zu trösten, aber sie war völlig außer sich. Es dauerte eine ganze Weile, und sie brauchte drei oder vier Whiskys, bis sie sich beruhigt hatte.« Nicole schnippte die Asche in den Marmoraschenbecher und tat einen Zug. »Sie wollte natürlich das Kind wegmachen lassen, bevor jeder ihren dicken Bauch sehen konnte. Sie bat mich, ihr zu helfen. Geld hatte sie selber, aber ich sollte mich für sie nach einer Adresse umhören. Wobei ich mich schon wunderte, woher sie das Geld hatte. Ich fragte sie danach, aber sie gab mir keine Antwort. Natürlich wollte ich ihr helfen, sie war schließlich meine Freundin. Auch wenn ich enttäuscht war, daß sie erst so spät damit rausrückte.« Nicole drückte die Zigarette aus und zündete sich gleich eine neue an. »Und wer ist der Vater?«

»Sie hat es nicht gesagt.«

»Ach kommen Sie, das ist doch Humbug…«

»Ich schwöre es! Ich habe sie den ganzen Nachmittag über gelöchert, wer ihr das Kind gemacht hat, aber sie blieb stur und meinte, sie könnte es mir noch nicht sagen. Sie müsse erst noch ein paar Dinge regeln. Sie versprach mir aber hoch und heilig, mir den Namen zu nennen, sobald das mit der Abtreibung vorbei war.«

»Haben Sie wenigstens eine Vorstellung, wer es sein könnte?«

»Nein, denn offensichtlich führte sie noch ein anderes Leben, von dem ich nichts wußte. Wir hatten *doch* Geheimnisse voreinander, und das machte mich irgendwie traurig und wütend zugleich. Denn ich habe ihr nie etwas verschwiegen.«

»Sprach sie vielleicht irgendwann von einem Jungen, den sie besonders gern hatte? Oder erwähnte sie im Lauf von Gesprächen einen Namen besonders oft, ohne daß Sie dem besondere Beachtung geschenkt hätten?«

»Nein, ich weiß nur von Andreas Menzel. Aber mit dem ist sie seit einem halben Jahr nicht mehr zusammen, und wenn es stimmt, was sie gesagt hat, so hat sie mit ihm nicht einmal geschlafen. Obwohl ich nicht mehr weiß, was ich glauben soll.«

»Heißt das, Sie sind nicht sicher?«

»Ich weiß überhaupt nichts mehr.«

»Hat Sabine ein Tagebuch geführt?«

Schulterzucken.

»Haben Sie je über Tagebuchschreiben gesprochen?«

»Ich führe eines, und sie wußte das.«

»Hat Sabine außer zu Ihnen und Andreas Menzel noch weitere Kontakte in *Ihren* Kreisen gehabt?«

»Ich verstehe nicht…«

»Nun, Sabine war die Tochter eines einfachen Arbeiters. Es ist recht ungewöhnlich... ich meine, es ist meist nur sehr, sehr schwierig für solche Menschen...«

»Menschen aus der Unterstadt?« Zum ersten Mal lächelte Nicole. »Sie war beliebt. Ich glaube, es gab kaum jemanden, der sie nicht mochte. Klar, daß alle Jungs auf sie flogen, schließlich war sie hübsch *und* intelligent, keine sehr häufige Mischung. Aber sie hat nie etwas herausgefordert.«

»Was verstehen Sie unter herausgefordert?«

»Sie hat nie kokettiert oder Jungs scharf gemacht und sie dann stehenlassen. Sie war nicht der Typ für so was.«

»Was glauben Sie, weshalb Sabine ein solches Geheimnis aus demjenigen machte, von dem sie das Kind erwartete?«

»Finden *Sie's* heraus! Ich weiß es nicht.«

»Wirklich?«

»Ja, wirklich!«

Die Tür ging auf, Frau Bernhardt. Sie hatte ein erhitztes Gesicht, Schweißperlen auf der Stirn. Sie zog die Schuhe an der Tür aus, kam barfuß ins Zimmer.

»Guten Tag«, sagte sie kühl mit abweisendem Blick und schleuderte die Handtasche in den Sessel. »Sie schon wieder?«

»Ich hatte ein paar Fragen an Ihre Tochter, wie Sie sicherlich verstehen werden.«

»So war das nicht gemeint. Wir helfen natürlich gerne, wenn es darum geht, diesen verdammten Bastard zu finden! Stimmt doch, Nicole?«

»Mir würde es schon reichen, denjenigen zu finden, von dem Sabine ein Kind erwartete...«

Catherine Bernhardt zog die Augenbrauen hoch, schien erstaunt. »Sabine war schwanger? Das überrascht mich, in der Tat. Aber tut mir leid, ich kann mit keinem Namen dienen.« Sie schenkte sich einen Martini ein. »Dieses Geheimnis hat Sabine wohl mit ins Grab genommen. Auch einen?«

Durant winkte ab. »Tja, das fürchte ich auch«, sagte sie und nahm ihre Tasche vom Sessel. »Sie wußten also bis jetzt nichts von der Schwangerschaft?«

»Nein, nichts. Andererseits, was ändert es schon? Es ist doch egal.«

»Egal? Nein, Frau Bernhardt, egal ist hier gar nichts. Hätten Sie einen Vorschlag, wer der Vater sein könnte?«

»Wenn Nicole keinen hat – ich habe erst recht keinen. Tut mir leid.« Sie ließ sich aufs Sofa fallen, die Beine leicht gespreizt und von sich gestreckt. Julia Durant registrierte belustigt, daß sie keinen Slip unter dem kurzen Rock trug.

»Gut, sollten Sie aber irgend etwas hören, das auch nur im geringsten interessant für mich sein könnte, lassen Sie es mich bitte wissen. Es bringt nichts, Geheimnisse zu haben. Auf Wiedersehen. Und vielen Dank für Ihre Hilfe.«

Die Kommissarin fuhr zurück ins Präsidium. Regenwolken über dem Taunus. Sie spürte Müdigkeit in sich aufsteigen, die kurze Nacht, der anstrengende Morgen, die Aussicht auf viel Arbeit in den nächsten Tagen oder sogar Wochen wirkten sich auf ihre Stimmung aus. Sie rauchte eine Zigarette, schaltete das Radio ein. Nachrichten und Wetter. Danach eine Minute lang Staumeldungen von den Autobahnen um Köln, wo nach einem schweren Unwetter die Straßen unter Wasser standen. Sie hörte nicht hin.

Samstag, 12.00 Uhr

Berger, Koslowski und drei weitere Beamte waren im Büro, unter ihnen Kullmer, ein Kollege von der Sitte. Ein Don Juan, der hinter jedem Rock herjagte, überzeugt, kein weibliches Wesen könnte seinem pfauenhaften Gehabe widerstehen. Auch bei Julia Durant hatte er es schon probiert, war aber kläglich gescheitert. Sie hatte mit allem gerechnet, nur nicht damit, in diesem Fall mit ihm zusammenarbeiten zu müssen, sie konnte ihn nicht ausstehen. Als sie eintrat, verstummten die Gespräche. Sie hängte ihre Tasche an den Garderobenständer und setzte sich Kullmer gegenüber, der sie provozierend und kaugummikauend musterte. Sie ignorierte sein Gehabe, sein aufdringliches Parfüm mußte sie erdulden. Sie berichtete von ihren drei Besuchen und der Vermutung, daß Sabine ein Tagebuch geführt haben könnte.

Als sie geendet hatte, sagte Berger: »Als allererstes werden diese neun Adressen überprüft. Ich will über jeden Schritt Bescheid wissen, den Maureen Nettleton in den letzten Tagen und Stunden vor ihrem Tod gemacht hat. Besonders wichtig ist diese Freundin. Schminkt euch für die nächste Zeit irgendwelche Gedanken an Familie und Freizeit ab. Es wird verdammt viel Arbeit auf einen jeden von uns zukommen. Diese Nicole Bernhardt und ihre Mutter werden wir besonders im Auge behalten. Sie«, auf Julia Durant deutend, »knöpfen sich noch mal diesen Andreas Menzel vor. Ein Mädchen wie die Lindner hat *keinen* unsichtbaren Liebhaber. Das einzige, was ich mir vorstellen kann, ist, daß diese Treffen deshalb so heimlich abgehalten wurden, weil derjenige fürchtete...«

Er faßte sich an die Stirn, schnellte mit seinem Stuhl nach vorn. »Natürlich – was, wenn es kein Junge war, wie wir doch wahrscheinlich alle bis jetzt vermutet haben, sondern wir es hier mit einem gestandenen Mannsbild zu tun haben, vielleicht sogar mit einem verheirateten Mann? Nehmen wir einfach nur an, er ist irgend so ein hohes Tier und kann sich einen Skandal unter gar keinen Umständen leisten? Es wäre zumindest eine Erklärung für das seltsame Verhalten des Mädchens. Und es würde auch erklären, woher sie das Geld für eine Abtreibung hatte. Vielleicht hat sie den Kerl unter Druck gesetzt oder provoziert, und er hat einfach durchgedreht? Und dann hat er ganze Sache gemacht und versucht, unserem anderen Mörder die Sache in die Schuhe zu schieben! Auf eine Leiche mehr oder weniger kommt es bei dem ja nicht mehr an, wird er sich gedacht haben. Das wäre doch zumindest eine Möglichkeit, oder?« Er lehnte sich wieder zurück. »Suchen wir also die Nadel im Heuhaufen. Ich kann und will nicht glauben, daß der Kerl nicht zu finden sein soll, der die Lindner geschwängert hat.« Er hielt einen Moment inne, sagte dann: »Ach ja, es liegt jetzt auch der Obduktionsbericht in allen Einzelheiten vor – es wurden Fremdfasern festgestellt, die allerdings von wer-weiß-woher stammen können, der Vaginalbereich ist bis auf leichte äußere Verletzungen unversehrt, die Brust wurde im Vergleich zu den beiden anderen beiden Morden in geradezu stümperhafter Weise abgetrennt, der Täter ist Rechtshänder, es gibt keine Bißspuren. Wenn Sie sich erinnern, müssen die anderen Morde von einem Linkshänder begangen worden sein. Wir haben es hier also ganz eindeutig mit einem Nachahmungstäter zu tun. Ich vermute, daß dieser Mord geplant und gezielt begangen wurde. Wobei für mich in allererster Linie der Vater des Kindes in Betracht kommt. Oh, das Wichtigste hätte ich beinahe vergessen«, sagte Berger, drehte den Kugelschreiber durch seine Finger, benetzte die Lippen mit Speichel und fuhr fort, »das bei der Lindner gefundene Sperma ist identisch mit einer der beiden Sorten, die man bei der kleinen Nettleton festgestellt hat.«

Das Fallen einer Stecknadel hätte wie der Knall einer explodierenden Bombe gedröhnt. Durant fingerte nervös eine Zigarette aus ihrer Tasche und steckte sie zwischen die Lippen. »Was? Das verstehe ich nicht. Das gibt doch keinen Sinn! Verdammt noch mal, kann das nicht ein Irrtum sein?« Sie hielt kurz inne, nahm die Zigarette aus dem Mund, fragte dann: »Moment, welches bei der Nettleton festgestellte Sperma? Das ältere oder das zur Tatzeit ejakulierte?«

»Kompliment, Kollegin, daß Sie mitdenken! Als ich mir vorhin den Obduktionsbericht in aller Ruhe durchlas, stellte ich mir genau die gleiche Frage. Ich rief sofort bei der Gerichtsmedizin an und bat um einen Vergleich. Und siehe da, das Ergebnis war erstaunlich; die Nettleton hatte, wie Sie sich erinnern können, circa achtzehn bis vierundzwanzig Stunden vor ihrem Tod Geschlechtsverkehr. Das dabei in sie ejakulierte Sperma ist von demselben Kerl, der auch die Lindner direkt vor ihrem Tod gebumst hat.« Er zündete sich eine Zigarette an, meinte beiläufig: »Verdammte Qualmerei, andauernd will ich es mir abgewöhnen... Was soll's!«

»Irrtum ausgeschlossen?« fragte Julia Durant.

Berger schüttelte den Kopf. »Irrtum ausgeschlossen. Es sind Gegenproben gemacht worden. Ein und derselbe Kerl.«

Durant stand auf, ging zum Fenster, schaute auf die Straße, setzte sich Sekunden später auf den Schreibtisch und ließ die Beine baumeln und machte ein nachdenkliches Gesicht. »Wenn ich jetzt richtig liege, dann haben wir zwei Möglichkeiten; sowohl die Nettleton als auch die Lindner hatten Geschlechtsverkehr mit demselben Mann, der aber mit beiden *nur* geschlafen hat; oder dieses Schwein hat mit beiden geschlafen, aber *nur* die Lindner umgebracht.«

»Oder dieser Mann ist in beiden Fällen der Täter, ändert aber seine Vorgehensweise«, warf Berger ein. »Das ist die dritte Möglichkeit, die mir aber selbst recht abwegig erscheint. Es gibt nur wenige Menschen, die sowohl Rechts- als auch Linkshänder sind. Die Frage ist vielmehr, welche Verbindung besteht oder bestand zwischen Maureen Nettleton und Sabine Lindner?«

Er sah an Durant vorbei an die Wand, die zuletzt vor mindestens zwanzig Jahren gestrichen worden war. Die Kaffeekanne war zur Hälfte gefüllt, zwei Becher daneben. Kullmer wippte mit dem Stuhl, betrachtete seine Hände und Fingernägel, schien gelangweilt.

Berger fuhr fort: »Wo finden wir den Kerl, der mit beiden geschlafen, aber nur eine umgebracht hat? Vielleicht aber auch beide, vielleicht auch keine. Ich will diese verdammte Frage gelöst haben, bevor diese Drecksau noch mehr Unheil anrichtet! Das war's von meiner Seite.«

Die Männer erhoben sich fast gleichzeitig, das Büro leerte sich, nur Julia Durant blieb sitzen. Berger sagte: »Sie machen sich jetzt bitte auf den Weg zu den Lindners. Finden Sie heraus, ob es ein Tagebuch gibt. Ich brauch Ihnen ja wohl nicht zu erklären, wie Sie das anstellen sollen. Viel Glück.«

Samstag, Mittagszeit

Schulz war seit einer Stunde im Krankenhaus. Kinderkrebsstation. Überfüllte Zimmer, überfüllte Flure. Er fühlte sich elend, wie immer, wenn er herkam. Die vom Krebs ausgemergelten und zerfressenen Gestalten, gezeichnet von Medikamenten, Chemotherapie. Große, fragende Augen in kleinen Gesichtern, kahlköpfig, hilflos und irgendwie weise. Sabrina lag zusammen mit drei anderen Kindern in einem Zimmer. Sie hatte keine Haare mehr, das Gesicht war aufgedunsen, der Körper abgemagert. Sie hing am Tropf, eine Chemikalie, die langsam in ihren Körper schlich. Der traurige Blick zum Fenster gerichtet. Er ging auf ihr Bett zu, sie wandte den Kopf, der Hauch eines Lächelns. Sie hatte Schmerzen, ihr ganzer Körper war ein einziger Schmerz, die Ärzte sagten es, doch schien sie sich mit dem Schmerz auf wundersame Weise arrangiert zu haben. Auf die Chemotherapie aber reagierte sie wie zu Beginn – mit Übelkeit, Erbrechen, oft mit Krämpfen. Seit zwei Monaten lag sie hier, ein fünfjähriges Mädchen, das so ernst und weise blickte, als kannte sie bereits alle Geheimnisse dieser und der jenseitigen Welt, als wußte sie, was immer man mit ihr anstellte, diese Welt war nur ein kurzer Zwischenstopp auf einer langen Reise.

Schulz setzte sich auf die Bettkante und strich ihr vorsichtig übers Gesicht. Ihre Augen zeigten ihre Freude, ihre Hand griff nach seiner.

»Na, wie geht's meinem Mädchen heute? Besser?«

»Es geht.«

»Haben sie dir schon gesagt, wann du heim darfst?«

»Nein. Darf ich denn heim?«

»Es wird bestimmt nicht mehr lange dauern. Tut mir leid, daß ich so lange nicht da war, aber ich habe einen Riesen-

berg voll Arbeit. Es gibt leider sehr viele böse Menschen.«
Er machte mit den Händen eine weit ausholende Bewegung und ein theatralisches Gesicht. »Sag mal, hat hier drüben nicht ein Junge gelegen?«

»Er ist gestern abend gegangen«, antwortete sie ruhig. »Er ist einfach eingeschlafen und nicht mehr aufgewacht. Ich muß vielleicht auch irgendwann einschlafen und nicht mehr aufwachen.«

»Wer behauptet das?«

»Ein Junge hat das gesagt. Er sagt, wir alle müßten irgendwann einschlafen. Aber er hat gesagt, daß es einen Himmel gibt.«

»Klar gibt's den. Aber ich denke, der Himmel kann noch eine ganze Weile auf dich warten. Wir lassen uns von diesem blöden Ding in dir nicht unterkriegen. Wir nicht.«

»Ich möchte heim.«

»Ich werde mit dem Arzt sprechen. Vielleicht drückt er ja ein Auge zu und läßt dich mitgehen. Nicht heute, aber vielleicht morgen schon. Was hältst du davon?«

Zwei Monate, dachte Schulz, zwei Monate in einer Klinik, umgeben von lauter schwerkranken Kindern, über allem der Pesthauch des Todes, der durch die Gänge und Zimmer kroch, sich auf die Betten und über die kleinen Gestalten legte. Mochte der Tod für den einen oder anderen etwas Schönes sein, Schulz haßte ihn, wenn er die Kinder sah. Sie hatten diese Behandlung nicht verdient. Sie sollten leben, lachen, spielen, herumtollen können. Sie sollten Fragen stellen, in die Schule gehen, die Eltern nerven, Geschwister ärgern. Aber sie sollten nicht hier liegen. Nicht diese unschuldigen kleinen Wesen, die keiner Fliege etwas zuleide getan hatten.

Er blieb den ganzen Tag bei Sabrina, sie mußte sich übergeben, zäher, grünlicher Schleim kam aus dem leeren Magen. Ihre Augen traten weit hervor, das Gesicht puterrot, ein langer, den ganzen Körper erfassender Krampf quälte sie. Es dauerte lange, bis sie sich erholt hatte. Schulz drückte dieses zitternde Bündel fest an sich, er weinte und ließ sie nicht los, bevor nicht die letzte Träne getrocknet war. Sie sollte ihn nicht so sehen, nicht die Hoffnung verlieren. Gegen Mittag sprach er mit dem jungen Arzt, einem der vielen aufopferungsvoll arbeitenden Menschen hier. Sie setzten sich zusammen ins Arztzimmer.

»Hat sie noch eine Chance? Gibt es nicht irgendeine Möglichkeit, ihr zu helfen?«

»Sicher gibt es die. Es gibt sogar mehr als eine. Wenn sie zum Beispiel noch einen Bruder oder eine Schwester bekäme, würde die Chance sofort steigen ...«

»Das dauert neun Monate!«

»Genau. Und in neun Monaten ist es nach dem Stand der Dinge zu spät. Aber wir haben ja bereits vor ein paar Tagen mit Ihrer Frau darüber gesprochen, daß wir einen passenden Knochenmarkspender haben, sie hat es Ihnen sicherlich erzählt. Doch Sie wissen, die Operation kann nur in England durchgeführt werden. Sabrina spricht allerdings auch recht gut auf die Chemotherapie an, auch wenn Sie es vielleicht als Quälerei betrachten, ihre Werte haben sich jedenfalls gebessert. Wenn auch nur leicht, aber immerhin. Die Senkung sieht besser aus als noch vor einer Woche. Und viel besser als vor einem Monat. Ich will jetzt keine trügerische Hoffnung schüren, doch Sie sollten nicht aufgeben. Sabrina tut es auch nicht.«

»Aber das sicherste wäre immer noch eine Knochenmarktransplantation?«

»Wie gesagt, wir haben einen Spender, besser gesagt eine Spenderin«, sagte der Arzt. »Wir haben die Werte von Sabrina über eine internationale Datenbank geschickt. Die

Spenderin lebt zwar in den USA, aber das ist das geringste Übel. Es müssen nur ein paar Formalitäten erledigt werden.«

»Und die Kosten?«

»Das gehört zu den Formalitäten. Die Spenderin ist bereit. Wir haben es vorgestern erfahren.«

»Das muß ich erst verkraften...«

»Einen Cognac?«

»Dann bleibt sie uns ja doch erhalten...«

»Wunder können nicht garantiert werden, aber die Transplantation ist eines der sichersten Mittel in diesem Stadium und bei dieser Form der Krankheit. Und bei Kindern schlägt diese Behandlung erfahrungsgemäß besonders gut an.«

Schulz trank seinen Cognac und verabschiedete sich vom Arzt. Im Flur umwehte ihn wieder dieser Pesthauch. Dieses Sterile, diese Blicke, diese Leere und doch diese Hoffnung. Diese weisen Augen in den leidenden Gesichtern. Mütter und Väter, die an den Betten ihrer Kinder saßen, vielfach stumm, verzweifelt, einige der Kinder schliefen oder dämmerten vor sich hin, manche weinten, andere ergaben sich still in ihr Schicksal.

Schulz' Frau kam am Nachmittag. Sie besprachen die neue Situation, er fragte sie, warum sie ihm nicht von der Spenderin erzählt habe, sie antwortete ausweichend. Gegen Abend verließen Schulz und seine Frau das Krankenhaus, fuhren nach Hause, holten auf dem Weg Julian von einem Freund ab. Hunderttausend Mark – zuviel für einen kleinen Bullen!

Samstag, 13.30 Uhr

Durant mußte dreimal läuten, bis Lindner ihr öffnete. Wildwuchernde, dunkle Bartstoppeln im zerfurchten Gesicht, fettiges, ungekämmtes Haar, rot unterlaufene Augen, blasse Lippen, leerer Blick. Er machte wortlos die Tür frei. Er stank nach billigem Schnaps, leere Zigarettenschachteln auf Tisch und Fußboden, volle Aschenbecher. Außer Frau Lindner war noch eine andere Frau anwesend, die sich als Lindners Schwester vorstellte, eine kleine, hagere, schmallippige Person, mit blassen, grauen Augen in einem ausdruckslosen Gesicht. Sie verzog sich bei Durants Eintreten in die äußerste Ecke des Zimmers, als fürchtete sie sich vor ihr.

»Ich würde mir gerne das Zimmer Ihrer Tochter ansehen«, sagte Durant.

»Warum?«

»Routine, Herr Lindner. Wir möchten so schnell wie möglich den Mörder Ihrer Tochter finden, und manchmal sind es nur Kleinigkeiten, die auf die Spur des Täters führen. Ein Tagebuch vielleicht oder irgend etwas anderes. Wie gesagt, blanke Routine.«

»Sie hat dieses Schwein nicht gekannt, und sie hat auch kein Tagebuch geführt!«

»Trotzdem, wenn ich mich bitte umsehen dürfte.«

Lindner deutete mit der Hand auf die Tür, hinter der sich Sabines Zimmer befand, er ging voraus. Es war der größte Raum in der Wohnung, helle, freundliche Möbel, ein Kleiderschrank, ein Platten- und Bücherregal, ein Sekretär, eine ungewöhnlich exklusive Stereoanlage von Harman Kardon, Fernsehapparat und Videogerät. An den Wänden zwei Poster mit Werken von Claude Monet. Ein großes Fenster, das einen guten Blick auf die Rückseite des Hauses mit seiner kleinen Gartenanlage freigab, tauchte das Zimmer in helles Licht, noch eine Stunde, und Sonnenschein würde den Raum überfluten. Dieses geschmackvoll und elegant eingerichtete Zimmer stand in krassem Kontrast zum Rest der Wohnung. Lindner blieb an der Tür stehen, argwöhnisch Durant beobachtend, während sie in der Mitte stand, direkt unter einer in die Decke eingelassenen Halogenleuchte.

»Sie haben eine Menge Geld für Ihre Tochter ausgegeben«, bemerkte Durant.

»Ich sagte doch schon, sie war unser ein und alles. Meine Frau und ich, wir brauchten nicht viel, wir hatten genug. Man gibt doch alles für den, den man liebt.«

»Ich möchte Sie jetzt bitten, mich allein zu lassen.«

Lindner zögerte einen Moment, dann schloß er die Tür hinter sich. Die Kommissarin nahm sich den Schrank vor, Boutiquenkleidung, eine reichhaltige Platten- und CD-Sammlung von Klassik bis Techno. In den Schubladen des Schrankes Unterwäsche, auch hier nur beste Qualität, etwas versteckt im obersten Regal ein paar für eine Siebzehnjährige eher ungewöhnliche Stücke, Seidenslips und Netzstrümpfe, Seidenbodys und raffinierte BHs, was Durants Vermutung nur untermauerte, daß Sabine ein Verhältnis mit einem etwas reiferen und anspruchsvolleren Mann gehabt haben mußte. Schließlich durchsuchte Durant den Sekretär. Schulbücher, Hefte, Ringbücher, penible Ordnung. Beim Durchblättern der Hefte fiel Julia Durant die reife, sanft geschwungene Handschrift auf. Ein Graphologe hätte das Mädchen vermutlich als überdurchschnittlich intelligent eingestuft. Es paßte in das Bild, das sie sich inzwischen von Sabine gemacht hatte, sie war auf eine gewisse Weise ein cleveres Mädchen gewesen, auf dem besten Weg, die Enge der Kleinbürgerlichkeit wie eine lästige Haut abzustreifen. Sie nahm sich allein für das Durchblättern der Hefte und Ordner eine halbe Stunde Zeit, ohne auch nur im geringsten einen Hinweis auf einen Liebhaber oder den Vater des Kindes zu erhalten. Sie legte jedes Heft auf den Boden, alles Schulhefte von mindestens drei Jahren, die Ordner und Ringbücher legte sie daneben. Zuletzt eine Menge beschriebener loser Blätter. Auf einigen war ein Herzchen mit einem Pfeil aufgemalt, doch nirgends ein Name vermerkt.

Julia Durant setzte sich auf den Schreibtischstuhl, verschränkte die Hände hinter dem Kopf. Wo hätte ein intelligentes Mädchen wie Sabine ein mögliches Tagebuch versteckt, dessen Inhalt so brisant war, daß ihre Eltern es unter gar keinen Umständen in die Finger bekommen durften? Sie versuchte, sich in die Lage und Denkweise von Sabine zu versetzen. Natürlich mußte der Platz extrem sicher und geschützt vor neugierigen Blicken sein, vor allem vor der Mutter, die hier bestimmt regelmäßig saubermachte. Sie durfte die raffinierte Unterwäsche finden, alles andere, aber nicht dieses Tagebuch. Und Durant hielt Sabine für schlau genug, ihre Mutter bewußt in die Irre zu führen.

Nach einer Weile erfolglosen Grübelns stand sie auf, ging zurück ins Wohnzimmer. Der Vater trank, die Mutter qualmte nervös und blickte zu Durant auf, während die andere Frau wie ein unheimlicher Gnom in der Ecke hockte und Durant aus winzigen Augen anstarrte.

»Wer hat für gewöhnlich Sabines Zimmer aufgeräumt? Machten Sie das oder machte es Sabine selber?«

Die Mutter zuckte die Schultern und meinte: »Ich habe das meist gemacht. Warum?«

»Nur so. Vielen Dank.« Sie machte kehrt und ging erneut in Sabines Zimmer. Sie erinnerte sich an ihre Jugend und

134

die vielen vollgeschriebenen Tagebücher, an ihre Freundinnen, von denen die meisten auch eines geführt hatten. Sie stand wieder in der Mitte des Raumes unter der Lampe. Sie drehte sich. Poster, Schrank, Bett, Sekretär, Stuhl. Das Plattenregal, die Anlage, der Fernseher. Hatte sie etwas übersehen? Hinter der hochgewachsenen Yuccapalme mit den ausladenden, kräftigen Blättern, die zwischen Anlage und Sekretär stand, war nichts. Julia Durant zündete sich eine Zigarette an, ein blankpolierter Aschenbecher stand wie ein Ausstellungsstück auf dem kleinen Beistelltisch. Sie zog noch einmal jede Schublade des Sekretärs heraus und tastete sie von unten ab, erfolglos. Bis jetzt hatte sie noch nie nach einem Tagebuch suchen müssen, meist waren es kleinere Dinge, Zettel, Briefe, Schmuck. Sie hatte die unmöglichsten Verstecke ausfindig gemacht, unter Holzdielen, hinter Bildern, im Sockel einer Lampe. Aber ein Tagebuch ließ sich nicht so ohne weiteres verstecken. Sollte es wirklich keines geben? Sie zweifelte, dann wieder diese innere Stimme, die ihr zuflüsterte, daß sie keinem Hirngespinst hinterherjagte, daß ein Tagebuch existieren mußte. Sie schloß für Sekunden die Augen, konzentrierte sich. Öffnete sie, ihr Blick ging nach oben zur Decke, die Wände entlang, weiter zum Fenster. Sie kniff die Augen zusammen, ging ganz langsam auf das Fenster zu, zog sich den Stuhl heran, stellte sich darauf, tastete mit den Händen über die kaum zu erkennende Klappe, hinter der sich der Rolladen befand, entriegelte sie. Sie stellte sich auf die Zehenspitzen, um besser hineinsehen zu können... Sie kniff für eine Sekunde die Augen zusammen, ballte für Sekunden die Fäuste vor Glück! Hier lag es, ein dickes, grünes, abgeschlossenes Tagebuch. Wenn überhaupt irgendwo, dann war in ihm die Lösung zu Sabines Geheimnis zu finden. Sie steckte das Buch in ihre Tasche, nur der Schlüssel blieb verschwunden, aber das war weiter kein Problem. Sie schloß die Klappe, stieg vom Stuhl, stellte ihn an seinen alten Platz.

Sie verabschiedete sich von den Lindners, er besoff sich weiter, sie rauchte eine Zigarette nach der anderen, der Gnom rührte sich nicht.

»Haben Sie vielen Dank für Ihre Hilfe«, sagte sie, aufmunternd nickend. Sie hatte überlegt, ob sie ihnen von Sabines Schwangerschaft erzählen sollte, aber sie wollte diesen Leuten nicht auch noch den Glauben an die Unberührtheit ihrer Tochter nehmen. Es hätte endgültig die kleine, bis vorgestern so heile Welt dieser Menschen zerstört.

Lindners Stimme hielt sie zurück. »Wann können wir sie beerdigen?«

»Das kann ich noch nicht sagen. Aber Sie bekommen Bescheid, ich nehme an, daß Sie am Montag angerufen werden.«

Sie fuhr ins Präsidium. Die Straßen in die Innenstadt waren weitgehend frei befahrbar, dafür um so stärkerer Verkehr stadtauswärts, darunter viele Fans von Eintracht Frankfurt und Bayern München, die per Auto oder zu Fuß in riesigen Pulks zum Spitzenspiel ins Waldstadion unterwegs waren. Riesige, weiße Wolkenberge, die sich bildeten. Vielleicht Vorboten eines Gewitters, als Ausgleich für die unerträgliche Schwüle. Sie lenkte das Auto auf den Hof und schlug die Tür einfach zu. Sie ließ das Fenster offen.

Das Büro war leer, die Jalousie heruntergelassen, die Lamellen standen waagrecht, kaum ein Windhauch, der hereindrang. Im Aschenbecher ein verglimmender Zigarettenstummel, ein halbes Glas Limo neben zwei aufgeschlagenen Aktenordnern. Über den Tisch verteilt beschriebene Zettel. Julia Durant holte Zigaretten und Feuerzeug sowie das Tagebuch aus ihrer Tasche. Setzte sich, legte die Beine auf die Tischkante und betrachtete das Tagebuch von allen Seiten. Sie rauchte.

Das Tagebuch bestand aus dickem, dunkelgrünem Leder, der Verschlußriemen war zusätzlich von mehreren dünnen Stahlbändern durchzogen, eine einfache Schere reichte hier nicht aus. Berger kam herein. Er hatte die Krawatte abgenommen und die zwei obersten Knöpfe seines Hemdes gelöst, sein Gesicht war schweißüberströmt.

»Sie sind schon wieder zurück! Erfolg gehabt?« fragte er.

»Vielleicht«, sagte Durant, auf das Tagebuch deutend. »Ich habe lange danach suchen müssen. Sie hatte es im Rolladenkasten versteckt, ein Platz, von dem sie wußte, daß dort nicht einmal ihre offensichtlich putzwütige Mutter nachgesehen hätte. Sie hätten das Zimmer sehen müssen, nicht nur das Zimmer, auch den Inhalt der Schränke.« Sie schnalzte mit der Zunge. »Nur vom Feinsten, kann ich Ihnen sagen. Mein Gott, die hat Klamotten in ihrem Schrank hängen, davon kann ich nur träumen! Und ihre Unterwäsche, besser gesagt Dessous – nur beste Qualität. Allerdings auch etwas ungewöhnlich für eine Siebzehnjährige. Was soll's, das Buch hier muß irgendwie aufgemacht werden.«

»Haben Sie keinen Schlüssel?« fragte Berger und trank seine Limonade aus, rülpste leise.

»Ich habe keinen gefunden. Und da die Eltern nichts von dem Buch wissen, wäre es also sinnlos gewesen, sie nach dem Schlüssel zu fragen. Ich habe die Sünden ihrer lieben kleinen Tochter für mich behalten. Die beiden sind sowieso schon am Ende.«

»Eine Schere?«

»Reicht nicht aus, sehen Sie selbst.«

Berger nahm es in die Hand und nickte. »Aber mit einer Zange kriegen wir's auf«, sagte er grinsend und holte aus der untersten Schublade seines Schreibtisches eine Beißzange. Ein kräftiger Druck, ein kurzes Ziehen. »So, das hätten wir«, sagte er und reichte das Buch Julia Durant zurück. »Studieren Sie es, und informieren Sie mich über das Wesentliche. Die anderen Kollegen sind noch unterwegs. Ich bin jetzt mal für eine Weile nicht da.«

Sie begann zu lesen. Der erste Eintrag datierte vom 12. Januar. Andreas Menzel. Sie hatte seinen Namen mit A. M. abgekürzt, doch es konnte sich hier nur um Andreas Menzel handeln. Andreas Menzel, von dem Nicole Bernhardt behauptete, daß Sabine sich nur über ihn lustig gemacht hätte, war mehr gewesen als nur ein Geplänkel, er war die erste große Liebe von Sabine. Sie hatte sich unsterblich in diesen kleinen, zarten Jungen mit dem großen Geist verliebt. Er wäre so anders als all die anderen Jungs, mit denen sie es bisher zu tun gehabt hatte. Zwei Monate schrieb sie jeden Tag über Andreas Menzel, bisweilen schwülstig und voll Pathos, doch zu keiner Zeit machte sie auch nur die geringste Andeutung, daß ihre Beziehung über platonische Liebe hinausgegangen wäre.

Am 18. März hörten die Eintragungen abrupt auf. Erst am 29. März fing sie wieder an zu schreiben. Belanglosigkeiten, Tagesabläufe, Nicole wurde oft erwähnt, die Schule, daß ihr Vater immer öfter betrunken von der Arbeit oder spätnachts heimgekommen war und ihre Mutter jedesmal wüst beschimpft und auch geschlagen hatte. Sie hatte sich eingeschlossen, weil sie Angst vor ihm hatte. Eine kurze Anmerkung am Blattrand, daß sie ihren Vater aus tiefster Seele haßte. Andreas Menzel aber wurde keine Zeile mehr gewidmet.

Eine Woche später jedoch schrieb sie, daß sie sich zwar noch regelmäßig sahen, ihre Beziehung aber abgekühlt und er sehr traurig sei, von ihr einfach im Stich gelassen worden zu sein. Er sei eine alte Memme, schrieb sie, und sie nähme alles zurück, was sie bisher über ihn geschrieben hatte. Er sei durch und durch verweichlicht, und ein nur intelligenter Mann reichte ihr nicht. Julia Durant blätterte Tag für Tag durch, doch die Eintragungen wurden zusehends eintöniger und belangloser. Sie hatte sich mehr vom Tagebuch versprochen. Hier stand nichts Weltbewegendes, nur etwas Herz, ein wenig Schmerz, Jungmädchengeschreibe. Sie las jetzt seit einer Stunde. Aufkommender Wind, die Lamellen der Jalousie rasselten. Durants Augen wurden schwer, die Buchstaben begannen zu tanzen, die Schwüle, der fehlende Schlaf, die Erschöpfung zeigten Wirkung.

Auf einmal durchfuhr es sie wie ein elektrischer Schlag, sie wurde hellwach. Der 30. April. Die Seite war an den Rändern mit lauter kleinen roten Herzchen vollgemalt, die Schrift geschwungener denn je. Sie schrieb von A. Schrieb, wie er endlich, endlich, endlich auf sie aufmerksam geworden sei, sie zum Essen eingeladen hatte. Von seinen feinen Manieren, seiner distinguierten Art. Von seinen blauen Augen, die ihren Körper und ihre Seele mit durchdringendem Blick in wilden Aufruhr versetzten, seiner braunen Haut, seinen starken Händen, seinem muskulösen Körper. Ein Mann, nicht zu vergleichen mit Andreas. *Wie lange habe ich mich nach diesem Moment gesehnt! Er hat mich endlich beachtet. Er, der Apoll meiner Träume, der schönste Mann auf dieser Erde, das göttlichste Wesen, das jemals in diese Welt geboren wurde! Wenn er mich nur ansieht, schmelze ich dahin wie Eis in der Sonne, und wenn ich härtestes Eis wäre, ich wäre nicht fähig, seinem magischen Blick standzuhal-*

ten. Er ist ein Gott, ja, wenn es einen Gott gibt, dann muß er wie A. aussehen. A., A., A., wie sehr ich Dich liebe! Ich liebe Dich, ich liebe Dich, ich liebe Dich! Wenn Du jetzt nur hiersein könntest, hier in meinem Bett, wenn Deine Hände mich halten und streicheln könnten! Das erste Mal, es war tausend Mal schöner, als ich es mir erträumt hatte! Wie soll ich es nur bis morgen aushalten ohne Dich?! Wie soll ich diese Nacht in diesem kalten, leeren Bett überstehen?! Du hast mir die Liebe gezeigt, und ich werde alles tun, mich ihrer auf immer würdig zu erweisen. Ich liebe Dich, ich liebe Dich, ich liebe Dich! Ich würde alles für Dich tun, alles, alles, alles!

Die Eintragungen setzten sich in dieser Form die ganzen nächsten Wochen fort. Offensichtlich war dieser A. der erste Mann, zu dem Sabine intimen Kontakt hatte. Doch nirgends nannte sie seinen vollen Namen, sein Alter, seinen Beruf, ob er verheiratet war. Das änderte sich im Juli. Wenn er sonst immer nur für einige Tage beruflich unterwegs war, so mußte er diesmal für zwei Wochen wegfahren.

A., Du verfluchter Verräter! Mußtest Du ausgerechnet sie mitnehmen?! Ich denke, Du haßt sie? Belügst Du mich nur, oder ist es Dir doch ernst mit mir? Ich weiß nicht mehr weiter, ich sterbe, wenn ich daran denke, daß Du mit ihr in einem Bett liegst, vielleicht sogar mit ihr schläfst! Bastard, verdammter! Merkst Du denn nicht, wie sehr ich mich nach Dir verzehre? Merkst Du nicht, daß ich nur einen einzigen Wunsch habe, nämlich Dir ganz allein zu gehören? Du verlangst von mir, daß ich keinen anderen Mann ansehe, aber Du, was machst Du? Wenn ich nur glauben könnte, was Du mir gestern geschworen hast, daß Du nicht mit ihr schlafen wirst! Aber ich weiß jetzt, wie Frauen fühlen, wie heiß und grausam sie sein können. Sie wird Dich umschmeicheln und alles daran setzen, daß Du mit ihr schläfst. Bitte, bitte, tu es nicht! Denk an mich, denk daran, um wieviel jünger und begehrenswerter ich bin. Ich stelle keine For-

*derungen, ich würde mit Dir sogar auf eine einsame Insel ge-
hen, wenn Du mit mir allein sein willst. Spürst Du nicht mein
Verlangen, dieses Brennen? Oh, ich liebe Dich! Wie soll ich nur
die nächsten zwei Wochen überstehen? Wie soll ich lachen und
fröhlich sein können, wenn Du nicht da bist? Bitte, komm
zurück, ich warte auf Dich. Ich werde alles für Dich tun, nur für
Dich dasein. Und ich weiß, eines Tages werden wir nur uns
selbst gehören, wirst Du die Fesseln Deiner unglückseligen Beziehung durchtrennen, wir werden in Sphären eintauchen, die
kein Mensch vor uns erkundet hat. Ich warte auf Dich, mein
Herz zerreißt.*

Zwei Wochen lang Herzschmerz, Wut, Beleidigtsein.
Dann eine Pause von einer Woche, heiße Liebeserklärun-
gen, dann plötzlich, Anfang September, wurden die Eintragungen nüchterner, kühler. Schließlich die letzte, da-
tiert vom vergangenen Mittwoch, 22.48 Uhr. Die Schwangerschaft. Die Verzweiflung, die Not, die Hoffnung.
Warum behandelte er sie auf einmal so reserviert, warum
war er überhaupt nicht mehr zärtlich? Warum ließ er sich
am Telefon verleugnen?

*Morgen abend werden wir uns aussprechen. Wir werden einen
Spaziergang machen und unsere Zukunft planen. Ich bin sicher,
er ist nur überarbeitet, es ist einfach zuviel für ihn in der letzten Zeit. A. ist ein wundervoller, begnadeter Mensch mit so vielen Fähigkeiten, so viele Menschen lieben ihn, er wird noch zu
einem Segen für die Menschen werden. A., laß mich bitte nicht
allein! Hilf mir und steh zu mir! Es ist doch auch Dein Kind,
und wenn es ein Sohn wird, soll er heißen wie Du, und er wird
bestimmt auch sein wie Du! Bitte, bitte, bitte! Wo soll ich hingehen, wenn Du mir nicht beistehst? Ich werde Dir morgen sagen, daß ich Dein Kind unter dem Herzen trage, und dann mußt
Du Dich entscheiden, und ich weiß, Deine Entscheidung wird
zu meinen Gunsten ausfallen. Ich liebe Dich, und ich werde Dich*

immer lieben! Und ich weiß, es sind nur die verfluchten Fesseln, die verhindern, daß unsere Liebe vollkommen ist. Gott, hilf mir! Wenn alles nichts hilft, werde ich den Balg wegmachen lassen. Das Geld dafür habe ich. Ich werde Nicole morgen einweihen, sie ist eine wundervolle Freundin, wenn ich sie nicht hätte! Und irgendwann werde ich ihr sagen, wer der Vater ist. Irgendwann. Jetzt geht es noch nicht, sie würde aus allen Wolken fallen. Sie würde nie begreifen, wie ich mit A. eine der vollendetsten Beziehungen haben konnte (und möglicherweise noch haben kann!). Nicole ist so lieb und so nett, aber sie versteht nicht alles. Wie auch, verstehe ich doch selbst vieles nicht. Ich werde sie bitten, wenn gar nichts mehr geht, mir eine Adresse zu besorgen, wo ich es wegmachen lassen kann, ohne daß jemand etwas davon erfährt.

Ich weiß nicht, wie lange ich leben werde, noch eine Stunde, einen Tag, ein Jahr, zehn Jahre oder gar hundert, egal, was immer kommen mag, was ich erlebt habe, ist einzigartig, und niemals wird irgend jemand ähnliches erleben. Wie schön und wie grausam die Liebe doch sein kann!

Es waren noch zwölf freie Seiten in dem Tagebuch. Julia Durant schlug es zu und legte es auf den Tisch. Sie ging zum Waschbecken, sah in den Spiegel. Ihre Augen waren leicht gerötet vom angestrengten Lesen, die Lippen blaß. Sie wusch sich Hände und Gesicht, holte aus ihrer Handtasche den Lippenstift und zog die Konturen nach. Danach stellte sie sich ans Fenster, zog die Jalousie hoch, blickte auf die Straße. Wer war A.? Andreas Menzel schied aus, von ihm hatte sich Sabine verabschiedet, außerdem hatte sie ihm das Kürzel A. M. gegeben.

Wie alt war A.? Er war auf jeden Fall verheiratet. Hatte er auch Kinder? Er sah, aus der subjektiven Sicht von Sabine gesehen, sehr gut aus, war braungebrannt, hatte dunkles Haar, starke Hände und einen durchdringenden Blick.

Und er war sehr wohlhabend. Und er würde eines Tages zu einem Segen für die Menschen werden. Was meinte Sabine damit? Auf welche Weise konnte dieser Mann zum Segen für die Menschen werden? War er vielleicht Politiker, Künstler, Musiker, Schriftsteller, Philosoph oder irgend etwas anderes?

Berger kam ins Zimmer, Julia Durant drehte sich um, Nachdenklichkeit im Blick.

»Schon fertig?« fragte Berger.

»Ja, und sie hat über *ihn* geschrieben. Sie hat kaum etwas ausgelassen...«

»Und wer ist es?« fragte Berger neugierig.

»Tja, das ist der Haken, ich habe keine Ahnung. Im ganzen Buch nennt sie ihn immer nur A. Aber Ihre Vermutung scheint sich zu bestätigen, sie hatte was mit einem verheirateten Mann. Sabine hat ihre Beziehung in sehr blumigen Worten beschrieben. Sie hatte sich mit ihm für den Donnerstag abend verabredet, was zumindest die Vermutung nahelegt, daß er zumindest einer der letzten war, mit dem sie zusammen war. Was aber nicht unbedingt heißen muß, daß er auch ihr Mörder ist. Dieser A. kann jeder sein, der ein bißchen Geld hat. Die beiden haben sich immer heimlich getroffen, in einem Hotel, einem Motel, einem Gartenhaus, auf jeden Fall irgendwo, wo sie ungestört waren und nicht Gefahr liefen, entdeckt zu werden. Sabine war so ungemein vorsichtig, nirgends, aber auch nirgends der geringste Hinweis auf ihren Geliebten, der es aber möglicherweise auch mit anderen Mädchen getrieben hat. Ich hatte mir ehrlich gesagt mehr von dem Buch versprochen. Wir müssen es analysieren lassen, vielleicht werden dadurch mehr Anhaltspunkte gefunden. Aber übers Wochenende nehme ich es mit nach Hause und lese es in aller Ruhe durch. Ach ja, Nicole Bernhardt wußte tatsäch-

143

lich nichts von Sabines heimlichem Liebhaber. Sie hat also nicht gelogen. Aber wir sind kein Stück weiter als zuvor.«

»Gut, oder besser, nicht gut. Ich habe übrigens schon heute morgen mit Dr. Schneider, einem Gerichtspsychologen, gesprochen. Er kennt die Aktenlage von Preusse und Nettleton. Ich habe ihn überreden können, noch heute nachmittag vorbeizukommen und uns vielleicht ein Täterprofil zu erstellen. Er war zwar nicht gerade erfreut, das ausgerechnet an einem Samstag nachmittag tun zu sollen, aber ich kann im Augenblick nicht auch noch auf die Gewohnheiten der Leute Rücksicht nehmen... das tut dieses verdammte Arschloch von Killer nämlich auch nicht! Und je mehr und eher wir etwas über den Kerl wissen, desto besser für uns.«

»Was ist mit den anderen, sollten die nicht auch dabeisein?« fragte Durant.

»Schneider kommt in etwa einer halben Stunde. Wir müssen dann eben für die anderen mit aufpassen.«

Um halb sechs, erstes, fernes Donnergrollen über Frankfurt, kam Schneider, ein kleiner Mann, kaum einssechzig groß, spindeldürr, Nickelbrille, verkniffener Zug um den bleistiftdünnen Mund, lichte, graue Haare, sehr blasse Haut, tiefe Ringe unter den großen, starr blickenden Augen. Er hatte ungewöhnlich schmale Hände und Finger, nuschelte einen kaum verständlichen Gruß.

Berger bat ihn mit einer Handbewegung, Platz zu nehmen. Schneider legte den mitgebrachten Ordner auf den Tisch. Fahrige, hektische Bewegungen. »Schneider, Psychologe«, stellte er sich Julia Durant mit hoher Stimme, die der eines Kastraten ähnelte, vor und reichte ihr die Hand. Knöcherne, zierliche Hände. Keine Regung in seinem Gesicht. Er

144

setzte sich, begann zu sprechen, sein Atem rasselte, er hüstelte, sagte: »Wenn Sie mir bitte einen Gefallen tun möchten, dann machen Sie die Zigarette aus. Ich vertrage den Rauch nicht.« Sie beugte sich vor, drückte den Stummel aus.

»Gut, Sie wollen also etwas über den Mörder erfahren. Da wir Samstag nachmittag haben und ich ein freies Wochenende sehr schätze, lassen Sie uns bitte gleich in medias res gehen.« Er lehnte sich zurück, schlug das rechte über das linke Bein, kühler Blick zu Berger.

»Wir möchten einfach nur einen Eindruck gewinnen, um was für einen Menschentyp es sich bei diesem Mann handelt. Wobei wir eigentlich von zwei Tätern sprechen, da der vorgestern begangene Mord die Handschrift eines anderen trägt...«

Schneider blickte Berger über den Rand seiner Brille hinweg an. »Dann sollten Sie aber auch gleich wissen, daß alles, was ich sagen werde, nichts als Spekulation ist. Denn bis jetzt wissen wir ja einzig und allein, wie er tötet. Wir wissen jedoch nichts über seine Beweggründe, sein Alter, na ja, ich brauche Ihnen das nicht zu erklären. Aber die Kriminalgeschichte ist gespickt mit solch bizarren Fällen. Bis auf ganz wenige Ausnahmen handelt es sich bei den Tätern zumeist um psychisch extrem gestörte Personen. Und meist sind es Männer.« Er hielt inne, hüstelte wieder, fuhr fort: »Ich habe heute einen kurzen Blick in die Akten geworfen, und nach meinem Dafürhalten scheint der Täter in unserem ganz speziellen Fall als Opfer Mädchen der Altersgruppe fünfzehn bis etwa achtzehn Jahre zu bevorzugen. Alle sind schlank, blond und entsprechen bis jetzt ausnahmslos einem gewissen Schönheitsideal. Man ist geneigt anzunehmen, daß derjenige einen tiefsitzenden Haß gegen blonde Mädchen hat, wobei ich hier eine erste Einschränkung machen muß, nämlich die, daß dies nur so lange gilt, bis er sich eine aussucht, die rot, brünett oder schwarzhaarig oder älter als die bisherigen Opfer ist. Warum seine Opfer so jung sind, vermag ich natürlich nicht zu sagen. Würde es sich um Kinder handeln – aber hier...« Er schüttelte den Kopf. »Eines ist jedoch unzweifelhaft – unser Mann ist psychisch hochgradig gestört, unberechenbar und somit höchst gefährlich. Nicht ganz auszuschließen ist, daß es sich bei dem Mann um eine multiple Persönlichkeit handelt, was eine bestimmte Form von Schizophrenie ist. Sie haben von diesen Menschen gehört, die sich für Napoleon oder Cäsar oder irgend jemand anderes halten. Allerdings ist das ein heikles Gebiet, und es bedarf ausgiebiger Tests, um eine solche Störung zu diagnostizieren. Es gibt in der Kriminalistik nicht einmal eine Handvoll belegter Fälle, wo multiple Persönlichkeiten Schwerverbrechen begangen haben. Das Problem ist, daß sie ihre Verbrechen häufig unter Zwang begehen, als würden sie von einer anderen, ihnen innewohnenden Person gesteuert werden. So ist ein Fall aus den USA bekannt, wo ein Serienmörder auf Befehl zweier anderer ihm innewohnender Persönlichkeiten mordete. Allerdings ist das damals von verschiedenen Experten erstellte Gutachten umstritten. Ich für meinen Teil jedoch halte diese Möglichkeit für durchaus gegeben, auch wenn etliche meiner Kollegen das Phänomen multiple Persönlichkeit ins Reich der Märchen verweisen.«

»Das würde dann zumindest bedeuten, daß der Täter in gewissen Augenblicken nicht er selber ist...«

»Wenn es sich um einen Schizophrenen oder eine multiple Persönlichkeit handelt, ja! Die Frage bleibt aber, wer ist er selber? Ist er selber derjenige, als der er geboren wurde, oder hat sich im Laufe der Zeit eine weitere Person hinzugesellt, die jetzt die dominierende Persönlichkeit ist? Ich weiß, es klingt absurd, aber es gibt diese Fälle. Dennoch sollten wir nicht in Spekulationen verfallen. Gehen wir erst einmal davon aus, daß der Täter weder schizophren noch eine multiple Persönlichkeit ist, sondern einen anderen psychischen Defekt aufweist. Fassen wir zuallererst eine krankhafte Veranlagung ins Auge, die es dem Mann unmöglich macht, sein Handeln zu bestimmten Zeiten zu steuern. Wobei krankhaft in diesem Fall die Psyche, nicht aber den Geist betrifft.«

»Das heißt, Haß als einfacher Grund scheidet aus?«

»Schwer zu beantworten, doch meiner Meinung nach genügt Haß allein nicht, solche Taten zu begehen. Hier handelt es sich um ein viel komplexeres Täterprofil. Eine Untersuchung zum Beispiel hat ergeben, daß Serienmörder häufig Einzelkinder sind, Muttersöhnchen, mit einer enormen oder besser noch abnormen Abhängigkeit von der Mutter. Oft geben sie sich sadistischen Phantasien hin, ohne daß andere das bemerken, wobei diese Phantasien häufig auch ausgelebt werden. Es kann sich in Kleinigkeiten äußern wie der Schwester oder dem Bruder das Lieblingsspielzeug kaputtmachen, Tiere quälen und sich auch noch daran erfreuen, bösartige Streiche spielen, um anderen bewußt damit zu schaden. Die Umwelt registriert nur allzu selten, daß es sich dabei oft schon um die Anfänge einer kriminellen Karriere handelt, zum einen, weil diese Kinder meist auch sehr raffiniert vorgehen, das heißt, sie tun, was sie tun, im verborgenen, und wenn sie auf eine bestimmte Sache angesprochen werden, geben sie sich natürlich völlig unschuldig und weisen jede Schuld oder Absicht weit von sich, brechen in Tränen aus und sind sogar in der Lage, so raffiniert vorzugehen, daß am Ende die sogenannten Ankläger selbst sich schuldig vorkommen müssen. Womit sich der Kreis für die kleinen, ich nenne sie einfach einmal Teufel, wieder geschlossen hat, sie sind wieder die Engel.

Viele Serienmörder scheitern im täglichen Leben, sie schaffen es nicht, einen normalen Beruf auszuüben, sondern leben in den Tag hinein, aber das ist um Himmels willen nicht die Regel. Viele töten und haben dabei selber einen ungeheuren Todeswunsch. Und noch was – wenn einer von diesen potentiellen Serienmördern einmal einen Mord begangen hat, dann hat er damit endgültig die letzte Hemmschwelle überschritten und wird immer weiter nach Opfern suchen. Er sucht den letzten, den absoluten Kick, den er aber nie findet. Die Brutalität nimmt häufig ungeahnte Ausmaße an, vielleicht hat derjenige beim ersten Mal sein Opfer gleich getötet, beim zweiten Mal schon läßt er sich etwas mehr Zeit, und schließlich kann es in richtige Folterorgien ausarten. Diese Menschen rasen wie ein Zug auf einer talwärts führenden Strecke durch die Nacht, wobei die Bremsen versagt haben und es keine Möglichkeit gibt, diesen Zug aufzuhalten. Immer schneller und immer öfter müssen sie ihrem Drang nachgeben, und sie werden immer ein Opfer finden. Mitleid ist für sie dann ein Fremdwort. Oder glauben Sie, daß ein Mensch, der einen anderen massakriert, ihm die Genitalien abschneidet, Teile des Opfers ißt und das Opfer bestialisch zurichtet, Mitleid empfindet? Nicht mit dem Opfer, höchstens mit sich selbst.«

»Das hört sich alles andere als aufbauend an! Wo könnte man einen solchen Mann suchen?«

Zum ersten Mal lächelte Schneider, sein schmaler Mund wurde zu einem feinen Strich. »Nun, das ist die am schwersten zu beantwortende Frage. Denn, schauen Sie, solche Leute, egal ob multiple Persönlichkeit, Triebtäter oder Serienmörder, sind in der Regel Menschen wie Sie und ich. Sie fallen nicht auf, weder am Arbeitsplatz noch zu Hause, noch unter Freunden. Sie glauben gar nicht, wie viele Menschen es gibt, die schizophrene Züge aufweisen oder unter einer latenten Schizophrenie leiden, aber niemals in ärztlicher Behandlung sind oder waren, von ihren Eltern oder Ehepartnern oder Freunden und Bekannten zwar für bisweilen etwas merkwürdig oder spinnert gehalten werden, aber doch niemals als krankhaft abnormal! Man würde sie durchaus noch als normal einstufen, wobei ›normal‹ immer eine Frage der Sicht, der Umstände und des Verständnisses ist. Der Begriff normal läßt sich nur schwer definieren, da er fast immer einer subjektiven Betrachtungsweise entspringt.

Aus der medizinischen und Kriminalliteratur wissen wir, daß Triebtäter und Serienmörder in der Regel besonders höflich, zuvorkommend, liebevoll, gute Ehemänner, Söhne oder Töchter sind. Sie fallen nicht auf, und wenn, dann meistens positiv. Nicht wenige von ihnen verfügen über eine beachtliche Intelligenz, ein IQ zwischen hundertzehn und hundertfünfzig ist nicht selten. Wobei ich zu Ihrer Frage komme; verdächtigen Sie mal einen netten, intelligenten Menschen, der es auch noch zu etwas gebracht hat!«

Er hielt inne, räusperte sich, legte die Hände gefaltet auf die Schenkel und forschte in den Gesichtern von Durant und Berger nach einer Reaktion. Er fuhr lächelnd fort: »Doch es gibt andere Fälle, Fälle, in denen die Täter Zwangsneurotiker oder Paranoiker sind. Einzelgänger, die kaum Kontakt zur Außenwelt haben, die meist allein in einem Zimmer in einer schäbigen Absteige hausen, sich mit merkwürdiger Literatur umgeben und seltsame Riten zelebrieren. Ich kannte einen, der jedesmal bei Vollmond eine Katze tötete, ihr das Fell abzog, ihr Blut trank und sie

Gott auf einem Altar als Opfer darbrachte. Es gibt eine Reihe religiöser Fanatiker unter den Serienmördern. Und doch sind es unauffällige Männer. Fragen Sie ihre Vorgesetzten, sie werden sie als still, unauffällig und fleißig bezeichnen und niemals auch nur einen Gedanken daran verschwenden, es mit einem Verbrecher zu tun zu haben. Ein Musterbeispiel für einen Serienmörder ist Haarmann aus den zwanziger Jahren. Er ist das absolut klassische Beispiel, der Prototyp des finsteren, unheimlichen Serienmörders, der in einer schäbigen Unterkunft hauste und seine Opfer fast ausnahmslos unter Strichern suchte, sie zu sich nach Hause lockte und durch einen Biß in die Kehle tötete. Und was er hinterher mit ihnen machte, sollte Ihnen bekannt sein. Aber Haarmann kann nicht mit den jetzigen Fällen verglichen werden. Unser Mann muß intelligent sein, das geht aus seinen anatomischen Kenntnissen hervor, dazu kommt das Ritual mit den roten Schleifchen, was für meine Begriffe eine gewisse Form von Liebe erkennen läßt. Meiner im Augenblick noch sehr persönlichen und unmaßgeblichen Meinung nach steckt vermutlich hinter dem Täter ein Mann, der aufgrund eines traumatischen Erlebnisses in seiner Kindheit oder Jugend diese Morde begeht. Auf jeden Fall ist er krank. Vielleicht ein Sadist im medizinischen Sinn, der nur dann Lust verspürt, was nichts anderes heißt, als daß er nur dann zur Ejakulation kommt, wenn er weiß, daß sein Opfer schlimmste Qualen durchleidet oder stirbt. Schauen Sie, die meisten von uns können ihr Temperament unter Kontrolle halten. Sicher, es gibt viele, die jähzornig, übertrieben eifersüchtig oder streitsüchtig sind. Aber in den seltensten Fällen wird sich eine solche Eigenschaft in exzessiver Gewalt äußern, vielleicht zerschlägt jemand Geschirr oder ihm rutscht mal die Hand aus, aber Mord? Nein! Der,

150

mit dem wir es hier zu tun haben, ist vielleicht auch jähzornig, aber bei ihm hat der Jähzorn nicht ursächlich etwas mit seiner Abartigkeit zu tun. Andererseits kann der Täter aber auch ein Vorbild an Beherrschung sein, liebevoll, rührend um die Familie bemüht, er pflegt seine kranke Mutter, füttert sie, vergöttert seine Kinder, und, und, und – die Liste ließe sich beliebig fortsetzen.« Er zuckte mit den Schultern, räusperte sich erneut.

»Und was könnten die Auslöser für die Morde, ich meine, was könnte der Grund sein, daß jemand so ausrastet?«

»Gründe! Gehen Sie an einen kilometerlangen Sandstrand und zählen Sie die Sandkörner, dann haben Sie in etwa so viele Gründe, warum jemand tötet. Vielleicht hat dieser Mann, wie ich eben schon sagte, in seiner Kindheit oder Jugend ein traumatisches Erlebnis gehabt, vielleicht über einen längeren Zeitraum hinweg, das lange Zeit wie Magma im Innern eines Vulkans gekocht und gebrodelt hat und erst jetzt zum Ausbruch kommt. Gehen wir einmal davon aus, daß der Täter zwischen zwanzig und vierzig Jahre alt ist. Nehmen wir einen Fall, wie es ihn gegeben hat, wo ein Junge ständig von seinem Stiefvater körperlich und seelisch mißhandelt wird. Schläge, drakonische Strafen für praktisch nichts, na ja, Sie können sich vorstellen, was ich meine. Der Junge wächst heran, und der Vater hat nichts Besseres zu tun, als sich über mehrere Jahre hinweg sexuell an ihm zu vergehen. Die Mutter weiß von alldem, schreitet aber nicht ein, im Gegenteil, sie schiebt dem Jungen sogar die Schuld zu, indem sie ihm sagt, er sei ungehorsam, und Ungehorsam müsse bestraft werden. Dieser Junge, der die Welt nicht mehr versteht, zieht sich in sein Schneckenhaus zurück, wo er einen ungeheuren Haß gegen seine Mutter aufbaut, die er doch so liebt und die ihn auf eine grausame Weise im Stich läßt. Nach außen hin vergöttert er seine Mutter immer noch. Und jetzt passiert das Seltsame; als der Stiefvater bei einem Autounfall ums Leben kommt und die Mutter ein pflegebedürftiger Krüppel bleibt, pflegt der Junge, der inzwischen zu einem jungen Mann herangewachsen ist, seine Mutter mit aller Hingabe. Plötzlich aber geschehen bizarre Morde, insgesamt fünf, bevor der Täter geschnappt werden kann. In irgendeiner Weise ähneln alle ermordeten Frauen und Mädchen ein wenig seiner Mutter. In der Kleinstadt, wo er zu Hause ist, würde man jeden für den Mörder halten, nur nicht diesen liebenswerten, aufopferungsvollen Jungen. Nur ein Zufall führt die Polizei auf seine Spur, doch erst als die Psychologen bis zum Kern dieses Mannes vordringen, sehen sie das Drama, das der Auslöser für die Morde war. Wenn man es genau nimmt, könnten fünf junge Frauen noch leben, wäre der Junge geliebt und vor allem würdevoller behandelt worden. *Er* hat geliebt, aber da war kein Echo. Er hat nicht gewußt, was er tat, irgendwann sind bei ihm die Sicherungen durchgebrannt, aber seltsamerweise erst, als der wirklich Böse, der Stiefvater, nicht mehr lebte. Erst dann war Platz für die Rache geschaffen. Wollen Sie so einen Menschen verurteilen? Kann man das überhaupt?«

Durant hatte sich Notizen gemacht, Berger kritzelte mit einem Bleistift Strichmännchen auf ein Blatt Papier. »Und in welchen Kreisen könnte man so jemanden suchen? Wo zum Beispiel könnten wir ansetzen?«

Schneider lachte gickelnd auf. »Mir scheint, Sie haben nicht richtig zugehört; überall und nirgends. In einem der Bankhochhäuser, im Theater, vielleicht ist es der Personalchef eines Kaufhauses, Kfz-Meister, mein Gott, ganz Frankfurt steht Ihnen offen.« Er spitzte kurz die Lippen, sah Berger, dann Durant an. Er schüttelte den Kopf, meinte nachdenklich: »Nein, es kommt nicht ganz Frankfurt in Frage, denn der Täter verfügt ja über anatomische Kenntnisse und somit aller Wahrscheinlichkeit nach über einen überdurchschnittlichen IQ. Aber selbst Haarmann verfügte über zumindest einige anatomische Kenntnisse. Sie können im Prinzip nichts tun als darauf hoffen, daß er eines Tages einen gravierenden Fehler begeht. Und irgendwann, das garantiere ich Ihnen, begeht er diesen Fehler. Keiner kann auf ewig ein Phantom bleiben. Vielleicht wird er beim nächsten Mal beobachtet, vielleicht überlebt eines seiner Opfer und kann ihn beschreiben, vielleicht fällt einem seiner Angehörigen oder Freunde oder Bekannten etwas Seltsames auf. Es gibt tausend Möglichkeiten, wodurch jemand sich verraten kann. Nur, helfen kann *ich* Ihnen im Moment nicht. Ich kann Ihnen nur Glück und Erfolg wünschen. Aber um eines möchte ich Sie doch bitten – sagen Sie mir Bescheid, wenn Sie ihn haben. Ich würde mich gerne mit ihm unterhalten. Wenn Sie verstehen, was ich meine.«

Berger nickte. Natürlich mußte Schneider ein Interesse am Innenleben des Mörders haben. Schneider blieb eine halbe Stunde, packte seine Tasche, räusperte sich ein letztes Mal, huschte wieselflink und geräuschlos hinaus. Julia Durant zündete sich schnell eine Gauloise an.

Blitze zischten, gewaltige Donnerschläge rollten durch die Straßen und Häuserschluchten, ein sintflutartiger Wolkenbruch ergoß sich über die Stadt, heftige Sturmböen peitschten den Regen waagrecht über den Platz der Republik. Berger schloß das Fenster. Setzte sich, schwieg. Überlegte. Schüttelte den Kopf.

Schneider war kaum gegangen, als Kullmer zurückkam. Er hatte sich mit dem Umfeld von Carola Preusse befaßt.

Hatte das Gemeindezentrum besucht, in dem Carola sich unmittelbar vor ihrer Ermordung aufgehalten hatte. Er ließ sich auf den Stuhl fallen, holte sein Notizbuch heraus. »Ich habe nur den Hausmeister angetroffen, der mir die Telefonnummern von neun Mitgliedern der Gemeinde gab, von denen ich sieben antraf. Am Tatabend fand eine Aktivität für die jungen Erwachsenen im Alter zwischen sechzehn und fünfundzwanzig statt, zur gleichen Zeit trafen sich auch elf Erwachsene, teils Eltern der Jugendlichen, um unter anderem eine Art, wie sie es nennen, Ältestenrat abzuhalten. Laut übereinstimmenden Aussagen hielten sich über dreißig Personen dort auf. Die jungen Erwachsenen sahen einen Film über Palästina, hinterher gab's noch eine Diskussion, wobei Carola wie immer geschwiegen hat. Die Versammlung dauerte bis 21.30 Uhr. Zur gleichen Zeit waren auch die Erwachsenen fertig. Es wurde wie üblich noch etwas geschwätzt, zwischen Viertel vor und zehn wurde das Gemeindehaus abgeschlossen. Ein junger Mann behauptet, er habe Carola bis zur nächsten Straßenecke begleitet, den Rest wollte sie, obwohl es dunkel war, allein gehen, obgleich er ihr seine Begleitung angeboten habe. Der Junge sagt, Carola sei extrem still und introvertiert gewesen, was seiner Meinung nach an der Mutter lag, die mit Argusaugen darüber wachte, daß Carola nichts mit Jungs anfing. Er sagte wortwörtlich, Frau Preusse sei eine verschrobene alte Hexe, die nie den wahren Sinn des Christseins erkannt hatte.« Kullmer blätterte eine Seite seines Notizbuchs um.

Julia Durant warf ein: »Das deckt sich haargenau mit dem Bild, das mir Carolas Vater von der Mutter gegeben hat. Eine streng religiöse Frau, die in die Kategorie fanatisch einzuordnen ist. Aber ich wollte Sie nicht unterbrechen...«

»Die meisten der Jugendlichen wurden von den Erwachsenen nach Hause gefahren, ein paar nahmen öffentliche Verkehrsmittel oder hatten ein eigenes Auto dabei. Da Carola den kürzesten Weg hatte, beschloß sie zu laufen. Insgesamt beträgt der Weg vom Gemeindehaus bis zur Wohnung einen knappen Kilometer, den sie übrigens oft zu Fuß zurückgelegt hat, es sei denn, sie wurde abgeholt. Von den Befragten hat niemand etwas Verdächtiges bemerkt, einer sagt aus, mit dem Auto noch an Carola vorbeigefahren zu sein, und zwar kurz hinter dem Gemeindehaus. Er hätte kurz gehupt und sie ihm zugewunken.«

»Haben Sie Jugendliche *und* Erwachsene befragt?« fragte Berger, der sich zurücklehnte und einen Bleistift zwischen den Fingern drehte. Kullmer schlug die Beine übereinander, nickte, steckte sich eine Zigarette an, blies den Rauch zur Decke.

»Ich habe vier Erwachsene angetroffen und drei Jugendliche. Ihre Aussagen decken sich fast vollständig.«

»Was heißt ›fast‹?«

»Fast heißt, daß es zum Beispiel geringe Abweichungen bei der Uhrzeit gibt. Nichts Wesentliches, das wäre mir aufgefallen.«

»Die befragten Erwachsenen, was für Leute sind das?«

»Sämtlich Familienväter in geordneten Verhältnissen. Keinerlei Auffälligkeiten. Außerdem ist keiner von ihnen allein nach Hause gefahren.«

»Und die Jugendlichen?«

»Nur einer ging allein, und das war der Junge, der sie bis zur Straßenecke begleitete. Außer diesem einen Jungen war von all den Personen, die an jenem Abend im Gemeindehaus waren, Carola die einzige, die ohne Begleitung nach Hause ging.«

»Haben Sie nach dem Verhalten von Carola gefragt? Wie sie war, Verhaltensauffälligkeiten?«

»Habe ich. Über ihr Verhalten herrscht absolute Übereinstimmung. Sie wird als still, zurückhaltend und tiefgläubig beschrieben, als niemals unfreundlich oder ungeduldig. Lieb, brav und ohne eigenen Willen. Ihre Mutter kommt nicht sonderlich gut weg, auch wenn keiner direkt ein schlechtes Wort über sie verlor, bis auf diesen einen Jungen. Interessant vielleicht ist, daß ein Mädchen in Carolas Alter, die sich als eine Art Freundin bezeichnet, behauptet, daß Carola unter Angstzuständen litt. Erst vor ein paar Wochen fand sie sie völlig aufgelöst auf der Toilette vor, wo sie zusammengekauert und vor Angst zitternd in der Ecke hockte. Dieses Mädchen konnte aber nichts Genaues dazu sagen.«

Durant unterbrach ihn an dieser Stelle. »Da fällt mir ein, daß auch ihr Vater von den Angstzuständen berichtete. Er sagte, sie sei seit etwa zwei Jahren in psychotherapeutischer Behandlung gewesen. Er hätte sie dorthin geschickt. Ich werde nachher bei Preusse anrufen und mir den Namen des Arztes geben lassen.«

»Meinen Sie wirklich, daß Sie von einem Psychiater oder Psychologen etwas erfahren, was uns weiterhelfen könnte?« fragte Berger zweifelnd.

»Ich werde es probieren. Es muß doch eine Verbindung zwischen Carola, Maureen und Sabine geben. Maureen und Sabine hatten beide Geschlechtsverkehr mit demselben Mann. Maureen und Carola stammen aus äußerst wohlhabenden Familien, Sabines beste Freundin ist sehr wohlhabend. Noch fehlt mir der Faden, aber ich werde ihn finden und dann gnade diesem Drecksack!«

»Sie fliegen sehr hoch, Kollegin«, sagte Kullmer mit herablassendem Grinsen, wofür Julia Durant ihm zu gerne eine geklebt hätte.

»Besser hoch fliegen als tief kriechen, lieber Kollege«, konterte sie spitz. Kullmer drückte seine Zigarette aus und erhob sich, ohne auf diese Bemerkung einzugehen.

»Gibt es sonst noch was?« fragte er Berger.

»Ja, befragen Sie auch noch die anderen, die an diesem Abend in der Gemeinde waren. Jeden einzelnen.«

»Heute noch? Es ist halb sieben durch!« protestierte Kullmer.

»Ich würde sagen, zwei, drei Leute könnten Sie schon noch in Ihre Planung einbeziehen. Wann treffen sich die Leute in dieser Kirche?«

»Sonntags von neun bis elf«, maulte er.

»Dann seien Sie bitte um neun dort. Ich will nicht, daß auch nur einer ausgelassen wird.«

»Wie Sie meinen«, sagte Kullmer säuerlich, machte auf dem Absatz kehrt, ließ die Tür demonstrativ laut ins Schloß fallen.

»Was halten Sie davon?« fragte Berger und verschränkte die Hände hinter dem Kopf.

»Wovon, von Kullmer?«

»Quatsch, Sie wissen genau, was ich meine! Könnte der Mörder aus der Gemeinde kommen?«

»Nein, glaube ich nicht«, sagte Julia Durant kopfschüttelnd. »Ich kenne eine ganze Reihe von Kirchen oder Sekten, Mormonen, Baptisten, Neuapostolische... Ich glaube, die meisten Leute dort sind integer. Sie haben einen sehr hohen Moralkodex. Dort begeht man keinen Mord, zumindest nicht in dieser abartigen Form. Es wäre für mich mehr als überraschend. Mich interessiert vielmehr, von wem Carola ihre Angst behandeln ließ.«

»Bitte«, sagte Berger, gab dem Telefon einen Schwung und drehte es in Durants Richtung. Sie nahm den Hörer ab und wählte die Nummer von Carolas Eltern.

157

Samstag, 15.30 Uhr

Patanec war, nachdem Catherine Bernhardt wieder einmal ohne Slip seine Praxis verlassen hatte, in die Stadt gefahren, um sich in der Goethestraße einen Anzug, ein Hemd und Schuhe zu kaufen, hatte danach bei einem Chinesen zu Mittag gegessen. Gegen halb drei kehrte er in sein Haus zurück, legte die gekauften Sachen auf das französische Bett, schenkte sich einen doppelten Scotch ein, gab drei Eiswürfel dazu. Stellte sich ans Fenster, schaute auf seinen Garten, der aus einer ebenen Rasenfläche, Sträuchern und Bäumen sowie einem kleinen Swimmingpool bestand. Sein Jaguar parkte vor der Garage, das Tor zur Auffahrt stand offen.

Ein Blick zur Uhr, noch eine halbe Stunde bis zur letzten Patientin für diese Woche. Ein Alptraum von einer Frau, hoffnungslos verstrickt in einer undurchsichtigen Gefühlswelt. Verheiratet, nach außen hin glücklich, mit einem ebenso glücklichen Mann und zwei glücklichen Kindern. Von innen jedoch nagte der spitze Zahn von Rost und Zweifeln an ihr. Sie war wie ein Haus mit einer schönen, gepflegten Fassade, in ihrem Innern aber vermoderte Aas. Diese nur zwei Straßen weiter wohnende Frau kam seit zweieinhalb Jahren, um sich das Horoskop stellen oder sich die Karten legen zu lassen. Ihre Besuche erfolgten in unregelmäßigen Abständen, mal kam sie jede Woche, mal nur alle zwei oder drei Monate. Vor drei Wochen war sie zuletzt hiergewesen. Sie war nicht zu vergleichen mit der nymphomanen, manchmal bösartigen Catherine Bernhardt oder der wunderschönen Blüte Susanne Tomlin, sie war eine merkwürdige Mischung aus beiden.

Patanec hatte noch nicht mit ihr geschlafen, obwohl er es gerne getan und bereits einmal die Möglichkeit dazu gehabt hätte. Aber da war sie betrunken, und wenn Patanec eines haßte, dann mit einer betrunkenen Frau zu schlafen. Sie war, entgegen ihrer sonst beherrschten, zurückhaltenden Art aggressiv und ausfallend, geradezu ordinär geworden. Er hatte sie höflich, aber bestimmt nach draußen begleitet und sie seitdem nicht wieder zu Gesicht bekommen.

Er trank seinen Whisky, schenkte noch einmal nach. Trotz der unerträglichen Schwüle trank er. Turmhohe, amboßförmige Kumuluswolken streckten sich bis weit in den Himmel, Patanec kannte sich aus, es bedeutete Gewitter. Er stellte das leere Glas auf den Nachtschrank, warf einen Blick auf seine neuerworbenen Sachen, ging ins Bad. Wusch Hände und Gesicht, fuhr sich mit einer Hand übers Kinn, kämmte sich. Gab ein paar Spritzer Giorgio Beverly Hills in seine Hand, verrieb es in Gesicht und Nacken. Ging hinunter in seine Praxis, wartete.

Maria Schubert verspätete sich um fünf Minuten. Er hörte ihren Wagen in die Einfahrt einbiegen und direkt hinter seinem Jaguar stoppen. Er stellte sich ans Fenster, sah, wie sie im Rückspiegel das dunkelbraune Haar richtete, den Lippenstift prüfte. Sie stieg aus, die langen, schlanken Beine kaum bedeckt von einem etwa zwanzig Zentimeter über dem Knie endenden Rock, eine lockere, tief ausgeschnittene, ärmellose weiße Bluse ließ ihren Oberkörper nicht ganz nackt erscheinen. Eine schwarze Ledertasche unter dem Arm, kam sie mit schnellen, doch kleinen Schritten auf das Haus zu. Eine große, schwarze Sonnenbrille bedeckte fast die Hälfte ihres Gesichtes. Sie trat ein, ohne anzuklopfen, in dieser Beziehung ähnelte sie Susanne Tomlin.

Patanec saß auf dem Schreibtisch, die Hände aufgestützt.

Sie kam direkt auf ihn zu, blieb etwa einen halben Meter vor ihm stehen, duftete nach Poison, zu streng, zu süß für dieses Wetter, dachte er.

»Hallo«, sagte sie, ohne die Brille abzunehmen, ihre Nasenflügel bebten kaum merklich, »hier bin ich.«

Patanec sprang vom Schreibtisch herunter, reichte ihr die Hand. Maria Schubert war etwa so groß wie er, allerdings nur, wenn sie wie heute hochhackige Pumps trug. Sie blieb stehen, legte die Tasche auf den Sessel. Sie trug die durchsichtige weiße Bluse auf der nackten Haut, ihre Brustwarzen waren erigiert, zeigten auf sein Gesicht. Sie bemerkte seinen Blick, lächelte spöttisch. Patanec setzte sich hinter den Schreibtisch, Maria Schubert sich ihm gegenüber. Jetzt erst nahm sie die Brille ab, sah ihn lange und durchdringend an, Patanec erwiderte ihren Blick nicht, er hätte ihm nicht standgehalten. Von allen Frauen, die er kannte, war diese die mit Abstand dominierendste. Und die gerissenste. Und die phantasiebegabteste. Sie war verheiratet, hatte zwei Kinder, einen Sohn von fünfzehn und eine Tochter von achtzehn Jahren. Ihre Ehe war, wie sie selber sagte, das beschissenste, was ihr je widerfahren war, ihre Kinder gottverdammte, verzogene Gören, und das Bumsen machte ihr schon lange keinen Spaß mehr, zumindest nicht mit diesem widerwärtigen Kerl. So hatte sie es vor einem Monat gelallt, als sie betrunken bei ihm war und ihm das Angebot machte, mit ihr zu schlafen. Mittlerweile hatte sie sich telefonisch für diese Entgleisung entschuldigt und gebeten, was immer sie im Suff gesagt haben mochte, es stimme nicht und er solle es unbedingt vergessen. Doch Patanec war Menschenkenner genug, um zu wissen, daß dies wahrscheinlich die einzige Wahrheit in ihrem ganzen verdammten Leben war, die sie jemals ausgesprochen hatte. Er kannte ihren Mann und ihre Kinder,

wußte, daß auch ihre Frustration nichts als die Langeweile jener reichen Frau war, die mit ihrem Leben nichts an-
zufangen wußte. Wie bei Catherine Bernhardt. Irgendwie
ähnelten sich die Frauen, die zu ihm kamen. Sie unter-
schieden sich nur in unwesentlichen Details oder in den
Beweggründen ihres Kommens, Therapie oder Astrologie.
Sie schlug die Beine übereinander, lehnte sich zurück, hol-
te das goldene Etui aus ihrer Handtasche, entnahm eine
Zigarette, zündete sie an. Blies den Rauch in Patanecs
Richtung, spöttisch verzogene Mundwinkel. Keine eri-
gierten Brustwarzen mehr, nur der große, dunkelrote Hof
leuchtete unter dem transparenten Stoff.
»Die Karten«, sagte sie. »Legen Sie mir bitte die Karten.«
»Irgendein besonderer Grund?« fragte Patanec.
»Nein. Das übliche, nur die Familie und ich.«
»Aber nichts über Krankheit oder Tod, stimmt doch,
oder?«
»Nein, nichts darüber.«
Patanec schob ihr die Karten hin, bat sie zu mischen. Sie
legte die Zigarette in den Aschenbecher, nahm die Karten
und ließ sie durch ihre gepflegten Finger gleiten, hob ab,
legte drei Päckchen nebeneinander. Patanec griff das erste, legte Karten neben- und übereinander, machte Erklärungen, ließ Maria Schubert wieder mischen, legte erneut, insgesamt dreimal.
Nach einer Dreiviertelstunde endete er, eine kurze Stille
trat ein, nur Vogelgezwitscher, das durch das gekippte
Fenster hereindrang. Maria Schubert schien zufrieden,
auch wenn Patanec ihr nichts anderes gesagt hatte als die
vielen Male zuvor.
Sie sagte: »Und meine Tochter Annette, können Sie etwas
über sie sagen? Sie hat morgen ihren ersten großen Auftritt. In der Alten Oper. Großartig, nicht? Ich glaube, sie

wird ein Star. Nein, ich bin überzeugt davon. Sagen Sie
mir, ob sie es schaffen wird!«

»Bitte«, sagte Patanec, ohne eine Miene zu verziehen, hielt
ihr wieder die Karten hin. Bevor er die Hand zurückzie-
hen konnte, legte sie wie zufällig ihre auf seine. Warme
Hände. Er sah Maria Schubert ernst an, wartete einen Moment, zog seine Hand zurück. Wieder dieser überlegene,
spöttische Ausdruck in ihren Augen, um die Mundwinkel,
sie nahm die Karten; mischen, abheben, Patanec legte.

»Es gibt Probleme«, sagte Patanec nach einer Weile, schüttelte den Kopf. »Ich kann nicht genau sagen, was es ist,
aber Annette... nein, das paßt nicht zusammen...«

»Was meinen Sie?« fragte Maria Schubert, beugte sich vor,
kniff die Augen zusammen. Erigierte Brustwarzen.

»Es gibt hier einen Konflikt... warten Sie, ich muß überlegen.« Patanec schaute angestrengt auf die Karten, mas-
sierte mit den Spitzen von Zeige- und Mittelfinger seine
Schläfen, berührte dann einige der Karten mit seinen Fingern, schüttelte erneut den Kopf, zog die Stirn in Falten,
schloß die Augen. »Ihre Tochter muß vorsichtig sein, sie
muß auf der Hut sein... Körperlich... Ich nehme an vor
Verletzungen, es ist körperlich...«

»Wird sie stürzen, sich verletzen?« fragte Maria Schubert
ängstlich, den Kopf leicht geneigt.

»Ich weiß nicht, vielleicht. Es ist ein kompliziertes Bild. Sie
wird kämpfen müssen... sich durchsetzen... – Es ist schwer
zu deuten... ich habe normalerweise nicht diese Schwierigkeiten.. aber diese Karte hier... ich höre Musik, Stimmen... ein Mann, irgendein Mann...« Patanec begann zu
schwitzen, ließ die Karten liegen, lehnte sich zurück. Er,
der nur selten schwitzte, wischte sich den Schweiß mit einem Taschentuch von der Stirn, sah auf die Karten, als
wollte er sie hypnotisieren, dann auf Maria Schubert. Eine

Vision wollte sich ihm aufdrängen, doch jedesmal, wenn das Bild gerade Konturen anzunehmen begann, verschwamm es wieder.

»Was für ein Mann?« fragte Maria Schubert nervös. »Was für ein Mann? Nun sagen Sie schon!«

Patanec erwiderte nichts, sah Maria Schubert an.

»Könnte ich etwas zu trinken haben?« bat sie.

»Natürlich, ich hole Ihnen etwas.« Er stand auf, fragte: »Whisky, Cognac, Gin?«

»Einen Scotch mit Eis, wenn Sie haben.«

Patanec bereitete zwei Gläser, reichte eines Maria Schubert. Sie trank, hielt das Glas zwischen den Fingern, Schweißperlen auf der Stirn, Ungeduld. »Jetzt sagen Sie schon, was für ein Mann?«

»Ich weiß nicht, sie muß einfach nur vorsichtig sein. Irgendwer ist ihr nicht wohlgesonnen. Gibt es in der Balletttruppe jemanden, mit dem sie Schwierigkeiten hat? Neider, Mißgünstige?«

Maria Schuberts Anspannung entlud sich in einem erleichterten Auflachen. »Allerdings gibt es da jemanden! Seit Annette den zweitwichtigsten Part übernehmen durfte, hat der Vater ihrer härtesten Konkurrentin einen Giftpfeil nach dem andern gegen Annette und uns abgeschossen. Er ist ein Stinktier!«

»Das könnte es sein«, sagte Patanec nachdenklich, aber vorsichtig, seine Intuition sagte ihm, daß das nicht das Bild war, das nur schemenhaft vor seinem inneren Auge erschien. Er nickte trotzdem, sagte entgegen seiner momentanen Überzeugung: »Ja, sicher, das könnte es sein. Mischen Sie noch einmal.«

Die gleiche Prozedur, nach einer Weile: »Seltsam, haargenau die gleiche Konstellation. Ich kann mich nur wiederholen, sie muß auf der Hut sein...«

163

»Geht es denn wenigstens gut aus für sie?« fragte Maria Schubert zaghaft, ein wenig ängstlich.

Patanec konzentrierte sich, schloß die Augen, atmete flach, fühlte kalten, klebrigen Schweiß in seinen Handflächen. »Es kann sein... Sie bringen mich in Verlegenheit... etwas stimmt nicht... Sagen Sie ihr, sie soll sich vorsehen...«

Maria Schubert entspannte sich etwas, trank den Rest ihres Whiskys. »Ich werde es ihr ausrichten. Aber Sie wissen ja, sie hält nicht viel von Astrologie und Kartenlegen. Ich muß versuchen, es ihr auf eine andere Weise beizubringen. Außerdem kennt sie diesen Mistkerl ganz gut und versteht, mit ihm umzugehen. Drücken Sie ihr die Daumen, ich denke, das wird helfen.«

Patanec fuhr sich mit einer Hand durchs Haar, legte den Kopf in den Nacken. Er ärgerte sich, kein genaueres Bild bekommen zu haben, doch es war nicht das erste Mal, daß ihm so etwas passierte. Manchmal schien es, als gäbe es bestimmte Dinge, die er nicht wissen durfte, die eine andere, größere Macht absichtlich vor ihm verbarg, um ihm zu zeigen, daß ihm nicht alle Geheimnisse offenbart werden konnten. Doch was für eine Macht das war, konnte Patanec nicht sagen.

Die Sitzung hatte ihn erschöpft, er verstaute die Karten in der obersten Schublade seines Schreibtischs, Maria Schubert holte ihr Scheckheft heraus, trug die übliche Summe ein. Sie erhob sich, bedankte sich, reichte Patanec die Hand.

»Kennen Sie ›La Traviata‹? Heute abend ist Premiere, ich werde mit meinem Mann und meinem Sohn hingehen. Ich freue mich schon darauf.«

»Eine wunderbare Oper«, sagte Patanec. »Ich erinnere mich, sie einmal mit meiner Mutter gesehen zu haben. Sie hat geweint, und ich habe geweint, weil meine Mutter weinte. Ich wünsche Ihnen einen schönen Abend.«

»Den werden wir haben. Ich habe versucht, Annette zu überreden, doch mitzukommen, aber sie will früh schlafen gehen, damit sie morgen auch wirklich ausgeruht ist. Na ja, irgendwie kann ich sie verstehen.«

»Grüßen Sie Ihren Mann von mir, ich habe ihn lange nicht gesehen.«

»Ich auch nicht. Er ist erst gestern von einer vierwöchigen Tournee nach Hause gekommen. Und jetzt gehen wir heute abend in die Oper, danach eine Kleinigkeit essen und dann getrennt zu Bett. Er schläft in letzter Zeit lieber mit anderen.«

»Das tut mir leid...«

»Es braucht Ihnen nicht leid zu tun. Im Augenblick hat er eine kleine, billige Schlampe mit riesigen Titten und einem breiten Arsch. Wenn es stimmt, was man mir berichtet hat, dann hat sie sich in den letzten vier Wochen jeden Tag von ihm durchvögeln lassen. Na ja, so rächt sich alles im Leben irgendwann. Habe ich recht?«

»Was meinen Sie damit, daß sich irgendwann alles im Leben rächt?«

»Unwichtig, nur so dahingeredet.«

»Waren Sie deshalb betrunken, als Sie zu mir kamen?«

»Kann sein. Jetzt bin ich es jedenfalls nicht. Sie können mich übrigens immer noch haben, wenn Sie wollen«, sagte sie beiläufig.

»Sie wissen, daß die Geschichte nicht stimmt«, sagte Patanec ruhig und schenkte sich noch einen Scotch ein. »Sie sind es, die Ihren Mann betrügt.«

Maria Schubert zog die Augenbrauen hoch, lächelte. »Ah, ich sehe, die Spatzen pfeifen es von den Dächern! Aber gut, Sie haben recht, ich betrüge ihn. Aber er hat damit angefangen! Wenn er nicht angefangen hätte...« Sie stockte, grinste dann Patanec an. »Ich glaube, ich gehe jetzt wirklich besser, sonst lassen Sie mich überhaupt nicht mehr rein. Bis bald!«

Maria Schubert ging um halb fünf. Patanec räumte seinen Schreibtisch auf, obwohl es nichts aufzuräumen gab, doch er war ein Sauberkeitsfanatiker. Er fühlte sich nicht wohl, wenn auch nur ein Staubkrümel rumlag oder ein Stift oder ein Blatt Papier nicht die korrekte Lage hatte. Er begab sich nach oben, zog sein Tennisoutfit an. Die Tasche war bereits gepackt, er war mit Tomlin für eine Partie im Club verabredet. Wenn sie es einrichten konnten, spielten sie jeden Samstag von fünf bis halb sieben oder sieben, hinterher tranken sie meist noch eine Kleinigkeit an der Bar. Tomlin war ein mittelmäßiger Spieler, dafür ein großartiger Freund. Tomlin hatte es, das mußte Patanec neidvoll eingestehen, noch ein wenig weiter gebracht als er selber. Ihm gehörte eine Privatklinik für plastische und kosmetische Chirurgie, die Warteliste seiner Patienten betrug mindestens ein halbes Jahr. Er kannte Tomlin seit über zehn Jahren. Seit neun Jahren spielten sie zusammen Tennis, trafen sie sich dann und wann auf Partys, behandelte Patanec Tomlins Frau und wollte Tomlin erfahren, was mit seiner Frau war. Doch Patanec hielt sich eisern an das Susanne Tomlin gegebene Versprechen, nichts von dem, was sie ihm anvertraute, auszuplaudern, nicht einmal ihrem Mann gegenüber, und Patanec würde sich hüten, jemals dieses fast heilige Versprechen zu mißachten.

Er schloß die Haustür ab, stieg in seinen Jaguar. Die Hitze hatte die Temperatur im Wageninnern auf über fünfzig Grad ansteigen lassen. Patanec schaltete die Klimaanlage ein, binnen weniger Augenblicke sank die Temperatur auf angenehme fünfundzwanzig Grad.

Tomlin erwartete ihn bereits im Tennisdreß; den Schläger in der einen, ein Glas Orangensaft in der anderen Hand stand er an das Geländer am Eingang zum Vereinsgebäude gelehnt. Tomlin war sehr groß, knapp einsneunzig, das ganze Jahr über solariumgebräunt, sehr schlank und sehr elegant, selbst in einem Tennisdreß. Patanec wußte von der magischen Anziehungskraft, die Tomlin auf Frauen ausübte, doch wenn die Gerüchte stimmten, hatte er bis jetzt noch keiner eine Chance gegeben, oder aber er verstand es meisterhaft, seine Affären zu verbergen. Tomlin grinste, als Patanec aufkreuzte, und kam auf ihn zu.

»Na, alter Freund«, sagte er mit seiner sonoren, rauchigen, sympathischen Stimme, »bereit für ein gutes Match?«

»Immer doch«, erwiderte Patanec und holte die Tasche aus dem Kofferraum. »Ich werde dich vom Platz fegen, daß dir Hören und Sehen vergeht, solltest aber du wider Erwarten gewinnen, gebe ich einen aus. Obwohl, wenn ich mir den Himmel anschaue, dann habe ich wenig Hoffnung, daß wir das Spiel auch zu Ende bringen werden.«

»Na und. Dann trinken wir eben einen. Hast du heute gearbeitet?« fragte Tomlin.

»Bis eben. Nicht mal am Samstag hat man seine Ruhe.«

»Ach komm, du kannst es ruhig zugeben, es macht dir doch Spaß. Und ich weiß schließlich, daß die Weiber ganz scharf auf dich sind.«

»Kann ich was dafür, wenn ich wie Amor persönlich aussehe?« fragte Patanec scherzhaft.

»Aber nein doch, mein Schatzilein«, sagte Tomlin breit grinsend, entblößte makellos weiße Zähne und faßte Patanec bei den Schultern, »ich liebe dein Aussehen, dein lockiges Haar, deinen schwebenden Gang!«

Sie liefen durch das Gebäude zum für sie reservierten Platz 3, spielten zwei Sätze in der brütenden Hitze, weit entfernt dumpfes Grummeln, die schwarze Wand kroch unaufhaltsam auf Frankfurt zu. Die ersten Tropfen fielen noch vor Beendigung des ersten Satzes, Patanec und Tomlin trockneten den Schweiß mit einem Handtuch ab, verstauten ihre Schläger in den Taschen und begaben sich an die Bar. Patanec bestellte einen Martini on the Rocks, Tomlin Orangensaft. Ihre Unterhaltung plätscherte dahin, hier und da grüßten ein paar Bekannte, die sich für einen unverbindlichen Small talk zu ihnen gesellten, die typisch entspannte Samstagnachmittag-Atmosphäre.

»Susanne war gestern wieder bei dir, nicht?« fragte Tomlin unvermittelt.

»Ja«, erwiderte Patanec zurückhaltend. »Warum?«

»Wie war sie?«

»Daniel, du weißt, ich spreche nicht über sie. Du solltest endlich kapieren, daß ich es ihr versprochen habe...«

»Schon gut, schon gut!« beschwichtigte Tomlin. »Es interessiert mich eben nur. Zehn Jahre lang macht sie das jetzt inzwischen, und ich habe keinen blassen Schimmer, was ihr beide euch zu erzählen habt.«

»Du hast sie damals zu mir geschickt. Du kanntest die Regeln von Anfang an. Vertrau ihr einfach – und mir natürlich auch. Außerdem haben wir uns nichts zu erzählen, sie ist diejenige, die die meiste Zeit spricht. Das ist das Spiel. Es sollte dir eigentlich bekannt sein.«

»Was machst du mit ihr? Behandelst du sie, oder erstellst du ihr das Horoskop? Ich war noch nie bei einem Psychiater...«

»Ich bin Psychotherapeut.«

»...und erst recht bei keinem Zaubermeister.« Tomlin grinste Patanec an und nippte an seinem Saft. »Ich kann mir auch nicht vorstellen, irgend etwas versäumt zu haben. Aber um bei Susanne zu bleiben, ich mache mir Sorgen um sie. Sie ist in letzter Zeit verändert. Ich kann's nicht genau sagen, aber sie wirkt immer verschlossen, spricht kaum noch mit mir, ist viel unterwegs, und vor ein paar Tagen habe ich sie erwischt, wie sie geheult hat. Ich fragte sie, was los sei, und sie meinte nur, es wäre nichts Besonderes, das übliche. Ich fragte sie, was das übliche denn sei, worauf sie gar nichts mehr sagte. Ich habe auch das Gefühl, als würde sie abnehmen, aber ich kann mich natürlich auch täuschen.«

»Mag sein, ist mir nicht aufgefallen«, hielt sich Patanec bedeckt, dachte, *schlaf mit ihr und du weißt, ob sie abgenommen hat.*

»Versprich mir eines, Freund, sollte sie jemals Selbstmordabsichten äußern, in welcher Form auch immer, versteckt oder direkt, laß es mich umgehend wissen. In diesem Fall pfeife ich auf deine verdammte Schweigepflicht, klar?!«

»Wie um alles in der Welt kommst du darauf, daß deine Frau Selbstmord begehen könnte?«

»Keine Ahnung, ich sag doch, sie ist verändert. Versprich es mir, okay?«

»Wenn's weiter nichts ist, versprochen«, log Patanec, der dachte, *einen Teufel werd ich tun!* Er wechselte schnell das Thema. »Gehst du heute in die Oper?«

»Ich weiß«, seufzte Tomlin und drehte sein Glas zwischen den Fingern. »›La Traviata‹! Nein, wir gehen nicht. Vielleicht ein andermal. Außerdem haben wir ›La Traviata‹ vor ein paar Jahren schon einmal gesehen, deshalb ist es nicht weiter schlimm, daß wir nicht gehen können. Susanne hat damals bei der Sterbeszene geheult wie ein Schloßhund. Sie war den ganzen restlichen Abend nicht mehr ansprechbar. Gehst du denn?«

»Um Himmels willen, nein! Oper ist nichts für mich. Ich weiß es nur von Maria Schubert, sie hat Premierenkarten. Und da ich weiß, daß du sonst auch immer gehst...«

»Wie gesagt, diesmal nicht. Ich habe einfach zu spät daran gedacht. Geht sie allein oder nimmt sie ihren Mann mit? Bei den beiden soll's ja mächtig kriseln.«

»Soweit ich weiß, geht sie mit ihrem Mann und ihrem Sohn. Annette bleibt zu Hause und bereitet sich mental auf ihren großen Auftritt morgen vor.«

»O ja, ich habe gehört, daß Annette eine ganz große Rolle bekommen hat. Ich wünsche ihr viel Glück, verdient hätte sie's. Sie ist übrigens gerade bei mir in Behandlung. Mal sehen, was die gute Maria Schubert dazu sagt.«

»Annette? Bei dir? Was hat die denn für Probleme?«

Tomlin verzog den Mund zu einem Grinsen. »Weiber, sag ich dir! Kaum der Pubertät entwachsen und schon soll ich ihren Busen ein klein wenig vergrößern. Sie findet, unter dem Ballettkostüm sollte etwas mehr zu sehen sein. Es ist nichts Gravierendes, nur das Ausräumen eines kleinen Minderwertigkeitskomplexes.«

»Warum das denn? Sie ist noch so jung. Was hat sie davon, wenn sie jetzt schon an sich rumschnippeln läßt? Aber du hast wohl recht – Weiber!«

Sie tranken aus, erhoben sich und begaben sich zu ihren Autos. Das Gewitter kreiste weiter über Frankfurt, der Regen hatte aber nachgelassen. Tomlin stieg in seinen Wagen, kurbelte das Fenster herunter, winkte noch einmal, schlug den Weg zur Klinik ein. Patanec sah ihm nach, bis der Wagen hinter der Biegung verschwunden war. Er fuhr nach Hause, duschen, umziehen, er hatte eine Verabredung.

Samstag, 19.00 Uhr

Julia Durant hatte von Preusse den Namen und die Telefonnummer von Carolas Psychologen bekommen, Dr. Alexander Patanec. Sie wählte seine Nummer, der Anrufbeantworter schaltete sich ein. Sie sprach auf Band und bat um dringenden Rückruf.

Keine fünf Minuten später rief Patanec zurück. Sie bat ihn noch für den Abend um ein Gespräch, Patanec bedauerte, aber er habe eine Verabredung, die er unmöglich absagen könne, aber ein Termin am Sonntag morgen um 11.00 Uhr ließe sich einrichten, er machte aber keinen sonderlich begeisterten Eindruck.

Sie lehnte sich zurück, rauchte eine Gauloise, brach dafür die zweite Schachtel an diesem Tag an. Berger zog seine Jacke über, stopfte die Krawatte in die Innentasche, nahm einen letzten Schluck Kaffee. Draußen zogen grölend ein paar Fans der Frankfurter Eintracht vorbei, wahrscheinlich hatte die Eintracht mal wieder gewonnen. Der Himmel hatte aufgeklart, dampfende Straßen.

»So«, sagte er ernst, »ich verziehe mich nach Hause. Und Ihnen rate ich das gleiche. Hoffen wir, daß es heute nacht ruhig bleibt. Bis morgen dann.«

Sie schloß das Büro ab. Sie war müde, die Bluse klebte an ihr, eigentlich klebte alles, sie fühlte sich unwohl, sehnte sich nach einer Erfrischung, einem gemütlichen Abend. Duschen, etwas essen, ein Glas Wein, fernsehen. Sie lief zu ihrem Wagen, öffnete die Wagentür, schloß die Augen und quetschte einen derben Fluch durch die Zähne.

»Verdammte Scheiße! Große, gottverdammte Scheiße!« Fahrersitz und Teile des Beifahrersitzes waren durchweicht, am Boden des Autos eine Wasserlache. Sie hatte das Fenster wegen der Hitze offengelassen, das Gewitter zwar registriert, aber nicht mehr an das Fenster gedacht. Als sie sich setzte, war ihre Jeans im Nu durchnäßt. Sie startete den Motor und wendete. Es gab Tage, die mußte man einfach schnell vergessen.

Samstag, 19.00 Uhr

Julia Durant hielt auf dem Weg nach Hause am Hauptbahnhof, lief durch die B-Ebene, zog an einem Geldautomaten vierhundert Mark, kaufte in einem der teuren Delikatessengeschäfte zwei Liter Milch, ein Brot, Butter, etwas Wurst und Bananen. Drei Jugendliche standen in provozierender Haltung an einen Pfeiler gelehnt, verfolgten Durant mit ihren anzüglichen Blicken, pfiffen ihr hinterher, lachten, als sie Durants nassen Hosenboden sahen. Durant blickte sich kurz um, grinste, streckte den linken Mittelfinger nach oben, die Jungs klatschten und lachten noch lauter.

Zu Hause angekommen, schleuderte sie ihre Schuhe in die Ecke, stellte die Tasche mit den Lebensmitteln auf den Tisch, riß die Fenster auf, um die stickige Luft hinauszulassen, schaltete den Fernsehapparat ein, drückte aber den Ton weg und machte die Stereoanlage an, legte Bon Jovi in den CD-Spieler. Ihr war nach lauter harter Musik – ihre Art, die gespannten Nerven zu beruhigen. Sie packte die Tüte aus, legte alles auf den Küchentisch, ging barfuß ins Bad, ließ Wasser in die Wanne laufen und entkleidete sich. Die nassen Sachen knüllte sie zusammen und warf sie in die Ecke zu der übrigen Schmutzwäsche, die zu einem ansehnlichen Berg angewachsen war. Sie warf einen kurzen Blick darauf, nahm sich zum tausendsten Mal vor, die Waschmaschine zu füllen, würde es wahrscheinlich aber doch erst tun, wenn sie nichts mehr zum Anziehen im Schrank fand. Sie studierte die Fernsehzeitung, sah nach, ob ein Fernsehabend sich lohnte, und entschied, um Viertel nach acht »Kramer gegen Kramer« mit Dustin Hoffman zu sehen. Bis dahin blieb noch genügend Zeit, ein Bad zu nehmen, die Haare zu waschen, ein Gesichtspeeling zu machen. Als sie in die Wanne stieg, verscheuchte sie jeden Gedanken an den hinter ihr liegenden Tag, sie war eine Meisterin im Abschalten. Anders, so sagte sie sich, würde sie diese Knochenmühle nicht durchstehen, also ließ sie die Arbeit hinter sich, sobald sie die Schwelle zu ihrer kleinen Wohnung überschritt.

Sie hatte aus Versehen zu viel Schaum in die Wanne gegeben, nur ihr Kopf lugte noch hervor. Sie hatte, bevor sie in die Wanne stieg, zwei Scheiben Salami gegessen, eine Flasche Sekt aufgemacht und mit ins Bad genommen, ein volles Glas stand auf dem Rand. Sie rauchte genüßlich eine Zigarette, schloß die Augen, die Spannung fiel von ihr ab. Sie hielt die zu Ende gerauchte Zigarette kurz mit der Spitze ins Wasser, es zischte, legte den nassen Stummel in den Aschenbecher. Trank das Glas Sekt leer, schenkte sich nach. Ein wohliges Gefühl breitete sich in ihrem Innern, vor allem aber in ihrem Kopf aus. Alles, was ihr jetzt zum Glück gefehlt hätte, wäre jemand gewesen, der mit ihr den Abend verbrachte. Am besten ein Mann, sie hatte lange keinen Mann in ihrem Bett gehabt, der ihren Körper in Erregung versetzte, sie kam sich allmählich wie eine alte Jungfer vor.

Sie blieb bis kurz nach acht in der Wanne, trocknete sich ab, betrachtete sich im bis zur Decke reichenden Spiegel von allen Seiten, vor allem aber im Profil, und war wie immer etwas unzufrieden mit ihrem Bauch, dieser vererbten Hängemasse, gegen die offenbar kein Kraut gewachsen

173

war. Sie zog ihn ein und stellte sich vor, er würde immer
so bleiben, aber sie hielt diese unnatürliche Stellung nicht
lange durch, blies die angehaltene Luft mit kräftigem
Druck aus und trocknete sich zu Ende ab. Zog einen winzigen Slip und ein gerade ihren Busen bedeckendes Shirt
an, nahm Glas und Flasche und trank auf dem Weg nach
draußen das Glas aus. Machte die Musik aus und drehte
den Fernsehapparat laut. Nachrichten. Rechtsradikale hatten ein Haus angezündet, in dem zwei türkische Familien
lebten, drei Tote, allesamt Kinder. Hilflosigkeit und Rat-
losigkeit, leere Phrasen der Politiker, unbändige Wut und
unendlicher Haß der betroffenen Angehörigen und Freunde. Für die nächsten Tage wurden Racheakte und Gewalttätigkeiten türkischer Gruppen erwartet. Regierung
und Opposition in Bonn waren sich ausnahmsweise einmal einig, eine Diätenerhöhung mußte her, und zwar
schnell. Der Krieg im ehemaligen Jugoslawien tobte weiter, sie hatte längst den Überblick verloren, wer hier gegen
wen kämpfte, Serben gegen Kroaten, Kroaten gegen Bosnier, Bosnier gegen Serben... Sie bekam nur mit, daß wieder einmal, wie immer, vor allem die Schwächsten ihren
Rücken herhalten mußten, Alte, Frauen, Kinder. Vor einigen Tagen hatte ein kurzer Bericht ihr das Wasser in die
Augen getrieben, in dem ein siebenjähriges Mädchen gezeigt wurde, das gezwungen wurde, mit anzusehen, wie
ihre Mutter und Schwester von Tschetniks auf bestialische
Weise mißhandelt und vergewaltigt und schließlich vor
ihren Augen getötet worden waren. Das Mädchen, ein
hübsches Ding mit kurzen, braunen Haaren und großen,
dunklen Augen, hatte ab da einfach aufgehört zu sprechen. Was immer sie gefragt wurde, sie sah nur stumm
und leer durch die Menschen hindurch; sprechen wollte
sie nicht mehr. Vielleicht war das ihre Art des Protests ge-

gen die aus allen Fugen geratene Welt. Als Julia Durant das sah, weinte sie, aus Mitleid und ohnmächtiger Wut. Schließlich Meldungen aus aller Welt, ein Tornado, der ein texanisches Städtchen verwüstet hatte, eine zu dieser Jahreszeit unerwartete Flutkatastrophe in Bangladesch, eine Frau, die Sechslinge zur Welt gebracht hatte, die allesamt lebten, zuletzt noch kurze Berichte von der Fußballbundesliga. Glücklicherweise kein Bericht über die Morde von Frankfurt, das hatten bereits einige der privaten Fernsehsender ausführlich behandelt. Schließlich die Lottozahlen, sie verglich ihre Zahlen, der Traum vom Reichtum mußte auf nächste Woche verschoben werden. Der Wetterbericht kündigte für Sonntag Hitze und Gewitter an, erst für Mitte der kommenden Woche sei mit einem Islandtief mit viel Regen, Wind und vor allem Abkühlung zu rechnen.

Sie ging barfuß in die Küche, machte sich zwei Scheiben Brot mit Salami und Schinken, legte zwei saure Gurken auf den Teller, holte eine Flasche Bier aus dem Kühlschrank, auch wenn es hieß, daß Bier auf Wein oder Sekt sich nicht vertrug. Sie scherte sich einen Teufel darum, sie hatte Appetit darauf und fand, sie hätte diesen kleinen Luxus verdient.

Sie setzte sich in ihren Sessel, stellte den Teller und die Flasche Bier auf den kleinen Beistelltisch und aß. Sie mochte Dustin Hoffman, hatte viele seiner Filme gesehen. Sie trank drei Flaschen Bier, der Film war um zehn zu Ende. Erhob sich, war beschwipst, ließ alles stehen und liegen und ging schlafen.

Sie dachte kurz an Patanec und die Verabredung mit ihm schon um elf Uhr, wie dumm von ihr, sie hätte den Sonntag lieber zu Hause verbracht, aber vielleicht erfuhr sie ja ein paar Details zu Carola Preusse, die ihr weiterhalfen. Sie ließ sich auf das Bett fallen, blieb einen Moment mit von sich gestreckten Armen liegen, den Blick ziellos an die Decke gerichtet, dann rollte sie sich auf die Seite, zog die dünne Sommerbettdecke über ihren Körper. Sie schlief sofort ein.

Sonntag, 19. September, 0.45 Uhr

Das Telefon klingelte lange, bevor die Kommissarin wach wurde. Sie hatte erst geglaubt zu träumen, als sie sich dann aufrichtete, wußte sie, daß es kein Traum war. Sie kniff die Augen zusammen, ihr Kopf schmerzte. Sie hätte vielleicht doch etwas weniger trinken sollen, vor allem nicht Sekt und Bier so kurz hintereinander. Sie griff nach dem Hörer.

»Hier Berger. Tut mir leid, wenn ich Ihren wohlverdienten Schlaf unterbreche, ich muß Sie aber leider bitten, in den Nansenring Nr. 39 zu kommen. Bei Schubert. Es ist wieder passiert. Ich erwarte Sie in einer halben Stunde.«

Julia Durant richtete sich kerzengerade auf, wischte sich mit einer Hand über die Augen. »Was? Heute? Mein Gott, kann dieses Arschloch nicht mal am Wochenende eine Pause einlegen?!« Hielt sich den schmerzenden Kopf, sagte: »Moment, bin schon unterwegs. Aber tun Sie mir bitte einen Gefallen, die Spurensicherung soll nicht anfangen, bevor ich alles gesehen habe.«

Sie legte auf. Sie war hellwach, strich sich mit beiden Händen durchs Haar, stand auf, ging ins Bad, wusch sich das Gesicht mit kaltem Wasser, zog Jeans, ein Sweatshirt und Turnschuhe an. Nahm ihre Handtasche, aß eine Banane, legte die Schale auf den Tisch. Ihr war schwindlig und übel, sie schimpfte mit sich, soviel getrunken zu haben, nahm, bevor sie das Haus verließ, ein Aspirin und hoffte auf schnelle Wirkung.

Sie brauchte fünfundzwanzig Minuten vom Anruf bis zum Tatort. Zwei Polizeiwagen und ein Mercedes vom ärztlichen Notdienst standen auf der beinahe menschenleeren Straße. Sie schob einen Kaugummi in den Mund, stieg aus. Sie zeigte einem Polizisten, der mit hinter dem Rücken verschränkten Armen am Eingangstor der Villa stand, ihren Ausweis, worauf sie durchgelassen wurde. Berger befand sich bei den Eltern im Wohnzimmer, Maria Schubert weinte still vor sich hin, der Vater tat, was viele Väter in einer solchen Situation tun, er betrank sich.

»Wo ist sie?« fragte Durant.

Berger deutete nach oben. »Die Treppe hoch, Sie werden es gleich sehen.«

Das Haus glich in vielem den Häusern, die sie in den vergangenen Tagen zu sehen bekommen hatte. Ballsaalähnliche Wohnzimmer, teure Bilder an den Wänden, maßgefertigte Möbel, unpersönliche Eleganz und über allem der schale, erdrückend süßliche Geruch des Todes, der in Windeseile das Haus in Besitz genommen hatte. Sie eilte nach oben, der Gestank von Erbrochenem stieg in ihre Nase, leichte Übelkeit kam auf, als sie ihren Blick etwas weitergehen ließ, sah sie das Erbrochene vor der Badezimmertür am Ende des Flurs.

Zwei Kollegen von der Spurensicherung saßen, vom Gestank offenbar unberührt, zigarettenrauchend auf einem Lederzweisitzer auf dem Flur, musterten Durant mit prüfenden Blicken. Sie betrat das Zimmer, Schulz stand kopfschüttelnd vor dem Bett. Das Zimmer des Mädchens war sehr stilvoll und sehr persönlich eingerichtet, ein Nest, ein Refugium, die Decke in dunklem Blau gestrichen, die Wände hellblau, ein azurblauer Teppichboden schluckte jeden Schritt. Sie besaß eine sündhaft teure Stereoanlage, eine Fernseh-Videokombination und Puppen über Puppen, aus Glas, Porzellan, aber auch Stoff und Plastik, aufgereiht in einem eigens für diese Sammlung gefertigten Schrank, der fast die gesamte der Tür gegenüberliegende Wand einnahm, ein an der Decke befestigtes indianisches Mobile bewegte sich sanft beim geringsten Luftzug. Tanzbilder an den Wänden, ein großes, gerahmtes Foto mit Autogramm von Margot Fonteyn, der großen Tänzerin, hatte einen Ehrenplatz über dem Bett, ein Ballettkostüm hing im Schrank.

Das blonde Mädchen lag nackt auf dem fast unberührten Bett. Leere Augenhöhlen starrten zur Decke, die rechte Brust war sauber und fachmännisch abgetrennt worden, eine klaffende Wunde bedeckt von verkrustetem Blut, deutlich war das von innen gespaltene Schambein zu erkennen. Zwischen zwanzig und vierzig Messerstiche in Brust und Bauch, Bißwunden an der linken Brust und allem Anschein nach auch an der Vagina. Die Lage war die gleiche wie bei Carola und Maureen – auf dem Rücken, die Hände wie zum Gebet gefaltet, die Füße über Kreuz. Das Bild einer Heiligen drängte sich Durant auf, wenn da nicht die mit roter Schleife gebundenen Rattenschwänze ihrem Aussehen etwas unheimlich Makabres verliehen hätten.

»Wer hat sie gefunden?« fragte sie leise, während sie dicht an das Bett trat und einen langen Blick auf die Tote warf. Ein Foto des Mädchens stand im Schrank, ein hübsches Mädchen, wenn auch mit etwas herberen Gesichtszügen als Maureen und Carola.

»Ihre Mutter. Die Eltern und ihr Bruder waren in der Oper und sind erst vor einer halben Stunde zurückgekommen. Verfluchte Schweinerei! Der Hurensohn schreckt vor nichts zurück.«

»Die Spurensicherung soll jetzt reinkommen und nichts,

aber auch gar nichts außer acht lassen. Jede Faser, die nicht hierhergehört, wird mitgenommen und analysiert. Sind die Eltern ansprechbar?«

»Wären Sie ansprechbar?« fragte Schulz zynisch mit abfällig herabgezogenen Mundwinkeln. »Aber bitte, versuchen Sie's. Am ehesten scheint mir noch der Bruder auf der Reihe zu sein, aber er hat seine Schwester ja auch nicht sehen müssen.«

»Wie heißt das Mädchen überhaupt?«

»Annette Schubert. Ihr Vater ist der Schauspieler Herbert Schubert, Sie kennen ihn sicherlich.«

»Muß ich ihn kennen? Was soll's«, sagte sie, konnte den Blick nicht von der Toten lassen, »das ist die Handschrift von unserem Mann. Wir haben es hier mit neunundneunzigprozentiger Wahrscheinlichkeit mit demselben Kerl zu tun, der auch schon die Preusse und die Nettleton erledigt hat. Oder?«

»Er hat sich auf jeden Fall mal was Neues einfallen lassen.«

»Was meinen Sie damit?«

»Er hat zum ersten Mal jemanden in dessen eigenem Haus umgebracht.«

»Wie alt ist sie?«

»Achtzehn.«

»Sie ist bis jetzt die älteste. Warum war sie allein hier und nicht mit in der Oper?«

»Keine Ahnung, ich habe bis jetzt keine Gelegenheit gehabt, danach zu fragen.«

Die Kommissarin durchschritt das Zimmer, betrachtete lange und nachdenklich das Bett und die Lage des Mädchens. Sie ließ sich, um keine eigenen Fingerabdrücke zu hinterlassen, von einem der Männer der Spurensicherung dünne Plastikhandschuhe reichen, inspizierte kurz die Schränke und Schubladen sowie den Schreibtisch. Die

Spurensicherung begann mit der Arbeit. Der Fotograf machte mit einem 20mm-Weitwinkelobjektiv erst Aufnahmen vom Zimmer, schließlich von der Toten, indem er sie aus allen nur erdenklichen Positionen fotografierte, von oben, von den Seiten, von vorne, von hinten; er schoß ein paar Fotos mit einem Teleobjektiv, bevor er die Polaroidkamera herausholte und einen Film vollknipste. Es wurden Fingerabdrücke von jedem möglichen Abdruckträger genommen, von den Holzmöbeln, der Standleuchte, dem Lichtschalter, der Stereoanlage, dem Fernseher, einer Wasser- und einer Colaflasche, den Puppen und Figuren, den Bilderrahmen, den Glasschiebewänden des Schrankes; Fasern, die unter Umständen nicht zu dem Mädchen oder in das Zimmer gehörten, wurden mit einer Pinzette eingesammelt und in kleine Plastikbeutel gesteckt. Mittlerweile war auch Frenzel, der Leichenbeschauer vom Institut für Rechtsmedizin, eingetroffen. Er war ungekämmt und verschlafen, hatte sich nur schnell Jeans und Hawaiihemd übergestreift, roch faulig aus dem Mund. Er zog sich Einweghandschuhe wegen der Aidsgefahr über und tastete die Tote vorsichtig ab. Er holte ein Thermometer aus seinem Arztkoffer, maß rektal die Temperatur des Mädchens. Nach zwei Minuten sagte er, der Tod sei vor mindestens vier, maximal jedoch fünf Stunden eingetreten, demzufolge also zwischen acht und neun Uhr am Abend. Die Leichenflecke seien bereits ausgeprägt, die Leichenstarre eingetreten, die Körpertemperatur betrug 33,4 Grad Celsius.

Der Fotograf videografierte jetzt jeden Quadratzentimeter des Zimmers. Durant überließ Arzt und Spurensicherung das Feld, begab sich hinunter zu den Eltern und dem Bruder des Mädchens. Der Junge machte keinen besonders verstörten Eindruck, sie schätzte ihn auf etwa sechzehn

180

Jahre, er spielte auf einem Nintendo Gameboy. Vor ihm stand ein Glas mit einer goldbraunen Flüssigkeit, Whisky, wie Durant vermutete, eine Zigarette glimmte im Aschenbecher. Er sah kurz zu ihr hoch, als sie neben ihm stand, spielte weiter. Ein Arzt stand gebückt in der Mitte des Raumes, packte seine Tasche zusammen und verabschiedete sich mit leisem Gruß. Berger hatte sich einen Stuhl herangezogen und saß dicht neben dem Vater, einem rothaarigen, schlanken, mittelgroßen Mann mit einer ausgeprägten Hakennase in einem asketisch wirkenden Gesicht, ein Charaktergesicht, das oft im Fernsehen zu sehen war, Julia Durant erkannte ihn jetzt. Der Mann hielt zwischen seinen zitternden Fingern eine fast abgebrannte Zigarette, Asche lag auf seiner Hose und auf der weißen Ledercouch. Sein Blick ging ins Leere, ein Blick, den sie bereits bei der Mutter von Sabine Lindner gesehen hatte.

Durant gab Berger ein kurzes Handzeichen und bedeutete ihm, mit ihr nach oben zu kommen. Sie blieben auf dem Flur außer Hörweite der Eltern stehen.

»Was gibt's?« fragte Berger.

»Ist Ihnen etwas aufgefallen, als Sie die Tote sahen?« fragte Durant. Berger sah sie einen Moment lang verwundert an, dann schüttelte er den Kopf.

»Dann kommen Sie und sehen Sie noch einmal. Es kann natürlich sein, daß ich mich täusche, aber ich würde gerne Ihre Meinung hören.«

Sie blieben am Eingang des Zimmers stehen, die Männer der Spurensicherung gingen sehr akribisch und wortlos vor. Berger blickte eine Weile stumm in den Raum, schüttelte erneut den Kopf. »Ich weiß ehrlich gesagt nicht, worauf Sie hinauswollen.«

»Sehen Sie sich die Lage des Mädchens an«, sagte sie und forschte in Bergers Gesicht nach einer Reaktion. Berger wirkte ratlos, dann zeigte sich ein leicht ungehaltener Ausdruck auf seinem Gesicht; mitten in der Nacht war er nicht zu Frage- und Antwortspielen aufgelegt.

Sie half ihm auf die Sprünge: »Das Mädchen ist genauso grausam mißhandelt worden wie die anderen Mädchen. Er hat mit ihr genau das gleiche gemacht wie mit Carola und Maureen. Aber was tut jemand, der unverhofft mit einem ungebetenen Gast konfrontiert wird? Er wehrt sich! So jemand wird schreien, kratzen, um sich treten, Dinge umschmeißen. Ich kann aber bis jetzt nirgends in diesem Haus auch nur den geringsten Hinweis auf einen Kampf finden... Nicht einmal das Bett ist zerwühlt.«

Berger unterbrach sie, fuhr sich mit einer Hand übers stoppelige Kinn. »Sie wollen damit andeuten, daß Annette Schubert ihren Mörder kannte? Daß sie ihn vielleicht arglos ins Haus gelassen hat, möglicherweise sogar eine Verabredung mit ihm hier hatte. Meinen Sie das?«

Durant zuckte mit den Schultern. »Sagen wir, es könnte sein. Wenn ich das hier sehe, drängt sich mir der Verdacht auf, daß sie mit jemandem zusammen war, von dem sie absolut nichts befürchtete. Ein Freund, ein Bekannter des Hauses, jemand, den sie so gut kannte oder der in ihren Augen so integer ist, daß sie absolut nichts von ihm befürchtete. Jemand, dem man niemals einen Mord unterstellen würde. Jetzt stellt sich nur die Frage, wer das gewesen sein könnte.«

Schulz hatte aus einiger Entfernung das Gespräch verfolgt, stieß zu ihnen und sagte nickend: »Das stimmt, als ich ins Zimmer gekommen bin, habe ich auch sofort gedacht, daß irgend etwas hier nicht stimmt. Es hat keinen Kampf gegeben.«

»Wir sollten jetzt die Eltern befragen«, sagte Julia Durant. »Ich werde das selbst übernehmen.« Sie machte kehrt, oh-

182

ne eine Antwort abzuwarten, ließ die beiden Männer einfach stehen und lief nach unten. Maria Schubert hatte ihr Gesicht in ein dickes Kissen vergraben und weinte still. Der Vater war leichenblaß, nur die roten Augenränder verrieten, was er durchmachte. Er leerte ein Glas Whisky.

»Es tut mir leid«, begann die Kommissarin und setzte sich auf einen Stuhl, von wo aus sie die Familie gut im Blick hatte, »aber ich muß Ihnen leider ein paar Fragen stellen. Es wird nicht lange dauern. Sind Sie bereit?«

»Muß das heute sein?« fragte der Mann mit tonloser Stimme. »Kommen Sie morgen wieder oder übermorgen oder, zum Teufel, überhaupt nicht!«

»Nein, jetzt und hier, so leid es mir tut. Ich kann verstehen, was Sie jetzt...«

»Reden Sie doch nicht so einen Scheiß, Sie verstehen überhaupt nichts! Haben Sie Ihre Tochter verloren oder wir?« fragte Schubert aggressiv.

»Bitte, lassen Sie uns jetzt nicht streiten. Wenn Sie wollen, daß wir den Mörder finden, brauchen wir Ihre Hilfe.«

»Also gut, fragen Sie«, sagte Schubert schulterzuckend, schenkte sich Whisky nach, stand mit dem gefüllten Glas auf, ging zur offenen Terrassentür, starrte in die Nacht.

»Sie waren heute abend in der Oper, wie ich erfahren habe. Warum ist Annette allein hiergeblieben?«

»Sie hatte keine Lust. Sie wollte zu Hause bleiben, früh zu Bett gehen und sich auf morgen vorbereiten...« Schubert stockte, ein paar Tränen, die er mit der linken Hand wegwischte, Durant wartete, bis er sich etwas erholt hatte. Er fuhr mit schwacher Stimme fort: »Sie müssen wissen, Annette war Tänzerin, sie sollte morgen ihren ersten großen Auftritt in ›Giselle‹ haben. Sie war nervös, wollte einfach ihre Ruhe haben und sich mental darauf vorbereiten. Die Oper wäre nur eine schlechte Ablenkung gewesen. Ich weiß, wovon ich spreche, vor großen Auftritten brauche ich auch meine Ruhe, selbst heute noch.«

»Wissen Sie, ob Ihre Tochter mit jemandem verabredet war?«

»Wie kommen Sie darauf?« Schubert drehte sich um, sah Durant verständnislos an.

»Es ist nur eine Frage. Es gibt keinen Hinweis auf ein gewaltsames Eindringen ins Haus.«

»Nein, nein, nein!« verteidigte er Annette. »Vielleicht stand die Terrassentür offen! Mein Gott, Sie kennen unsere Tochter nicht! Sie lebte nur für den Tanz, ihre Freundinnen hatte sie im Ballett. Und ausgerechnet heute abend...«, Schubert schüttelte bitter lachend den Kopf, »nein, niemals! Glauben Sie mir, hätte Annette eine Verabredung gehabt, wir hätten es gewußt.«

»Was ist mit dem Bekanntenkreis Ihrer Tochter? Mit wem war sie oft zusammen?«

»Sagte ich doch schon, Leute aus dem Ballett. Ansonsten war Annette eher eine Einzelgängerin. Sie war eben durch und durch Künstlerin.«

»Hat Ihre Tochter ein Tagebuch geführt?«

»Tagebuch? Kann sein, aber...«

»Sie hat eins, ich weiß es«, meldete sich der Junge zu Wort, ohne von seinem Nintendo Gameboy aufzublicken. »Es liegt in ihrer Schreibtischschublade. Die ist aber abgeschlossen.«

»Woher weißt du das?« fragte die Mutter erstaunt.

»Ich habe gesehen, wie sie drin geschrieben und es anschließend in die Schublade gelegt hat.«

»Gut, dann werde ich das Tagebuch an mich nehmen und es Ihnen bei passender Gelegenheit zurückgeben.«

»Aber... das ist Eingriff in die Intimsphäre«, entrüstete sich Schubert.

184

»Die Aufklärung eines Mordes liegt im öffentlichen Interesse, Herr Schubert«, sagte Julia Durant, »wir müssen jedes Detail untersuchen, das uns eventuell zum Täter führen könnte. Glauben Sie mir, wir wissen, was wir tun.«

»Ach, machen Sie doch, was Sie wollen, aber finden Sie um Himmels willen diese elende Drecksau!«

Die Spurensicherung war noch bei der Arbeit, zwei Männer vom Bestattungsinstitut waren eingetroffen und schleppten einen häßlichen Blechsarg nach oben. Auch sie trugen Handschuhe. Der Arzt von der Rechtsmedizin war mit den ersten Untersuchungen fertig, hatte seine vorläufigen Ergebnisse in ein Diktiergerät gesprochen. Durant hatte auch einmal probiert, mit einem Diktiergerät zu arbeiten, doch ihr lag es nicht, Eindrücke und Vermutungen in ein Gerät zu sprechen, sie machte lieber stichpunktartige Notizen, dazu kam ihr fast fotografisches Gedächtnis, sie konnte sich selbst nach sehr langer Zeit noch an winzige Details erinnern. Auch hier hatten das Bild des Tatortes, die Lage des Mädchens, die Ausstattung des Zimmers sich tief in ihr Gedächtnis eingeprägt.

Bevor auch sie ging, es war mittlerweile drei Uhr, bat sie den Bruder der Toten, ihr zu zeigen, wo Annettes Tagebuch zu finden war. Sie nahm es an sich und machte noch mit Berger und Schulz aus, wann am Morgen sie sich im Büro treffen würden. Berger sagte, um halb neun. Der Gerichtsmediziner sicherte Berger zu, die Autopsie der Leiche bis spätestens fünfzehn Uhr beendet zu haben.

Die Nacht war sternenklar, das Gewitter hatte die Luft gereinigt, die lau und gut zu atmen war. Julia Durant schloß die Tür ihres Wagens auf und setzte sich auf den mit einer Plastikfolie überzogenen, noch feuchten Sitz. Sie kurbelte das Fenster herunter, legte den linken Arm auf den Rah-

men und startete den Motor. Sie gab Gas und fuhr nach
Hause. Die Kopfschmerzen wurden wieder stärker.

Sonntag, 8.30 Uhr

Sie hatte miserabel und viel zu kurz geschlafen, vier Stunden. Irgendwann nach drei mußte es erneut angefangen
haben zu regnen. Ein angenehm kühler Wind drang durch
das offene Wohnzimmerfenster, bereit, die sich über Monate hinweg angesammelte stickige Luft zu vertreiben. Sie
kochte Kaffee und schüttete Cornflakes in eine Schüssel,
gab Zucker und Milch dazu und begann zu essen. Schon
als sie aufgestanden war, hatte sie die erste Zigarette geraucht, und jetzt beim Frühstück qualmte eine weitere im
Aschenbecher. Es gab Augenblicke, da haßte sie ihren Beruf, jetzt war ein solcher Augenblick gekommen. Seit drei
Tagen und zwei Leichen war sie bei der Mordkommission, beinahe rekordverdächtig.
Sie versuchte, Ordnung in ihre Gedanken zu bringen, versetzte sich noch einmal an den Tatort der vergangenen
Nacht. Sie trank und aß, rauchte ihre Zigarette, hustete.
Um Viertel vor neun machte sie sich auf den Weg ins Präsidium. Die Straßen waren beinahe wie ausgestorben, die
Ampeln fast durchweg auf Grün geschaltet, sie brauchte
kaum zehn Minuten, an Werktagen waren es manchmal
dreißig.
Berger stand am offenen Fenster und inhalierte die frische,
noch kühle Morgenluft. Kullmers aufreizend anzüglicher
Blick verfolgte Julia Durant bei jedem Schritt, sie wußte, er
würde keine Gelegenheit auslassen zu versuchen, sie in
sein Bett zu zerren. Aber auch wenn ihr Verlangen nach
einem Mann bisweilen extreme Formen annahm, sie sich

nach Berührungen und Zärtlichkeit sehnte, so hätte man ihr Kullmer nackt um den Bauch schnallen können, ohne daß sie auch nur die geringste Regung bei sich verspürt hätte. Sie würde Kullmer nicht einmal mit einer Pinzette anfassen, obwohl er nicht schlecht aussah, und wenn die Gerüchte stimmten, dann hatte er im Präsidium in den letzten fünf Jahren schon eine ganze Reihe von Frauen flachgelegt. Einmal hätte ihn sein männlicher Eifer sogar beinahe den Job gekostet, als er mit der Ehefrau eines Mordopfers eine heiße Beziehung anfing und dadurch um ein Haar die Aufklärung des Mordes verhinderte; die Frau selbst nämlich hatte ihren Mann auf raffinierte Weise ins Jenseits befördert. Kullmer war zudem ein eher durchschnittlicher Polizist, der mit genügend Ehrgeiz und Energie ein As hätte sein können, hätte er verstanden, seine Fähigkeiten auch umzusetzen. Es gab Tage, da konnte er jeden mit seinem analytischen Verstand an die Wand spielen. Dann wieder übersah er die simpelsten Dinge, die selbst Anfängern nicht verborgen blieben. Kullmers Problem war einfach, daß er zu oft sein Hirn in der Hose spazierenführte, und das war es, was ihn davon abhielt, als Genie in die Polizeigeschichte einzugehen.

Sie setzte sich trotzdem direkt neben ihn, er war eingehüllt in eine dicke Wolke schweren Herrenparfüms. Er kaute Kaugummi, spreizte die Beine, offenbar überzeugt, das Ding zwischen seinen Schenkeln würde alle charakterlichen Unebenheiten ausbügeln können. Koslowski pulte in der Nase und anschließend an einem der vielen Pickel. Berger rauchte, der Qualm zog ab durchs Fenster. Er schaute zur Uhr, sagte: »Wir fangen einfach an, auch wenn Kollege Schulz noch nicht da ist. Ich möchte mich jetzt nicht in Einzelheiten ergehen, dazu haben wir Gelegenheit, sobald der Bericht der Gerichtsmedizin vorliegt. Nur soviel, der Fall hat eine neue Dimension bekommen, nämlich die, daß jetzt zum ersten Mal ein Mädchen im eigenen Haus ermordet wurde. Allem Anschein nach haben wir es mit demselben Täter wie bei Preusse und Nettleton zu tun. Lindner müssen wir weiterhin ausklammern. Sie, Kullmer, werden sich jetzt zusammen mit Koslowski auf den Weg zu dieser Kirche machen und die Leute dort vernehmen, und Kollegin Durant hat, soweit ich weiß, einen Termin bei diesem Seelenklempner, wie immer der heißt. Haben Sie schon einen Blick in das Tagebuch geworfen?«

»Wann, zwischen gerade und eben vielleicht? Ich werde es nach meinem Treffen mit diesem Patanec nachholen.«

»Gut, ich erwarte Ihre Berichte heute nachmittag. Gegen fünfzehn Uhr werden hoffentlich auch der Obduktionsbericht und die Spurenauswertung vorliegen. Ich würde sagen, wir treffen uns um halb vier wieder.«

Patanec war um vier Uhr am Sonntag morgen nach Hause gekommen, hatte sich den Wecker auf halb elf gestellt. Um Viertel vor elf stand er auf, zog sich den Seidenmorgenmantel mit chinesischer Stickerei über, bürstete sein Haar, putzte die Zähne, wusch sich den Schlaf aus den Augen und goß sich einen Martini ein. Er hatte etwas zuviel getrunken und jetzt einen schweren Kopf, und er pflegte diesen Zustand stets mit Alkohol zu bekämpfen. Er stellte sich ans Fenster, der unter ihm liegende Rasen und die Straße waren regennaß. Er sah den kleinen, weißen Opel um die Ecke biegen und vor dem Tor halten. Eine junge Frau stieg aus, schlug die Autotür zu, kam mit schnellen, ausgreifenden Schritten durch das Tor auf das Haus zu. Patanec wartete, bis die Glocke anschlug, bevor er die Treppe hinunterging und die Tür aufmachte. Vor ihm stand eine hübsche, dunkelhaarige Person mit ebenso dunklen Augen und einem vollen, ungeschminkten Mund und einer auf den ersten Blick recht ansehnlichen Figur.

»Dr. Patanec?« fragte Julia Durant, die eindeutigen Blicke von Patanec ignorierend. »Ich bin Hauptkommissarin Durant von der Mordkommission. Wir haben telefoniert.«

Patanec grinste sie an. »Tut mir leid, wenn ich Sie in diesem Aufzug empfange, aber normalerweise ist mir der Sonntagmorgen heilig, das heißt, ich genieße den freien Tag auf meine Weise. Aber treten Sie doch bitte näher.«

Er gab die Tür frei und ließ die Kommissarin an sich vorbei eintreten. »Gehen wir in mein Büro«, sagte er und ging vor ihr hinein, bot ihr mit einer Handbewegung einen Stuhl an, nahm selbst hinter seinem Schreibtisch Platz. Er nahm einen Bleistift und drehte ihn langsam durch die Finger, während er die Besucherin eingehend musterte. Sie gefiel ihm, er stand auf wohlgeformte, dunkelhaarige Frauen.

»Also, schießen Sie los, was kann ich für Sie tun?« fragte er.

»Es geht um Carola Preusse, das Mädchen, das ermordet wurde. Sie war Ihre Patientin, wie ich von Carolas Vater erfahren habe.«

»Ja, das ist richtig. Ein nettes Mädchen. Wirklich traurig, was mit ihr passiert ist.«

»Wie lange war sie Ihre Patientin?«

»Anderthalb oder zwei Jahre, aber ich brauche nur in meinen Unterlagen nachzusehen, um Ihnen das genau sagen zu können. Warten Sie einen Moment.« Patanec zog eine Schublade seines Schreibtisches heraus und nahm die Akte von Carola Preusse in die Hand. »Nächsten Monat wären es genau zwei Jahre gewesen«, sagte er nach einem Blick darauf. »Es ist wirklich tragisch.«

»Weshalb hat sie sich von Ihnen behandeln lassen?«

»Nun, ich gehe davon aus, daß Sie mit den Eltern gesprochen haben und deren Einverständnis vorliegt, denn eigentlich unterliegt dies der Schweigepflicht. Aber gut, sie kam zu mir wegen Angstzuständen und Depressionen. Angstzustände sind heutzutage ein weitverbreitetes Übel, viele meiner meist weiblichen Patienten leiden darunter. Soweit ich mich erinnern kann, hat ihr Vater sie zu mir geschickt. Sie befand sich in einem seltsamen Strudel von Gefühlen. Auf der einen Seite liebte sie ihren Vater, auf der anderen Seite stand diese alles dominierende Mutter. Carola hat praktisch alles gemacht, was ihre Mutter von ihr verlangte. Der Vater hatte gegen seine Frau nicht den Hauch einer Chance, und deshalb hatte er auf Carola auch kaum Einfluß. Die extremen Angstzustände begannen bei ihr, als sie vierzehn war, sie äußerten sich körperlich in Panikattacken, Herzrhythmusstörungen oder dem Gefühl, keine Luft mehr zu bekommen, nicht mehr schlucken zu können, nun, es würde zu weit führen, alle Symptome aufzuführen, die ein depressiver Mensch zeigen kann. Doch die Wurzeln von Carolas Angst lagen eindeutig in der Beziehung zu ihrer Mutter und in einer unglaublichen Furcht vor Gott. Sie lebte in ständiger Angst davor, etwas falsch zu machen und dadurch Gott nicht zu gefallen. Diese Angst hat ihr Leben bestimmt und sie richtiggehend gelähmt. Ich versuchte eine Hypnosebehandlung, aber wir erzielten nur geringe Fortschritte. Ihr ganzes Inneres hat sich mit aller Macht gegen diese Form der Einflußnahme gesträubt. Erst in letzter Zeit stellte sich eine leichte Entkrampfung ein, auch wenn ich glaube, daß es noch mindestens ein oder zwei Monate gedauert hätte, bis sie wirklich für Hypnose bereit gewesen wäre. Ich habe dann, um ihre Angst und Verschlossenheit zu lösen, etwas anderes probiert, ich habe sie aufgefordert, sie solle einfach ihre

Gefühle und Gedanken aufschreiben und mir diese Aufzeichnungen jedesmal vor Beginn einer Sitzung geben. Offensichtlich war das ein Deal, den sie akzeptieren konnte. Sie schrieb jede Woche zwischen zehn und zwanzig Seiten, und es war sehr aufschlußreich zu sehen, wie gut Carola sich selbst zu analysieren vermochte. Aber wie gesagt, ihre Angst lag eindeutig bei der Mutter. Meiner Meinung nach hätte nur eine völlige Abnabelung von der Mutter Heilung bringen können.«

»Kennen Sie die Mutter?«

»Nur von Erzählungen. Carola hat zwar nie schlecht von ihr gesprochen, auch wenn ich einmal das Gefühl hatte, als wenn... Nein, ich will nicht in die Tiefe gehen, denn es hilft nicht bei der Klärung des Falles. Fälle wie Carola sind häufiger, als man denkt. Wissen Sie, die meisten meiner Patienten oder besser Patientinnen stammen aus dieser Gegend. Sie sind reich, sie sind einsam, sie sind besessen von irgendwelchen Ideen, sie langweilen sich, sie werden depressiv, sie haben Angst. Ein Teufelskreis, aus dem sie kaum rauskommen. Die Frauen hier sind gelangweilt, zumindest viele von ihnen. Sie kaufen, kaufen, kaufen. Sie kaufen alles, selbst Liebe. Wenn sie einkaufen gehen, dann nicht in Frankfurt, sondern in Düsseldorf oder Mailand oder Paris oder New York. Viele von ihnen sind sexbesessen und ständig auf der Suche nach *dem* Kick. Und sie glauben gar nicht, wie viele gewöhnliche Menschen hier leben! Manche von ihnen kommen zu mir ohne Unterwäsche und in kurzen Röcken, und manchmal setzen sie sich so hin, daß ich genau zwischen ihre Beine sehen kann. Sie kommen nur vordergründig her, um ihre Probleme zu besprechen, sie kommen hauptsächlich, um ihre Langeweile zu befriedigen. Es ist ein seltsames Volk, aber ich lebe ganz gut von ihnen.« Er grinste, Julia Durant fühlte sich unbehaglich in seiner Gegenwart. Sie mochte diesen Patanec nicht, er war ihr zu eitel und hörte sich selbst zu gern reden.

»Gehörte Carola auch zu diesem Typus?«

»Ach was, wo denken Sie hin! Nein, sie war eine Ausnahme. Sie war echt.«

»Was meinen Sie mit echt?«

»Sie war nett, höflich, intelligent. Sie war keine gelangweilte Neurotikerin. Ihre Angst war echt, wenn Sie verstehen, was ich meine.«

»Kennen Sie eine Annette Schubert?«

Patanec zog die Augenbrauen hoch, beugte sich leicht nach vorn. »Flüchtig«, sagte er und neigte den Kopf ein wenig. »Ihre Mutter ist meine Patientin. Warum fragen Sie?«

Julia Durant forschte nach einer Reaktion in Patanecs Gesicht, doch weder seine Augen noch sein Mund verrieten, ob er bereits informiert war. »Sie ist tot. Sie wurde gestern abend in ihrem Elternhaus ermordet.«

Patanecs Haltung wurde starr, seine Augen verengten sich zu Schlitzen, der Bleistift zwischen seinen Fingern zerbrach.

»Was sagen Sie da? Annette Schubert ist tot? Etwa genauso massakriert wie die anderen?«

»Genau so!«

»Mein Gott, wenn ich diese Bestie zwischen meine Finger bekäme, ich würde ihn...«, er schaute Julia Durant ernst an, nahm die beiden Bleistifthälften, machte eine abwehrende Handbewegung und sagte: »Vergessen Sie's, wahrscheinlich würde ich herausfinden wollen, warum er so was Abscheuliches tut. Es ist nur, daß dies jetzt bereits das zweite Mädchen ist, das ich persönlich kenne. Oder kannte, wie ich jetzt sagen muß. Es ist einfach unbegreiflich!«

»Was ist mit Maureen Nettleton, kannten Sie die?«

192

»Nur vom Namen her.«

»Inwiefern?«

»Irgendwer hat von ihr gesprochen, nachdem auch sie umgebracht wurde. Fragen Sie mich aber um Himmels willen nicht, wer das war. Hier weiß doch jeder alles von jedem.«

»Wirklich, jeder weiß alles von jedem? Wenn dem so ist, wer wird dann als Täter verdächtigt? Die Gerüchteküche müßte doch eigentlich wie verrückt brodeln.«

Patanec lachte auf. »Das ist nicht Ihr Ernst, oder? Es gibt keinen Verdächtigen, die Leute sind nur schockiert, und schließlich geht die Angst um. Und der Tod von dieser Nettleton so kurz nach Carola hat natürlich tiefe Bestürzung ausgelöst. Was ja wohl auch verständlich ist.«

»Hat Carola je von einem Freund gesprochen? Hatte sie sexuelle Probleme?«

»Nein, weder das eine noch das andere. Dafür werden schon ihre Mutter und diese Kirche gesorgt haben. Aber ich denke, sie wäre gerne aus diesem Teufelskreis ausgebrochen. Und wenn ich einige ihrer Aussagen richtig interpretiert habe, dann wäre das ihrem Vater nur zu recht gewesen.«

»Gibt es irgend jemanden, der Ihnen spontan einfällt, dem Sie derartige Morde zutrauen würden?«

Patanec grinste herablassend. »Meinen Sie nicht, liebe Frau, daß diese Frage eine Spur zu weit führt? Selbst wenn ich jemanden kennen würde, ich würde es für mich behalten. Sie haben es doch hier ganz offensichtlich mit einer hochgradig gestörten Person zu tun. Und obgleich ich Psychologe bin und über reichlich Menschenkenntnis und Erfahrung verfüge, so würde ich mir niemals anmaßen, einen Menschen einfach so, ich meine ohne jeden zwingenden Verdacht, solch schrecklicher Taten zu verdächtigen!

Nein, es gibt niemanden. Niemand, der mein Patient ist, kein Gärtner, kein Chauffeur, niemand. Sie müssen schon allein suchen.«

»Haben Sie Patienten mit abnorm gestörtem Sexualverhalten?«

»Definieren Sie mir ›abnorm‹, und ich werde Ihnen *vielleicht* darauf antworten.«

»Sado-Maso, zum Beispiel. Bizarrer Sex, gewalttätige Personen, die nur Befriedigung erzielen, indem sie anderen starke Schmerzen zufügen. Ich kenne mich auf diesem Gebiet aus, ich habe lange bei der Sitte zu tun gehabt.«

»So, Sie kennen sich also aus? Nun, ich möchte behaupten, etwas älter als Sie zu sein und gerade in diesem Bereich auch mehr berufliche Erfahrungen gesammelt zu haben, aber ich würde niemals behaupten, mich auf diesem Gebiet auszukennen.« Patanec drehte sich mit dem Sessel zum Fenster hin, stand auf, machte eine Schranktür auf und holte eine halbvolle Flasche Martini heraus. »Auch einen?« fragte er, den Rücken Julia Durant zugewandt.

»Nein, danke, zu früh am Tag.«

»Sie haben doch aber nichts dagegen, wenn ich mir einen einschenke?« Patanec stellte sich mit dem Glas ans Fenster und sah hinaus. »Wenn ich Ihnen jetzt sagen würde, ich hätte keine solchen Patienten, würden Sie mir nicht glauben. Würde ich sagen, ja, ich habe solche Patienten, würden Sie Namen von mir wollen. Stimmt's?«

»Vielleicht.«

»Dann habe ich keine. Ich kenne den Begriff Sado-Maso nur aus der Literatur. Tut mir leid, wenn ich Ihnen nicht weiterhelfen kann, aber ich werde meine Patienten nicht bloßstellen. Das hat keiner von ihnen verdient. Sie mögen zum Teil recht armselige Kreaturen sein, aber das Sexualleben ist das Intimste, was es gibt, und das werde ich nicht vor Ihnen ausbreiten.«

»Selbst wenn Sie damit zur Klärung dieses Falles beitragen könnten?«

»Sie könnten niemals mit meinen Informationen diesen Fall aufklären, denn von meinen Patienten sind über neunzig Prozent weiblich. Und soweit ich informiert bin, ist der Täter ein Mann.«

»Und was ist mit diesen knapp zehn Prozent?«

»Kein Kommentar. Suchen Sie, aber ohne mich!«

Die Kommissarin erhob sich und nahm ihre Tasche. Sie warf einen Blick an die Wand, wo eine große Karte hing. Sie runzelte die Stirn. »Eine schöne Karte. Was bedeutet sie?«

Patanec lächelte geheimnisvoll, wartete einen Moment mit der Antwort, erwiderte: »Es sind die zwölf Sternzeichen. Es ist eine Karte aus dem siebzehnten Jahrhundert. Interessieren Sie sich für Astrologie?«

»Bis jetzt nicht, warum fragen Sie?«

»Nur so. Es war nett, mit Ihnen zu plaudern. Warten Sie, ich bringe Sie zur Tür.«

An der Tür sagte Julia Durant süffisant lächelnd: »Ich hoffe, Ihre Patientinnen bleiben Ihnen noch lange erhalten.«

»Ich denke schon«, meinte er grinsend. »Ich bin schließlich für viele der einzige Strohhalm, an den sie sich klammern können.«

Die Kommissarin fuhr ein paar Häuser weiter zu Schuberts. Der Junge öffnete ihr, sie bat, mit der Mutter und dem Vater sprechen zu dürfen, der Junge sagte, sein Vater habe am frühen Morgen einen leichten Herzanfall erlitten und liege im Krankenhaus. Maria Schubert tigerte im schwarzen Morgenmantel unruhig durch das Haus, blaß, übernächtigt, die Haare strubbelig, sie rauchte hastig, ihre Finger zitterten, sie war barfuß, dunkelroter Lack bröckelte von den Zehennägeln ab. Julia Durant registrierte sofort, daß sie nichts auf der Haut trug als diesen Morgenmantel, und als Maria Schubert sich setzte und nach vorn beugte, um ihre Zigarette auszudrücken, sah Durant ihren Eindruck bestätigt. Noch bevor sie ansetzen konnte, etwas zu sagen, kam eine andere Frau die Treppe herunter. Sie war ebenfalls barfuß, trug schwarze Leggings, einen bunten, knapp über dem Knie endenden Rock und ein äußerst knappes, weißes Top, aus dem ihr gewaltiger Busen mit Macht herausquoll. Sie war strohblond und schlank, mit langen, nicht enden wollenden Beinen und einem aufreizend lasziven Gang, das vollkommene Abbild eines männermordenden Vamps. Mitten auf der Treppe blieb sie stehen und lehnte sich an das Geländer.

»Sind Sie von der Polizei?« fragte sie mit ungewöhnlich tiefer Stimme, die am Telefon leicht mit der eines Mannes hätte verwechselt werden können.

»Durant, Kripo Frankfurt. Und Sie?«

»Elaine. Nennen Sie mich einfach nur Elaine.«

»Haben Sie auch einen Nachnamen?«

»Duvallier.«

»Sie sind Französin?«

Maria Schubert gab die Antwort: »Elaine ist meine beste Freundin. Ich habe sie angerufen, und sie ist sofort gekommen. Bitte, ich stehe Ihnen zur Verfügung.«

Elaine setzte sich dicht neben Maria Schubert und legte einen Arm um ihre Schultern. Durant betrachtete Elaine genau, die Art, wie sie den Arm um Maria legte und die Beine übereinanderschlug und dabei Maria ansah, ließ auf einmal mehr als nur auf eine oberflächliche Freundschaft schließen.

»Sie sind sicherlich nicht gekommen, um mir mitzuteilen, daß dieser gottverdammte Hurensohn gefunden ist, oder?« fragte Maria Schubert.

»Nein, leider nicht. Darf ich mich setzen?«

»Bitte«, sagte Frau Schubert und deutete auf den Sessel. Durant nahm Platz, holte ihren Notizblock aus der Tasche.

»Wann haben Sie gestern abend das Haus verlassen, und wann sind Sie zurückgekommen? Ich brauche die genaue Uhrzeit.«

»Wir sind um Punkt zwanzig nach sieben losgefahren und ziemlich genau um Mitternacht heimgekommen.«

»Und Sie haben Ihre Tochter sofort gefunden?«

»Wir haben uns gewundert, daß es im ganzen Haus dunkel war. Das war gar nicht Annettes sonstige Art, sie ließ nämlich immer und überall das Licht brennen. Es gab ihr einfach ein sicheres Gefühl, wenn sie allein zu Hause war. Mein Mann ist gleich nach oben gegangen und hat nach ihr geschaut...« Tränen, doch Maria Schubert hatte sich überraschend schnell wieder in der Gewalt. Sie zog ein Taschentuch aus dem Morgenmantel, wischte die Tränen ab, schneuzte sich. Nach einem Augenblick fuhr sie mit fester Stimme fort: »Als mein Mann geschrien hat, bin ich sofort hochgerannt, und da sah ich sie...« Wieder Tränen.

»Soviel steht fest, der Täter ist nicht gewaltsam eingedrungen. Ich möchte meine Frage von heute nacht wiederholen: Könnte es sein, daß Ihre Tochter eine Verabredung hatte, von der Sie nichts wußten oder nichts wissen durften?«

»Was wollen Sie eigentlich, eine dunkle Stelle in Annettes Leben finden?! Einen geheimnisvollen Liebhaber vielleicht?« fragte Maria Schubert aufgebracht.

»Nein, gewiß nicht, ich muß nur alle Möglichkeiten in Betracht ziehen. Es tut mir leid, wenn es den Anschein erweckt, als wollte ich in Schmutz wühlen. Glauben Sie mir, ich habe keinen Spaß an dem, was ich jetzt leider tun muß.«

»Wissen Sie, wenn ich für irgendeinen Menschen auf dieser verfluchten Welt meine Hand ins Feuer legen würde, dann für Annette! Sie glauben doch nicht im Ernst, daß ein Mädchen, das Tag und Nacht für nichts als seinen Traum lebt, auch nur im entferntesten daran dächte, einen heimlichen Liebhaber zu haben! Das wäre absurd und würde ihrem ganzen bisherigen Verhalten vollkommen widersprechen.«

»Wußte denn irgend jemand davon, daß Annette allein zu Hause blieb, während Sie, Ihr Mann und Ihr Sohn ins Theater gingen?«

Maria Schubert sah die Kommissarin ratlos an. Sie überlegte angestrengt, zuckte dann die Schultern. »Nein, niemand, soweit ich weiß. Ich habe mit niemandem darüber gesprochen.«

»Und Ihr Mann?«

»Er war die vergangenen vier Wochen mit dem Tourneetheater unterwegs. Er ist erst Freitag nacht heimgekommen und hat gestern den halben Tag geschlafen. Und mein Sohn, fragen Sie ihn selber.«

Der Junge kam von der Bar zurück, hielt ein Glas Whisky in Händen, Julia Durant wunderte sich, daß seine Mutter ihn einfach gewähren ließ. »Ich habe niemandem etwas gesagt, meine Freunde stehen mehr auf Techno oder Guns 'n' Roses. Die hätten mich bloß für blöd erklärt, wenn sie gewußt hätten, daß ich in die Oper gehe.«

»Und Sie?« an Elaine Duvallier gewandt.

»Nein. Maria, Frau Schubert, hat mich heute nacht angerufen und mich gebeten zu kommen. Das ist alles.«

»Frau Schubert, überlegen Sie bitte ganz genau, ob Sie mit jemandem darüber gesprochen haben. Manchmal wirft man eine Bemerkung nur so beiläufig hin, ohne daß man dem besondere Bedeutung beimißt.«

Maria Schubert holte sich eine weitere Zigarette aus der Schachtel, Elaine gab ihr Feuer, sagte dabei: »Du solltest endlich mit dieser Qualmerei aufhören. Es ist nicht gut für deinen Teint.«

»Ja, ja, schon gut, aber im Moment interessiert mich mein Teint einen feuchten Dreck! Was wollten Sie noch mal wissen?«

»Ob Sie mit jemandem darüber gesprochen haben. Was haben Sie zum Beispiel gestern und vorgestern gemacht?«

»Vorgestern war ich den ganzen Tag zu Hause. Nur einmal habe ich das Haus verlassen, um zur Kosmetikerin zu gehen. Mit ihr habe ich aber über völlig andere Dinge gesprochen. Gestern nachmittag war ich bei Dr. Patanec. Er ist eine Art Berater…«

»Ich kenne ihn«, unterbrach Julia Durant sie. »Er ist Psychologe. Ich komme gerade von ihm.«

»Natürlich ist er Psychologe, aber Patanec ist mehr als nur das. Er ist vielmehr ein begnadeter Astrologe und Kartenleger. Und glauben Sie mir, ich weiß, wovon ich spreche!«

Jetzt begriff sie, was die Karte in seiner Praxis zu bedeuten hatte und seine Frage. »So, Astrologe ist er also. Eine etwas eigenartige Mischung, würde ich sagen. Aber gut, das geht mich nichts an. Was macht er denn hauptsächlich, Psychologie oder Astrologie?«

»Keine Ahnung, fragen Sie ihn doch selbst.«

»Hat er Ihnen auch den Tod von Annette vorausgesagt?« fragte Durant eine Spur zu sarkastisch.

Maria Schubert überging den Sarkasmus, registrierte ihn wahrscheinlich nicht einmal, sah Durant nur entgeistert an. Alles Blut wich aus ihrem Gesicht, ihr Atem ging schnell, ihre Nasenflügel bebten, sie schien einer Ohnmacht nahe.

199

»Mein Gott, Patanec! Er hat mir die Karten gelegt, erst für mich, später bat ich ihn, auch noch für Annette...« Sie sprang auf, eilte zur Bar, gab Eis in ein Glas und schenkte bis fast zum Rand Whisky ein. Sie schüttete die Flüssigkeit in sich hinein, füllte nach. Kam zurück, setzte sich, der Morgenmantel fiel unten auseinander, der Ansatz ihrer dunklen Scham war zu erkennen. Sie fuhr fort, mit bebender Stimme: »Du meine Güte, daß ich da nicht früher dran gedacht habe! Es stimmt, er war sehr verwirrt, ich habe ihn eigentlich noch nie so erlebt. Er sprach von einer Gefahr, die er sah, und von Verletzungen, von Musik, er sah einen Mann, aber er konnte mir nichts Genaues sagen. Ich sah nur, wie er vor Anstrengung schwitzte... Mein Gott, Patanec hat vielleicht gesehen, was mit Annette passieren würde! Aber nein, er kann es nicht gesehen haben, er hätte mich gewarnt. Patanec, du meine Güte, er war wirklich durcheinander. Und dann hat er ein zweites Mal die Karten gelegt und gesagt, daß es wieder genau die gleiche Konstellation wäre; er sagte immer wieder, Annette müsse sich vorsehen. Und da war dieser Mann. Patanec fragte mich, ob Annette Neider hatte, und ich sagte ja, natürlich, es gibt da jemanden in der Truppe, der stinksauer ist, daß Annette die zweite Hauptrolle bekommen hat. Und Patanec meinte, das könnte es sein, aber wenn ich es recht bedenke, dann schien er selbst nicht ganz sicher gewesen zu sein. Ich glaube, er machte sich ernsthafte Gedanken. Ich Idiot, es war alles meine Schuld, ich habe ihm immer wieder klargemacht, daß er mir alles sagen kann, nur nichts über den Tod, ich wollte weder etwas über meinen Tod wissen noch über den mir nahestehender Personen! Sie müssen wissen, ich habe panische Angst vor dem Tod. Und Patanec hat das jederzeit respektiert. Ich hätte es verhindern können, wenn ich Patanec... Oh,

mein Gott, oh, mein Gott, was hab ich da bloß angerichtet?!«

»Wußte Patanec, daß Sie in die Oper gehen würden?«

»Kann sein, ich weiß es nicht mehr. Vielleicht habe ich es
ihm erzählt, vielleicht auch nicht. Es würde ohnehin nichts
bringen, denn Patanec steht auf der guten Seite, glauben
Sie mir.« Sie schüttelte energisch den Kopf. »Sie werden
doch nicht denken, daß er, nur weil er eventuell wußte,
daß...«

»Sie haben es ihm also erzählt«, sagte die Kommissarin,
die ihre Erregung nur mühsam unterdrücken konnte.

»Nein, ich glaube, ich habe ihm nur erzählt, daß ich ›La
Traviata‹ anschauen werde. Ich habe nichts davon erwähnt, daß Annette allein zu Hause bleiben würde.«

»Sie wissen das ganz genau?« hakte Durant nach.

»Ich denke ja...«

»Ich denke ja ist nicht hundertprozentig sicher, oder?«

»Ziemlich sicher. Wir haben andere Probleme zu wälzen
gehabt. Wenn ich bei Dr. Patanec bin, gibt es Wichtigeres,
als eine Opernpremiere zu besprechen.«

»Wenn Sie es ihm erzählt haben, wann haben Sie das getan, vor oder nachdem er Ihnen die Karten gelegt hat?«

»Ich weiß es nicht mehr, ich bin im Augenblick zu verwirrt. Ich bitte Sie um Verständnis.«

Durant nickte. »Sie kennen Dr. Patanec schon lange?«

»Fast so lange, wie wir hier wohnen.«

»Und Sie?« fragte Julia Durant Elaine.

Die zuckte mit den Schultern, verzog gelangweilt den
Mund, ihre Brustwarzen drängten mit Macht gegen das
hautenge Shirt. »Klar, wer kennt den nicht! Ich habe ihn
auch schon konsultiert, wenn das Ihre nächste Frage sein
sollte.«

»Haben Sie Bedienstete?«

»Nur eine Zugehfrau, die jeden Tag außer am Wochenende für zwei Stunden hier saubermacht und dann und wann aushilft, wenn wir ein Fest geben. Dann noch einen Mann für alles, der dreimal in der Woche nach dem Rechten sieht. Ansonsten haben wir keine Angestellten.«

»Wie ist das bei Ihnen mit den Überwachungskameras? Was ist, wenn jemand klingelt? Wird die Person erst mit Hilfe der Kamera überprüft? Was für Sicherheitsvorkehrungen haben Sie überhaupt?«

»Wir sind gesichert wie die meisten hier, denke ich jedenfalls. Überwachungskameras, Lichtschranken, Gitter vor den Fenstern, Bewegungsmelder. Ich kann aber nicht sagen, ob wir technisch auf dem neuesten Stand sind. Da müßten Sie schon meinen Mann fragen.«

»Gibt es einen Film von der Kamera?«

»Leider nein. Es ist ein älteres System, das ohne Film funktioniert. Man kann nur sehen, wenn jemand kommt und wer es ist.«

»Wie viele Bekannte haben Sie in dieser Gegend?«

»Vierzig, fünfzig, hundert? Keine Ahnung. Eine ganze Menge.«

»Und diese ganze Menge kennt die Anlage? Und Annette hätte die Leute auch bedenkenlos ins Haus gelassen?«

»Wahrscheinlich. Würden Sie, wenn Ihre Nachbarin bei Ihnen klingelt, nicht aufmachen? Würden Sie denn auf die Idee kommen, daß ein Mensch, den Sie gut kennen, eventuell ein Mörder ist?«

»Nein, natürlich nicht...«

»Wann werden wir Annette beerdigen können?« fragte Elaine, das strohblonde Busenwunder, der Vamp, den Julia Durant um ihre Figur beneidete, vor allem um den flachen, speck- und faltenlosen Bauch und die endlosen Beine, deren Oberschenkel nicht einmal eine Idee zu dick oder gar zellulitisch waren. Einzig der eisige Blick aus den grünen Augen und das etwas zu grell geschminkte Gesicht störten den beinahe vollkommenen Eindruck. Unwillkürlich stellte sie sich Kullmer vor, der, wäre er hiergewesen, zumindest in Gedanken Elaine gevögelt und zweifelsohne sofort versucht hätte, sie anzubaggern, ganz gleich, ob sie eine Lesbe war oder nicht. Irgendwie, fand sie, war es schade, daß Kullmer nicht hier war, allein ihn und seine Reaktionen zu studieren wäre diesen Besuch wert gewesen.

»Es wird eine Weile dauern, bis die Leiche freigegeben wird. Ich nehme an, in vier bis fünf Tagen.«

Maria Schubert trank noch einen Whisky, ihr Blick war glasig, sie sagte: »Der Kerl muß krank sein, oder? Nur ein krankes Hirn denkt sich solche Scheußlichkeiten aus. Aber wie krank muß ein solches Hirn sein, bis es den Befehl gibt, die Gedanken auch auszuführen? Wissen Sie eine Antwort darauf?«

»Keiner weiß eine Antwort darauf. Er ist auf jeden Fall krank, das ist sicher. Aber ich weiß, das hilft Ihnen jetzt nicht viel. Ich muß mich wieder auf den Weg machen. Vielen Dank nochmals für Ihre Hilfe. Und sollten Sie noch Fragen haben oder Ihnen etwas einfallen, dann rufen Sie mich unter einer der beiden Nummern an. Sollte ich ausnahmsweise nicht erreichbar sein, hinterlassen Sie bitte eine Nachricht im Büro.«

Um kurz nach halb eins stieg Julia Durant wieder in ihren Wagen. Ihr Magen knurrte, leichte Übelkeit, die Nachwirkungen des zu reichlich genossenen Alkohols am vergangenen Abend. Die Sonne bahnte sich mit Macht einen Weg durch die löchriger werdende Wolkendecke. Schwüle. Der Parkplatz auf dem Revierhof war nur zur Hälfte belegt.

Berger telefonierte mit hochrotem Kopf, brüllte ins Telefon: »Dann machen Sie doch Ihren Mist allein!«, knallte den Hörer wütend auf die Gabel, Schulz notierte etwas, als Durant das Büro betrat. Sie ging ans Waschbecken, wusch sich mit kaltem Wasser das Gesicht, trocknete sich ab. Schenkte sich einen Kaffee ein und setzte sich. Das Sonnenlicht fiel durch das offene Fenster, Lichtreflexe von Bergers Uhr blendeten sie, schmerzten in ihren Augen. Sie wandte den Kopf etwas zur Seite.

»Und, Erfolg gehabt?« fragte Berger, nachdem er sich wieder beruhigt und eine Zigarette angezündet hatte.

»Was wollen Sie zuerst hören? Patanec oder Schubert?«

»Fangen Sie mit diesem Psychiater an.«

Sie schlug die Beine übereinander, zog die Stirn hoch und sagte: »Dieser Patanec ist ein seltsamer Vogel. Uns war bekannt, daß er Psychologe und Therapeut ist, aber, und jetzt halten Sie sich fest, er ist auch Astrologe, Wahrsager, und was weiß ich nicht alles! Er legt Karten, erstellt Horoskope, na ja, und macht wohl noch das eine oder andere. Die Schubert war gestern nachmittag bei ihm und hat sich die Karten legen lassen. Als sie davon sprach, ist sie auf einmal käsebleich geworden und hat sich einen dreistöckigen Whisky reingezogen. Denn Patanec, sagt sie, habe angeblich eine Gefahr auf ihre Tochter zukommen sehen. Moment, ich habe es notiert«, sie holte den Block hervor, suchte, »hier hab ich es – Patanec hat angeblich einen Mann gesehen, dazu eine Verletzung oder mehrere Verletzungen, er hat gesagt, daß Annette sich in acht nehmen müsse, eine weitere Rolle hat Musik gespielt, die Schubert könnte beschwören, daß er den Tod von Annette vorausgesehen hat. Aber weil sie nie etwas über den Tod wissen wollte, hat Patanec sich logischerweise recht bedeckt gehalten. Jetzt ergeht sie sich natürlich in Selbstvorwürfen. Ich werde mir diesen Patanec auf jeden Fall noch sehr eingehend vorknöpfen. Ein Psychologe, der gleichzeitig Astrologe ist! Man lernt eben nie aus. Aber ich will jede Einzelheit, wirklich jede Einzelheit aus seinem Leben wissen. Patanec ist ein Selbstdarsteller, der meine Fragen geschickt ausweichend beantwortete. Außerdem hört er sich selbst allzugern reden. Und er sieht verdammt gut aus – ich kann mir vorstellen, daß er bei seiner weiblichen Klientel mächtig Eindruck schindet. Trotzdem gefällt er mir nicht. Aber zurück zu Frau Schubert – auf meine Frage hin, ob sie irgendwem erzählt hat, daß sie gestern nur mit ihrem Mann und ihrem Sohn in die Oper gehen würde, meinte sie anfangs, es niemand gesagt zu haben, dann fiel ihr ein, doch mit Patanec darüber gesprochen zu haben, sie könnte allerdings nicht beschwören, ob sie erwähnt hatte, daß Annette allein zu Hause bleiben würde...«

»Sie waren nach den Schuberts nicht noch mal bei Patanec?«

»Nein, ich bin direkt hierhergekommen. Schubert selber liegt übrigens im Krankenhaus, kleiner Herzanfall, aber nicht bedenklich. Ich denke, bevor ich noch mal mit Patanec rede, sollten wir herausfinden, ob seine Vergangenheit astrein ist.«

»Unterstellen Sie ihm etwa...«

Durant wehrte die Frage Bergers entschieden ab. »Ich unterstelle Patanec gar nichts. Ich sag doch, es ist nur ein Gefühl. Aber vielleicht weiß er mehr, als er zugibt.« Dann hielt sie inne, zündete sich eine Zigarette an und fuhr fort: »Die Schuberts sind übrigens ein seltsamer Verein. Sie ist mit ihrem Sohn zu Hause und noch einer Freundin. Diese Freundin ist gelinde gesagt eine Sexbombe, die kaum etwas von ihren beachtlichen körperlichen Vorzügen verbarg, als ich kam. Dann die Art, wie die beiden Frauen miteinander umgehen... Allem Anschein nach ist Maria Schubert lesbisch...«

»Sie ist doch aber verheiratet!« bemerkte Schulz.

»Na und? Es gibt Leute, bei denen macht so was keinen Unterschied. Frustrierte Ehefrau, gleichgültiger Mann, der zudem die meiste Zeit nicht zu Hause ist. Und mit der Zeit gewöhnen sich auch die Kinder an eine solche Situation. Es ist im Prinzip harmlos gegen das, was ich bei der Sitte erlebt habe. Okay, die Schubert ist vielleicht keine Lesbe im herkömmlichen Sinn, sie treibt's wohl mit Männern und Frauen.«

Während Durant ihren vollständigen Bericht ablieferte und danach mit Berger eine Kleinigkeit essen ging, kümmerte sich Schulz in der Zwischenzeit darum, alle nur möglichen Informationen über Patanec einzuholen. Die beim Bundeskriminalamt angeforderten Daten wurden schon eine halbe Stunde später vom Computer ausgespuckt. Berger und Durant kamen gerade vom Essen zurück, als die Daten ausgedruckt wurden. Schulz las den Bericht durch, als die beiden durch die Tür traten. Er runzelte die Stirn, ein erstaunter Pfiff durch die Zähne, er reichte den Bericht weiter an Berger. Durant stellte sich neben ihn und las mit. Ein leichtes Lächeln umspielte ihre Lippen.

Sonntag, 15.00 Uhr

Kullmers Gemeindebefragung war ein Flop, wie nicht anders zu erwarten. Der Autopsie- und Laborbericht von Annette Schubert lag um Viertel nach drei vor. Er bestand aus fünf vollbeschriebenen DIN-A4-Seiten, abgezeichnet von Dr. Bock vom Institut für Rechtsmedizin. Der Mörder hatte mit einem Stilett zweiunddreißigmal zugestochen, davon waren fünf Stiche tödlich, drei ins Herz und zwei in den Unterleib, wovon einer die Bauchschlagader getroffen hatte. Die Todeszeit betrug ziemlich genau 20.30 Uhr. Annette Schubert war von den bisher ermordeten Mädchen mit einsachtundfünfzig die kleinste, sie war keine Jungfrau mehr, hatte jedoch schon längere Zeit keinen Geschlechtsverkehr gehabt. Spermaspuren vom Mörder konnten nachgewiesen werden. Ihr Körper wies keinerlei Spuren eines Kampfes auf. Die rechte Brust war mit der bekannten Präzision abgetrennt, die Augen ausgestochen worden. Was erstaunte, war die gesundheitlich schlechte Verfassung, in der die durchtrainierte Annette sich zum Zeitpunkt ihres Todes befand, ein Magengeschwür, eine Zyste an der Leber, am schwerwiegendsten jedoch wog eine etwa walnußgroße, bösartige Geschwulst am Stammhirn, die über kurz oder lang zu erheblichen Ausfallerscheinungen geführt hätte.

»Und sie war dabei, eine große Tänzerin zu werden!« sagte Durant konsterniert. »Lange hätte sie das nicht mehr machen können.«

Ein paar Fremdfasern unter den kurzgeschnittenen Fingernägeln, sonst keine auffälligen Spuren. Sämtliche Fingerabdrücke im Zimmer von Annette Schubert stammten von dem Mädchen selbst, den Eltern oder dem Bruder, die wenigen unbekannten Abdrücke wurden noch untersucht, doch handelte es sich hierbei ausnahmslos um weibliche Finger, weshalb ausgeschlossen wurde, daß die Abdrücke zum Täter gehörten. Keine verwertbaren Fußabdrücke. Nur wenige Fremdfasern auf der Kleidung oder der Tagesdecke auf dem Bett. Blutgruppe B negativ, eine sehr seltene Blutgruppe. Kein Fremdblut. Zwei dunkle, kurze Schamhaare ohne Haarscheidezellen, die nicht zu

Annette Schubert gehörten und demzufolge nicht einer bestimmten Blutgruppe zugeordnet werden konnten. Neben ihren eigenen Kopfhaaren fanden sich vier dunkle, kurze Haare auf der Decke und dem Kopfkissen, ein Fremdkopfhaar auf dem Teppichboden. Das auf dem Teppichboden gefundene dunkle Kopfhaar gehörte jedoch zu einer anderen Person als die übrigen Haare. Unter dem Fingernagel des Zeigefingers der linken Hand ein mikroskopisch kleiner Rest Seife, keine Fremdhaut, kein Fremdblut. Die Mundspülung negativ. Abstriche und Spülung der Vagina und des Anus: eine Sorte Sperma, die etwa zum Zeitpunkt des Todes in die Vagina ejakuliert wurde, Restejakulation in den Anus, nachdem Annette bereits tot war. Die aus dem Sperma identifizierte Blutgruppe war, wie bei Maureen Nettleton, Null positiv. Bißspuren an der linken Brust und an den Schamlippen, doch auch hier nicht deutlich genug, um einen Gebißabdruck machen zu können. Die Speichelspuren wiesen die gleiche Blutgruppe wie das Sperma auf.

Berger lehnte sich zurück und verschränkte die Arme hinter dem Kopf. Schulz nahm den Bericht, Kullmer, große Schweißflecken unter den Achseln, schaute ihm dabei über die Schulter und las mit.

Kullmer nahm die Fotos in die Hand, grinste auf einmal. »Wenn dieser Sack so wild auf Titten ist, dann hat er ja bei der Kleinen nicht besonders viel zu schnippeln gehabt.«

»Arschloch!« giftete Durant ihn an. »Ihre blöden Kommentare können Sie sich auch sparen!«

»Was hab ich denn gesagt?« fragte Kullmer unschuldig grinsend und hob die Schultern. »Stimmt doch, die Kleine hatte doch fast nichts auf den Rippen! Die anderen Mädchen waren jedenfalls besser gebaut.«

»Können Sie nicht endlich mit diesem saudummen Gelaber aufhören?« Die Kommissarin verließ wütend das Zimmer, ging über den Flur zum Getränkeautomaten, zog sich eine Cola, gab der Tür mit dem Fuß einen Stoß, sie fiel mit lautem Knall ins Schloß. Sie riß den Verschluß von der Dose auf, trank einen Schluck. »Wenn Sie schon so wild auf Titten sind, dann versuchen Sie's doch mal bei den Schuberts, da läuft eine rum, die dürfte Ihre Kragenweite sein. Sie müssen nur aufpassen, daß Sie von ihren gewaltigen Dingern nicht erschlagen werden!«

»Hab ich was verpaßt?« fragte Kullmer neugierig.

»Ich mußte vorhin jedenfalls unentwegt an Sie denken«, bemerkte Durant anzüglich. »Aber selbst wenn Sie's versuchen würden, Sie hätten wohl kaum eine Chance, denn das Weib ist eine Lesbe. Sie würden bestimmt sagen, daß das eine absolute Verschwendung ist...«

»Schluß jetzt mit diesem blöden Gequatsche!« schimpfte Berger, haute mit der Handfläche auf den Tisch. »Machen Sie Ihren Kleinkrieg woanders aus, aber nicht hier, kapiert?!« Es trat Stille ein, Kullmer grinste still vor sich hin, Durant trank ihre Cola aus.

»Diese verfluchte Drecksau denkt an alles!« Berger schnaubte wie ein wütender Stier. »Er bringt seine Opfer bestialisch um, es fließt eine Menge Blut, und doch hinterläßt er absolut keine Spuren. Nichts, womit unsere Leute etwas anfangen könnten. Alles, was wir haben, ist diese verdammte Blutgruppe, die jeder zweite in dieser Stadt hat, und die paar Fasern, von denen wir nicht einmal wissen, ob sie überhaupt zu ihm gehören! Wir wissen, wie groß die Klinge seines Stiletts ist, wir wissen, daß er Linkshänder sein muß, aber in diesem verdammten Land laufen Millionen Linkshänder herum! Und er genießt offenbar ein derart hohes Vertrauen, daß keiner auf die Idee käme, es mit einem Serienmörder zu tun zu haben. Wir

209

stehen, verdammt noch mal, immer noch am Anfang! Wir haben nichts, nichts, nichts! Und diese Presseheinis stehen Schlange und wollen endlich Ergebnisse sehen, die wir aber nicht haben! Und wir haben es hier bei den Opfern und deren Angehörigen nicht mit irgendwelchen Pennern zu tun, sondern mit einflußreichen Größen, die uns den Arsch aufreißen, wenn wir nicht bald konkrete Ergebnisse vorweisen können!«

Sonntag, 17.00 Uhr

Julia Durant hatte noch eine Weile, nachdem Kullmer sich verabschiedet hatte, mit Schulz und Berger zusammengesessen, um noch einmal die Kartei aller in den vergangenen zwanzig Jahren straffällig gewordenen Triebtäter durchzuforsten, von denen aber keiner für ein derart perverses und gewalttätiges Vorgehen in Frage kam, es war auch kein einziger darunter, dem man es auch nur im entferntesten hätte zutrauen können. Somit gab es nicht einmal eine Taktik, wie sie dem Phantom zu Leibe rücken konnten.

Schulz bemerkte beiläufig, daß es für seine Tochter wieder Hoffnung gab, weil endlich ein Knochenmarkspender gefunden worden war. Er sagte noch einmal, daß die Operation in England durchgeführt werden müßte, was jedoch mit ungeheuren Kosten verbunden war. Es war, als redete Schulz gegen eine Wand, denn weder Berger noch Durant gingen darauf ein. Später, nach der vierten Cola und der sechsten Gauloise, sagte Durant, sie werde sich noch einmal um die Sache Lindner kümmern und versuchen, bei den Menzels und danach bei Patanec jemanden anzutreffen.

»Wenn wir überhaupt auf den Täter stoßen können, dann

über die mysteriöse Beziehung der kleinen Lindner«, meinte sie. »Auch wenn sie von einem anderen umgebracht wurde, so besteht für mich trotzdem ein Zusammenhang zu den anderen Morden.«

»Es ist Sonntag nachmittag«, sagte Berger zweifelnd. »Ich weiß nicht, ob die Leute so begeistert sind, wenn Sie schon wieder bei ihnen auftauchen.«

»Ob die Leute begeistert sind oder nicht, interessiert mich nicht, ehrlich. Die Leute sollen uns gefälligst helfen, bevor noch mehr Unheil angerichtet wird.«

Berger erwiderte nichts darauf, hatte er ihr doch versprochen, ihr alle erdenklichen Freiheiten bei diesen Fällen zu lassen.

»Na gut, ich fahre ins Krankenhaus. Wir sehen uns dann morgen«, sagte Schulz und ging.

»Und ich werde versuchen, den fehlenden Schlaf der letzten Tage wieder reinzuholen«, sagte Berger. »Viel Glück bei Ihren Besuchen.« Er nahm seine Jacke von der Stuhllehne, hängte sie sich über den Arm. Durant ging mit ihm nach draußen, schloß ab. Das Wageninnere ihres Opel war inzwischen getrocknet, dafür rochen jetzt die Polster etwas muffig. Der nach einem kurzen, aber heftigen Schauer noch nasse Asphalt dampfte unter der sengenden Sonne. Als sie um kurz vor halb sechs mit gemischten Gefühlen – sie liebte es nicht, an einem Sonntag nachmittag Ermittlungen durchzuführen – vor Menzels Haus parkte, richtete sie mit den Fingern ihr Haar und zog die Lippen nach. Sie stieg aus und schlug die Tür zu, ohne abzuschließen. Hier mußten blonde Mädchen zwar um ihr Leben fürchten, doch Autodiebstahl schien so gut wie ausgeschlossen. Sie drückte auf den Klingelknopf, wartete einen Moment, und als niemand reagierte, klingelte sie ein zweites Mal. Aus dem Haus kam jetzt ein mittelgroßer, graumelierter Mann zwischen Mitte und Ende Vierzig, braungebrannt und sich betont sportlich gebend, fester Gang und markante Gesichtszüge, weiße Jeans, ein lindgrünes Poloshirt, um den Hals eine goldene Panzerkette, am linken Arm eine wuchtige Rolex, am kleinen Finger der linken Hand einen Goldring mit Opal, kein Ehering. Er blieb etwa einen Meter vor dem Tor stehen, seine Blicke tasteten Julia Durant von oben bis unten ab, er fragte: »Ja, bitte?« Eine tiefe Stimme, die etwas Unpersönliches hatte.

»Durant, Kriminalpolizei. Herr Menzel?«

»Erraten. Und?«

»Es geht um Sabine Lindner. Ich hätte noch ein paar Fragen an Ihren Sohn Andreas. Ist er zu sprechen?«

»Finden Sie nicht, daß dies eine etwas ungewöhnliche Zeit für ein Verhör...«

»Es ist kein Verhör«, unterbrach sie ihn schnell. »Ich habe nur noch ein paar generelle Fragen. Ich wollte Ihren Sohn deswegen aber nicht aufs Revier bemühen.«

»Das ist nett von Ihnen«, sagte Menzel verkniffen lächelnd und öffnete das Tor. Die Kommissarin ging an ihm vorbei, herbes, frisches, der Jahreszeit angepaßtes Eau de Toilette umfächelte ihn, er schloß das Tor wieder, sie wartete, ließ ihn vor sich ins Haus gehen. »Mein Sohn ist im Garten, wenn Sie mir bitte folgen wollen.«

Der Garten war groß mit einer ausgedehnten Fläche aus englischem Rasen, einem Swimmingpool, nirgends die Möglichkeit, von außen das Grundstück einzusehen, übermannshohe Hecken, Bäume und Sträucher, vor allem aber Zäune schützten das Haus vor neugierigen Blicken und unerwünschtem Eindringen. Menzel deutete auf einen Gartenstuhl, bat Julia Durant, Platz zu nehmen. »Andreas ist mit seiner Mutter dort hinten«, sagte er und zeigte nach rechts, doch sie konnte niemanden sehen, »ich werde ihn holen gehen. Überlegen Sie schon einmal, was Sie trinken möchten.«

Sie setzte sich, ein leerer Aschenbecher stand vor ihr auf dem Tisch, sie zündete sich eine Zigarette an. Menzel kam mit Andreas, der nur Shorts und ein Mickymaus-T-Shirt trug, sein Gesicht, die Arme und Beine waren beinahe unnatürlich weiß, er war ungekämmt und wirkte wie schon vorgestern verschlafen. Er machte ein trotziges Gesicht, die magere Gestalt an die Terrassenwand gelehnt, die Arme über der Brust verschränkt.

»Kann ich dabeibleiben, oder soll ich Sie mit ihm allein lassen?« fragte Menzel auf dem Weg zur Bar, wo er eine Flasche Scotch und zwei Gläser herausholte. »Auch einen?« fragte er, Julia Durant lehnte dankend ab, Menzel stellte das eine Glas wieder zurück.

»Wenn Ihr Sohn nichts dagegen hat ...«

»Er kann bleiben«, sagte Andreas Menzel, fügte hinzu: »In diesem Haus gibt es keine Geheimnisse.«

»Ich werde es auch kurz machen. Das erste ist, ich möchte gerne wissen, ob Ihre Beziehung zu Sabine Lindner mehr als nur platonisch war.«

Andreas verzog den Mund. »Was geht Sie das an?«

»Beantworten Sie bitte nur meine Frage.«

»Klar, wir haben miteinander geschlafen, aber nur einmal. Sie war eine Niete.«

Julia Durant verkniff sich ein Grinsen, wußte, daß er log, daß ihm aber wahrscheinlich nichts anderes übrigblieb, um sein Gesicht zu wahren.

»Wissen Sie irgend etwas darüber, ob sie nach Ihnen noch einen Freund hatte?«

»Machen Sie Witze? Einen? Die hat doch Tausende gehabt! Ist doch auch egal, mich braucht's nicht mehr zu kratzen.

Hören Sie, ich habe seit einem halben Jahr nichts mit ihr zu tun gehabt. Ich weiß überhaupt nicht, was Sie von mir wollen! Ich habe sie nicht umgebracht, und ich habe keinen Schimmer, wer es gewesen sein könnte. Kann ich jetzt wieder gehen?«

»Sicher, Sie können gehen.« Andreas wandte sich zum Gehen, Julia Durant hielt ihn zurück. »Sagen Ihnen die Namen Carola Preusse, Maureen Nettleton, Annette Schubert etwas?«

»Ja, tun sie. Ich habe von ihnen in der Zeitung gelesen. Das heißt, das von Annette habe ich heute mittag erfahren.«

»Das heißt, Sie kannten keine von ihnen persönlich?«

»Nee, nur Annette, aber auch mehr vom Sehen, wir haben ab und zu ein paar Worte gewechselt. War's das?«

Durant nickte. Andreas Menzel ging ins Haus. Sein Vater, der die kurze Befragung interessiert verfolgt hatte, stellte sich mit dem gutgefüllten Glas vor die Kommissarin und sagte: »Kommen Sie, gehen wir in mein Büro, vielleicht kann ich Ihnen weiterhelfen. Natürlich nur, wenn Sie interessiert sind.«

»Gerne.«

Sie folgte Menzel über den Flur in ein zur Nordseite liegendes Zimmer, das in dunklem Holz in englischem Stil eingerichtet war. An zwei Wänden bis direkt unter die Decke reichende Bücherregale, ein wuchtiger Schreibtisch stand etwas schräg zum Fenster. Menzel deutete auf den Ledersessel vor dem Schreibtisch, er selbst setzte sich Julia Durant gegenüber. Aus einem Ständer nahm er eine Pfeife, klopfte sie über dem Papierkorb aus, stopfte sie mit Tabak und zündete sie an. Ein warmer, magischer Duft erfüllte das Zimmer, die Kommissarin fühlte sich zurückversetzt in ihre Jugend, wenn ihr Vater sich abends in seinen Schaukelstuhl setzte, seine alte Pfeife stopfte, las, sich

214

entspannte oder die ersten Vorbereitungen für eine Predigt traf und sie sich dann gerne bei ihm aufhielt, wegen der Ruhe und wegen des Duftes.

»Sie wissen sicher, wer ich bin, nicht?« fragte Menzel und blickte sie durch den blauen Dunst an. Sie sah ihn fragend an.

»Ich bin Aufsichtsratsvorsitzender in drei renommierten Unternehmen, viele der neueren Bürokomplexe in Frankfurt sind von meiner Firma errichtet worden, und ich gehöre seit über zwanzig Jahren der CDU an.« Er grinste Julia Durant an. »Es ist zwar lobenswert, daß Sie jeder noch so vagen Spur, die zum Mörder dieser armen Geschöpfe führen könnte, nachgehen, doch möchte ich Sie bitten, in Zukunft etwas Abstand von uns zu nehmen. Wir wissen nichts...«

»Herr Menzel«, unterbrach ihn die Kommissarin, deren anfängliche Sympathie für Menzel durch sein arrogantes Verhalten wie weggewischt war, »Ihre Stellung in der Gesellschaft in allen Ehren, doch wenn ich Fragen habe, die auch nur im entferntesten mit den Morden zu tun haben und die in irgendeiner Weise mit Ihrer Familie zusammenhängen könnten, werde ich diese Fragen stellen, wenn ich auch nur den Funken einer Hoffnung habe, daß sie mich in den genannten Mordfällen weiterbringen. Und Sie sollten klug genug sein zu wissen, daß Sie überhaupt nichts dagegen unternehmen können! Ich denke, damit wären die Claims abgesteckt! Irgendwelche Einwände?«

Menzel zeigte sich unbeeindruckt, nur sein Grinsen war einem kalten Blick gewichen. »Nein, werte Kommissarin, keine Einwände. Ich werde mich Ihren Anordnungen fügen.« Er lehnte sich zurück, schlug die Beine übereinander, sah Durant lange und forschend an. »Okay«, sagte er, »wollen Sie mir Fragen stellen, oder soll ich Ihnen etwas erzählen?«

»Haben Sie denn etwas zu erzählen?«

»Sicher nichts Weltbewegendes, aber so viel, daß Sie uns sicherlich in Zukunft in Ruhe lassen werden.«

»Gut«, sagte sie. »Dann gehe ich davon aus, daß Sie Sabine Lindner kannten und mir etwas über sie sagen können.«

Menzel lächelte geheimnisvoll, sein Gesicht verschwand für Sekundenbruchteile hinter einer Wolke Rauch. »Um Ihre Neugier zu befriedigen – diese Lindner war ein hübsches Ding, sie hatte alles, was ein Mädchen heutzutage braucht, um zu gefallen. Und sie gefiel. Und doch war sie alles andere als für meinen Sohn geeignet. Nicht unbedingt, weil sie aus einfachen Verhältnissen stammte, um Himmels willen, denken Sie nicht, ich hätte auch nur die geringsten Vorurteile...« Er hielt inne, nahm die Pfeife in die Hand, betrachtete sie, steckte sie wieder in den Mund, paffte, fuhr fort: »Aber sie war auf deutsch gesagt ein kleines Flittchen, die es mit jedem trieb. Ich gebe meinem Sohn recht, sie hat es mit jedem getrieben, den sie in ihre Pläne einspannen konnte. Ich würde sie nicht unbedingt als nymphoman bezeichnen, aber wie ich gehört hatte, war sie hinter allem her, was einen Schwanz hat.«

»Was für Pläne?«

»Wo sie herkam, gibt es nur einen Plan – dahin zu kommen, wo wir sind.«

»Haben Sie Beweise für diese gewagte Behauptung? Sie sind der erste, der so über Sabine spricht.«

»Beweise? Wozu, ich habe sie kennengelernt und dies und das gehört. Es war auf jeden Fall genug, um ihre Pläne zu durchschauen. Ich bin vielleicht der erste, der ehrlich ist. Aber bitte, wenn die anderen sagen, sie wäre kein Flittchen, dann habe ich das natürlich auch nicht gesagt. Vergessen Sie's.«

»Hat sie auch versucht, *Sie* in ihre Pläne...«

»Hören Sie, wenn Sie unverschämt werden – Sie wissen, wo die Tür ist!«

»Entschuldigung, war nicht so gemeint. Warum ist die Beziehung zwischen Ihrem Sohn und Sabine in die Brüche gegangen?«

»Ich habe ihm dazu geraten. Mein Sohn ist, wie Sie vielleicht schon bemerkt haben, ein Schwächling. Ein schmächtiges Bürschchen, bei dem ich meine Bedenken habe, daß er es je zu etwas bringen wird. Ich meine, er wird es zu was bringen, wenn ich ihm helfe, und ich werde ihm helfen, aber allein...?! Er gerät ganz nach seiner Mutter, die... ach was, vergessen Sie's! Auf jeden Fall, der Tod der kleinen Lindner scheint mir nur die natürliche Folge ihres Lebensstils zu sein. Sie meinte, sich in unsere Kreise bumsen zu können, was aber bis jetzt nur ganz, ganz wenige geschafft haben. Nichtsdestoweniger ist es traurig, daß sie ein derart schreckliches Ende gefunden hat. Tut mir leid um sie, so etwas hat niemand verdient.«

Verdammter Heuchler, dachte die Kommissarin, ließ sich ihre Gefühle aber nicht anmerken. »Kennen Sie Dr. Patanec?«

Menzel lachte auf. »Patanec? Wer kennt den nicht, unseren großen Guru und Meister! Es gibt doch kein Weib hier, das nicht bei ihm verkehrt – in welcher Form auch immer.«

»Auch Ihre Frau?«

»Meine Frau geht Sie nichts an! Warum fragen Sie nach ihm?«

»Nur so. Ich dachte, jeder, der hier wohnt, hat irgendeinen Neurotiker in der Familie, der einen Therapeuten braucht oder zumindest das Bedürfnis hat zu wissen, was die Zukunft bringt. Was ist mit Maureen Nettleton und Carola Preusse? Kannten Sie die?«

»Wie mein Sohn, nur dem Namen nach.«

»Und Annette Schubert?«

»Tragisch, sehr, sehr tragisch! Dieses Mädchen tut mir am meisten leid, ehrlich. Sie hatte eine glorreiche Zukunft vor sich. Sie war ein feines Mädchen, und wenn ich fein sage, dann meine ich das auch. Sie hatte etwas Edles an sich. Tut mir auch um die Eltern leid, auch wenn die Mutter ein Rad abhat, wie Sie vielleicht schon bemerkt haben...«

»Wie meinen Sie das?«

»Sie treibt's mit Männern und Frauen. Und ihre Kinder wissen das.«

»Sie sind, wie mir scheint, bestens informiert.«

»Hier ist man immer bestens informiert, Verehrteste. Aber sagen Sie, was macht eine attraktive Frau wie Sie bei der Polizei? Für Sie müßte es doch normalerweise Besseres geben!«

»Kommt drauf an, was man unter besser versteht. Ich fühle mich jedenfalls rundum wohl. Ich komme mit netten, zuvorkommenden, höflichen Menschen zusammen, und ich wate gerne durch den Sumpf, den andere anlegen. Und ich habe schon eine Menge Sumpf trockengelegt.«

»Und Sie sind verdammt spöttisch und selbstsicher! Passen Sie auf, daß der Sumpf Sie nicht verschlingt oder Sie auf Treibsand geraten. Wie heißt es doch so schön: Wer sich in Gefahr begibt, kommt darin um.«

»Ich liebe die Gefahr, Herr Menzel. Und nochmals vielen Dank, daß Sie mir Ihre kostbare Zeit geopfert haben.«

Julia Durant erhob sich gleichzeitig mit Menzel, hängte sich die Tasche über die Schulter. Er hatte einen festen Händedruck, ein Erfolgsmensch, sie glaubte fast, er wäre in der Lage, auf den Grund ihrer Seele zu blicken. Zumindest ausgezogen hatte er sie mit seinen Augen.

»Tut mir leid, wenn ich Ihnen nicht weiterhelfen konnte.

Sie werden es trotzdem schaffen, diesen Widerling zu finden, der unsere Töchter abschlachtet.«

»Sie haben auch eine Tochter?«

»Ja, aber sie ist in Salem im Internat. Sie kommt nur sehr sporadisch nach Hause, und außerdem ist sie brünett. Ich glaube, ich brauche um sie keine Angst zu haben.«

Um kurz nach achtzehn Uhr klingelte sie bei den Bernhardts. Catherine Bernhardt ließ Durant eine Weile vor der Tür stehen, sie war sichtlich verärgert über die unerwartete Störung, fertigte Julia Durant bereits im Flur ab. Aus Nicoles Zimmer im ersten Stock dröhnte laute Musik.

»Entschuldigen Sie die erneute Störung«, sagte die Kommissarin, »aber ich brauche nicht länger als zwei Minuten. Kennen Sie jemanden mit der Initiale A.?«

»Nein«, sagte Catherine Bernhardt schroff. »Fragen Sie Nicole.« Sie stellte sich an den unteren Treppenabsatz und schrie: »Nicole!«, und als keine Reaktion erfolgte, noch eine Idee lauter: »Nicole!!«

Die Musik wurde leiser gedreht, Nicole kam aus dem Zimmer. Sie erblickte die Besucherin und kam die Treppe herunter. Sie trug Jeans und eine schlabbrige, helle Bluse.

»Was ist?« fragte sie, blieb in provozierender Pose auf der letzten Stufe stehen.

»Die Kommissarin will wissen, ob du jemand mit der Initiale A. kennst?«

»Sie stellen vielleicht Fragen! Steht der Buchstabe für den Vor- oder Nachnamen?«

»Keine Ahnung.«

»Andreas Menzel.«

»Der gerade nicht. Sabine hat ihn in ihrem Tagebuch mit A. M. abgekürzt. Es muß noch jemanden geben. Überlegen Sie bitte, es ist wichtig.«

»Warum suchen Sie danach?« fragte Frau Bernhardt.

»Nachdem Sabine mit Andreas Schluß gemacht hat, begann sie eine neue Affäre, doch diesmal verwendete sie nur das Kürzel A. Er muß älter sein, verheiratet und wahrscheinlich Kinder haben. Wer könnte dieser A. sein?«

»Oh, da fällt mir doch tatsächlich einer ein – Alexander Menzel. Aber der wird wohl kaum in einem Tagebuch von Sabine auftauchen«, sagte Catherine Bernhardt spöttisch.

»Ach ja, noch einer – Alexander Patanec. Wow, gleich zwei! Aber das sind nur Vornamen. Was, wenn das A. für einen Nachnamen steht? Sie müssen zugeben, ein Buchstabe allein ist verdammt wenig. Sie hätten sich Ihren Besuch bei uns sparen können.«

»Was wissen Sie über die beiden?«

»Patanec und Menzel?« Catherine Bernhardt lachte schrill auf. »Sie sind vielleicht naiv! Die beiden haben andere Sachen im Kopf, als kleine Mädchen zu verführen.«

»Sonst fällt Ihnen niemand ein?«

»Nein, ich kenne sonst keinen A. Und du, Nicole?«

Nicole verzog gelangweilt den Mund, zuckte die Schultern, verdrehte die Augen, schüttelte den Kopf.

»Was können Sie, Nicole, mir über Herrn Menzel sagen?«

Die Kommissarin registrierte, wie Nicoles Haltung sich für einen Sekundenbruchteil spannte, sie packte es in eine der vielen kleinen Schubladen in ihrem Kopf.

»Nichts weiter, ich kenne ihn zu wenig.«

»Komisch, er kennt jeden, und Sie ihn nicht?«

Catherine Bernhardt drückte ihre Zigarette im Standaschenbecher aus und zündete sich gleich eine neue an. Aus zusammengekniffenen Augen sah sie Durant an, die den Blick erwiderte. »Was wollen Sie von uns? Uns aushorchen und uns dann vielleicht einen Strick drehen? Natürlich kenne ich Menzel, und Nicole kennt ihn auch.

Wer kennt Menzel nicht?! Er ist erfolgreich, er sieht gut aus, er ist großzügig. Ich kenne kaum jemanden, der sich mehr für wohltätige Zwecke engagiert als er. Versuchen Sie's woanders, aber lassen Sie uns in Ruhe! Wenn Sie mich jetzt bitte entschuldigen wollen, es ist Sonntag, und in der Regel habe ich an einem solchen Tag Besseres zu tun, als mir unnütze Fragen anzuhören!«

Julia Durant wandte sich zum Gehen, Catherine Bernhardt begleitete sie. Sie zog einmal an ihrer Zigarette und sagte am Gartentor etwas versöhnlicher, aber leise, als fürchtete sie, jemand könnte ihre Worte mithören: »Schauen Sie, ich kann verstehen, wenn Sie mit allen Mitteln den Mörder dieser unschuldigen Dinger entlarven wollen. Allerdings sollten Sie dabei vorsichtiger vorgehen. Es ist nur eine Warnung, es gibt Leute, sehr einflußreiche Leute, die nicht mit sich spaßen lassen. Menzel ist einer von ihnen. Er kann verdammt unangenehm werden. Ich will Sie nur warnen. Für mich ist der Mörder jemand, der sich einfach nur gut hier auskennt. Wahrscheinlich ist es jemand, der uns Reiche auf den Tod haßt. Vielleicht ein Gärtner oder Chauffeur, dem Unrecht getan wurde. Was weiß ich, es gibt ja so viele Gründe, warum jemand plötzlich so ausrastet. Suchen Sie aber um Himmels willen nicht an der falschen Stelle.«

»Woher wollen Sie wissen, was die falsche Stelle ist?«

»Sie sollten vielleicht ein wenig besser zuhören. Guten Abend.«

»Guten Abend und vielen Dank für Ihre Hilfe.«

Nicole stand in der Haustür, beobachtete, wie die Kommissarin sich verabschiedete und stehenblieb. Julia Durant überlegte, sah Nicole an, kam noch einmal zurück und fragte: »Haben Sie eigentlich mitbekommen, was gestern passiert ist?«

»Sie meinen Annette?« fragte Nicole. »Man spricht ja von nichts anderem mehr.«

»Ist es nicht tragisch, daß man jetzt nicht einmal mehr im eigenen Haus sicher ist? Auch Sie, Nicole, sind blond und im richtigen Alter. Passen Sie also gut auf sich auf.«

»Keine Sorge, wir werden Nicole hüten wie unseren Augapfel«, sagte Catherine Bernhardt bissig.

»Kennen Sie die Schuberts denn näher?«

»Natürlich, wer kennt die nicht? Und jeder weiß, was in dieser Familie los ist, seit dieses französische Miststück bei denen aufgetaucht ist.«

»Elaine?«

»Was weiß ich, wie die heißt! Ich weiß nur, daß sie eine Lesbe ist, und verschlagen ist sie dazu!«

»Was meinen Sie mit verschlagen?«

»Äh, nicht so wichtig! War's das?«

»Ich denke ja. Wir werden uns wiedersehen.«

»Aber nicht morgen abend bitte. Da sind wir zu einer Party bei Menzels geladen.«

»An einem Montag abend?« fragte Julia Durant erstaunt. »Und zu einem Zeitpunkt, da so schreckliche Dinge passieren? Ich hätte schwören können, daß die Leute sich jetzt erst einmal verkriechen würden oder zumindest anderes zu tun haben, als sich auf Partys zu amüsieren.«

»Sie haben doch selber gemerkt, daß auch Verkriechen die Bestie nicht aufhalten kann! Außerdem gehen hier die Uhren etwas anders als in Ihrer kleinen, beschränkten Welt. Aber um Sie zu beruhigen, es ist Menzels Geburtstagsfeier. Auf Wiedersehen.«

Ihr letzter und vielleicht auch wichtigster Besuch für diesen Tag führte die Kommissarin ein weiteres Mal zu Patanec. Bis jetzt hatte sie Glück gehabt und jeden, den sie sprechen wollte, angetroffen. Sie parkte hinter seinem Jaguar, kurbelte alle Fenster herunter, ging über den langen, mit Marmorplatten ausgelegten Weg zum Haus.

Patanec empfing sie, es schien fast, als hätte er mit ihrem Besuch gerechnet. Er trug nichts auf dem Leib als Bermudashorts und ein offenstehendes Hawaiihemd, er hatte einen wohlgeformten Oberkörper mit stark behaarter Brust und kräftigen, durchtrainierten Oberarmen.

»Sie schon wieder?« fragte er, doch nicht unfreundlich.

»Nur ein paar Fragen. Im Augenblick kommen wir einfach nicht zur Ruhe.«

»Kommen Sie mit nach hinten, ich sitze am Pool. Dieser Sommer scheint einfach kein Ende zu nehmen. Etwas zu trinken?«

»Einen Orangensaft, wenn Sie haben.«

Patanec verschwand im Haus, kam gleich darauf mit einem gutgefüllten Glas Orangensaft zurück, reichte es Julia Durant. Er bot ihr einen Platz an, wartete, bis sie sich gesetzt hatte. Chlorgeruch stieg ihr in die Nase, die tiefstehende, noch heiße Sonne brannte in ihren Nacken.

»Ich will es kurz machen, Dr. Patanec«, sagte sie und nippte an ihrem Saft, »warum haben Sie mir verschwiegen, daß Sie zwei Jahre im Gefängnis gesessen haben?«

Patanec lächelte unergründlich, als hätte er diese Frage erwartet. »Ich dachte mir schon heute morgen, daß Sie sicherlich Nachforschungen anstellen würden. Also auch über mich. Deswegen war ich auf Ihr erneutes Erscheinen durchaus vorbereitet. Aber zu Ihrer Frage – Sie haben mich nicht danach gefragt. Ich habe nur Ihre Fragen beantwortet. Aber gut, jetzt wissen Sie's. Und was wollen Sie damit? Die Sache ist weit über zwanzig Jahre her. Ich war siebzehn, jung und unerfahren. Ich habe meine Lektion gelernt.«

»Sie haben wegen dreifacher Vergewaltigung und

Mißhandlung Minderjähriger gesessen. Eines Ihrer Opfer wäre damals beinahe gestorben. Was haben Sie dazu zu sagen?«

»Nichts, denn der Fall ist abgeschlossen und geht Sie absolut nichts mehr an«, sagte er ruhig und trank. Er setzte sein Glas ab, sagte: »Und noch etwas – wenn Sie genau recherchiert haben, dann wissen Sie, es handelte sich um zwei Männer und ein Mädchen. Ich war damals ein Hitzkopf und unbeherrscht. Und ich sage Ihnen, alle drei trugen mindestens genausoviel Schuld wie ich. Die beiden Männer wollten die harte Tour, also haben sie sie auch bekommen. Daß der eine seine eigenen Grenzen nicht kannte, ist doch wohl nicht mein Problem! Und wenn ich mich nicht gewehrt hätte, würde ich heute nicht hier sitzen. Aber das alles hat das Gericht ja nicht interessiert. Und um von der Kleinen zu sprechen, sie hat es geradezu provoziert, auch wenn das damals keiner glauben wollte. Die haben ja alle nur das arme, unschuldige, mißbrauchte Mädchen gesehen! Dabei hatte sie es mit ihren fünfzehn Jahren schon mit der halben Stadt getrieben!«

Er machte eine Pause, sah die Kommissarin ernst an, beugte sich nach vorn, stützte die Ellbogen auf den Oberschenkeln ab, hielt das Glas zwischen beiden Händen, sein Tonfall wurde schlagartig hart: »Und jetzt zu Ihnen, Frau Durant! Sollten Sie hergekommen sein, um mich auch nur im geringsten mit den Sauereien von jetzt in Verbindung zu bringen, werde ich verdammt unangenehm! Ich werde nicht zulassen, daß mein Name auch nur noch einmal durch den Dreck gezogen wird! Haben Sie das verstanden? Ich warne Sie, Sie sollten nicht einmal an mich denken!«

Julia Durant gab sich ungerührt, trank aus, stellte das Glas auf den Tisch. »Wo waren Sie gestern abend zwischen acht und neun?«

»Aus.«

»Das kann sicherlich jemand bezeugen?«

»Unter Umständen.«

»Was heißt das?«

»Das heißt, daß es sich um eine delikate Angelegenheit handelt. Es könnte zu einer kompromittierenden Situation für die betreffende Person führen...«

»Ich brauche den Namen und die Anschrift.«

»Hören Sie, ich habe mehr als nur einen guten Ruf zu verteidigen, und wenn Sie schon in meiner Vergangenheit rumgeschnüffelt haben, so werden Sie auch festgestellt haben, daß ich seit meiner Entlassung in keiner Weise mehr auffällig geworden bin. Also lassen Sie mich aus dem Spiel! Ich habe schon einmal gebüßt!«

»Maria Schubert sagt, sie hätte Ihnen gestern erzählt, daß sie am Abend in die Oper gehen würde. Sie kann sich aber nicht erinnern, ob vor oder nachdem Sie ihr die Karten gelegt haben.« Durant lachte kurz auf. »Sie haben sich da übrigens eine seltsame Konstellation ausgesucht, Therapeut und Magier.«

»Sie mögen vielleicht nicht an die Sterne oder die Karten glauben, ich tu's. Es gibt weiß Gott mehr Dinge zwischen Himmel und Erde, als Sie sich mit Ihrem – Verzeihung – beschränkten Verstand vorstellen können! Aber worauf wollen Sie hinaus?«

»Es gäbe einen Sinn, wenn man logisch denkt. Sie wußten, daß außer Annette keiner zu Hause sein würde, und...«

Patanec schüttelte ungläubig den Kopf, faßte sich an die Stirn, schaute die Kommissarin sehr direkt an und sagte: »Sie sind eine Komikerin! Es ist schon seltsam, wie die Vergangenheit einen einholt, wenn man am wenigsten damit rechnet! Nun gut, was gedenken Sie zu tun, wenn ich Ihnen Name und Anschrift der Person gebe, mit der ich gestern abend zusammen war?«

»Nur Ihr Alibi überprüfen, nichts weiter.«

»Gut, hier haben Sie es«, sagte er und schrieb. »Aber bitte, produzieren Sie keinen zu großen Wirbel! Es wäre doch schade, wenn Sie wegen so einer Sache Ärger mit Ihren Vorgesetzten bekämen!«

Sie reagierte nicht darauf, nahm den Zettel entgegen, auf dem nur die Telefonnummer und der Name Elvira stand.

»Hat die Dame auch einen Nachnamen?«

Patanec grinste wieder. »Klar, rufen Sie an, und Sie werden ihn erfahren.«

»Ich darf doch von hier aus telefonieren?«

»Bitte.« Er reichte ihr das Handy vom Tisch, sie wählte die Nummer.

»Ja, bitte?«

Sie fragte, ob sie eine Elvira sprechen dürfte.

»Am Apparat«, sagte die sanfte, weiche Stimme.

»Ich bin Kommissarin Durant von der Kripo Frankfurt. Dürfte ich auch Ihren Nachnamen erfahren?«

»Warum?«

»Ein Dr. Patanec hat mir Ihre Telefonnummer gegeben. Ich bin in seinem Haus. Sagen Sie's mir jetzt?«

»Ich heiße Elvira Patanec.«

»Patanec? Sind Sie mit ihm verheiratet oder seine Schwester?«

»Wir sind verheiratet. Hat er Ihnen nicht von uns erzählt? Na ja, das ist typisch für ihn, er macht gerne Geheimnisse um sein und unser Leben.«

»Dr. Patanec, Ihr Mann, sagt, er sei gestern abend zwischen acht und neun mit Ihnen zusammengewesen. Können Sie dies bestätigen?«

»Ich weiß nicht – um was geht es denn?«

»Sagen Sie nur ja oder nein.«

»Ist Alexander in Ihrer Nähe?«

»Er steht neben mir. Aber beantworten Sie erst meine Frage.«

»Ja, er war hier. Aber bitte...«

»Und die Uhrzeit?«

»Von acht bis etwa drei Uhr morgens. Bitte, könnte ich jetzt mit Alexander sprechen?«

»Natürlich, und vielen Dank für Ihre Hilfe.« Julia Durant reichte den Hörer weiter an Patanec, der nur sagte: »Es ist schon in Ordnung. Du brauchst keine Angst zu haben, du wirst rausgehalten. Bis bald.« Er drückte die Austaste, legte das Handy auf den Tisch.

»Zufrieden?« fragte er grinsend.

»Zufrieden? Ganz sicher nicht. Sie haben mir verschwiegen, daß Sie verheiratet sind.«

»Auch das geht Sie nichts an. Wir haben uns lediglich vor drei Jahren entschieden, getrennt zu leben. Sie lebt mit einem Mann zusammen, der allerdings häufig für längere Zeit unterwegs ist. Wir sehen uns dann regelmäßig. Und jetzt möchte ich Sie bitten zu gehen. Sonntag ist der einzige Tag, an dem ich ausspannen kann. Wenn ich Ihnen weiterhelfen kann, lassen Sie es mich wissen, wenn Sie allerdings kommen wollen, um mir etwas anzuhängen, dann bleiben Sie lieber, wo Sie sind. Wenn Sie mich jetzt bitte entschuldigen wollen!«

Sonntag, 19.30 Uhr

Julia Durant ließ den Tag Revue passieren. Patanec hatte ein Alibi, Menzel redete, aber nur genau das, was er glaubte, verantworten zu können, die Bernhardts priesen Menzel in den höchsten Tönen, auch wenn das Verhalten von Nicole ihr etwas merkwürdig vorkam. Aber alles Grübeln half nichts, sie drehte sich im Kreis. Auf dem Weg nach Hause faßte sie einen waghalsigen Entschluß; sie würde morgen abend den sicher nicht risikofreien Versuch unternehmen, auf diese Party bei Menzel zu gelangen, und sich unter die Gäste mischen. Irgendwie mußte sie es hinkriegen, eingelassen zu werden. *Mehr als rausschmeißen können sie mich nicht*, dachte sie. Es konnte ihr allerdings auch passieren, daß man sie im ungünstigsten Fall bei oberster Stelle anschwärzte. Das war eben das Risiko, das sie einging.

Sonntag, 22.00 Uhr

Sie hatte geduscht, sich eine Tüte Tomatensuppe mit Knoblauch gekocht, zwei Scheiben Brot gegessen und ein Glas Bier getrunken, sich etwas frisch gemacht, lediglich einen Slip und ein T-Shirt an und sich bei einem »Tatort« entspannt. Sie hatte die Beine auf den Tisch gelegt, das Tagebuch von Annette Schubert lag jetzt auf ihren Oberschenkeln. Die Fenster waren geöffnet, feuchtwarme Nachtluft, der Fernseher lief ohne Ton, aus dem Radio eine Talkrunde mit zwei Pornostars. Das in feines Schweinsleder gebundene Tagebuch begann am 30. Oktober des Vorjahres. Die Schrift war leicht und geschwungen, mit etlichen Verzierungen, zeugte von hoher Intelligenz, doch der Inhalt des Buches beschränkte sich im wesentlichen auf das Ballett und ein paar Episoden aus der Schule, manch lustige Bemerkung, die Namen einiger Jungs tauchten auf, doch mit keinem von ihnen hatte sie eine Beziehung. Sie schrieb von einem Sturz, bei dem ihr Jungfernhäutchen gerissen war, was den Obduktionsbericht erklärte, nach dem sie nicht mehr Jungfrau war. Nur selten fanden sich im Buch kritische Bemerkungen, wenn, dann betraf es die Ehe ihrer Eltern, die nur noch auf dem Papier bestand, vor allem aber die unmoralische Beziehung zwischen dem französischen Busenwunder Elaine und Maria Schubert. Elaine, die wie ein Unwetter über die Familie hereingebrochen war, hatte nichts unversucht gelassen, Maria Schubert zu der Erkenntnis zu bringen, daß die wahre Liebeserfüllung nur ohne Männer stattfinden kann. Wenn in diesem Tagebuch überhaupt eine echte Gefühlsregung zu erkennen war, dann tiefer Abscheu Annettes gegenüber Elaine, was aber weder Elaine noch ihre Mutter im geringsten zu stören schien. In Kürze hätte Annette einen Termin bei einem gewissen Dr. Tomlin gehabt, um ihren viel zu kleinen, jungenhaften Busen ein wenig vergrößern zu lassen. Er hatte sie untersucht (mit den zärtlichsten Händen, die jemals ihren Körper berührten) und ihr lächelnd mitgeteilt, es gäbe absolut keine Bedenken deswegen, viele würden heutzutage einen solchen Schritt wagen. Ansonsten war das Tagebuch eine Aneinanderreihung belangloser Daten und aussageloser Sätze, das Wetter spielte eine wesentliche Rolle (sie war eine Wetter- und Klimafanatikerin, trug an jedem Tag die Temperaturen, Luftfeuchtigkeitswerte und Niederschlagsmengen ein), bestimmte täglich ihren Biorhythmus, zeichnete auf, wie sie sich morgens nach dem Aufstehen fühlte (allem Anschein nach war sie öfters depressiver Stimmung).

Wenn die Kommissarin jedoch Sensationen wie bei Sabine Lindner erwartet hatte, so konnte sie schon bald das Tagebuch auf die Seite legen und ein weiteres Kreuzchen in der Spalte »erfolglos« machen. Annette Schubert war ein Mädchen, das nur für ihre Karriere lebte und sonst kaum Träume hatte.

Als sie fertig gelesen hatte, war es bald Mitternacht. Ein heftiger Wind kam auf, die Vorhänge wurden wie Segel aufgebläht, am westlichen Horizont flackerte es in immer kürzeren Abständen rötlich auf. Dumpfes Grollen aus der Unendlichkeit des Universums. Das Blätterrascheln im Baum vor dem Haus, das zeitweise wie Zischen giftiger Schlangen klang, hatte etwas Bedrohliches. Eine merkwürdige Stille trotz des fernen Donners und des Zischens aus dem Baum. Sie stellte sich ans Fenster und lehnte sich auf die Brüstung. Unten liefen zwei Frauen sich leise unterhaltend mit eiligen Schritten vorbei, ihre hohen Absätze klapperten durch die Nacht. In der undurchdringlichen Schwärze bekriegten sich zwei Kater. Hinter Fenstern flimmerten Fernsehapparate. In ihrem Kopf drehte sich ein Karussell, vollgestopft mit Informationen, die doch keine waren. Da waren diese Morde, die unnahbaren, schweigsamen Menschen, die hinter dicken Mauern wohnten. Null Hinweise auf den Täter. Sie zündete sich eine Gauloise an, blies den Rauch aus dem Fenster, der Wind fühlte sich angenehm auf ihrem Gesicht an. Sie war felsenfest überzeugt, daß noch weitere Morde geschehen würden. Vielleicht schon heute nacht, wenn Schneider, der Psychologe, recht behielt, daß ein Serienmörder in immer kürzeren Abständen tötete, töten mußte.

Sie fühlte sich miserabel, nicht körperlich, sondern im Kopf. Ihre Nerven rebellierten. Sie hatte schon viele Erfolge als Polizistin zu verzeichnen gehabt (obgleich ein Erfolg auch immer mit Opfern zu tun hatte), doch hier gab es bisher nur Opfer. Und das machte ihr zu schaffen. Ein Gefühl von Leere und Verzweiflung überkam sie. Plötzlich dachte sie an ihre Mutter, ihren Vater, die wunderbare Ehe, die sie geführt hatten, dagegen stand ihre eigene gescheiterte Ehe. Wozu war dieses Scheißleben eigentlich gut? Sie verfiel für Minuten in tiefes Selbstmitleid, fragte sich, was denn der Sinn ihres Lebens war. Plötzlich straffte sich ihre Gestalt, sie sagte leise zu sich, ich werde mich nicht gehenlassen, drehte sich um und holte aus dem Kühlschrank eine Flasche Bier. Sie setzte sich in den Sessel und trank in kleinen Schlucken. Sie schlief im Sessel ein.

Montag, 20. September, 12.00 Uhr

Patanec hatte seine letzte Patientin vor der Mittagspause um Viertel nach elf empfangen, ein junges, gerade fünfzehn Jahre altes Mädchen, das unter panikartig auftretenden Angstzuständen, sogenannten Panikattacken, litt. Sie war klein und dunkelhaarig, ein Pummel mit noch viel Babyspeck, ihre Augen wanderten bei jedem Wort rastlos durch den Raum. Sie traute sich nicht mehr unter Menschen, hatte seit einem Jahr kein Kaufhaus mehr betreten, mied belebte Straßen wie die Pest, verbrachte die meiste Zeit zu Hause. Aber Patanec war sicher, ihr Problem in den Griff zu bekommen, denn sie war ein williges Medium bei Hypnosesitzungen (schon beim allerersten Mal war es Patanec gelungen, sie in Tiefschlaf zu versetzen), und er rechnete mit etwa fünf bis maximal zehn solcher Sitzungen, bis sich erste greifbare Erfolge einstellen würden. Heute würde er es nicht tun, nur zuhören, was sie erlebt hatte. Ihre Geschichte hatte anfangs wie eine typische Kindergeschichte geklungen, doch nach und nach schälte sich eine Wahrheit heraus, die eigentlich ein Fall für die Polizei war, doch Patanec war clever genug, dies seinzulassen, denn das Mädchen war beileibe kein Einzelfall, und die Polizei einzuschalten hätte bedeutet, das Vertrauen der wichtigsten Klientel zu verlieren. Wenn sich bewahrheitete, was das Mädchen erzählte, dann war sie seit ihrem sechsten Lebensjahr sexuell mißbraucht worden, ohne daß die Mutter davon wußte (zumindest glaubte das Mädchen, ihre Mutter wisse nichts), die sie hergeschickt hatte. Wer genau für den Mißbrauch verantwortlich war, hatte Patanec noch nicht in Erfahrung bringen können. Der Vater, der Großvater, aber auch jemand aus der näheren Verwandtschaft kam in Betracht. Er mochte diese Fälle nicht, sie gehörten zu den unangenehmen Seiten seines Berufs.

Die Sitzung war um zwölf beendet, das Mädchen reichte Patanec artig, aber kraftlos die Hand.

Er wusch sich die Hände, wie immer nach einer Sitzung, benetzte sein Gesicht mit Feuchtigkeit. Das Gewitter der vergangenen Nacht hatte wieder einmal keine Abkühlung gebracht, der Himmel war bedeckt, ein warmer Wind von Süden schien dem Sommer sogar neuen Auftrieb zu geben.

Er ging ans Fenster, goß seine Pflanzen, danach hatte er vor, für zwei Stunden zu Enrico, seinem Stammrestaurant, zu fahren und in Ruhe zu Mittag zu essen. Er hörte nicht, wie die Tür aufging, er spürte es am Luftzug in seinem Rücken. Susanne Tomlin. Streng zurückgekämmtes, zu einem Pferdeschwanz gebundenes Haar, ein knapp über dem Knie endender brauner Rock, eine weiße, hochgeschlossene Bluse und darüber ein bis zu den Knöcheln reichender, beiger Sommermantel mit auffälligen Zierknöpfen, der vorne offenstand, waren heute ihre äußerlichen Attribute. Sie blickte Patanec entschuldigend an. »Darf ich reinkommen?« fragte sie.

»Sie sind doch schon drin«, sagte Patanec, goß die Yuccapalme neben seinem Schreibtisch, stellte die Messingkanne auf das Fensterbrett und ging auf Susanne Tomlin zu, half ihr aus dem Mantel, hängte ihn an die Garderobe.

»Was führt Sie zu mir?«

»Darf ich mich setzen?«

»Bitte, es steht Ihnen frei.«

Sie setzte sich diesmal nicht auf die Couch, sondern in den Sessel vor dem Schreibtisch, die Arme auf die Lehnen gestützt. Sie strahlte heute pure Melancholie aus. »Jetzt bin ich hier und weiß nicht einmal genau, was ich sagen will. Ich hatte mir so viel zurechtgelegt, und jetzt ist mein Kopf plötzlich leer. Und ich raube Ihnen die Mittagspause.«

Patanec nahm in seinem Sessel Platz. »Das tun Sie nicht«, beruhigte er sie, die Arme aufgestützt, die Hände gefaltet. »Wie war Ihr Wochenende? Hat es Probleme gegeben?«

»Das Wochenende, das Wochenende! Es war kein Wochenende, es war ein Alptraum. Deswegen bin ich eigentlich hier. Wenn ich nur wüßte, wie ich es in Worte fassen soll!«

Es trat eine Pause ein, eine dieser typischen Pausen, die Patanec von Susanne Tomlin, dieser hinreißenden Frau mit der mystischen Aura, hinlänglich kannte. Dann fuhr sie fort, den Blick zu Boden gerichtet: »Es geht um Daniel und um mich. Ich habe ihn nur gestern für vielleicht zehn Minuten zu Gesicht bekommen. Er war den ganzen Samstag weg, wir haben keine fünf Sätze miteinander gewechselt. Ich weiß ehrlich gesagt nicht, wie es noch weitergehen soll. Warum sind wir verheiratet, wenn wir uns doch nichts mehr zu sagen haben? Er schläft sogar kaum noch im Schlafzimmer, in letzter Zeit übernachtet er immer öfter im Gästezimmer. Und noch etwas möchte ich sagen – Daniel hat sich verändert. Den Daniel, den ich geheiratet habe, den Daniel gibt es nicht mehr. In letzter Zeit wacht er nachts oft schweißgebadet auf, er schreit dann, als hätte er fürchterliche Angst, doch ich kann nie verstehen, was er sagt, wenn er schlecht träumt.«

»Er arbeitet sehr, sehr viel. Das kann durchaus die Ursache für seinen schlechten Schlaf sein. Ein Grund, weshalb er sich von Ihnen absondert, könnte vielleicht im sexuellen Bereich liegen.«

Susanne Tomlin sah Patanec fragend und ein bißchen vorwurfsvoll an, erwiderte aber nichts.

»Schauen Sie, manche Männer, vor allem extrem streßgeschädigte, leiden häufig unter Impotenz, was aber keine körperlichen, sondern seelische Ursachen hat. Die wenigsten sind jedoch mutig genug, diese Störung dem Partner gegenüber einzugestehen.«

»Glauben Sie wirklich?«

»Es ist nur eine Möglichkeit. Was wirklich mit Daniel los ist, weiß nur er selber. Ich schlage vor, Sie warten einen günstigen Moment ab, in dem Sie in aller Ruhe mit ihm sprechen können. Gehen Sie behutsam mit ihm um, fragen Sie ihn, weshalb er nur noch so wenig Zeit für Sie aufbringt. Ich kenne Daniel und weiß, er wird nicht kneifen. Bringen Sie Geduld auf, nur so können Sie ihm und letztendlich auch sich selbst helfen.«

Susanne Tomlin zögerte, fragte dann: »Wie ist er, wenn er mit Ihnen zusammen ist? Haben Sie nicht auch das Gefühl, daß er sich verändert hat?«

Patanec zuckte mit den Schultern, lehnte sich zurück. Er wußte nicht, ob und wie er auf diese Frage antworten sollte. Er tat es mit einer Gegenfrage: »Was meinen Sie mit verändert? Inwieweit hat Ihrer Meinung nach eine Veränderung bei ihm stattgefunden? Und seit wann?«

»Früher war Daniel extravertiert, fröhlich, zu Späßen aufgelegt, er verbrachte viel Zeit mit den Kindern, war aufmerksam mir gegenüber, es waren einfach nur Kleinigkeiten, die aber das Leben oder besser gesagt mein Leben angenehm machten.« Sie seufzte, schlug die Beine über-

234

einander, schaute zu Boden. »Jetzt kümmern ihn seit einiger Zeit weder die Kinder noch ich. Mir kommt es vor, als habe er jegliches Interesse an der Familie verloren. Obgleich ich weiß Gott eine Menge tue, um ihn für mich zu interessieren. Wenn Sie verstehen, was ich meine.« Sie lächelte schüchtern, wie ein kleines Mädchen, ein Hauch Röte überzog ihr Gesicht, als schämte sie sich, Patanec so viel Intimes zu verraten, ein unsicheres, verschämtes, trauriges, einsames Mädchen. Patanec verstand nicht und würde nie verstehen, was Tomlin dazu brachte, sie so abweisend zu behandeln, wenn es stimmte, was Susanne berichtete.

»Seit wann hat er sich Ihrer Meinung nach verändert?« fragte er noch einmal.

»Seit wann?« wiederholte sie mechanisch die Frage und zuckte die Achseln, die Röte war aus ihrem Gesicht gewichen. »Ich glaube, es kam fast von einem Tag auf den andern. Vor einem halben Jahr vielleicht.« Wieder dieses zarte, verstohlene Lächeln, unschuldige Scham in den Augen, um die Mundwinkel. »Früher haben wir ein richtiges Eheleben geführt. Wir haben gemeinsam gefrühstückt, manchmal kam Daniel zum Mittagessen nach Hause, aber nie ließ er das Abendessen aus. Wir gingen regelmäßig ins Theater, besuchten Freunde oder Verwandte, wir...« Sie stockte, blickte zu Boden, ihre Hände verkrampften sich ineinander, sie fuhr fort, ohne Patanec anzusehen: »Wir führten in jeder Beziehung ein gutes Eheleben, wenn Sie verstehen, was ich meine.«

Als Patanec keine Anstalten machte, etwas zu erwidern, sagte sie weiter: »Wir schliefen mindestens zweimal in der Woche miteinander. Das, obwohl er eigentlich noch nie sehr zugänglich war, nie für körperliche Berührungen empfänglich, in der Anfangszeit unserer Beziehung dachte ich, das würde sich schon geben. Manchmal, vor allem in letzter Zeit, habe ich das Gefühl, als hätte Daniel Angst vor Berührungen. Es ist, sobald ich mich ihm nähere, als würde er eine regelrechte Abwehrhaltung einnehmen.«

Sie sah Patanec hilfesuchend an, doch Patanec ging nicht darauf ein, forderte sie auch nicht auf weiterzusprechen, ließ ihr Zeit. Sie biß sich auf die Lippen, bevor sie sich entschloß fortzufahren: »Er hat mich seit genau fünfeinhalb Monaten nicht mehr angerührt. Es ist nicht schwer, das nachzurechnen, ich brauche dafür auch keinen Kalender zu führen, aber ich hatte mittlerweile fünfmal meine Periode. Wissen Sie, das hat nichts mit Impotenz zu tun, nein, ganz sicher nicht, denn ich habe kürzlich durch Zufall, wirklich nur durch Zufall eine Unterhose gefunden, an der«, sie zögerte wieder, Patanec hätte sie für diese Verschämtheit küssen können, sagte: »nun, an der Hose waren Spuren, Sie wissen schon, *solche* Spuren.«

»Sperma?« fragte Patanec.

»Ja, genau das. Ich weiß, wie getrocknetes Sperma sich anfühlt. Er ist nicht impotent. Ich vermute viel eher, daß er ein Verhältnis hat, deswegen ist er auch so oft weg, kommt spätnachts heim, aber nicht aus der Klinik.«

»Warum sprechen Sie ihn nicht einfach darauf an?«

»Ich habe es getan. Er hat nur gelacht und gemeint, ich hätte Hirngespinste. Ich habe nicht weiter gebohrt, weil...«

»Weil Sie Angst vor der Wahrheit haben?«

»Gibt es jemanden, der keine Angst davor hat? Mein bisheriges Leben war kein Zuckerschlecken, ich will mir wenigstens vormachen, daß es jetzt besser ist. Ja, ich habe Angst. Angst vor einer Konfrontation. Er schaut mich in letzter Zeit manchmal so seltsam an, wenn ich ihn anspreche, er ist meist schroff und kurz angebunden. Ich sage Ihnen, das ist nicht mehr der Daniel früherer Tage.«

»Möchten Sie, daß ich mit ihm spreche?«

Sie schüttelte energisch den Kopf. »Nein, um Himmels willen, nein! Er bringt mich um, wenn er erfährt, daß ich über diese Dinge mit Ihnen gesprochen habe. Ich bin wirklich nur hier, um diesen Ballast einmal loszuwerden... Zu allem Überfluß kam gestern auch noch ein Telegramm. Meine Schwiegermutter hat sich angemeldet, sie wird uns besuchen kommen. Irgendwie graut mir davor. Ich mag die Frau nicht. Aber Daniel vergöttert sie. Und ich bin in der Zeit abgemeldet. Dann heißt es nur, Mutter hier und Mutter da! Und ich weiß, daß sie mich genausowenig ausstehen kann wie ich sie, auch wenn sie es nie direkt zeigt. Sie ist eine unangenehme Frau, hat immer etwas zu kritisieren, ich kann ihr nichts recht machen.«

Pause, ein Seufzer.

»Ganz anders ist das Verhältnis zwischen ihr und Daniel. Als ich ihm gestern das Telegramm unter die Nase hielt, hat er gelacht, mich sogar einmal in den Arm genommen, dann hat er das Haus verlassen und ist spät in der Nacht angesäuselt heimgekommen. Es ist mir ein Rätsel, weshalb er getrunken hat, das ist so gar nicht seine Art.«

Sie hielt inne, schaute auf ihre Hände mit den zartrosa lackierten Nägeln. »Ich hoffe und bete, sie bleibt nicht zu lange. Und ich hoffe und bete, daß Daniel mir irgendwann wieder zeigt, daß er mich liebt. Wissen Sie, daß ich inzwischen manchmal mit dem Gedanken spiele, mich scheiden zu lassen? Ich weiß, es klingt absurd, aber zumindest in Gedanken kann ich mir oft nicht anders helfen. Es ist wie ein letzter Ausweg, wenn alles nicht hilft, dann wenigstens eine Trennung. Und vielleicht ein neuer, ein besserer Anfang. Auch wenn ich Daniel immer noch... Ich weiß, ich mache mir etwas vor.«

»Lieben Sie ihn wirklich noch? Oder ist dieses Gefühl eher

eine Gewohnheit geworden? Manchmal gibt man vor, jemanden noch zu lieben, doch nur, weil man vielleicht alleine nicht zurechtkommen würde.«

»Ich denke schon, daß ich ihn liebe. Aber ich fürchte, im Augenblick ist dies wohl eine eher sehr einseitige Angelegenheit.« Jetzt sah sie Patanec geradeheraus an. »Dr. Patanec, würden Sie mir einen Gefallen tun, würden Sie mir bitte die Karten legen?«

Patanec war höchst überrascht über diesen Sinneswandel von Susanne Tomlin und holte tief Luft. »Das ist ein Wunsch, den ich ehrlich gesagt von Ihnen am allerwenigsten erwartet habe. Aber natürlich tue ich das gerne. Wollen Sie alles hören?«

»Was meinen Sie damit?«

»Nun, alles bedeutet Geld, Familie, Freunde, Schwierigkeiten, Krankheit, Tod...«

»Nein, kein Tod. Ich will nichts über ihn wissen.«

»Gut, dann lassen wir ihn außen vor.« Patanec holte die Karten hervor und legte sie auf den Tisch. Er bat Susanne, zu mischen und drei Päckchen nebeneinander zu legen. Zitternde Hände, ängstlicher Blick. Noch bevor Patanec anfangen konnte, stand sie plötzlich auf, schüttelte den Kopf und sagte energisch: »Nein, ich will es doch nicht. Nein, bitte, ich verkrafte das heute nicht. Seien Sie bitte nicht böse, und es tut mir leid, Ihre Zeit vergeudet zu haben. Und vergessen Sie, was ich gesagt habe. Es tut mir leid, es tut mir wirklich leid.«

Patanec kam hinter seinem Schreibtisch hervor und stellte sich direkt vor Susanne Tomlin, faßte sie vorsichtig bei den Schultern, zog sie zu sich heran und umarmte sie zärtlich. Sie legte ihren Kopf an seine Schulter und weinte leise. Nach einer Minute löste sie sich, wischte die Tränen ab, wieder dieser entschuldigende Blick, diese Verlegenheit, sie machte kehrt und ging. Blieb plötzlich wie festgenagelt und kerzengerade in der Tür stehen, vollkommen regungslos, nur ein paar Haare bewegten sich im leichten Luftzug, als überlegte sie, dann drehte sie sich um, kam zurück, setzte sich auf den Couchrand, sah Patanec mit großen Augen an und sagte: »Hätten Sie bitte eine Zigarette für mich?«

Patanec hielt ihr die Schachtel hin und gab ihr Feuer. Sie inhalierte, stieß den Rauch durch Mund und Nase wieder aus. Sie nahm weitere drei Züge und sagte: »Ich werde Ihnen jetzt eine Geschichte erzählen. Ich habe schon so viel gesagt, daß es darauf auch nicht mehr ankommt.«

Patanec war gespannt, stellte sich ans Fenster.

»Ich war neun Jahre und acht Monate, als meine Mutter erneut heiratete. Mein Vater starb, als ich sechs war, ich kann mich noch gut an ihn erinnern. Er war groß und dunkelhaarig und die Güte in Person. Er starb an einem Herzschlag, obwohl er noch nicht einmal vierzig war. Er hat zuviel gearbeitet, das war sein Verderben. Auf jeden Fall hat es meine Mutter nicht lange allein ausgehalten. Sie trauerte nicht einmal ein Vierteljahr, da hatte sie schon ihren ersten Freund. Und damit meine Schwester Muriel und ich ihr nicht im Weg waren, steckte sie uns in ein Internat...«

Patanec unterbrach sie. »Sie haben eine Schwester?«

»Ich komme noch dazu. Muriel und ich lernten ihn kennen, als sie heirateten. Er sorgte auch dafür, daß wir aus dem Internat rauskamen, ich war damals zehn. Er machte uns Geschenke, ging mit uns spazieren, er tat alles, um uns den Vater zu ersetzen. Er war wirklich rührend um uns besorgt! Zu rührend, wie ich später begreifen sollte, aber ich war noch zu jung, um zu verstehen, was dahintersteckte, aber Muriel, die fünf Jahre älter war als ich, begann sich ihre Gedanken zu machen. Ab und zu unter-

239

hielten wir uns über ihn, und Muriel machte ein paarmal Andeutungen, daß irgend etwas mit ihm nicht stimmen könne, aber sie konnte nicht genau sagen, was es war. Sie hatte nur eine Ahnung.« Sie holte tief Luft, schluckte schwer, nahm einen langen Zug an der Zigarette und blies den Rauch Richtung Decke. Sie wandte ihren Kopf, ihr Blick schien durch Patanec hindurchzugehen. Ihre großen Augen vereinigten alle Trauer dieser Welt in sich, und mit einemmal war sie weit, weit weg. »Es war Sommer, ein heißer, langer Sommer. Ähnlich wie dieser. Mutter und er waren seit knapp drei Jahren verheiratet, es ging alles seinen gewohnten Gang. Ich war elf, Muriel sechzehn. Seit einigen Tagen schon stand sie unter ständiger Hochspannung, sie war nervös und hektisch, saß abends lange wie starr auf ihrem Bett, aber sie wollte mir nicht verraten, was mit ihr los war. Mutter war für ein paar Tage weggefahren, wir waren allein mit ihm. In der einen Nacht konnte ich wegen der Hitze nicht einschlafen, dazu machte ich mir Gedanken über Muriel, die ich sehr, sehr liebte, sie war eigentlich immer die einzige, zu der ich kommen konnte, wenn mir etwas fehlte. Es hört sich vielleicht aberwitzig an, aber sie war fast so etwas wie eine Mutter für mich.« Sie hielt inne, gedankenverloren, stand auf und stellte sich neben Patanec ans Fenster.

»Ich hatte wegen der Hitze Durst, stand auf, um mir aus der Küche ein Glas Limo zu holen. Es war mitten in der Nacht, alle schliefen – dachte ich zumindest. Aber hinter der Tür zur Bibliothek sah ich Licht und hörte leise Stimmen. Ich ging näher heran, ich war natürlich neugierig, mein Gott, ich hätte im Traum nicht für möglich gehalten, was sich dort abspielte!« Susanne Tomlin schüttelte den Kopf, drehte sich um, lehnte sich mit dem Rücken ans Fenster, atmete hastig, wie unter Schmerzen, nahm einen Zug

an der Zigarette, sie war fast bis auf den Filter herunter-
gebrannt. Sie ging kurz zum Schreibtisch, drückte die Zigarette aus, zündete sich gleich eine neue an, sagte entschuldigend: »Ich weiß auch nicht, wie das kommt, aber
seit ein paar Tagen rauche ich. Dabei schmeckt es mir gar
nicht. Na ja, ich höre auch wieder auf damit.« Sie stellte
sich wieder zu Patanec, der ihr schweigend zuhörte.
»Ich hörte Stimmen, nicht nur seine, auch die von anderen
Männern … und die von Muriel. Muriel hatte Angst, ich
spürte das sofort, sie schrie ein paarmal kurz auf, aber
wahrscheinlich haben sie ihr den Mund zugehalten. Seit
damals weiß ich aber, was Todesangst ist. Seine Stimme
klang wie das Zischen einer Schlange. Er sagte zu ihr:
›Wenn du auch nur einen Mucks von dir gibst, wirst nicht
nur du dran glauben, ich werde euch alle kaltmachen! Ich
spaße nicht, und meine Freunde tun das erst recht nicht!‹
Ich ging schnell von der Tür weg, versteckte mich hinter
der großen Couch. Ich zitterte am ganzen Körper, obwohl
es so heiß war und der Schweiß mir in Bächen über die
Haut lief. Ich wollte schreien, Hilfe holen, aber ich war wie
gelähmt. Ein paar Minuten später ging die Tür auf, und
Muriel kam heraus, für den Bruchteil einer Sekunde sah
ich ihr Gesicht, es war, als hätte sie den Teufel persönlich
gesehen. Er schloß die Tür und blieb in der Bibliothek, ich
hörte, wie die Männer sich unterhielten und lachten. Ich
wartete, bis Muriel an mir vorbei war, dann lief ich auf Zehenspitzen hinter ihr her. Ich holte sie ein, bevor sie in
ihrem Zimmer verschwinden konnte. Sie erschrak, als ich
sie berührte, zog mich dann schnell in ihr Zimmer und
schloß die Tür ab. Wortlos umarmte sie mich, sie weinte,
wie ich sie noch nie zuvor hatte weinen sehen. Ich fragte
sie, was los sei, und sie antwortete, sie könne mir das unmöglich sagen. Doch ich blieb stur, sagte, ich würde das

241

Zimmer nicht verlassen, wenn sie mir nicht erzählte, was geschehen war. Sie verlangte von mir, daß dies unbedingt ein ganz großes Geheimnis bleiben müßte, sie zwang mich zu schwören, niemand, nicht einmal Mutter gegenüber die geringste Andeutung zu machen, sonst würde er uns alle umbringen.« Sie zog an der Zigarette, schaute zu Boden, fuhr fort: »Sie wollen sicher wissen, was geschehen war?« Sie schürzte die Lippen, schüttelte den Kopf, senkte den Blick. »Muriel hatte zufällig ein Telefongespräch mitbekommen und dabei herausgefunden, daß Armando, so hieß der Mann, bis zum Hals in dunkle Machenschaften verwickelt war, was genau, kann ich nicht sagen, aber Mädchenhandel spielte eine wesentliche Rolle. Selbst vor Mord schien er nicht zurückzuschrecken, auch wenn Muriel das nicht beweisen konnte. Er muß ein ganz hohes Tier im organisierten Verbrechen gewesen sein, der meine Mutter und uns brauchte, um seine Fassade bewahren zu können. Und was kann schon eine bessere Fassade sein, als eine angesehene Familie? Muriel hatte ihn von Anfang an nicht gemocht und immer gesagt, daß mit ihm etwas nicht stimmte. Ich war noch zu jung, um das beurteilen zu können. Aber Muriel blieb stur. Er wollte unbedingt, daß wir ihn als Vater anerkannten, aber Muriel verweigerte sich jedem seiner Liebesbeweise. Er muß dahintergekommen sein oder zumindest gespürt haben, daß Muriel mehr wußte, als ihm recht sein konnte, also setzte er sie unter Druck, bevor sie mit ihrem Wissen Unheil anrichten konnte. In dieser Nacht hat er sie, als alle schliefen, in die Bibliothek geholt, wo eben diese zwei Männer warteten. Diese Männer haben Muriel vergewaltigt und gedroht, wenn sie auch nur einer Menschenseele etwas verraten würde, würde es uns anderen genauso ergehen wie ihr, außerdem würden sie uns umbringen. In den folgenden Wochen

242

wurde Muriel immer in sich gekehrter, sie weinte sehr, sehr viel. Sie sprach nicht mehr mit mir, sie war nur noch auf ihrem Zimmer und starrte einfach vor sich hin. Ich glaube, sie haben sie abgeholt, als ich in der Schule war. Lange Zeit später erfuhr ich, daß man sie in die geschlossene Abteilung einer privaten Nervenklinik eingewiesen hatte. Kaum ein halbes Jahr später ist sie dort gestorben. Es heißt, sie hätte sich die Pulsadern aufgeschnitten, aber wie um alles in der Welt sollte sie in einer geschlossenen Abteilung an so etwas wie Rasierklingen gekommen sein? Für mich ist das alles heute noch sehr mysteriös. Aber der Arzt, der sie in die Klinik eingewiesen hatte, war, wie ich später erfuhr, ein Freund von Armando. Man braucht nicht viel Verstand, um zu merken, was für ein abgekartetes Spiel das war. Muriel war für ihn wohl zu einem zu großen Sicherheitsrisiko geworden. Ich wußte, daß er dahintersteckte, und er schien zu ahnen, daß ich es wußte. Er beobachtete mich fortan mit Argusaugen, machte ab und zu den Versuch, etwas aus mir herauszukriegen, aber ich hielt meinen Mund, ich wollte nicht, daß er auch noch mir und meiner Mutter etwas antat. Es war schon schlimm genug, daß der einzige Mensch, den ich wirklich geliebt hatte, jetzt nicht mehr da war.«

Patanec drehte sich um, öffnete das Fenster, schaute hinaus. Er war betroffen und fragte sich, warum sie so viele Jahre mit dieser Belastung gelebt hatte, ohne auch nur einer Person ein Sterbenswörtchen zu verraten. Er sagte nach einer Weile: »Haben Sie noch Kontakt zu ihm?«

»Nein, ein halbes Jahr darauf war er verschwunden. Wie vom Erdboden verschluckt. Wir haben nie wieder ein Lebenszeichen von ihm erhalten. Vielleicht ist dieser Misthund irgendwo verreckt! Wenn ich jemals einem die Pest an den Hals gewünscht habe, dann ihm.«

»Und Sie haben dieses Wissen und diese Belastung so lange mit sich rumgeschleppt und nie ein Sterbenswörtchen darüber verlauten lassen?«

»Dumm, nicht?«

»Und Ihre Mutter wußte von alldem nichts? Sie hatte keine Ahnung?«

»Ich weiß es nicht! Und wenn, dann hätte es wahrscheinlich auch nichts geändert, sie war ihm nämlich hörig, absolut hörig. Und für diese Hörigkeit hätte sie wohl so ziemlich alles in Kauf genommen, selbst einen Mann, der ein Gangster war. Meine Mutter ist eine sexuell sehr aktive Frau, selbst heute noch, und wenn sie mit irgend etwas zu ködern ist, dann mit einem potenten Mann. Sie hat viele potente Männer gekannt und gehabt.«

Das Vibrieren in Susannes Stimme ließ Patanec hellhörig werden, und als Susanne nicht weitersprach, fragte er: »Wie meinen Sie das?«

»Ich habe diesen Armando mit seinem Zahnpastalächeln und diesem italienischen Machogehabe gehaßt, ohne Zweifel, aber einen ähnlichen Haß empfinde ich auch für meine Mutter...«

»Moment, Sie leben doch aber Haus an Haus mit ihr, Sie sehen sich regelmäßig, ich hatte nie den Eindruck, daß irgend etwas zwischen Ihnen stehen könnte...«

»Ich verstehe es selber nicht, wirklich. Ich bin zu schwach, mich gegen sie zu wehren. Ich würde es nie fertigbringen, sie zu fragen, ob sie davon wußte oder nicht.« Dann, auf einmal sehr leise, ihre Stimme schien von unendlich weit herzukommen, und da war wieder diese tiefe Enttäuschung und Bitterkeit, die sich in ihre Seele gegraben und tiefe Narben hinterlassen hatten: »Ich möchte sie aber zu gerne einmal fragen, warum sie jeden meiner Freunde persönlich getestet hat! Verstehen Sie, meine Mutter hat mit

244

jedem meiner Freunde geschlafen. Sie hat mir immer gezeigt, wie stark und mächtig sie ist und daß ich im Grunde nichts gegen sie bin. Vielleicht ist das auch der Grund, warum es mit Daniel und mir nicht mehr klappt. Vielleicht ist das alles, was ich vorhin gesagt habe, gar nicht Daniels, sondern meine Schuld. Meine verfluchte Vergangenheit läßt mich nicht los, sie läßt mich einfach nicht los! Es ist so entwürdigend, so erniedrigend, darüber zu sprechen. Vielleicht bereue ich morgen schon wieder, mit Ihnen gesprochen zu haben. Aber das soll auch egal sein.« Sie stoppte und nahm sich aus der Schachtel, die Patanec auf den kleinen Beistelltisch gelegt hatte, eine weitere Zigarette. Eine Pause entstand, die schweigend verstrich. Schließlich fragte Patanec: »Weiß Ihr Mann davon?«

Sie zog die Augenbrauen hoch. »Wovon? Von Armando? Muriel?« Sie schüttelte den Kopf. »Nein, Sie sind der erste und einzige Mensch, dem ich es erzähle. Und ich erzähle es Ihnen auch nur, weil ich nicht wüßte, mit wem ich es sonst teilen sollte, und weil ich Ihnen einfach vertraue. Ich habe das Gefühl, an einem Endpunkt angekommen zu sein. Mein ganzes Leben war eine einzige Lüge. Ich habe mir und vor allem anderen etwas vorgemacht, ich habe immer so getan, als sei ich mit meinem Leben zufrieden, als steckte ich Niederlagen ohne Murren einfach weg. Aber das stimmt nicht, ich bin nur ein Mensch, das wird mir immer klarer. Ich verfluche innerlich meine Mutter, doch wenn ich ihr gegenüberstehe, traue ich mich nicht einmal, ihr ein böses Wort zu sagen. Wenn sie gewußt hat, was für ein mieses Schwein dieser Armando war, dann hätte sie Muriel retten können. Ich würde sie gerne einmal danach fragen, traue mich aber nicht. Ich traue mich nicht aufzumucken, ich habe früh gelernt, alles in mich hineinzufressen. Irgendwann kam die Angst, irgendwann kamen körperliche Probleme dazu, die aber alle etwas mit dieser Angst zu tun haben, und irgendwann bin ich bei Ihnen gelandet. Irgendwann ist mir zum ersten Mal der Gedanke durch den Kopf geschossen, wie es wohl sein mag, wenn man tot ist. Ob es wirklich ein Leben danach gibt, ein friedliches, sorgenfreies Leben ohne Demütigungen, ohne Schmerzen, ohne Angst. Ich wünschte, ich wüßte es ...«

»Und dann? Wem wäre damit gedient? Ihnen, Ihrem Mann, Ihren Kindern? Es wäre nichts als eine Flucht. Aber Sie sind jetzt schon so viele Jahre geflohen, haben so viel in sich hineingefressen, haben so lange geschwiegen! Jetzt aber haben Sie zum ersten Mal den richtigen Schritt gewählt, Sie haben sich jemandem anvertraut. Wie gesagt, bis jetzt sind Sie geflohen, aber ab heute, ab heute kämpfen Sie! Sie werden sich mit aller Macht den Dämonen der Vergangenheit in den Weg stellen und ihnen befehlen, bis hierher und nicht weiter! Sie werden anfangen, Ihr Leben zu leben, es so einzurichten, daß es Ihnen Erfüllung und Freude bringt. Und wenn Sie wollen, helfe ich Ihnen dabei.«

Sie sah Patanec mit melancholischem Blick an und seufzte. »Kämpfen? Wie macht man das? Es gibt sowieso niemanden, der mich vermissen würde. Meine Kinder vielleicht, aber Kinder vergessen schnell. Außerdem ist für sie gut gesorgt. Es ist alles so verdammt nutzlos! Es gab eine Zeit, da wollte ich einen Mann und Kinder haben und weit, weit weg ziehen. Am besten aufs Land. Dann aber lernte ich Daniel kennen, ich verliebte mich, die Kinder kamen und wir blieben hier. Jetzt ist Daniel ein erfolgreicher Arzt, wir können uns alles leisten, und doch bin ich nicht glücklich. Es scheint, als hätte das Glück etwas gegen mich.« Sie blickte auf und lächelte gequält. »So, jetzt wissen Sie alles.«

»Eine Frage noch: Hat Ihre Mutter auch mit Daniel geschlafen?«

»Das ist eine Frage, die ich mir selbst etliche Male gestellt habe. Um ehrlich zu sein, ich weiß es nicht. Zumindest hatte ich bei ihm das Gefühl, daß er sich ihr verweigert hat. Oder ich wollte einfach, daß er nicht mit ihr... Ich bin töricht, ich weiß. Können Sie mir wirklich helfen?«

Patanec nickte und fuhr sich mit der Hand übers Kinn. »Ich denke, es ist spät, aber nicht zu spät. Erwarten Sie keine Wunder von mir, es liegt hauptsächlich an Ihnen, wie die Behandlung verläuft. Ich schlage vor, Sie schreiben einmal alles auf, was Ihnen wie ein Klotz auf der Seele brennt. Fangen Sie bei Ihrer Kindheit an, und lassen Sie nichts aus bis zum heutigen Tag. Und geben Sie mir das, was Sie glauben, mir geben zu müssen oder zu können. Und wenn Sie wiederkommen, bringen Sie die ersten Aufzeichnungen mit. Ich sage Ihnen, allein das Aufschreiben kann Türen öffnen und Wunder wirken. Auf jeden Fall biete ich Ihnen alle meine Hilfe an, die ich Ihnen geben kann. Und Sie wissen, wovon ich spreche.«

»Und Daniel? Sie werden ihm doch nichts sagen?«

Patanec schüttelte den Kopf. »Wie käme ich dazu? Nur weil wir dann und wann Tennis spielen? Nein, kein Wort. Ich spreche mit ihm nur, wenn Sie es ausdrücklich wünschen.«

Susanne Tomlin erhob sich und reichte Patanec die Hand. »Danke, daß Sie zugehört haben. Es ist mir sehr, sehr schwergefallen, glauben Sie mir das?«

»Ja, das tue ich. Passen Sie auf sich auf. Bitte.«

Patanec sah ihr nach, hatte noch eine ganze Weile, nachdem sie gegangen war, ihren Duft in der Nase. Er steckte die Hände in die Hosentaschen, schaute aus dem Fenster, sie stieg in ihren Wagen, richtete diesmal nicht ihre Haare, zog nicht die Lippen nach, startete den Motor, rollte rückwärts durchs Tor. Als sie nicht mehr zu sehen war, drehte Patanec sich um, legte den Kopf in den Nacken, starrte an die frisch geweißte Decke. Susanne Tomlin, sie hatte dieses Leben nicht verdient. Weiß Gott nicht. Er setzte sich an den Schreibtisch, machte sich rasch Notizen, verstaute sie in der obersten Schublade. Lehnte sich zurück, verschränkte die Arme hinter dem Kopf. Schloß die Augen, hörte auf die Geräusche, die von draußen hereindrangen. Überlegte dann, wie er ihr helfen konnte. Und ob sein Freund Tomlin sich verändert hatte.

Montag, 16.30 Uhr

Berger hatte das Team geschlossen um sich versammelt. Berichtszeit. Kullmer ging noch einmal kurz auf die Befragung der Kirchengemeinde ein, der Carola Preusse angehört hatte. Das gleiche Negativergebnis bei den Freunden und Bekannten von Maureen Nettleton sowie aus dem Umfeld von Sabine Lindner. Durant berichtete von ihren Besuchen bei Menzel, Bernhardt und Patanec. Die Autopsie- und Laborbefunde wurden durchgekaut und miteinander verglichen, ergebnislos.

Berger hatte ein graphologisches Gutachten der Schrift von Sabine Lindner in Auftrag gegeben. Bevor Kullmer das Büro verließ, drehte er sich in der Tür noch einmal um und sagte mit ernster Miene: »Ich weiß nicht, ob Sie sich schon mal damit befaßt haben, aber was halten Sie davon, wenn wir einen Hellseher einschalten?«

»Einen Hellseher?« fragte Berger und lachte ironisch auf. »Da können wir auch gleich eine spiritistische Sitzung abhalten! Ich halte nicht viel davon, um es ganz klar zu sagen.«

»Was würden wir verlieren, wenn wir es probierten? Ein paar Mark vielleicht. Aber was, wenn wir doch Erfolg hätten? Denken Sie mal drüber nach.« Dann ging Kullmer und ließ einen verdutzten Berger zurück, der hilfesuchend Julia Durant und Schulz anschaute.

»Ausgerechnet Kullmer kommt mit einem solchen Vorschlag! Ich hätte es von jedem erwartet... Was meint ihr?« Koslowski, der am Computer saß, meldete sich zu Wort: »Es hat Fälle gegeben, da haben Hellseher mit der Polizei zusammengearbeitet.«

»Du triffst die Entscheidungen, wie immer«, sagte Schulz beißend, ohne auf Koslowskis Bemerkung einzugehen. »Und Sie, Kollegin?«

»Auch wenn ich normalerweise nicht viel von so was halte, so denke ich, sollten wir jede nur erdenkliche Möglichkeit in Betracht ziehen. Es gibt, soweit ich weiß, sogar den einen oder anderen Fall, wie Kollege Koslowski bereits angeführt hat, wo Polizei und Hellseher nicht nur zusammengearbeitet haben, sondern auch Erfolg hatten. Kullmers Vorschlag ist zwar außergewöhnlich, aber warum nicht. Die Entscheidung liegt natürlich bei Ihnen.« Sie grinste Berger an. »Außerdem kenne ich da schon jemanden, Patanec.«

Tiefe Ringe hatten sich unter ihre Augen gegraben, sie gähnte. Stand auf, nahm ihre Tasche vom Kleiderhaken, holte den Autoschlüssel heraus und sagte: »Wenn Sie nichts dagegen haben, werde ich mich jetzt zu Hause etwas frisch machen und später zu dieser Party gehen.«

»Seien Sie vorsichtig«, riet ihr Berger und stützte sich mit beiden Händen auf den Schreibtisch. »Es gibt Leute, die man am besten wie Giftschlangen behandelt. Und ich wette, solche werden Sie auch heute abend treffen.«

»Keine Angst, ich weiß, wie weit ich gehen kann.«

»Was für eine Party?« fragte Schulz.

»Menzel gibt heute abend ein rauschendes Fest, der gute Mann hat Geburtstag. Kollegin Durant will sich

unter die Gäste mischen, um mehr dieser Leute kennen-
zulernen.«

Julia Durant verließ das Büro. Dämmerlicht, von Westen
näherte sich eine weitere Gewitterfront, seit über einer
Woche gewitterte es jeden Tag. Noch bevor sie zu Hause
war, fielen die ersten Tropfen aus den von heftigen Windböen angetriebenen, schwarzen Wolken. Der Regen
platschte auf die Straße und gegen die Scheiben, binnen
Sekunden entwickelte sich daraus ein kräftiger Schauer. Es
war kurz vor sechs, als sie ihr Fahrzeug vor dem Haus abstellte. Sie zog die Jacke über den Kopf, rannte zur Tür,
war im Nu durchnäßt. Im Briefkasten gähnende Leere,
nicht einmal eine Rechnung. Vor ihrer Tür die Zeitung, der
Austräger kam nie morgens, so daß sie die Zeitung nicht
mit ins Büro nehmen konnte, sie würde sich bei Gelegenheit darüber beschweren. Sie schloß auf, kickte die Tür mit
der Ferse zu, schleuderte ihre Handtasche auf die Couch,
zog sich auf dem Weg ins Bad bis auf die Unterwäsche aus.
Sie ließ sehr warmes Wasser in die Wanne einlaufen, gab
Badeschaum dazu, holte eine Flasche Bier aus dem Kühlschrank, nahm einen Schluck, setzte sich ins Wasser, stellte die Flasche auf den Wannenrand. Schloß die Augen,
außer den Menzels und Bernhardts würde sie vermutlich
niemand kennen. Vielleicht Patanec noch. *Wahrscheinlich
komme ich gar nicht rein*, dachte sie achselzuckend.

Nach dem Baden und Abtrocknen verrieb sie wohlduf-
tende Bodylotion auf ihrem Körper, schminkte sich, zog
frische Unterwäsche an und ein für eine Party angemes-
senes Kostüm, ein paar Spritzer Parfüm. Aß ein Salami-
brot mit einer sauren Gurke, trank den Rest aus der Bier-
flasche. Löschte das Licht und ging.

Es war genau einundzwanzig Uhr. Das Gewitter hatte sich
längst verzogen, der Asphalt lag unter einer glänzenden

Schicht, in der sich Laternen und die Scheinwerfer der vor-
beifahrenden Autos spiegelten. Vollkommene Windstille,
Schwüle, noch ein paar Wolken, dahinter diffuses Licht
entfernter Galaxien. Sie startete den Motor, stellte das Radio an. Nachrichten, Wetter, Verkehrsfunk, danach Rock-
musik. Sie drehte die Lautstärke höher.

Menzels Haus, Nobelkarossen in langer Schlange. Sie
parkte hinter einem Porsche, hängte ihre Tasche über die
Schulter, ging mit selbstbewußt Schritten auf das Haus
zu. Über der Eingangstür bunte Leuchtgirlanden, zwei
breitschultrige Männer in dunklen Anzügen achteten wie
Wächter zur Unterwelt darauf, daß kein ungebetener Gast
Zutritt fand. Die Kommissarin hätte wetten können, daß
unter ihren Sakkos Schulterhalfter und Pistolen steckten.
Das Haus war hell erleuchtet. Musik, Stimmen. Sie ging auf
die Höllenwächter zu, wurde argwöhnisch gemustert,
doch keiner der beiden verlangte zu ihrer Überraschung
das Vorzeigen einer Einladung. Sie hatte es sich schwerer
vorgestellt. Sie betrat die Eingangshalle, wo sich bereits
mehrere Grüppchen gebildet hatten, Small talk, Champa-
gnergläser in Händen, Gekichere, Getuschel, elegante An-
züge, Abendkleider, schwerer Schmuck, aufgetakelte ältere und ältliche Damen, die die längst vergangene Jugend
noch einmal heraufzubeschwören versuchten. Sie orien-
tierte sich an der Musik, zwängte sich durch die vielen Menschen. Erblickte Frau Bernhardt, die sich angeregt und mit
geröteten Wangen mit einem jungen Mann unterhielt, der
leicht ihr Sohn hätte sein können. Nicole stand etwas verloren in einer Ecke, ein Glas Champagner in der einen, eine Zigarette in der anderen Hand, und schien die Gesellschaft einfach nur über sich ergehen zu lassen. Weder Menzel noch seine Frau waren zu sehen, dafür Andreas, der sich

mit einer Kelle ein Glas Bowle einschenkte und bereits jetzt auf etwas wackligen Beinen stand. Eine Drei-Mann-Combo hielt sich mit der Lautstärke dezent zurück.

Beim zweiten Blick fielen Julia Durant die erstaunlich vielen jungen Mädchen auf, von denen Nicole Bernhardt nur eine war. Durant schätzte mindestens ein Viertel der Gäste auf unter zwanzig Jahre. Sie ging an die Bar, setzte sich auf einen Hocker und bestellte einen Whisky-Soda, der für diesen Abend engagierte Barkeeper, ein südländischer Typ mit Gel in den Haaren, erfüllte ihren Wunsch mit einem anzüglichen Lächeln. Sie nippte am Drink, zündete sich eine Zigarette an, drehte sich schnell um, als ihr jemand von hinten auf die Schulter tippte. Menzel, ein breites Grinsen auf den Lippen.

»Was tun Sie hier? Und wie sind Sie reingekommen?« fragte er nicht unfreundlich.

»Ich liebe Partys über alles. Und ich liebe es, die Menschen zu beobachten. Und nachdem ich gestern hörte, daß hier ein großes Fest steigen soll, dachte ich mir, es wäre zumindest einen Versuch wert. Es tut mir natürlich leid, Sie vorher nicht um Erlaubnis gebeten zu haben, aber ich denke, Sie haben nichts dagegen, wenn ich ein bißchen bleibe. Ihre Gorillas haben mich auch einfach durchgelassen, vielleicht dachten sie bei meinem Anblick, ich würde hierher gehören«, sagte sie ebenfalls grinsend. »Übrigens, herzlichen Glückwunsch zu Ihrem Geburtstag. Darf man fragen, wie alt Sie geworden sind?«

»Eine schöne Frau wie Sie darf das, ich feiere heute meinen sechsundvierzigsten. Also, ich muß zugeben, unter den Polizistinnen, die ich bisher kennengelernt habe, sind Sie eine rühmliche Ausnahme, was das Aussehen betrifft. Bleiben Sie und amüsieren Sie sich«, sagte er lächelnd, doch mit einemmal wurde seine Stimme einen Hauch schärfer, sein

Lächeln war nur noch Maske. »Nur tun Sie mir einen Gefallen, belästigen Sie meine Gäste nicht, das würde mich sehr zornig machen. Sie wollen doch sicher vermeiden, daß Ihre Dienststelle davon erfährt, daß Sie sich uneingeladen hier Zutritt verschafft haben? Ich darf Ihnen dann noch einen schönen Abend wünschen.« Menzel nickte mit scheinheiligem Lächeln und tauchte in der Menge unter.

Die Kommissarin fuhr sich mit der Zunge über die Lippen, lächelte in sich hinein, rutschte vom Hocker und ging mit dem Glas in der Hand auf Nicole zu, die sich seit ihrem Eintreffen nicht von der Stelle gerührt hatte.

»Hallo, Nicole«, sagte Julia Durant und stellte sich neben sie.

»Was machen Sie denn hier?« fragte Nicole unfreundlich.

»Ein bißchen gucken, mehr nicht. Was halten Sie davon, wenn Sie mir sagen, wer wer ist. Ich kenne die Leute hier nicht. Zum Beispiel dieser braungebrannte Mann im weißen Anzug?«

»Bernd Güttler, mein Onkel. Und der Typ, mit dem er sich gerade unterhält, ist Werner Schulz, ein Bauunternehmer. Das Mädchen in der Mitte ist die derzeitige Liebschaft meines Onkels. Fragen Sie mich aber nicht nach ihrem Namen.«

»Und der große Schlanke mit der beigen Hose und dem weißen T-Shirt?«

»Das ist Dr. Tomlin.«

»Tomlin? Tomlin? Der Name kommt mir irgendwie bekannt vor.«

»Er ist Schönheitschirurg...«

»Natürlich, jetzt fällt's mir wieder ein. Er hat eine eigene Klinik, richtig?«

Allmählich taute Nicole etwas auf. »Richtig. Hinten, an der Terrassentür steht übrigens seine Frau. Sie ist schön, nicht?

Ich finde, sie ist die mit Abstand schönste Frau in diesem Haus. Ich habe bis jetzt noch überhaupt keine Frau kennengelernt, die es mit Susanne Tomlin aufnehmen könnte.«

»Kennen Sie sie näher?«

»Ich war früher ab und zu babysitten bei ihnen. Außerdem hat meine Mutter sich von ihm schon einige Fältchen und überflüssige Pfunde wegmachen lassen. Ich glaube, bis auf seine eigene Frau hat sich wohl jede hier schon einmal unter sein Messer begeben. Er ist unbestritten ein Künstler.«

»Sie auch?«

»Was meinen Sie?«

»Haben Sie sich auch schon von ihm operieren lassen?«

»Quatsch, ich spreche hier von denen, die es nötig haben. Seine Patientinnen zählen wohl eher zu den Gruftis, dreißig und drüber. Aber wer einmal bei ihm war, wird immer wieder hingehen. Wie meine liebe Mutti!«

»Höre ich da Spott aus Ihrer Stimme?«

»Vielleicht. Es gibt eben Menschen, die sich nicht damit abfinden können, älter zu werden. Meine Mutter gehört ohne Zweifel dazu. Aber lassen wir das.«

»Nennen Sie mir noch ein paar Namen. Zum Beispiel dieser Glatzkopf mit seiner reizenden Begleitung.«

»Dr. Bartels. Er ist irgendein hohes Tier in der hessischen Regierung. Und die Begleitung ist seine Frau. Sie könnte auch seine Tochter sein, nicht?«

Julia Durant zuckte die Schultern. Nicole nannte noch etliche Namen, die sie, so gut es ging, zu behalten versuchte. Sie wollte nicht mitschreiben, um nicht den Argwohn der Anwesenden, vor allem Menzels, zu wecken, schließlich konnte es sein, daß sie beobachtet wurde.

Eine junge Frau trat ein, umhüllt von einem knielangen, enganliegenden, paillettenbesetzten, nachtblauen Kleid, dessen tiefer Ausschnitt den Ansatz ihrer nicht zu vollen Brüste deutlich erkennen ließ. Ihr glänzendes braunes Haar fiel in sanften Schwüngen bis auf die Schultern, sie hatte ein mädchenhaftes Gesicht mit dezent rosa geschminkten, wunderbar geschwungenen Lippen, leicht vorstehenden Wangenknochen, als sie einige der Anwesenden begrüßte, zeigte sie blendendweiße Zähne, nur der Ausdruck ihrer Augen und ihre Bewegungen ließen erahnen, daß sie die Dreißig wahrscheinlich schon überschritten hatte. Ihre Füße steckten in hochhackigen Pumps, schwarzglänzende Seidenstrümpfe bedeckten formvollendete Beine. Sobald sie eintrat, verstummten etliche Gespräche, richteten sich die Augen, vor allem die der Männer, auf dieses attraktive Wesen.

»Wer ist das?« fragte Durant.

»Eine edle Dame«, antwortete Nicole anerkennend, »eine sehr edle und sehr teure Dame, wenn Sie verstehen, was ich meine. Ich habe sie zwar schon einmal gesehen, aber ich kenne ihren Namen nicht. Ich glaube, kaum einer hier kennt ihren Namen. Tut mir leid.« Nicole trank ihr Glas leer, behielt es aber in der Hand, sah Durant an, wechselte das Thema. »Sie haben gestern gesagt, ich sei in Gefahr...«

»Das habe ich nicht so gemeint. Ich habe lediglich bemerkt, daß Sie genau dem Opfertypus entsprechen. Ich habe wohl etwas übertrieben, dennoch sollten Sie vorsichtig sein. Etwas Mißtrauen selbst guten Bekannten gegenüber könnte vorläufig jedenfalls nicht schaden.«

»Ich werde es beherzigen. Wenn Sie mich jetzt bitte entschuldigen wollen, ich habe eine Freundin entdeckt.«

Julia Durant sah Nicole nach, bis sie von der Menschenmasse verschluckt war. Sie ging auf Tomlin zu, der sich angeregt mit einer nicht mehr ganz jungen Frau, um ge-

255

nau zu sein, einer alten Schachtel, unterhielt, die ihr Gesicht, bevor sie hergekommen war, tief in eine Reihe von Schminktöpfen gesteckt haben mußte. Durant stellte sich in die Nähe der beiden, die Frau hatte eine hohe, schrille Stimme, die sich bei jedem zweiten Wort überschlug. Sie bewunderte Tomlins Geduld, der das Geschnattere mit stoischer Ruhe ertrug, sie spürte geradezu seine Erleichterung, als ein Mann sich seiner erbarmte und die Frau von ihm fortzog.

»Dr. Tomlin?« fragte die Kommissarin, worauf Tomlin seinen Blick zur Seite wandte und auf sie herunterblickte.

»Ja, bitte?« fragte er charmant lächelnd, makellos weiße Zähne entblößend.

»Mein Name ist Julia Durant. Dürfte ich mich kurz mit Ihnen unterhalten?«

»Warum machen wir nicht einen Termin in meiner Klinik? Bitte haben Sie Verständnis, wenn ich heute abend so gar keine Lust habe, über meinen Beruf zu sprechen. Rufen Sie meine Sekretärin an, und lassen Sie sich einen Termin geben.«

»Das ist es nicht, Dr. Tomlin«, sagte Julia Durant entschuldigend, als Tomlin sich von ihr abwenden wollte. »Ich bin bei der Kripo Frankfurt und hätte ein paar Fragen zu Annette Schubert. Wenn Sie so freundlich wären, es dauert nur ein paar Minuten.«

»Oh, Polizei! Das ist natürlich etwas anderes. Gehen wir auf die Terrasse, ein bißchen frische Luft dürfte uns beiden guttun.«

Sie folgte Tomlin nach draußen. Die Terrasse war bereits wieder getrocknet, der Rasen noch feucht, ein kaum merklicher Windhauch schwebte durch die Luft. Es befanden sich noch zwei Paare im Garten, darunter ein junges, dunkelhaariges Mädchen, das ein Cocktailglas in der Hand hielt, und ein älterer, graumelierter Herr, der angestrengt auf sie einredete. Die Situation hatte etwas Lächerliches; die Kommissarin durchschaute die Absichten des Alten so leicht wie das zierliche, hübsche Mädchen, die den Redeschwall sichtlich amüsiert über sich ergehen ließ.

Sie und Tomlin stellten sich etwas abseits an ein protziges Steingeländer. Tomlin duftete nach einem holzigen, doch unaufdringlichen Parfüm, das wie für ihn gemacht zu sein schien. Er war gut zwanzig Zentimeter größer als Julia Durant, lehnte sich mit dem Rücken an das Geländer, die Arme vor der Brust verschränkt. Sie stellte sich dicht neben ihn, er war ihr vom ersten Augenblick an sympathisch, ihn umgab eine beschützende Aura.

»Sie möchten also etwas über Annette wissen. Und was?« fragte er.

»Das weiß ich selber nicht genau. Wir müssen im Augenblick einfach jeden befragen, der mit den Opfern in Kontakt gestanden hat, und wenn es nur ein sehr sporadischer oder entfernter Kontakt war. Soweit ich weiß, war sie bei Ihnen in Behandlung.«

»Annette war begnadet«, sagte er und schaute in den nachtschwarzen Himmel. »Ich bin sicher, sie hätte eines Tages die größten Bühnen der Welt erobern können, wenn, ja wenn da nicht dieses schreckliche Unglück geschehen wäre.« Er seufzte kurz auf, neigte den Kopf eine Idee zur Seite, stützte sich mit den Händen ans Geländer. »Sie wollte nicht viel von mir, nur eine geringfügige Brustvergrößerung, sie war überzeugt, dies würde sich unter den enganliegenden Ballettkleidern besser machen. Sie litt, was ihre Oberweite anging, unter Minderwertigkeitskomplexen. Mehr kann ich nicht sagen.«

»Hatten Sie sie schon einmal untersucht?«

»Nur oberflächlich, beim Beratungsgespräch. Warum?«

»Dann können Sie auch nicht wissen, daß es um ihre Gesundheit nicht zum besten stand. Sie hatte mehrere Krankheiten, darunter einen Gehirntumor. Und wie es heißt, hätte er unweigerlich das Ende ihrer Karriere bedeutet.«

»Nein, das war mir nicht bekannt. Seltsam, welch sonderbare Wege das Leben manchmal geht.«

»Was meinen Sie damit?«

»Nichts Besonderes. Ich denke nur, daß manche Menschen sich für eine Sache bis zum Gehtnichtmehr abstrampeln, und am Ende ist doch alles sinnlos. Aus dem einen oder andern Grund.«

»Kennen Sie Menschen, mit denen sie zusammen war?«

»Nein, woher denn? Ich meine, ich kenne die Familie, wir kennen uns hier alle, bis auf ganz wenige, die sich kategorisch abkapseln, aber spezielle Freunde von Annette kenne ich nicht.«

»Ihr Problem war ihr blondes Haar, oder?« fragte Durant, worauf Tomlin nur mit den Schultern zuckte.

»Wer weiß schon, ob es wirklich nur das blonde Haar war. Wahrscheinlich spielen noch ein paar weitere Faktoren eine essentielle Rolle. Aber fragen Sie mich um Himmels willen nicht, was für welche das sein könnten! Es ist nun mal unmöglich, in einen andern Menschen hineinzusehen.«

»Was für einen Menschen würden Sie, als Arzt, für fähig halten, solche Verbrechen zu begehen?«

»Ich bin weder Psychiater noch Psychologe. Aber wenn Sie mich so fragen – keinen und jeden. Es muß ein Verrückter sein. Aber ein intelligenter Verrückter. Und es ist leider sehr, sehr schwer, einen Verrückten von einem Normalen zu unterscheiden, denn irgendwie sind wir alle verrückt und normal zugleich. Jeder von uns hat seine Macken. Ich hoffe natürlich, Sie nehmen mir das nicht übel.« Tomlin lächelte beim letzten Satz.

»Kannten Sie eine von den anderen Mädchen – Carola Preusse, Maureen Nettleton, Sabine Lindner?«

Tomlin schüttelte den Kopf. »Weder noch. In der Regel kommen keine Mädchen in diesem Alter zu mir. Meist sind es reifere Frauen wie...«

»Die, die sich eben so angeregt mit Ihnen unterhalten hat?« fragte Julia Durant lachend.

»Ja, vor allem solche! Es ist manchmal nicht leicht, Schönheitschirurg zu sein, vor allem, wenn eine Sechzigjährige erwartet, daß sie hinterher wie eine blühende Zwanzigjährige aussieht. Für viele ist es schwer zu begreifen, daß ich weder ein Gott bin noch Wunder vollbringen kann. Aber das wollen viele nicht wahrhaben. Und es wäre wirklich einfacher, wenn so manch einer zu seinem Alter stehen würde. Ich finde, es gibt so viele ältere und alte Menschen, deren Gesicht so voller Leben und Erfahrungen steckt, daß es schon fast an ein Verbrechen grenzt, dies einfach wegzuretuschieren. Aber gut, ich lebe davon...«

»Nur davon? Ich habe gehört, zur plastischen Chirurgie gehören mehrere Bereiche...«

»Natürlich. Unfallopfer, deren Gesichter entstellt sind, werden bei mir natürlich auch behandelt, aber das ist nicht die Regel.«

Durant öffnete ihre Handtasche und holte eine Schachtel Zigaretten hervor. Sie nahm eine heraus und zündete sie sich an. Tomlin beobachtete sie dabei. »Rauchen schadet Ihrem Teint. Und nicht nur das, ich könnte Ihnen eine Menge Krankheiten aufzählen, die allein auf das Rauchen zurückzuführen sind. Eine schöne Frau wie Sie sollte ihrem Körper so etwas nicht antun. Glauben Sie mir, ich habe viel Elend gesehen, das hätte vermieden werden können, wenn die Menschen nicht geraucht hätten. Es ist so leicht, sich damit zu ruinieren. Lungenkrebs, Magenkrebs,

Kehlkopfkrebs, verstopfte Arterien, Schlaganfall, Herzinfarkt, um nur einiges zu nennen.«

Die Kommissarin schaute Tomlin ernst an, die Zigarette zwischen den Fingern haltend. »War das ein ärztlicher Rat oder eine Mahnung?« fragte sie spöttisch und hätte sich dafür ohrfeigen können. Aber schon ihre Mutter hatte gesagt, sie wäre ein typischer Skorpion, stichelnd, spöttelnd, bisweilen verletzend in ihren Reden. Doch Tomlin schien sich nicht daran zu stören.

»Ich überlasse Ihnen die Beantwortung dieser Frage! Aber ich meine es nur gut mit Ihnen. Ich finde, eine junge, attraktive Frau wie Sie sollte nicht so achtlos mit ihrer Gesundheit umgehen. Ich habe nie eine Zigarette in die Hand genommen, und Alkohol trinke ich nur in Maßen. Und wie Sie sehen, ich lebe ganz gut damit.«

»Dann gehören Sie zu den wenigen Ärzten, die vorbildlich leben. Aber gut, ich werde Ihren Rat wohlwollend überdenken.«

»Haben Sie schon eine Spur?« erkundigte sich Tomlin.

»Sie meinen, ob wir schon einen Hinweis auf den Mörder haben?« Sie holte tief Luft, schüttelte den Kopf. »Nein, absolut keine. Im Moment läßt er uns ganz schön alt aussehen. Wir haben nicht einmal den Hauch einer Beschreibung von ihm. Es scheint, als wenn er überhaupt nicht existiert. Wie ist die Stimmung unter den Menschen hier?«

»Natürlich sind die schrecklichen Ereignisse auch hier Gesprächsthema, wir stehen alle vor einem Rätsel. Aber solange man nicht selber betroffen ist, so lange feiert man. Wissen Sie, es ist das gleiche wie zu Zeiten der großen Pest, die Menschen haben gesungen und getanzt, sie haben gesoffen und gehurt, alles das, was man heute auch macht.«

»Zum Glück haben wir es nicht mit der Pest, sondern *nur* mit ein paar Morden zu tun«, meinte die Kommissarin sarkastisch.

»Sagen Sie selbst, sollen wir uns verkriechen, bloß weil ein Monster die Gegend unsicher macht?«

»Nein, so war das nicht gemeint. Es tut mir leid.«

»Ich kann mir vorstellen, daß Ihre Nerven blank liegen. Das Ganze wird für Sie allmählich zu einem Spießrutenlauf, oder?«

»Noch hält es sich in Grenzen. Aber die Journalisten werden von Tag zu Tag penetranter. Jeder möchte als erster die absolute Topstory bringen. Und was die bis jetzt geschrieben haben, nicht einmal ein Bruchteil davon ist wahr! Und jetzt fängt auch noch das Fernsehen an, Berichte zu bringen, die einem die Haare zu Berge stehen lassen ... Ich schätze, da rollt eine Lawine auf uns zu.«

Tomlin löste sich vom Geländer. »Kommen Sie, lassen wir dieses unerfreuliche Thema, mischen wir uns lieber wieder unter die andern.«

»Dr. Tomlin«, sagte Julia Durant und berührte ihn vorsichtig am Arm. »Ich hätte da doch noch eine Frage...« Sie druckste einen Moment, sagte dann: »Würden Sie auch mich als Patientin nehmen? Ich meine, ich...«

»Wo liegt Ihr Problem?« fragte er mit gewinnendem Lächeln.

»Ach nein, ich sollte wohl doch lieber einen Termin ausmachen.«

»Das haben wir gerade eben getan. Kommen Sie morgen nachmittag in meine Klinik.« Er zog sein Portemonnaie aus der Hosentasche, reichte Durant seine Visitenkarte. »Hier ist die Adresse. Melden Sie sich um Punkt fünf bei Frau Neubauer, sie ist meine Sekretärin. Dann können wir über alles reden.«

»Danke, Dr. Tomlin. Ich wollte Sie wirklich nicht belästigen.«

»Das haben Sie nicht, im Gegenteil. Kommen Sie, ich will nicht, daß die Leute wer weiß was denken, was wir hier draußen treiben könnten. Die Gerüchteküche brodelt hier besonders heftig.«

Sie folgte Tomlin wieder ins Haus. Die Combo hatte die Lautstärke hochgefahren, undurchdringliches Stimmengewirr, bei manch einem zeigte der Alkohol erste Wirkung. Tomlin ging an die Bar und holte sich einen Martini, Durant nahm einen Wodka-Orangensaft. Susanne Tomlin stellte sich zu ihrem Mann, flüsterte ihm etwas ins Ohr. Tomlin sagte, auf Durant deutend: »Liebes, das ist Kommissarin Durant von der Kripo Frankfurt. Sie bearbeitet diese gräßlichen Morde. Und dies hier ist meine liebe Frau Susanne.«

Durant reichte Susanne Tomlin die Hand. Sie war eine Idee größer als Durant, ihr Lächeln war nett und unverbindlich, ihr Händedruck damenhaft, der Ausdruck ihrer Augen etwas melancholisch. Gleich darauf machte sie kehrt und mischte sich wieder unter die Gäste.

»Sie haben eine sehr schöne Frau«, sagte Durant anerkennend.

»Ja, ich weiß«, sagte Tomlin leise, mit abwesendem Blick. Er leerte sein Glas, stellte es auf die Bar und entfernte sich ohne ein weiteres Wort von Durant, gesellte sich zu einer Gruppe von Männern.

Etwa gegen Mitternacht kam Menzel auf sie zu, fragte sie, wie es ihr gefalle, wechselte Belanglosigkeiten mit ihr. Während er sprach, bemerkte Julia Durant, wie allmählich ein süßlicher Geruch die Luft durchdrang, die Stimmung auf einen merkwürdigen Höhepunkt zuzustreben schien. Er entfernte sich von ihr, kam kurz darauf zurück, mit zwei Gläsern in Händen, bat sie, mit ihm anzustoßen, entschuldigte sich bei ihr wegen seiner Unhöflichkeit vorhin. Dabei lächelte er sie offen an, und da sie ihm die Bitte nicht abschlagen wollte, trank sie das dreiviertelvolle Glas, es sah aus wie Blue Curaçao, in einem Zug leer. Eine Weile lang verfolgte sie noch das Geschehen, dann wurden ihre Lider schwer, die Arme und Beine bleiern, sie nahm alles nur noch wie durch einen Nebelschleier wahr. Sie ging zur Bar, alle Hocker waren besetzt, sie lehnte sich an, schließlich gaben ihre Beine nach. Das letzte, was sie wahrnahm, war, wie sie aufgefangen wurde.

Dienstag, 21. September, 6.30 Uhr

Sie öffnete die Augen einen Spalt, das Morgenlicht, obwohl dämmrig, war eine Marter. Ihr Mund war ausgetrocknet, die Zunge klebte am Gaumen, die Arme fühlten sich taub an. Ein gewaltiger Druck lastete auf ihrer Blase. Sie setzte sich stöhnend auf, bohrende Übelkeit in den Gedärmen. Sie mußte ein paarmal würgen, holte tief Luft, um den Reiz zu unterdrücken. Sie blickte um sich und erschrak. Dies war nicht ihre Wohnung, nicht ihr Bett, nicht die Aussicht, die sie morgens gewohnt war. Ihr Schädel schmerzte. Preßlufthämmer und Spitzhacken in ihrem Kopf, sie hielt ihn zwischen beiden Händen. Versuchte, sich zu erinnern. Tomlin, sie hatte einen Termin mit ihm ausgemacht. Und Menzel, der sie angesprochen und mit ihr angestoßen hatte. Danach war ihre Erinnerung wie ausgelöscht. Und jetzt wachte sie in einem völlig fremden Zimmer auf.

Sie stand auf, schwere Beine, Schwindelgefühl. Hielt sich am Bettpfosten fest und versuchte, ihre Gedanken zu ordnen. Öffnete das Fenster, davor eine Reihe dichtgewachsener Bäume, aus denen Vögel lärmend den Tag begrüßten. Die Nacht hatte sich gerade verzogen, Durant blickte zur Uhr, Viertel vor sieben. Der Himmel war wolkenverhangen, es mußte bis vor kurzem geregnet haben, der schmale Streifen Asphalt der Torauffahrt war noch naß. Erst jetzt bemerkte sie, daß sie nackt war, erschrak, malte sich die schrecklichsten Dinge aus. Sie drehte sich um, ihre Sachen lagen ordentlich zusammengelegt auf einem Stuhl. Sie zog schnell ihre Unterwäsche an, anschließend das Kostüm, mit dem sie gekommen war. Überprüfte ihre Handtasche, es fehlte nichts. Was um alles in der Welt war geschehen? Hatte sie sich so gehenlassen?

Sie machte die Tür auf und hoffte, auf dem Flur eine Toilettentür zu entdecken. Grünpflanzen reckten sich bis unter die Decke, ein überdimensionales, düsteres Gemälde mit einer mittelalterlichen Kriegsszene hing auf der anderen Seite des Flures. Sie schlich auf Zehenspitzen über den Teppich, aus dem unteren Stockwerk drang das leise Geklapper von Geschirr an ihr Ohr. Sie drückte vorsichtig die Klinke der nächstgelegenen Tür, sie war verschlossen. Bei der nächsten Tür hatte sie mehr Glück. Sie betrat ein luxuriöses, in Hellrosa gehaltenes Bad, das in etwa die Größe ihres Wohnzimmers hatte. Sie befreite ihre Blase von dem Druck, wusch sich ausgiebig Hände und Gesicht, besah sich anschließend im Spiegel, fuhr sich mit beiden Händen durchs Haar, dachte, es würde wieder einmal Zeit für einen Friseurbesuch. Das bohrende Hungergefühl stellte sich wieder ein, Übelkeit. Sie versuchte, beides zu ignorieren, ging aufrecht die Treppe hinunter. Die Tür zum Eßzimmer stand offen, sie erkannte Menzel, er saß mit dem Rücken zu ihr allein am üppig gedeckten Tisch, frühstückte, las die Zeitung. Durant betrat das Zimmer, er wandte seinen Kopf, faltete die Zeitung zusammen, legte sie auf den neben ihm stehenden Stuhl und winkte Julia Durant zu sich heran.

»Ich hoffe, Sie hatten eine angenehme Nacht, Frau Kommissarin?« fragte er, ohne eine Miene zu verziehen, und deutete auf einen Stuhl. »Kommen Sie, leisten Sie mir Gesellschaft. Sie werden sicherlich hungrig sein.«

Julia Durant war unsicher, trat näher, blickte Menzel ernst und fragend an, stützte sich mit beiden Händen auf die Stuhllehne, fragte mit zu Schlitzen verengten Augen: »Wieso wache ich in Ihrem Haus auf?«

»Nun, ich schätze, Ihnen ist der Alkohol nicht bekommen. Wenn ich gewußt hätte, daß Sie keinen vertragen, hätte ich Ihnen natürlich nicht meine Spezialität zu trinken gegeben, meinen berühmten Spezial-Mix, der nur für gute Freunde bestimmt ist. Tut mir leid, wenn ich Sie damit überfordert habe.«

»Was ist das für eine verdammte Spezialität?« fragte sie scharf.

»Der Menzel-Mix?« Er lachte auf, lehnte sich zurück. »Ein Teil Whisky, zwei Teile Gin, ein Schuß Strohrum und noch diverse andere Kleinigkeiten, die aber mein ganz persönliches Geheimnis sind, wenn Sie verstehen. Es ist *mein* Mix. Aber kommen Sie, setzen Sie sich doch, ich mag nicht mit Leuten reden, zu denen ich aufblicken muß, es macht mich nervös.«

Julia Durant setzte sich Menzel gegenüber, hängte ihre Tasche an die Lehne, fragte leise, ohne Menzel anzublicken: »Und wer hat mich ausgezogen?«

»Was würden Sie sagen, wenn ich das erledigt hätte?« Er grinste sie an, ergötzte sich an ihrer entsetzten Reaktion. Bevor sie etwas sagen konnte, fuhr er fort: »Aber keine Angst, nicht ich habe das getan, falls Sie da irgendwelche Befürchtungen haben sollten. Zwei nette Damen haben

265

sich Ihrer angenommen. Sie sehen, es ging alles anständig und züchtig zu. Nun greifen Sie schon zu, Sie sehen etwas blaß um die Nase aus, die Brötchen sind noch warm, und auch sonst finden Sie hier so ziemlich alles, was man zu einem guten Frühstück benötigt. Ich finde, der Tag sollte immer mit einem guten Frühstück beginnen.«

Sie zögerte, nahm sich dann doch ein Brötchen, schnitt es in der Mitte auf, schmierte Butter und etwas Marmelade darauf. Menzel schenkte ihr Kaffee ein.

»Wo ist Ihre Familie?« fragte Julia Durant.

»Ich frühstücke immer allein. Es hat sich so eingebürgert in den letzten Jahren. Meine Frau steht selten vor elf Uhr auf.«

»War Ihre Frau gestern abend auch da? Ich habe sie nicht gesehen.«

»Ja, aber sie hält sich stets diskret im Hintergrund. Sie hat Buch über die Spenden geführt...«

»Was für Spenden?«

»Ach, natürlich, Sie haben das ja gar nicht mehr mitbekommen! Diese Zusammenkünfte, auch wenn es mein Geburtstag ist, dienen stets einem meist wohltätigen Zweck. Gestern haben wir für die Opfer gesammelt. Sie wissen, *die* Opfer! Das Geld ist als Belohnung gedacht für denjenigen, der den entscheidenden Hinweis auf die Ergreifung des Bastards gibt. Selbstverständlich sollen aber auch die Hinterbliebenen der weniger gut Betuchten etwas davon haben, wie etwa die Eltern der kleinen Lindner. Es kamen insgesamt mehr als zehntausend Mark zusammen.«

»Wie nobel! Dann hat die Party ja ihren Zweck erfüllt.«

Menzel grinste geheimnisvoll. »Das kann man wohl sagen.« Er warf einen Blick zur Uhr, wischte sich mit der Serviette über den Mund und stand auf. »Tut mir leid, wenn ich Sie jetzt verlassen muß, aber die Pflicht ruft. Mein Flugzeug geht in anderthalb Stunden.«

»Eine längere Reise?«

»Nein, ein Geschäftstreffen in Saudi-Arabien. Bin morgen abend wieder zurück. Machen Sie's gut. Vielleicht sehen wir uns ja mal wieder.«

Er nahm seinen Aktenkoffer, nickte ihr noch einmal zu, die Tür schlug leise ins Schloß. Julia Durant war allein, nur aus der Küche drangen Geräusche. Sie aß das Brötchen und trank ihren Kaffee. Sie war wütend darüber, gestern abend so unvorsichtig gewesen zu sein.

Dienstag, 7.30 Uhr

Sie stieg in ihren Opel, legte den Sicherheitsgurt an, startete den Motor, betätigte kurz den Scheibenwischer, wollte eine Zigarette aus der Schachtel holen. Der Zettel steckte in der Schachtel, ein mehrfach gefaltetes, an einer Ecke abgerissenes Stück Papier, mit den Worten *Ich werde Sie um Punkt elf im Präsidium anrufen. Es ist wichtig. Seien Sie bitte persönlich am Apparat.* Keine Unterschrift, aufgrund des Schriftbilds konnte es sich jedoch nur um eine weibliche Schreiberin handeln.

Sie schaltete das Radio aus, quälende Kopfschmerzen, stockender Morgenverkehr in die Stadt. Erneut einsetzender Regen. Der letzte freie Parkplatz im Revierhof.

Berger telefonierte. Die Kommissarin wartete, bis Berger auflegte. Er sah sie einen Moment schweigend an, faltete die Hände, sagte dann: »Sie sind sehr früh dran. Wie war die Party? Ihrem Aufzug nach zu schließen, dauerte das Spektakel die ganze Nacht durch.« Er deutete grinsend auf ihr Abendkostüm. »Außerdem sehen Sie etwas mitgenommen aus.«

Sie ging auf die letzte Bemerkung nicht ein, setzte sich.

»Menzel war anfangs gar nicht so erfreut, mich zu sehen, hat es dann aber doch akzeptiert. Ich habe zwar ein paar neue Gesichter kennengelernt, aber keine neuen Erkenntnisse gewonnen. Der Abend war schlicht gesagt ein Flop.« Sie vermied tunlichst, ihren Knockout und den unfreiwilligen Aufenthalt bei Menzel zu erwähnen. Das war eine Sache, die nur sie selbst etwas anging und für die sie sich in Grund und Boden schämte, sie brauchte nicht auch noch die Häme des Reviers.

»Ach ja«, sagte sie noch, »diesen Zettel habe ich in meiner Handtasche gefunden. Es wäre immerhin möglich, daß wir es hier mit einem Informanten zu tun haben.«

Berger nahm das Papier und meinte: »Sieht nach einer Frau aus. Ich bin aber vorsichtig geworden. Manchmal wollen sich Leute nur wichtig machen.« Er reichte ihr den Zettel zurück, schlug eine Akte auf und fuhr fort, ohne seine Kollegin anzublicken: »Ich würde vorschlagen, Sie gehen jetzt erst mal nach Hause und machen sich frisch. Alles weitere besprechen wir nachher.«

Dienstag, 8.00 Uhr

Joanna war wieder einmal weg gewesen, irgendwo, und sie kam irgendwann nach Hause, nachdem er doch eingeschlafen war.

Schulz hatte die halbe Nacht kein Auge zugetan, geplagt von düsteren Alpträumen. Er stand auf der Spitze eines hohen Hauses, schaute in die Tiefe, die, obgleich er sonst unter panischer Höhenangst litt, nichts Erschreckendes hatte, er sah die Menschen unter sich, ein warmer, milder Wind umwehte ihn, Sonnenschein, Fröhlichkeit. Bis ihn jemand von hinten anstieß, er hatte noch Zeit, sich kurz umzudrehen, sah eine schwarze, lachende Maske, bevor er in die Tiefe fiel. Er wachte schreiend auf, Joanna lag neben ihm, roch nach Zigaretten und Alkohol. Er blickte zur Uhr, halb vier. Sein Herz schlug wie rasend, er stand auf, entleerte seine Blase, trank einen Schluck Wasser. Stellte sich einen Moment ans offene Schlafzimmerfenster, schaute hinunter in den nächtlichen Garten, ein kühler Wind strich durch die Bäume. Er legte sich wieder neben die flach atmende Joanna, sie drehte sich knurrend zur Seite, zog im Schlaf die Bettdecke übers Gesicht. Er versuchte, wieder einzuschlafen, verschränkte die Arme hinter dem Kopf, starrte an die dunkle Decke, bis ihm die Augen zufielen.

Frühstück. Er war mürrisch, unausgeschlafen, Joanna hingegen machte sichtlich gut gelaunt Kaffee, deckte den Tisch. Er beobachtete sie, wollte sie anschreien, mit ihr streiten, sie fragen, woher sie das Recht nahm, so fröhlich zu sein. Er tat es nicht. Aus den Augenwinkeln blickte sie ihn einige Male verstohlen an, als sie den Tisch fertig gedeckt hatte, setzte sie sich zu ihm. Eine Weile schwieg sie, ein Glitzern in ihren Augen, sie berührte seine Hand, er zog sie weg. Er nahm ein Brot aus dem Korb, bestrich es mit Butter, gab einen Löffel Ananasmarmelade dazu. Er biß ab.

»Schatz«, sagte sie, »sei heute nicht böse auf mich. Ich habe eine sehr, sehr gute Nachricht. Willst du sie hören?«

»Hast du etwa beschlossen, deine nächtlichen Streifzüge aufzugeben?« fragte er bissig.

»Lassen wir das Thema für einen Moment«, sagte sie ruhig. »Es geht um Sabrina. Was, wenn es eine Möglichkeit gäbe, sie zu operieren?«

»Wir wissen beide, daß es die Möglichkeit gibt! Aber wir haben nicht das Geld dafür! Also, was soll das?!«

»Ich werde Sabrina noch heute für die Transplantation anmelden. Ich habe das Geld.«

269

Schulz ließ das Brot auf den Teller sinken, die Stirn in Falten gelegt, die Augen zu Schlitzen verengt. »Was sagst du da? Du hast das Geld? Woher?«

Sie lehnte sich zurück, machte eine abwehrende Handbewegung. »Das ist unwichtig. Wichtig ist, daß ich es habe. Du willst doch auch, daß Sabrina gesund wird, oder?«

»Kein Mensch gibt so mir nichts, dir nichts hunderttausend Mark weg! Was mußt du dafür tun? Für den Rest deines Lebens eine Hure sein?«

»Es ist jetzt nicht die Zeit für Gehässigkeiten. Sei lieber dankbar. Und wenn es dich interessiert, ich bin keine Verpflichtung eingegangen. Trotzdem kann ich dir nicht sagen, woher das Geld stammt. Es ist aber kein schmutziges Geld, falls du das denken solltest.«

»Es ist Fickgeld!« schrie er sie an.

»Nein!« Sie sprang auf, ihre Augen wie glühende Kohlen, sie schrie zurück. »Es ist kein Fickgeld...«

»Dann sag mir, woher es kommt!« schrie er noch lauter.

»Du wirst es nie erfahren!« schrie sie mit Tränen in den Augen und stampfte mit dem rechten Fuß auf. »Aber es kommt von jemandem, der es mir schuldet! Und ich habe keine Bedenken, es zu nehmen!« Sie drehte sich abrupt um, zündete mit zittrigen Fingern eine Zigarette an. Als ihre Nerven sich einigermaßen beruhigt hatten, sagte sie in versöhnlichem Ton, doch mit bebender Stimme: »Ich weiß, ich habe es dir in den letzten Jahren nicht leicht gemacht, im Gegenteil. Aber glaube mir, und das ist die absolute Wahrheit, es gibt nur einen einzigen Menschen, den ich liebe, und das bist du. Nur du ganz allein! Ich weiß, du glaubst es mir nicht, und ich kann es dir nicht einmal verübeln, aber so wahr ich hier stehe, ich liebe nur dich. Und es wird nie anders sein. Allein deshalb bitte ich dich, mir zu vertrauen. Ich will nur das Beste für uns.«

»Du willst mich lieben?« schrie er und lachte höhnisch.
»Du hast eine seltsame Art, das zu zeigen! Eine verdammt
seltsame Art! Du treibst dich rum, dein Körper gehört jedem dicken, gottverdammten Schwanz, und du behaup-
test, du würdest mich lieben? Wie soll ich das glauben?«
Er stand auf, riß seine Jacke vom Stuhl und zog sie über.
»Du hast noch nicht gefrühstückt«, sagte sie. »Bitte, geh
nicht so.«
»Ich habe keinen Hunger. Ich muß jetzt los. Eine Menge
Arbeit wartet auf mich.«
»Bleib noch einen Moment. Nur einen kurzen Augenblick.« Sie hielt die Zigarette unter den Wasserhahn, warf
sie in den Müllbeutel, stellte sich vor Schulz, legte ihre Arme um seinen Hals, ihr Atem roch nach Rauch. »Ich liebe
dich. Ich werde mich ändern. Nimm das als Versprechen.«
»Wenn ich dir nur glauben könnte!« sagte er kopfschüttelnd, mit Verzweiflung in der Stimme, löste sich aus der
Umarmung und ging. Joanna sah ihm nach, bis die Tür
sich schloß. Sie weinte.

Die Zeit von zehn bis elf Uhr verbrachte Julia Durant mit
der Aufarbeitung liegengebliebener Arbeit, was hauptsächlich aus dem Tippen von Berichten bestand. Das Telefon klingelte zwei Minuten nach elf. Sie hob ab, am anderen Ende eine weibliche, warme, sympathische Stimme,
die sehr leise sprach, als fürchtete sie, jemand könnte mithören. »Kommissarin Durant?« fragte sie. »Hört jemand
mit?« Mißtrauen.
»Nein, ich bin im Moment allein hier.«
»Gut, sehr gut. Kennen Sie sich in Alt-Höchst aus?« fragte die Anruferin.
»Nicht besonders...«
»Das macht nichts, schauen Sie einfach im Stadtplan nach.

Seien Sie bitte in genau zwölf Stunden vor dem Haupt-
portal der Justinuskirche. Und kommen Sie allein.«
»Weswegen wollen Sie mich sprechen? Und warum nicht
hier im Präsidium?«
Die Frau hörte nicht mehr zu, legte einfach auf.

Julia Durant fuhr am frühen Nachmittag nach Hause,
duschte, zog frische Wäsche an und ein der Witterung angepaßtes Kleid mit langen Ärmeln. Der Wetterwechsel
hatte sich über Nacht vollzogen, von Stunde zu Stunde
war das Thermometer weiter gefallen, ein böiger, kühler
Nordwind fegte durch die Straßen, dazwischen immer
wieder Regenschauer.
Um Viertel vor fünf stellte sie ihren Wagen auf dem Parkplatz vor Tomlins Klinik ab, einem zweistöckigen,
blaßblau verputzten Bau aus der Jahrhundertwende mit
großen Fenstern. Edle Innenausstattung, Eleganz, ver-
gleichbar mit einem Luxushotel, die wenigen Menschen,
meist Frauen, die ihr begegneten, unterstrichen diesen
Eindruck. Eine blonde junge Dame mit scheinbar poren-
loser, glatter, heller Haut und Zahnpastalächeln, die le-
bende Werbung für diese Klinik, erklärte ihr den Weg zu
Tomlins Vorzimmer. Die Treppe hoch, dann links und die
zweite Tür rechts, keinen Augenblick hatte sie das Gefühl,
sich in einer Klinik zu befinden. Sie klopfte an die Tür mit
der Aufschrift »Frau Neubauer«, trat nach Aufforderung
ein. Julia Durant blickte auf eine Frau von etwa Mitte Vierzig in einem eleganten, dunkelblauen Kleid mit großen,
gelben Punkten, am rechten Handgelenk ein Goldarm-
band, am linken eine Rolex, schwarze Nylons und
schwarze Pumps, das schwarze Haar hinten hochgesteckt,
ein unverbindlich freundliches Lächeln. Unaufdringliche
Musik aus unsichtbaren Lautsprechern. Sie nannte ihren

Namen, Frau Neubauer war bereits informiert. Julia Durant war etwas erstaunt, hatte eigentlich damit gerechnet, daß Tomlin, der Vielbeschäftigte, diesen Termin vergessen haben würde. Frau Neubauer bat sie, sich noch einen Moment zu gedulden und auf der Ledercouch Platz zu nehmen und währenddessen ein Formular auszufüllen, Dr. Tomlin würde schon bald zur Verfügung stehen. Sie füllte das einseitige Blatt schnell aus und reichte es Frau Neubauer zurück. Sie überflog es, nickte zufrieden, legte es auf die Seite.

Tomlin verspätete sich um wenige Minuten. Freundlich lächelnd kam er auf Durant zu und reichte ihr die Hand. Nichts an ihm ließ einen Arzt vermuten, er trug eine helle Sommerhose, ein kurzärmeliges Hemd und Sandalen.

»Schön, daß Sie gekommen sind, es tut mir leid, wenn Sie warten mußten, aber manche Patienten sind sehr schwierig«, sagte er und bat sie, ihm in sein Büro zu folgen. Der dicke Teppichboden schluckte jeden Schritt, ein Chagall und ein Monet an den Wänden – Julia Durant war überzeugt, daß sie echt waren –, die in die Decke eingelassene, indirekte Beleuchtung, die sorgsam gepflegten Grünpflanzen, der herrliche Ausblick auf den Park, dies alles machte das Zimmer zu einer Art gemütlichem Refugium. Tomlin deutete auf einen Ledersessel am Fenster, wartete, bis seine Besucherin sich gesetzt hatte, ging an einen Wandschrank, öffnete die Tür, hinter der eine ganze Batterie Flaschen stand, das meiste davon nichtalkoholische Getränke.

»Darf ich Ihnen etwas zu trinken anbieten?« fragte er.

»Nein, danke, ich möchte Ihre Zeit nicht unnötig in Anspruch nehmen, Sie sind sicher sehr beschäftigt.« Sie machte ein verlegenes Gesicht, ihre sonstige Selbstsicherheit war wie weggeblasen, wie meist, wenn sie es mit einem Mann zu tun hatte, der ihr gefiel. Und Tomlin gefiel ihr. Mehr noch, allein seine Gegenwart ließ sie in einen pubertären Zustand verliebter Erregung zurückfallen. Seit ihrer Scheidung hatte sie nur zweimal etwas mit einem Mann gehabt, One-Night-Stands, nichts Ernstes, eher aus dem Bedürfnis heraus, etwas für ihren Hormonhaushalt zu tun. Beide Male waren eine Enttäuschung, der erste hielt gerade fünf Minuten durch, der zweite stand auf Perversitäten, bis sie ihn hochkant rausschmiß.

»Sie nehmen meine Zeit nicht unnötig in Anspruch. Ich habe Zeit. Sie sind meine letzte Patientin für heute. Ich genehmige mir jetzt einen Martini, noch können Sie sich entscheiden.«

»Nun gut, einer kann nichts schaden.«

»Eis?«

»Ja, bitte.«

Er gab Eis in die Gläser, schenkte sie voll, stellte sie auf den marmornen Beistelltisch, setzte sich Julia Durant gegenüber. Er nahm einen kleinen Schluck, lehnte sich zurück, faltete die Hände über dem flachen Bauch.

»Nun, was macht eine attraktive Frau wie Sie bei mir? Ich kann mir beim besten Willen nicht vorstellen, daß Sie aus medizinischen Gründen hergekommen sind.«

Julia Durant wurde rot, spürte das Blut in ihren Kopf schießen. »Es ist nichts Gravierendes, wirklich nicht, im großen und ganzen bin ich mit meiner Figur zufrieden, bis auf eine Kleinigkeit, aber die macht mir doch zu schaffen. Es ist mein Bauch, es ist... wenn ich... nun, wenn ich mich von der Seite im Spiegel betrachte... und... in meiner Familie, nun, schon meine Großmutter und meine Mutter... wir alle haben diesen Hängebauch... ich...« Sie stammelte, ärgerte sich, wäre am liebsten rausgerannt. Sie war nervös, Tomlin machte sie nervös.

»Und Sie wollen wissen, was Sie dagegen machen können?« Er lächelte nachsichtig, nahm einen weiteren
Schluck, behielt das Glas in der Hand. »Machen Sie sich
keine Gedanken deswegen, Sie sind mit diesem Problem
nicht allein, viele Frauen leiden darunter, viele schöne
Frauen übrigens. Aber bevor wir uns weiter unterhalten,
würde ich gerne mit eigenen Augen sehen, was Sie so sehr
stört. Wenn Sie sich bitte bis auf den Slip freimachen würden. Dort hinten bitte. Den BH können Sie natürlich auch
anbehalten.« Er deutete auf die schwarze spanische Wand
mit den orientalischen Verzierungen.
Sie legte ihre Handtasche auf den Sessel. Weiche Knie, sie
hatte nicht damit gerechnet, sich vor Tomlin auszuziehen zu
müssen, und schalt sich eine Närrin, dies nicht bedacht zu
haben. Sie brauchte etwa eine Minute, dann kam sie nackt
bis auf einen winzigen Slip hinter der Wand hervor, sie
trug keinen Büstenhalter, sie trug nur selten einen, sie fühlte sich eingeengt dadurch. Tomlin hatte sich hinter seinen
Schreibtisch gesetzt, schrieb etwas auf einen Block. Er
blickte auf, sein unbekümmertes Lächeln, die natürliche,
unbefangene Art löste ihre Scham in nichts auf. Er kam
hinter dem Schreibtisch hervor. »Bleiben Sie bitte gerade
stehen und lassen Sie die Arme locker herunterhängen.«
Sanft berührte er ihren Bauch, bat sie, die Arme in die
Höhe zu strecken, sich auf die Couch zu legen.
»Sie sind nicht verheiratet?« fragte er.
»Nein, warum?« fragte sie irritiert zurück.
»Pure Neugier. Sie haben allem Anschein nach noch keine Kinder ausgetragen. Häufig leiden nämlich Frauen, die
bereits geboren haben, unter dieser Art von Bauch. Aber
natürlich kann dies auch angeboren sein, vor allem wenn
eine Vorbelastung seitens der Mutter besteht. Es ist eine
leichte Bindegewebsschwäche, die, das muß ich Ihnen

ganz klar sagen, durch die richtige sportliche Betätigung durchaus in den Griff zu kriegen ist. Es gibt bestimmte gymnastische Übungen, die sehr effizient sind. Unter den untersten Hautschichten befindet sich bei Ihnen eine Fettschicht, die abgesaugt werden kann. Ansonsten gibt es an Ihrer Figur absolut nichts auszusetzen, Sie haben einen wunderschön geformten Busen. Sie dürfen sich jetzt wieder anziehen.«

Sie verschwand schnell hinter der Wand, damit Tomlin nicht ihren tomatenroten Kopf sah, sie beeilte sich mit dem Anziehen. Als sie zurückkam, saß Tomlin wieder im Sessel am Fenster.

Er sagte, nachdem Julia Durant sich gesetzt hatte und ihren Martini austrank: »Es ist ein einfacher Eingriff, der unter Vollnarkose durchgeführt wird. Sie werden nichts spüren. Allerdings sind drei bis vier Tage Klinikaufenthalt notwendig. Es werden auch keine Narben zurückbleiben, falls Sie das befürchten sollten, das heißt, sie werden so winzig sein, daß keiner sie sieht. Sie müssen jedoch danach auf jeden Fall regelmäßig Sport treiben, damit Ihr Bindegewebe straff gehalten wird. Das wär's von meiner Seite. Haben Sie noch irgendwelche Fragen?«

»Eine. Zum Beispiel die Kosten. Ich bin nur eine einfache Polizistin und ...«

Tomlin legte eine Hand auf Julia Durants rechte. »Normalerweise kostet dieser Eingriff inklusive Aufenthalt zwischen zehn- und fünfzehntausend Mark. Aber ich nehme mir das Recht heraus, dann und wann Patienten zu Sonderpreisen zu behandeln. Sagen wir, Sie geben eine Spende für wohltätige Zwecke. Wobei mich der Betrag nicht interessiert, ich überlasse die Summe ganz und gar Ihnen. Aber Sie sollten vielleicht wissen, daß ich mich sehr stark für die Kinder in der dritten Welt engagiere, ich bin daher immer auf Geldmittel angewiesen. Kinder sind nun mal die Zukunft unserer Welt, und sie haben Besseres verdient, als die meisten von ihnen bekommen. Ich habe selber drei Kinder und sorge mich um sie. Wenn ich mir nur vorstelle...« Er stockte, schüttelte den Kopf, sein Lächeln verschwand.

»Was meinen Sie?«

»Ich muß in letzter Zeit andauernd an die armen Mädchen denken, die so sinnlos dahingemordet werden. Meine älteste Tochter ist fünfzehn und blond. Sie kommt ganz nach ihrer Mutter.«

»Dann sollten Sie ein besonders wachsames Auge auf sie haben.«

Tomlin stand auf, stellte sich ans Fenster, eine Hand in der Hosentasche vergraben, und sagte ernst: »Zurück zu Ihnen. Ich habe leider erst in zwei Monaten einen Termin frei. Mein Terminplan ist sehr ausgefüllt.«

»Ich danke Ihnen, Dr. Tomlin«, sagte Julia Durant und stand ebenfalls auf. »Ich werde es mir überlegen...«

Tomlin drehte sich um. »Was gibt es da zu überlegen? Ich weiß nicht, ob ich Ihnen dieses Angebot noch einmal machen werde. Frau Neubauer wird Ihnen die Einzelheiten erklären. Wenn Sie mich jetzt bitte entschuldigen wollen.«

»Auf Wiedersehen, Dr. Tomlin und nochmals vielen Dank.«

»Keine Ursache. Vielleicht sehen wir uns schon vorher einmal wieder«, sagte er und reichte ihr die Hand.

»Wie meinen Sie das?«

»Oh, ich denke, daß die Polizei sicher noch viel zu tun haben wird in dieser Gegend. Das heißt, ich fürchte es.«

»Und ich hoffe es nicht.«

Julia Durant verließ das Büro, spürte Tomlins Blick in

ihrem Rücken. Sie sollte am 29. November morgens um acht in die Klinik kommen. Beschwingt machte sie sich auf den Nachhauseweg.

Dienstag, 23.00 Uhr

Die Kommissarin traf um zwanzig vor elf bei dem ausgemachten Treffpunkt ein. Sie blieb im Auto sitzen, hörte leise Musik, stieg mit dem Gongschlag der Nachrichten aus, vergewisserte sich, daß dies keine Falle war, es konnte immerhin sein, daß sie jemandem, ohne es zu wissen, auf die Füße getreten war. Der Platz vor der Kirche war in das schummrige Licht alter Gaslaternen getaucht, wie es sie in ganz Alt-Höchst noch gab, nur daß sie jetzt nicht mehr mit Gas, sondern mit Elektrizität betrieben wurden. Die Nacht war kühl, der Regen hatte aufgehört, Wolkenfetzen sausten über den Himmel, Blätter flogen von den Bäumen und tanzten über die Straße, ein Betrunkener pinkelte an eine Hauswand. Sie tauchte wie ein Schemen aus dem Nichts auf, kam in einem bis zu den Knöcheln reichenden dunklen Mantel und einem Kopftuch, trug eine Sonnenbrille, trotz der Dunkelheit. Durant schätzte sie auf etwa einsfünfundsechzig, damenhaft eleganter Gang, ihre Schritte hallten vom Kopfsteinpflaster wider.

»Kommissarin Durant?« fragte die Frau mit gedämpfter Stimme aus der Distanz von etwa fünf Metern, den Kopf geneigt.

»Ja.«

»Hier ist eine Bank«, sagte die Unbekannte, »setzen Sie sich bitte. Ich habe aber nicht viel Zeit.«

»Wollen Sie sich nicht setzen?«

»Ich möchte nicht, daß Sie mich ansehen. Ich werde stehen bleiben.« Sie stellte sich schräg hinter Durant.

»Dann werden Sie mir wohl auch nicht Ihren Namen verraten?« sagte Julia Durant, während sie mit einem Taschentuch die Feuchtigkeit von der Bank wegzuwischen versuchte.

»Mein Name tut nichts zur Sache. Nur die Informationen sind wichtig. Vielleicht helfen sie Ihnen, den Mörder dieser armen Dinger zu finden. Machen wir's also kurz. Sie waren gestern abend auf der Party bei Menzel. Ich war auch da, ich habe gesehen, wie es Sie umgehauen hat. Ich habe Sie übrigens ins Bett gebracht. Daher weiß ich auch, daß Sie von der Polizei sind. Haben Sie schon Menzel befragt?«

»Was meinen Sie mit ›befragt‹?«

»Ob Sie ihn verhört haben?«

»Nein, dazu gab es bis jetzt keinen Grund. Ich stellte ihm nur ein paar obligatorische Fragen. Warum wollen Sie das wissen?«

»Wie hat Menzel sich Ihnen präsentiert? Charmant, erfolgreich? Ja, Menzel ist charmant und erfolgreich – und eine Sau.«

»Ja, aber...«

»Unterbrechen Sie mich bitte nicht, ich bin in Zeitdruck. Menzel muß unschädlich gemacht werden. Und glauben Sie mir, ich weiß, wovon ich spreche. Wissen Sie eigentlich, was gestern nacht mit Ihnen geschehen ist? Sie waren nicht sinnlos betrunken, wie Sie vielleicht denken, es war Menzels Idee, Sie unschädlich zu machen. Dazu brauchte er Ihnen nur seinen Spezial-Mix zu geben! Den reicht er nämlich immer, wenn er entweder jemanden gefügig machen oder ihn loswerden will. Das Zeug haut den stärksten Mann um, wenn man nicht vorsichtig ist. In Ihrem Fall

279

sollten Sie nur außer Gefecht gesetzt werden, damit durch Sie nicht die für den Abend gemachten Pläne durcheinandergerieten.« Sie hielt inne, die Kommissarin wandte ihren Kopf ein wenig, sah aus den Augenwinkeln die Unbekannte sich mit der Zungenspitze über die Lippen fahren. »Sind Ihnen die vielen jungen Mädchen aufgefallen? Und diese älteren, distinguierten Herren? Alles, was Rang und Namen hat, war darunter. Was glauben Sie, was sich auf der Party nach Ihrem Knockout und nachdem einige der anderen Gäste gegangen sind, abgespielt hat?«

»Keine Ahnung, sagen Sie's mir.«

»Das, was bei Menzel immer passiert, die alten Knacker machen sich über die Mädchen her, die vorher natürlich gefügig gemacht wurden. Es ist ein höchst perverses, widerliches Spiel, das auch ich seit einiger Zeit mitspielen muß ...«

»Muß?« unterbrach Durant sie zweifelnd.

»Ja, muß! Ich werde dazu gezwungen, und wehe, ich wage es, mich zu wehren! Aber kommen wir zurück zu Menzel. Bei ihm gibt es alles, Drogen, Alkohol, Orgien. Kennen Sie Menzels Frau? Diese armselige Gestalt, die kaum noch Kraft zum Leben hat? Und diesen verschüchterten Jungen, der nie wagen würde, seinem Vater ein Widerwort entgegenzusetzen? Sie alle sind von Menzel geprägt. Er bestimmt die Regeln, und wenn sich einer diesen Regeln widersetzt, wird er kaltgestellt, ganz gleich, ob es sich um seine Familie handelt oder jemand anders. Ich möchte nicht wissen, wie oft er seine Frau vergewaltigt und zusammengeschlagen hat, bis er sie endlich zerbrochen hatte! Ich habe einmal miterleben müssen, wie Menzel sie in meinem Beisein verprügelt hat, und es hat ihm nicht im geringsten etwas ausgemacht, daß ich zugesehen habe. Sie hat weder geschrien noch gejammert, nicht einmal geweint hat sie, sie hat die Schläge einfach hingenommen, sich abgewandt und ist auf ihr Zimmer gegangen. So, als wäre es für sie etwas Alltägliches. An ihr scheint alles tot zu sein, sie ist praktisch wie ein Zombie. Auch an mir hat Menzel übrigens schon seine Macht demonstriert. Geben Sie zu, Sie würden hinter seinem Lächeln doch auch nie eine derartige Brutalität vermuten. Seit ich Menzel kenne, und ich verfluche den Tag, an dem ich ihn das erste Mal sah und auf seine verlogene, hinterhältige Art reingefallen bin... Aber lassen wir das! Ich werde es kurz machen und Ihnen sagen, warum wir uns hier treffen. Auf Menzels Partys gibt es Koks, Alkohol und Mädchen. Viele der Mädchen sind kaum älter als dreizehn oder vierzehn, manche auch erst zwölf, wenn sie das erste Mal auf einem dieser Feste gevögelt werden. Natürlich sind es allesamt Jungfrauen, wobei Menzel sich das Recht vorbehält, die zartesten und knackigsten Früchte als erster zu kosten...«

»Soll das etwa heißen, Menzel läßt sich Minderjährige beschaffen, die von ihm und seinen Freunden...« fragte die Kommissarin ungläubig und entsetzt.

»Sie haben es erfaßt. Er und seine getreuen Untertanen treiben's am liebsten mit jungem, unberührtem Fleisch. Und die Auserwählten geben eine großzügige Spende für humanitäre Zwecke. Kinder in Bosnien, Kinder in Afrika, Spenden für die Krebsforschung, kaum ein Gebiet, für das nicht gespendet wird. Ein Spiel, das an Perversion nicht zu überbieten ist.«

»Und die Eltern der Kinder?«

»Die meisten der Eltern wissen wohl davon und dulden es stillschweigend, weil Menzel sie entweder in der Hand hat oder ihnen Gefälligkeiten erweist. Ich kenne mindestens zwei Fälle, wo Menzel die Eltern bezahlt hat. Das sind aber sicher keine Einzelfälle. Noch etwas, Menzel ist extrem gewalttätig, wobei er sich nicht zu schade ist, auch einmal selbst Hand anzulegen. Menzel ist ein Sadist im wahrsten Sinne des Wortes, der nur dann Freude und Lust empfindet, wenn er andere quälen kann. Ich habe noch keinen brutaleren Menschen kennengelernt.«

»Können Sie mir Namen von Mädchen oder Tätern nennen?«

»Tut mir leid, aber ich hänge irgendwie am Leben.«

»Sich mit mir zu treffen ist doch schon ein Risiko! Nur Namen helfen mir weiter! Sind es ausschließlich Mädchen aus höheren Kreisen?«

»Nein, beileibe nicht. Im Gegenteil, die meisten kommen von irgendwoher. Menzel läßt sie für seine Partys beschaffen, er verspricht ihnen Geld und mehr. Ob er seine Versprechen letztendlich hält, kann ich nicht sagen. Wie gesagt, Zwölf- bis Vierzehnjährige sind Standard.« Die Unbekannte stockte, holte aus ihrer Handtasche eine Schachtel Zigaretten und zündete sich eine an.

»Sie werden sich fragen, warum ich Ihnen das alles erzähle. Nun, nachdem all die Morde geschehen sind und ich Menzels Vorlieben kenne, dachte ich mir...«

»Moment«, sagte Julia Durant, »heißt das, Sie halten Menzel für den Täter?«

»Nein, nein, so blöd ist er nun auch wieder nicht, aber ich halte es für immerhin möglich, daß die Spur über ihn zum Mörder führt. Und vielleicht wird auf diesem Weg auch Menzel selbst endlich unschädlich gemacht.«

»Sie sagen, erst nachdem ich ausgeschaltet war und einige Gäste gegangen waren, kam die Party richtig in Schwung. Welche Gäste sind gegangen und welche sind geblieben?«

»Ich sage Ihnen nur, wer gegangen ist. Vorher die Party verlassen haben Güttler und seine derzeitige Geliebte,

Scheurer und Frau, Tomlin und Frau ...« Sie zählte noch ein paar Namen auf.

Durant atmete erleichtert auf. Sie hätte die Welt nicht mehr verstanden, wäre Tomlin geblieben.

»Was wissen Sie über Frau Bernhardt und ihre Tochter Nicole?«

»Sie sind wie viele dort – etwas blasiert, etwas nymphoman, von allem etwas.«

»Nicole und nymphoman?«

»Nein, sie wohl weniger, aber ihre Mutter ist eine Hure. Außerdem ist sie falsch bis ins Mark. Wenn sie etwas sagt, können Sie davon ausgehen, daß mindestens die Hälfte davon gelogen ist.«

»Gehört Nicole zu den Mädchen, die von Menzel – Sie wissen schon, was ich meine?«

Die Unbekannte stockte wieder, nahm einen weiteren Zug an der Zigarette, blies den Rauch durch Mund und Nase aus: »Ja, sie gehört dazu. Seit ungefähr drei Jahren, wie mir berichtet wurde.«

»Und ihre Mutter, weiß sie davon?«

»Was glauben Sie denn?! Natürlich, sie wußte es von Anfang an, sie muß es gewußt haben. Vermute ich zumindest, auch wenn ich selbst erst seit knapp zwei Jahren dabei bin. Aber Catherine ist eine verfluchte Schlampe, die für Geld und ihr Vergnügen alles macht. Glauben Sie bloß nicht, daß sie auch nur einen Funken Gefühl für Nicole übrig hat!«

»Und was können Sie mir über Tomlin sagen?«

»Tomlin! Er ist wohl einer der ganz wenigen, die sich von diesem Schmutz nicht anziehen lassen. Und seine Frau natürlich. Es gibt nicht viel über ihn zu sagen, nur so viel, daß er auf dem Boden geblieben ist. Keine Skandale, keine Affären, geordnetes Familienleben. Zudem opfert er eine Menge Zeit, um den Ärmsten der Armen zu helfen. Ich weiß, daß er zum Beispiel regelmäßig nach Lateinamerika und Zentralafrika fliegt, um unentgeltlich medizinische Hilfe vor Ort zu leisten. Das wissen nicht viele von ihm, denn er prahlt nicht damit, im Gegensatz zu anderen, die Wohltätigkeit aus reiner Berechnung ausüben.«

»Warum aber war er dann gestern auf der Party?«

»Weil diese Partys dazugehören. Auch ein Tomlin kann sich nicht ganz ausschließen, ein Großteil seiner Kundschaft verkehrt schließlich bei und mit Menzel. Ich glaube nicht, daß er gerne dorthin geht, aber was bleibt ihm anderes übrig?«

»Was passierte genau, nachdem die andern gegangen waren?«

»Das übliche. Das Licht wurde heruntergedreht, Koks geschnupft, noch ein paar Drinks genommen, die Hemmschwelle fiel auf den absoluten Nullpunkt. Es ging bis etwa halb drei.«

»Wie viele Männer und Mädchen waren dann noch da?«

»Es waren nicht nur Männer und Mädchen«, sagte die Unbekannte. »Es gibt auch Frauen, die wie geile Hennen bei so was mitmachen.«

»Wie viele?«

»Kann ich nicht genau sagen. Sechzehn bis achtzehn Erwachsene und etwa so viele Kinder und Jugendliche.«

»Und was ist mit den Kindern gemacht worden?«

»Wollen Sie das wirklich hören? All den Schmutz und die Schweinereien?«

»Alles!«

»Normaler Geschlechtsverkehr, Oral- und Analverkehr, und wenn jemand auf ganz ausgefallene Sachen steht, auch das. Sie wissen sicher, wovon ich spreche.«

»Kondome?«

»Sie machen wohl Witze?! Die dort mitmachen, können das Wort Kondom nicht mal buchstabieren!«

»Hat denn keiner von denen Angst vor Aids?«

»Aids? Aids haben andere, die doch nicht! Außerdem, wenn man zugekokst oder besoffen ist, denkt man alles, nur nicht daran. Aids ist kein Thema.«

»Was ist mit Patanec, kennen Sie ihn?«

»Nur dem Namen nach. Ich habe ihn, wenn überhaupt, höchstens mal aus der Ferne gesehen. Ich weiß nur, daß er bi ist.« Die Unbekannte blickte zur Uhr, sagte: »Es tut mir leid, aber meine Zeit ist um, ich muß gehen.« Sie warf die Zigarettenkippe auf das Pflaster, steckte die Hände in die Manteltaschen.

Julia Durant stand auf. »Moment noch, eine Frage – was sagt Ihnen der Name Sabine Lindner?«

»Das arme Ding! Sie fehlte seit etwa einem halben Jahr auf keiner von Menzels Partys, und sie blieb immer bis zum Schluß.«

»Halten Sie es für möglich, daß sie ein Verhältnis mit Menzel hatte?«

Die Unbekannte lachte auf. »Ob ich es für möglich halte? Es ist eine Tatsache! Sie war geradezu verrückt nach ihm. Er war ihr erster Mann, er war ihr Gott, ihr Adonis, und ihr war scheißegal, daß er verheiratet war oder ihr Vater hätte sein können! Sie war offensichtlich wirklich in ihn verliebt, die sexuelle Hörigkeit eines kleinen Mädchens, das von seinem Vater gevögelt wurde. Menzel hat diese Hörigkeit genossen, sie war die einzige, bei der er mit Argusaugen darüber gewacht hat, daß niemand außer ihm sie berührte. Bis er sie aus welchen Gründen auch immer fallenließ. Tja, und jetzt ist sie tot.«

»Was, wenn ich Menzel mit Ihrer Aussage konfrontiere?«

»Na und, tun Sie's. Er wird alles abstreiten. Wenn Sie kei-

nen konkreten Beweis vorlegen können, wird er Sie kaltmachen. Seine Krakenarme reichen überallhin, bis in die
Spitzen der Polizei und der Regierung. An seinen gottverdammten Pfoten klebt mehr Dreck, als Sie im größten
Misthaufen finden werden. Waffenhandel, Drogen, Pro-
stitution, Geldwäsche, Korruption und so weiter, denken
Sie sich irgendeine Schweinerei aus, Menzel hat sie schon
begangen. Einschließlich bestelltem Mord. So«, sagte die
Frau, »es wird wirklich höchste Zeit für mich.«

»Was werden Sie jetzt tun? Menzel weiter zu Diensten
sein?« fragte Durant sarkastisch, ihre Wut nur mühsam
unterdrückend.

»Vielleicht.«

»Würden Sie mich morgen vormittag noch mal anrufen?«

»Warum?«

»Um Menzel festnageln zu können, brauche ich Namen,
und zwar von den Mädchen. Sie brauchen keine Angst vor
einer Fangschaltung zu haben, wenn Sie möchten, dann
rufen Sie mich unter der Nummer meines Handys an.
Hier, warten Sie, ich schreibe sie Ihnen schnell auf.«

»Namen werden bei Menzel in der Regel nicht genannt.
Aber mal sehen, was sich machen läßt.«

»Nur noch eine Frage – warum haben Sie es getan?«

»Warum habe ich was getan?«

»Sich mit mir getroffen?«

Die Unbekannte stand mit dem Rücken zu Julia Durant
und sagte: »Weil ich den Gedanken unerträglich finde, daß
Abschaum wie Menzel noch mehr Unheil über diese Stadt
bringt! Deshalb und nur deshalb. Ich werde Sie morgen
mittag um zwölf anrufen. Bis dann.«

»Eine allerletzte Frage noch – Sie? Welche Rolle spielen Sie
bei der ganzen Sache?«

»Das werde ich Ihnen nicht auf die Nase binden. Aber

glauben Sie mir, ich würde nie einem Kind oder Jugendlichen weh tun. Niemals!«

Die Unbekannte entfernte sich, tauchte wieder in die
Nacht ein. Durant setzte sich in ihren Opel, steckte den
Schlüssel ins Zündschloß, starrte aus dem Fenster in die
Nacht, malte sich aus, wie Berger auf die Nachricht über
Menzel reagieren würde. Wenn nur ein Bruchteil von dem
stimmte, was die Unbekannte erzählt hatte, dann war
Menzel ein widerliches, stinkendes Stück Dreck. Wenn es
stimmte, dann waren seine Tage gezählt.

Dienstag, 21.30 Uhr

Kalter, böiger Wind, ein paar Regentropfen. Die Unruhe
hatte wieder von ihm Besitz ergriffen. Eine Unruhe, die ihn
in immer kürzeren Abständen packte, ein Dämon, der in
ihm wütete und ihn nicht zur Ruhe kommen ließ.

Er fuhr einfach drauflos. Nach knapp zehn Minuten erreichte er Goldstein, eine in den zwanziger Jahren erbau-
te Wohnsiedlung. Er stellte den Wagen ab und stieg aus.
Streifte minutenlang ziellos durch das Wohngebiet aus
gleichförmigen, unscheinbaren Häusern, durch eine Gar-
tenkolonie. Aus den Tropfen wurde heftiger Regen, von
Windböen gepeitscht. Ein Blick zur Uhr, 21.50 Uhr.

Er kam in eine Gegend, die er vorher erst zweimal betreten hatte, jeweils in der vergangenen Woche, auf der Suche nach *ihr*. Hochhäuser, grau in grau, trotz der fortge-
schrittenen Stunde und des schlechten Wetters noch vereinzelt Menschen auf der Straße, einige Betrunkene, einige
Ausländer, ein paar Jugendliche, die sich kabbelten, zwei
Frauen, die sich an der Straßenecke unterhielten, ein
Hund, der an der Leine zerrte.

Er lief die schmale Straße entlang, er war jetzt allein. Überberstende Müllcontainer, Sperrmüll und Unrat auf der Wiese, beschmierte Hauswände, irgendwer hatte einfach einen alten Kühlschrank und ein zerschlissenes Sofa auf einer schmalen Rasenfläche abgestellt, mitten zwischen lauter Haufen aus Hundekot. Eine abstoßende, schmutzige Gegend, Slums, Favelas, Elendsviertel. An manchen Tagen mochte vielleicht der Gestank zum Himmel stinken, im wahrsten Sinne des Wortes. Er passierte das Haus Nummer 10, die Nummer 12, lief weiter, ohne genau zu wissen, wo er sich befand.

Das Mädchen fiel ihm sofort auf, er erkannte sie wieder. Sie kam ihm auf der anderen Straßenseite entgegen, allein. Sie war groß, etwa einsfünfundsiebzig, langes, goldblondes Haar fiel bis weit über ihre Schultern, sie hatte eine aufreizende Figur. Das Klappern der Absätze ihrer hochhackigen, bis über die Knie reichenden Stiefel hallte von den Häuserwänden wider, sie lief schnell, leicht gebückt, um dem Regen weniger Angriffsfläche zu bieten. Er blieb, die Hände in der Windjacke vergraben, stehen, sah zu ihr hinüber, spürte den Regen nicht mehr, hielt den Griff seines Stiletts fest umklammert, fühlte den leichten Druck des Polizeiknüppels unter der Jacke. Als sie an ihm vorbei war, wendete er und blieb hinter ihr, immer noch auf der anderen Straßenseite. Vergewisserte sich, daß niemand ihn beobachtete. Der Druck in seinem Kopf nahm zu, das schmerzhafte brennende Ziehen zwischen seinen Schenkeln, der Dämon in seinem Körper fuhrwerkte wie besessen. Der Dämon kontrollierte seine Gedanken, die nur noch auf einen Punkt konzentriert waren, töten. Beim Haus Nummer 1 bog sie vom Bürgersteig ab und lief über den schwachbeleuchteten Parkplatz auf die Haustür zu. Nur wenige Lichter, die im Haus brannten, der Hausflur lag im Dunkel. Er überquerte die Straße, beschleunigte seine Schritte. Sie zog den Reißverschluß der Handtasche auf, fischte den Schlüssel heraus, schloß auf, wollte den Lichtschalter drücken. Schaffte es nicht mehr.

Sie spürte nur noch, wie sich etwas Spitzes rasend schnell immer und immer wieder von hinten in ihren Körper bohrte, sie wollte schreien, aber da war diese Hand, die sich brutal auf ihren Mund preßte und jeden Laut erstickte. Sie merkte nicht mehr, wie sie über die schmutzige Betontreppe in den Keller gezerrt wurde. Er tat, was er in letzter Zeit immer tat, es dauerte zehn Minuten. Er wischte das Blut von seinem Mund, dem Stilett, versteckte den Knüppel unter der Jacke, ein letzter, fast mitleidiger Blick. Die Unruhe war wie weggeblasen, er fühlte sich ruhig und ausgeglichen. Der Dämon war zufrieden.

Um 23.30 Uhr piepte das Autotelefon der Kommissarin, die gerade aus Alt-Höchst herausfuhr. Berger. Sagte, sie solle sofort in die Goldsteinsiedlung, Im Heisenrath 1, kommen. Ein weiteres Opfer im Keller eines Hochhauses. Ein blondes, etwa siebzehnjähriges Mädchen.

Die Nacht war jetzt sternenklar und kühl, abnehmender Mond am südlichen Himmel. Durant traf fast zeitgleich mit Berger und Schulz am Tatort ein. Neugierige hatten sich auf dem Parkplatz vor dem Haus versammelt, Bier- und Schnapsflaschen machten die Runde, aufgeregtes Durcheinandergeplappere. Julia Durant erschien es wie eine mittelalterliche Szene, wo eine Hinrichtung gleichbedeutend mit einem Volksfest war, Gaukler und fahrende Händler, Schauspieler und Artisten große Geschäfte witterten und das Volk für wenige Stunden der Tristesse des grauen Alltags entrann. Ein Streifenbeamter, der mit seinem Kollegen als erster am Tatort eingetroffen war, wies den Kriminalbeamten den Weg zum Ort des Verbrechens. Berger rümpfte die Nase, im Hausflur stank es nach einer Mischung aus Fäkalien, Gekochtem und Gebratenem, die Wände beschmiert mit Obszönitäten und Liebesschwüren, eine riesige Urinlache auf der Treppe.

»Hier«, sagte der Beamte und wies hinter die Kellertür. »Hier liegt sie.«

Fahles Kellerlicht. Das Mädchen lag auf dem Rücken, die rechte Brust abgeschnitten, die Hände über dem Bauch gefaltet, das Schambein von innen zertrümmert, Bißwunden an den Genitalien. Ihr Körper wies von hinten wie von vorne Einstiche auf. Das lange, blonde Haar blutverschmiert und zu Rattenschwänzen geflochten, ihre Augen geweitet. Sie trug bis über die Knie reichende, hochhackige, schwarze Stiefel, Hurenstiefel, wie Berger sie nannte. Dazu ein roter Rock, der über ihren Po geschoben war. Ein winziger, schwarzer Slip war ihr vom Leib gerissen worden, ein deutlicher Striemen an ihrer Gesäßbacke. Die aufgerissene Bluse blutdurchtränkt. Eine riesige Blutlache auf dem Boden.

»Wer hat sie gefunden?« fragte Berger, die Hände in der Manteltasche vergraben.

»Der hier«, sagte der Beamte, auf einen am Treppenabsatz stehenden Mann deutend. Seine Kleidung war abgerissen, die Augen rot unterlaufen, er stank nach Schnaps und säuerlichen Körperausdünstungen.

»Was haben Sie hier unten gemacht?« fragte Berger und hielt einen Abstand von mehr als einem Meter zu dem Mann ein.

»Na was schon, ich wollte schlafen«, antwortete der Mann mit von Alkohol und Zigaretten gezeichneter, kratziger Stimme. Er hustete und spuckte zähen Schleim an die Wand.

»Hier unten? Hier ist doch nur der Keller!«

»Meine Kumpels und ich, wir schlafen immer hier. Solange keiner was dagegen hat.«

»Und wann haben Sie sie gefunden?«

»Woher soll ich das wissen! Ich hab doch keinen Wecker um!«

»Und wer hat die Polizei alarmiert?«

»Mann, Sie stellen vielleicht Fragen!«

»Wenn Sie nichts wissen, dann hauen Sie ab, Mann! Aber heute nacht wird es nichts mit hier schlafen. Ihr müßt euch schon ein anderes Plätzchen suchen.«

»Gebont, Chef.« Er tippte sich an die Stirn, schlurfte die Treppe hoch.

»Es ist eine verfluchte Sauerei! Der Kerl treibt sich jetzt wohl überall rum?! Ich will, daß sofort jeder, der da draußen steht, vernommen wird. Quetscht sie aus wie Zitronen! Und jedes Wort wird mitgeschrieben! Und wenn ich sage, jeder wird vernommen, dann meine ich jeder! Egal, ob besoffen oder nicht! Ich habe die Schnauze bis hier oben voll! Wenn wir diese Drecksau nicht bald kriegen...! Scheiße, Scheiße, Scheiße, Scheiße!! Und haltet mir, zum Teufel, diese verdammten Pressefritzen vom Leib! Und daß mir keiner von euch auch nur einen Ton sagt! Und wo bleiben eigentlich der Fotograf und die Spurensicherung? Können sich diese Arschlöcher nicht ein bißchen mehr beeilen?! Und ich möchte zu gerne wissen, wo Kullmer sich rumtreibt, ich habe vergeblich versucht, ihn zu erreichen, dabei hat jeder von uns zu jeder Zeit erreichbar zu sein!«

»Komm, jetzt reg dich nicht so auf, bitte! Vom Rumschreien...«, versuchte Schulz ihn zu beschwichtigen.

Berger funkelte ihn wütend an. »Verdammt noch mal, im Augenblick ist mir aber nach Rumschreien! Ich bin froh, daß ich das kann! Da draußen läuft irgend so ein Monster

herum und führt seinen ganz persönlichen Privatkrieg!
Das ist zum Schreien!! Kapiert?!« Er atmete ein paarmal
tief durch, beruhigte sich, fragte mit jetzt gemäßigter Stim-
me: »Wie heißt die Kleine eigentlich?«
»Antonia Delgado.«
»Hört sich nicht gerade deutsch an. Wie alt? Siebzehn,
achtzehn?«
»Konnte bis jetzt keiner so genau sagen. Die einen sagen
vierzehn, andere sechzehn, sogar achtzehn. Ihr Vater ist
Spanier, die Mutter Deutsche«, sagte der uniformierte Be-
amte.
»Wo sind die Eltern?«
»Nicht zu Hause. Eine Nachbarin sagt, daß sie am frühen
Nachmittag weggefahren sind und vermutlich erst in der
Nacht zurückkommen. Das würden sie oft so machen.«
»Das wird eine schöne Überraschung werden. Passen Sie
sie ab. Und verhindern Sie vor allen Dingen, daß irgend-
wer da draußen es den Eltern sagt, bevor wir es tun. Wissen die schon alle, wer die Tote ist?«
»So was spricht sich doch rum wie ein Lauffeuer. Schau-
en Sie sich doch die Baggage an; stehen da rum, saufen sich
die Hucke voll und lachen. Es ist die beschissenste Gegend
in Frankfurt. Wissen Sie, was letzte Woche hier los war?
Da haben ein paar Verrückte sich verkleidet wie in Amerika die vom Ku-Klux-Klan und haben Randale gemacht.
Ausländer überfallen und zusammengeschlagen, einen
Aufzug in Brand gesteckt und ganze Kübel voll Kot vor
die Wohnungstüren von Ausländern gekippt. Ich möchte
hier um nichts in der Welt leben müssen.«
»Brauchen Sie ja auch nicht«, entgegnete Berger eisig. »Sie
tragen übrigens die Verantwortung, daß von denen da
draußen keiner über die Stränge schlägt. Wenn nötig, for-
dern Sie Verstärkung an. Ich will, daß alles ruhig bleibt,

Unruhe können wir nicht gebrauchen. Ist die Kiste schon angefordert?«

»Bitte?« fragte der Beamte irritiert.

»Ist der Leichenwagen schon bestellt?« fragte Berger gereizt.

»Ja, natürlich, schon vor einer halben Stunde«, beeilte sich der Beamte zu versichern.

»Gut, dann gehen wir jetzt da raus und befragen die Leute. Jeden einzelnen.«

Die Spurensicherung und der Fotograf trafen ein. Berger, wenig freundlich: »Beeilt habt ihr euch ja nicht gerade, was? Seht zu, daß ihr's schnell hinter euch bringt. Muß nicht sein, daß die Kleine noch lange hier rumliegt.«

Die Gruppe der Schaulustigen war angewachsen. Lautes Schwätzen, Grölen, Lachen, Witze wurden gerissen. Darunter einige heruntergekommene, wild aussehende Gestalten. Berger, Schulz, Durant sowie zwei weitere Beamte gingen auf die Menge zu. Berger instruierte die beiden Beamten, nur Fragen zu stellen, die sich auf einen Fremden bezogen, den hier noch keiner gesehen und der sich ungewöhnlich oder auffällig benommen hatte.

Berger hob die Hände, sagte laut: »Wenn ich jetzt um Ruhe bitten dürfte! Meine Kollegen und ich werden jedem von Ihnen ein paar Fragen stellen. Keiner von Ihnen verläßt vorläufig diesen Platz, jeder einzelne wird meinen Kollegen bzw. mir den genauen Namen und die Anschrift geben. Sie können gehen, sobald wir die Fragen gestellt haben! Ansonsten gibt es eine Vorladung aufs Präsidium, klar?!«

Das Lachen und Lärmen verstummte augenblicklich. Hier und da Räuspern, vielleicht Angst vor unangenehmen Fragen.

»Sie«, sagte Berger und deutete auf einen am linken Rand

stehenden jungen Mann mit einer halbvollen Weinflasche in der Hand, »kommen Sie her!«

Der junge Mann setzte sich zögernd in Bewegung, blieb vor Berger stehen. Eben noch laut lachend, machte er jetzt einen eher zurückhaltenden, fast ängstlichen Eindruck.

»Kommen Sie hier rüber, hier können wir einigermaßen ungestört reden. Wie heißen Sie?«

»Albert Scherer.«

»Und wo wohnen Sie?«

»Im Haus Nr. 12, zweiter Stock.«

»Seit wann stehen Sie auf der Straße?«

»Seit heut' nachmittag, glaub ich.«

»Und wo?«

»Da vorn an der Ecke, da wo wir immer stehen.«

»Wer ist wir?«

»Na, meine Kumpels und ich.«

»Zeigen Sie mir Ihre Kumpels.«

»Da hinten, die vier«, sagte der Mann und deutete auf drei Männer und eine schlampige, sichtlich betrunkene Frau mit fettigem, strähnigem Haar.

»Sollen herkommen.«

Der Mann machte eine Handbewegung, seine Freunde kamen näher.

»Was sind Sie von Beruf?«

»Äh, na ja, ich...«

»Arbeitslos?«

»Ja.«

»Egal, interessiert mich nicht. Was mich interessiert – ist Ihnen heute abend, als Sie dort vorne gestanden haben, irgend jemand Ungewöhnliches aufgefallen, jemand, der nicht hierhergehört und den Sie noch nicht gesehen haben? Jemand Fremdes? Jemand, der sich auffällig benommen hat?«

Der Mann kratzte sich am Kopf und hob die Schultern. »Keine Ahnung. Hier laufen doch dauernd irgendwelche Typen rum, die keine Sau kennt, vor allem Kanaken. Und von denen kann man doch eh keinen auseinanderhalten.«

»Hören Sie zu, ich will nur wissen, ob Ihnen jemand aufgefallen ist, der sich sonderbar benommen hat. Die Straße rauf und wieder runter gelaufen ist, so als suche er etwas, oder ob ein Fremder längere Zeit an einem Platz stehengeblieben ist. Jetzt kapiert?«

»Nee.«

»Was, nee?«

»Ich hab niemand gesehen.«

»Sie können gehen!« sagte Berger und befragte der Reihe nach die Freunde des Mannes. Auch von denen hatte angeblich keiner etwas bemerkt.

Nach mehr als einer Stunde war die Befragung beendet. Die absurdesten Geschichten waren aufgetischt, die abenteuerlichsten Gestalten gesichtet worden. Wichtigtuerei und Suff.

1.30 Uhr. Nach und nach hatte der Platz sich geleert, bis nur noch die Polizisten da waren und ein paar wenige Unermüdliche, die die Sensation bis zum Ende auskosten wollten. Die Leiche war längst abtransportiert worden, die Spurensicherung versprach, die wahrscheinlich wieder einmal nur spärlichen Ergebnisse noch während der Nacht auszuwerten. Berger bedeutete Schulz, Durant und den anderen Beamten, ihm zu seinem Wagen zu folgen. Er lehnte sich an die Fahrertür, die anderen bildeten einen Halbkreis um ihn.

»Fassen wir also die Ergebnisse zusammen. Sie fangen bitte an«, sagte Berger, auf einen der beiden uniformierten Beamten deutend.

Der kratzte sich am Kopf, bevor er antwortete: »Eigentlich

habe ich nicht viel. Lediglich zwei wollen so gegen zehn einen Mann beobachtet haben, der in den Heisenrath eingebogen und etwa eine halbe Stunde später wieder rausgekommen sein soll.«

»Bei mir waren's drei«, sagte Schulz.

»Ich habe leider nur eine Augenzeugin, die einen solchen Mann gesehen haben will«, sagte Durant.

»Interessant! Bei mir ist es zwar auch nur einer, aber wenn ich richtig gezählt habe, dann haben sieben Personen einen Mann beobachtet, von dem sie annehmen, daß er nicht hierhergehört. Lassen Sie uns die Beschreibungen vergleichen«, sagte Berger. Die Beamten lasen vor, was sie notiert hatten, Berger schrieb mit, sagte schließlich: »Halten wir also fest – der Mann soll zwischen einsfünfundsiebzig und einsneunzig sein, blond bis braun, schlank. Wobei wir mit der Haarfarbe vorsichtig sein müssen, denn es war schon dunkel. Na ja, und zur Kleidung – Sweater, Jeans, Parka, Regenjacke, Pullover, die Farben reichen von Gelb bis Schwarz. Scheiße! Das war's dann wohl wieder mal.«

Die Kommissarin kniff die Lippen zusammen und schüttelte den Kopf. »Ich habe noch nicht gesagt, was meine Augenzeugin gesehen hat. Ich habe von ihr eine recht detaillierte Beschreibung bekommen. Die Frau machte auf mich einen sehr seriösen Eindruck. Sie war mit ihrem Hund Gassi, und zwar genau von Viertel vor zehn nach dem Film im zweiten Programm, bis kurz vor halb elf, weil sie zu den Tagesthemen wieder zu Hause sein wollte. Ihr Weg führte vom Haus Nr. 14 zur Ecke Heisenrath/Ruhestein. Um kurz vor zehn traf sie eine Bekannte, die gerade vom Bus kam. Sie unterhielten sich, dabei sah sie einen Mann den Spazierweg hochkommen. Er hatte beide Hände in einer dunklen Windjacke vergraben. Er blieb einen Moment neben dem Zeitungsautomaten stehen, er wirkte un-

296

schlüssig in seinem Benehmen. Sie sagte, sie hatte das Gefühl, als würde er die Straße einsehen. Sie weiß das so genau, weil sie während des Gesprächs immer wieder zu dem Mann hinsah. Über die Größe des Mannes konnte sie wenig sagen, sie meint nur, er müsse so um die einsachtzig sein, sehr schlank, mit kurzen Haaren, die Farbe konnte sie aber nicht ausmachen. Er trug Jeans und Turnschuhe und, soweit sie sich erinnern kann, eine Brille. Er soll etwa zwei Minuten dort gestanden haben, bevor er die Straße überquerte und in den Heisenrath lief. Sie ist ziemlich sicher, ihn niemals zuvor gesehen zu haben, und da sie bereits seit mehr als zwanzig Jahren hier lebt, behauptet sie, fast jeden zumindest vom Sehen her zu kennen, egal, ob Deutsche oder Ausländer. Sie sagt, sie ist recht gut informiert, ohne rumzuschnüffeln, wie sie betonte.«

»Komisch«, sagte Berger, fuhr sich mit der Hand übers Kinn, »von einer Brille ist nirgends sonst die Rede. Und eine Brille fällt doch eigentlich auf.«

Durant zuckte die Schultern. »Vielleicht ist sie die einzige, die den Täter gesehen hat.«

»Was halten Sie persönlich von ihrer Aussage?« fragte Berger.

»Die Frau erschien mir glaubwürdig. Sie war nicht betrunken, machte recht präzise Angaben und wirkte sehr ruhig.«

»Würde sie den Mann wiedererkennen?«

»Unter Umständen, aber da es Nacht war und sie den Mann nur auf eine Entfernung von mindestens zwanzig Meter gesehen hat, würde sie sich lieber nicht festlegen wollen, um, wie sie sagt, nicht einen Unschuldigen zu belasten.«

»Trägt die Frau selber eine Brille?«

»Ja, leider«, meinte die Kommissarin.

»Und es hat geregnet«, sagte Berger. Er schüttelte den Kopf. »Ich habe wenig Hoffnung, daß wir mit ihrer Aussage konkret etwas anfangen können. Aber gut, wir werden alles sammeln und zusammenstellen. Ich fürchte jedoch, wir werden keine genaue Beschreibung hinkriegen. Haben Sie die Frau gefragt, ob sie ein Phantombild erstellen könnte?«

»Ich habe sie darauf angesprochen, aber sie meinte, sie würde sich das nicht zutrauen. Sie sagte immer wieder, wenn es heller gewesen wäre, dann, na ja... Sie kennen das.«

»Das ist genau das, was ich meine«, sagte Berger resignierend, »die Leute sehen was und sehen doch nichts. Wenn man nach den uns gegebenen Beschreibungen gehen würde, müßten wir etwa ein Viertel aller Männer Frankfurts verhaften. Und vor allen Dingen hat keiner gesehen, ob dieser Mann dem Mädchen gefolgt ist. Vielleicht hat unser Mörder ja schon im Haus auf sie gewartet! Möglich ist alles.«

Eine ältere, aufgedunsene Frau kam aufgeregt angerannt. Schnapsgeschwängerter Atem. »Da vorne kommen ihre Eltern.«

»Von dem Mädchen?«

»Hmh.«

»Also, Schulz und Durant, ich überlasse es Ihnen, die freudige Botschaft zu überbringen. Wir sehen uns dann am Morgen in alter Frische im Büro.« Er grinste zum ersten Mal in dieser Nacht, stieg in seinen Wagen und brauste davon.

Ein postgelber Golf bog auf den Parkplatz ein, der Motor dieselte beim Ausschalten nach, die Scheinwerfer wurden gelöscht. Ein Mann und eine Frau stiegen aus, der Mann schlug die Tür mit Wucht zu und schloß ab. Durant und

Schulz gingen auf sie zu, die Kommissarin spürte ein mulmiges Kribbeln im Magen.

»Herr und Frau Delgado?« fragte sie.

»Ja«, sagte der Mann barsch. »Was wollen Sie?«

»Kriminalpolizei. Mein Name ist Durant, mein Kollege Schulz.«

»Mitten in der Nacht? Was wollen Sie mitten in der Nacht von uns? Hat Antonia etwas angestellt? Hat sie etwa schon wieder Ärger mit der Polizei?« Delgado, der mit stark spanischem Akzent sprach, schüttelte den Kopf, zog die Mundwinkel angewidert nach unten, machte eine abfällige Handbewegung und fuhr fort: »Na ja, es wäre ja nicht das erste Mal, daß wir weg sind und die Polizei vor der Tür steht! Diese kleine Schlampe! Treibt sich nur mit diesem Gesocks rum, anstatt was Anständiges zu machen. Was hat sie diesmal ausgefressen?«

»Herr Delgado, Ihre Tochter hat überhaupt nichts ausgefressen. Aber bitte, lassen Sie uns nicht hier auf dem Parkplatz darüber sprechen. Gehen wir nach oben, wo wir ungestört sind.«

»Bitte? Wenn sie nicht... was ist dann los? Was wollen Sie?« fragte Frau Delgado mit weitaufgerissenen Augen, als ahnte sie Schlimmes.

»Lassen Sie uns nach oben gehen. Bitte!« sagte Julia Durant und faßte die Frau bei der Schulter.

»Ist sie oben?«

»Nein. Sie ist nicht oben.«

Sie betraten den Aufzug, die Wände beschmiert, die Schalttafel von Feuerzeugen versengt, eine Pfütze in der rechten Ecke, in der linken sah es aus, als hätte jemand Kot verschmiert. Es stank. Die Tür schloß mit lautem Knall, der Aufzug setzte sich ruckartig in Bewegung. Schulz haßte Aufzüge, vor allem solche alten Kisten, die womöglich seit ihrem Einbau nicht mehr gewartet worden waren. Der sechste Stock. Die Tür quietschte beim Aufmachen, schlug mit lautem Knall zu.

»Kommen Sie«, sagte Delgado, ein kleiner, untersetzter, bulliger Mann mit schütterem, rötlichem Haar und kleinen Schweinsäuglein. Er schloß die Wohnungstür auf. Zwei Neugierige, die die Köpfe aus den Türen steckten, Durant und Schulz ignorierten sie.

»Was gibt's zu glotzen, ihr Arschlöcher?!« schrie Delgado, sofort wurden die Türen zugeworfen. Delgado öffnete die Tür, trat als erster ein. Er betätigte den Lichtschalter. Die Wohnung war, bis auf Kleinigkeiten, aufgeräumt, die Möbel noch recht neu, eine teure Stereoanlage stand neben dem Großbildfernseher, teurer, tiefer Teppichboden, dazu passende Tapeten, nur die Luft war abgestanden. Delgado ging zur Balkontür und riß sie weit auf. »Sie hätte wenigstens lüften können!« schimpfte er.

»Bitte setzen Sie sich«, sagte die Kommissarin und ließ ihren Blick von der Frau zum Mann schweifen. Der Mann war zornig, die Frau eher abwartend und ängstlich. *Ob sie etwas ahnen?* fragte sich Julia Durant. Delgado setzte sich neben seine Frau.

»Herr Delgado, Frau Delgado, es tut uns leid, aber wir müssen Ihnen leider mitteilen, daß Ihre Tochter einem Gewaltverbrechen zum Opfer gefallen ist.«

Lähmende Stille. Die Frau krampfte ihre Finger in das Kissen auf ihren Knien, riesige Augen, die sich sofort mit Tränen füllten, starrten die Kommissarin an.

»Bitte?« kam es tonlos über ihre blassen, schmalen Lippen, aus ihrem Gesicht wich schlagartig alle Farbe. Delgado starrte Durant und Schulz nur ungläubig an.

»Meine kleine Antonia? Tot?« fragte Delgado fassungslos. Eben noch hatte er sie als Schlampe tituliert, jetzt stand er da, die Arme flehend nach oben gereckt, schrie theatralisch: »O Madonna, nicht Antonia, nicht sie!!«

»Wir wünschten auch, wir müßten jetzt nicht hiersein und Ihnen das sagen.«

»Sie ist doch gerade erst vierzehn geworden!« schluchzte die Frau.

»Bitte, was?« fragte Julia Durant, als zweifelte sie an dem Gehörten. »Vierzehn? Ähm, entschuldigen Sie, Frau Delgado, aber Ihre Tochter sah nicht wie vierzehn aus.«

»Ist das jetzt vielleicht wichtig?« fragte sie mit leerem Blick. »Antonia ist tot, mein Gott, wie konnte das geschehen? Wie ist sie gestorben? Hat sie lange leiden müssen?«

»Nein, ich glaube nicht«, log die Kommissarin. »Behalten Sie sie einfach nur in guter Erinnerung. Und verzichten Sie darauf, sie sehen zu wollen.«

»Und wer? Ich meine, wer hat sie umgebracht?«

»Derselbe Mann wahrscheinlich, der in den letzten Wochen schon mehrere Mädchen getötet hat.«

»Hat er sie auch vergewaltigt?«

»Ja.« Julia Durant sah von Frau zu Herrn Delgado. »Sollen wir einen Arzt rufen?« Delgado reagierte nicht auf die Frage.

Seine Frau sagte: »Ich habe immer gewußt, daß ihr mal so was passieren würde. Aber sie hat nie auf mich gehört. Sie hat immer nur gemacht, was sie wollte. Wir hatten sie so gebeten, mit zu meinen Eltern zu kommen. Warum ist sie bloß nicht mitgefahren? Mein Gott, mein Gott, mein Gott! Warum?!«

»Wann ist es passiert?« fragte Delgado.

»Zwischen halb zehn und halb elf.«

»Und wo?«

»Hier im Haus, im Keller. Sollen wir wirklich keinen Arzt rufen? Er würde Ihnen eine Beruhigungsspritze geben.«

»Nein, wir brauchen keine Spritze. Sie bringt uns Antonia auch nicht mehr zurück. Wenn Sie jetzt bitte gehen«, sagte Frau Delgado, »wir wollen jetzt alleine sein.«

Durant und Schulz verließen die Wohnung der Delgados gegen halb drei. Sie nahmen diesmal die Treppe. Ein Kothaufen, in den Schulz beinahe getreten wäre, eine ausgeleerte Mülltüte, eine leere Spritze, vermutlich Heroin. Das Licht funktionierte nur im sechsten und dritten Stockwerk, an fast allen Türen waren die Scheiben eingeschlagen, im ganzen Haus der ekelhafte Geruch nach Essen, Gewürzen, Kot, Urin. Laute Stimmen, noch lautere Musik. Nächtliche Ruhestörung, die offensichtlich niemanden kümmerte. Das Gesetz des Stärkeren.

»Mein Gott, wenn ich mir vorstelle, hier wohnen zu müssen«, sagte Julia Durant, als sie wieder im Freien waren, und atmete tief durch.

»Die Zeiten sind leider nicht mehr so, daß man sich einfach aussuchen könnte, welche Wohnung man haben möchte. Ich möchte nicht wissen, wie viele wirklich anständige Menschen hier leben. Sehen Sie sich die Delgados doch an – eine ordentliche Familie«, sagte Schulz.

»Und trotzdem hat irgendwas mit ihrer Tochter nicht gestimmt.«

»Was wollen Sie damit sagen?«

»Ich weiß es nicht, einfach ein Gefühl. Die Kleine war gerade vierzehn! Vierzehn und läuft in hochhackigen Stiefeln rum, Minislip, schwarzer BH, das Gesicht grell geschminkt – wie eine Hure! Mein Gott, die war nicht vierzehn, höchstens der Geburtsurkunde nach. Die war achtzehn oder zwanzig oder hundert.« Julia Durant machte eine kurze Pause, legte die Hand an den Türgriff und schaute Schulz nachdenklich an. »Ich glaube fast, irgendwann und irgendwo versagen wir alle mal.«

»Es liegt an diesem Viertel. Hier lebt, wer woanders nicht mehr unterkommt. Und die Häuser sprechen für sich. Sie haben wahrscheinlich recht, das Mädchen war älter.«

»Aber auch wenn das Mädchen vielleicht eine kleine Hure war, sie hat es deswegen noch lange nicht verdient, so früh und so grausam zu sterben.«

Mittwoch, 22. September, 9.00 Uhr

Der erste, noch längst nicht vollständige Obduktionsbericht der Leiche von Antonia Delgado deckte sich mit den Fällen Carola Preusse, Maureen Nettleton, Annette Schubert. Blutgruppe des Täters Null, Rhesus positiv, die gleiche Stichwaffe, 43 Stiche, davon zwei in die Herzgegend, die sofort zum Tod geführt hatten. Und die abgeschnittene rechte Brust. Es gab nur eine kleine Abweichung zu den vorangegangenen Morden – er hatte sein Opfer erst vergewaltigt, als es bereits tot war, und zwar sowohl vaginal als auch anal.

Die Spurensicherung hatte wieder einmal nichts Außergewöhnliches entdecken können. Der Täter war und blieb ein Phantom, und solange er nicht *den* entscheidenden Fehler beging, so lange würde er dieses Phantom bleiben. Ein Mann unter Hunderttausenden, ein Gesicht unter vielen in dieser Stadt. Vielleicht war er ein einfacher Arbeiter, ein Metzger, ein Maurer, vielleicht verdiente er sein Geld in irgendeinem dieser riesigen Glas- und Metallkästen, ein biederer Angestellter, vielleicht sogar in leitender Funktion. Nach außen hin ehrenwert, hinter seiner Maske jedoch verlogen und verdreckt. Berger hatte schon viele von ihnen kennengelernt. Lügner, Betrüger, Halsabschneider, Gangster, Kindesschänder, Mißhandler,

Dealer, in feinen Anzügen, schicken Autos, mit dicken Bankkonten. Es gab keine Perversion, die es nicht auch in diesen – oder gerade diesen? – Schichten gab. Und das war das eigentlich Schwierige, aus dieser Masse diesen einen herauszufiltern, der an Perversion und Abschaum alles von Berger und seinen Kollegen bisher Erlebte und Gesehene bei weitem übertraf, der seine Opfer in einem wahren Blutrausch abschlachtete.

Durant ging noch einmal mit Berger, Schulz und Kullmer die Aussagen der vergangenen Nacht durch, bevor Details ausgesondert wurden, die bedenkenlos an die Presse weitergegeben werden konnten. Auf dem Flur vor dem Kommissariat hockten und standen Journalisten und Fotografen wie ein Rudel hungriger Wölfe, die nur darauf warteten, sich wie die Hyänen auf die Beamten stürzen zu können. Berger schäumte vor Wut und veranlaßte, daß die Journalisten aus dem Präsidium gewiesen wurden. Erst am Mittag um dreizehn Uhr würde es eine kurze Pressekonferenz geben.

Als die Journalisten widerwillig das Feld geräumt hatten und wieder Ruhe eingekehrt war, berichtete sie von ihrem Treffen mit der Unbekannten.

Totenstille, als sie schloß. Kullmer murmelte: »Scheiße!«, verdrehte die Augen, Schulz rollte die Bild-Zeitung zusammen und schlug damit monoton auf seine Oberschenkel, Koslowskis Ohren glühten, und Berger stopfte sich scheinbar seelenruhig eine Pfeife und paffte dicke Wolken, während Durant sich eine Gauloise ansteckte und geduldig wartete, bis die Verblüffung sich legte. Kullmer stand auf und holte für sich und die Kommissarin einen Becher Kaffee und stellte ihn wortlos vor sie. Er legte die Beine auf den Schreibtisch und nippte an dem dampfenden Getränk. Seine Miene war ernst und besorgt, Julia Durant hatte ihn noch nie so gesehen.

»Sie müssen verdammt vorsichtig sein«, sagte er. »Wenn es stimmt, daß auf seinen Partys Politiker, Richter und vielleicht auch Staatsanwälte verkehren, dann muß alles, was ihm vorgeworfen wird, absolut hieb- und stichfest sein, sonst zerreißt er uns in der Luft. Und glauben Sie mir, das würde ihm einen Heidenspaß bereiten.«

»Meine Informantin will mich um zwölf anrufen. Ich werde sie bitten, mir wenigstens einen Namen zu nennen, mit dem ich Menzel eins reinwürgen kann. Was anderes kann ich im Moment nicht tun.«

»Gibt es Beweise für die Behauptung, daß Menzel Minderjährige für seine Perversionen mißbraucht? Und daß diese Mädchen und Jungs auch von andern gevögelt werden?« fragte Berger.

»Ich habe nur zwei Namen, Sabine Lindner und Nicole Bernhardt. Wobei die Lindner schon siebzehn war und somit rausfällt, weil sie angeblich erst seit einem halben bis dreiviertel Jahr bei Menzel verkehrte. Meine Informantin sagte mir aber, daß Nicole schon seit mindestens drei Jahren Bestandteil der Partys ist. Und ihre Mutter weiß genau, was dort vor sich geht, und scheint es zu dulden, aus welchen Gründen auch immer. Sabine ist wohl über Nicole mit Menzel zusammengetroffen.«

»Dann ist also Menzel jener mysteriöse A. aus dem Tagebuch?« fragte Berger.

»Die Frau sagte, Menzel und Sabine hätten ein Verhältnis gehabt.«

»Kommt er als Täter in Betracht?«

»Unwahrscheinlich, auch wenn meine Informantin Menzel für außerordentlich brutal und kaltschnäuzig hält. Doch einen Mord?« Durant schüttelte den Kopf. »Er weiß

angeblich genau, was er tut und wie weit er gehen kann.«
»Was ist dann das Motiv Ihrer Informantin? Will sie ihn kaltstellen, oder ist es Rache oder Eifersucht oder was sonst?«
»Keine Ahnung, wahrscheinlich von allem etwas. Sie hat gemeint, sie will nur verhindern, daß er noch mehr Unheil anrichtet.«
»Dann viel Glück, Kollegin«, sagte Kullmer, ausnahmsweise einmal nicht grinsend. »Sie werden es nämlich brauchen. Ich verwette meinen Arsch, daß keiner sein Maul aufmachen wird, Sie werden gegen Mauern rennen. Wie es aussieht, hat Menzel eine Menge Leute in der Hand ... Es könnte für Sie sogar ziemlich gefährlich werden, eine Gratwanderung sozusagen. Womit ich Ihnen selbstverständlich nicht den Mut nehmen will, beileibe nicht, aber ich will Sie warnen. Denken Sie an seine Kontakte nach oben. Sie wissen selbst, wenn ein Richter oder Staatsanwalt in die Enge getrieben wird, drehen sie das Gesetz manchmal, wie es ihnen in den Kram paßt.«
Die Kommissarin schüttelte energisch den Kopf. »Soll ich vielleicht vor so einem gottverdammten Arschloch kapitulieren, nur weil er Beziehungen hat? Ich sage Ihnen etwas, es gibt einen Grund, weshalb ich zur Kripo gekommen bin – ich glaube nämlich an das Recht und an die Gerechtigkeit. Wenn es nicht so wäre, könnte ich mich genausogut in einem Büro verkriechen und Akten sortieren. Aber wenn ich Menzel auch nur im geringsten nachweisen kann, daß er seinen verdammten Schwanz in Kinder steckt, dann krieg ich ihn, und wenn es meine letzte Handlung ist. Aber ich habe so ein Gefühl, als ob ich Menzel zumindest indirekt mit dem Mord an Sabine Lindner in Zusammenhang bringen könnte. Wenn ich mir vorstelle, er hat Sabine geschwängert und ich kann es ihm nachweisen ...« Sie kniff die Lippen zusammen, grinste. »Allein

dafür bin ich nur zu gerne bereit, mir die Finger zu verbrennen.«

Zwölf Uhr. Ihr Handy piepste. Die Unbekannte. Sie atmete schwer, als hätte sie einen Marathonlauf hinter sich.

»Und«, fragte Julia Durant, »haben Sie es sich überlegt? Wollen Sie mir einen Namen nennen?«

»Namen sind bei Menzel in der Regel tabu. Aber ich habe am Montag zufällig einen aufgeschnappt.« Sie machte eine Pause, die Kommissarin hörte, wie sie an einer Zigarette zog, den Rauch ausblies. »Vera Rückert. Sie ist dreizehn, wohnt in Niederrad. Sie finden die Nummer und Anschrift im Telefonbuch. Menzel hat sie am Montag zugeritten, er hat sich damit quasi selbst ein Geburtstagsgeschenk gemacht. Ihre Eltern wissen davon, Menzel hat sie gut bezahlt.« Sie legte auf, ohne Gelegenheit zu einer weiteren Frage zu geben.

Durants Nasenflügel bebten, ihre Augen waren nur noch Schlitze: »Koslowski, suchen Sie mir Telefonnummer und Anschrift von einer Familie Rückert in Niederrad raus.« Dann, an die anderen gewandt: »Das war meine Informantin. Diese Rückerts haben eine dreizehnjährige Tochter, die am Montag bei Menzel war und von ihm mit größter Wahrscheinlichkeit entjungfert wurde. Angeblich wissen die Eltern davon, denn Menzel hat sie bezahlt. Damit könnten wir Menzel zumindest wegen Verführung Minderjähriger drankriegen. Und wenn wir ihm auch nur das geringste mit Sabine nachweisen können, ist er dran. Meine Herren«, sagte Durant und stand auf, »ich bin bei den Rückerts.«

Sie nahm ihre Tasche, zog die Jacke über, nahm einen letzten Zug von der Zigarette, drückte sie aus. Koslowski reichte ihr den Zettel mit der Anschrift und der Telefonnummer der Rückerts. Wandte sich um, sah nicht mehr den nachdenklichen Blick von Berger.

Mittwoch, 13.00 Uhr

Die Rückerts wohnten in einem alten, heruntergekommenen, vierstöckigen Haus in einer unansehnlichen, düsteren
Ecke von Niederrad, die jetzt bei grauem Himmel und leichtem Regen Tristesse vermittelte, der Eingang lag am Ende
einer langen, bogenförmigen Hofeinfahrt, hinter dem sich
ein schmutziger Kopfsteinpflasterhof befand. Überberstende Mülltonnen, abbröckelnder Putz, eine längst nicht mehr
benutzte, verrostete Wäschestange. Eine alte, fette Katze
mit einem herabhängenden Ohr bewegte sich träge auf einer rußgeschwärzten Backsteinmauer und warf einen ge-
langweilten Blick auf Julia Durant, die durch die weitgeöff-
nete Eingangstür das finstere Treppenhaus betrat. Sie
drückte den alten Lichtschalter, schwaches Licht. Die aus-
getretenen Holzstufen ächzten bei jedem Schritt, modriger
Geruch hatte sich in dem alten, muffig riechenden Gemäu-
er mit den teils halbblinden Fenstern festgesetzt. Im dritten
Stock das winzige Namensschild an einer halb mit Butzen-
scheiben verglasten Doppeltür, die lange nicht gestrichen
worden war. Von drinnen der Krach eines zu weit aufge-
drehten Fernsehapparates.
Die Klingel scheppperte blechern im Wohnungsflur. Näher-
kommende Schritte, die Tür wurde einen Spalt geöffnet.
Ein Mädchen mit braunen, gelockten Haaren steckte den
Kopf heraus. Sie trug ein knöchellanges Nachthemd und
einen dicken Schal um den Hals, war kaum größer als eins-
fünfzig, sehr zierlich, noch fehlten die fraulichen Run-
dungen. Sie war blaß, mit tiefen Ringen unter den braunen
Augen.
»Ich hab doch gesagt, du sollst in deinem Bett bleiben!«
brüllte eine tiefe Stimme. Der Blick des Mädchens wurde
ängstlich, sie wich sofort zurück.

»Hallo«, sagte Julia Durant freundlich, »könnte ich bitte deine Eltern sprechen?«

Die Tür wurde weit aufgerissen, ein Koloß in einer ausgeleierten blauen Trainingshose, Rippenunterhemd und ausgelatschten Pantoffeln musterte die Kommissarin mißtrauisch.

»Was wollen Sie?« fragte der große, beleibte Mann mit den mächtigen Oberarmen rüde.

»Herr Rückert?«

»Ja, und?«

»Mein Name ist Durant«, sagte sie und hielt ihm ihren Polizeiausweis vors Gesicht, »ich komme von der Kripo Frankfurt und möchte Ihnen ein paar Fragen stellen. Aber wenn es geht, nicht zwischen Tür und Angel, es sei denn, Sie wollen, daß die Nachbarn mithören.«

»Wir haben nichts ausgefressen!«

»Das habe ich auch nicht behauptet. Aber können wir uns jetzt ungestört unterhalten?«

Rückert machte unwillig die Tür frei, das Mädchen verschwand eilig in einem Zimmer, schloß leise die Tür hinter sich, die Kommissarin folgte Rückert in das kleine, mit drei abgewetzten Sesseln, einem unansehnlichen Sofa und einem klobigen Schrank vollgestopfte Wohnzimmer. Ein mongoloider Junge, vielleicht zehn oder elf Jahre alt, hockte im Schneidersitz auf dem Sofa und grinste Julia Durant breit an. Sie blieb stehen. Der Mann ließ sich in einen der Sessel fallen, ohne ihr einen Platz anzubieten. Der Teppichboden war verblaßt und voller Krümel, die ehemals weißen Gardinen vergilbt.

»Ist auch Ihre Frau zu sprechen?«

»Martha!« brüllte er. »Komm her, hier will jemand was von dir!«

Eine etwa vierzigjährige Frau mit strähnigem, von grauen

Silberfäden durchzogenem Haar kam herein. Ihr Gesicht war noch glatt und faltenlos, doch ihre Augen hatten jenen Ausdruck, der von viel Kummer herrührt. Sie wischte ihre nassen, rissigen Hände an der geblümten Schürze ab, eine schwarze Katze schlich hinter ihr ins Zimmer und sprang zu dem Jungen auf die Couch, der ihr mit einer Hand durchs Fell strich. Die Frau blieb etwa zwei Meter von Julia Durant entfernt stehen, deutete stumm auf einen Sessel. Die Kommissarin setzte sich, legte die Handtasche auf ihre Schenkel. »Ich würde mich gerne mit Ihnen allein unterhalten«, sagte sie. »Wenn Sie bitte Ihren Sohn für einen Moment...«

»Verschwinde und mach die Tür zu!« blaffte der Mann den Jungen an, der aufsprang, ein paar undefinierbare Laute von sich gab und sich wortlos entfernte. Die Katze putzte sich ausgiebig.

»War das eben an der Tür Ihre Tochter Vera?« fragte Julia Durant. Die Haltung des Mannes straffte sich, er kniff die Augen zusammen.

»Warum? Hat sie was ausgefressen?«

»Beantworten Sie nur meine Frage.«

»Ja, das war Vera«, brummte er.

»Wie alt ist sie?«

»Dreizehn, warum?«

Sie sah, wie sich Schweiß auf Rückerts Stirn gebildet hatte, sie meinte auch den Grund dafür zu kennen.

»Sagt Ihnen der Name Alexander Menzel etwas?« Sie hatte nicht vor, lange um den heißen Brei herumzureden.

Der Mann sprang auf und baute sich vor ihr auf; mit hochrotem Gesicht blaffte er: »Was wollen Sie von uns?«

»Kennen Sie Herrn Menzel oder nicht?« fragte sie ungerührt ein zweites Mal. »Und bitte, setzen Sie sich wieder, ich schaue nicht gerne auf!«

310

Der Mann schnaufte schwer und kaute auf der Unterlippe. »Wir kennen keinen Menzel.« Er tigerte zum Fenster, schaute hinaus, die Hände in die Taschen seiner Trainingshose gesteckt.

»Herr Rückert, machen Sie's mir bitte nicht so schwer! Sie und ich wissen, daß Sie Menzel kennen, zumindest seinen Namen. Also, was ist?«

»Mein Gott noch mal, ja, ich habe von ihm gehört!«

»Dann können Sie sich sicherlich auch denken, weshalb ich hier bin. Es geht um Ihre Tochter und Menzel...«

Die Frau schloß die Augen und atmete hastig, litt Höllenqualen. Fast flüsternd und stockend kam es über ihre blutleeren Lippen: »Ich habe gewußt, daß es nicht gutgehen würde.«

»Ach, halt's Maul!« brüllte der Mann. »Halt, verdammt noch mal, dein Maul!«

»Hören Sie«, sagte Julia Durant beschwichtigend, »ich bin nicht hier, um Ihnen etwas anzuhängen. Nicht, wenn Sie mir helfen. Haben Sie das verstanden? Sollten Sie sich allerdings als nicht oder wenig kooperativ erweisen, so sähe ich mich gezwungen, Sie aufs Präsidium vorzuladen, und das können Sie doch nicht wollen, oder? Also, werden Sie mir helfen?«

»Um was geht's?« fragte der Mann zähneknirschend.

»Ihre Tochter Vera war am Montag, also vorgestern, auf einer sogenannten Party bei Alexander Menzel. Wie ist dieser Kontakt zustande gekommen?«

Frau Rückert antwortete, die Hände ineinandergekrallt, den Blick verschämt zu Boden gerichtet: »Über ein anderes Mädchen. Dann war jemand von diesem Menzel hier und hat uns gefragt, ob wir einverstanden wären.«

»Womit einverstanden?«

»Na ja, ich weiß nicht...« Sie druckste herum, preßte die

Hände zusammen, bis die Knöchel weiß hervortraten. Durant ließ der Frau Zeit, die im Moment unfähig war weiterzusprechen, Kämpfe mit sich selber ausfocht.

Die Kommissarin beugte sich nach vorn, sah von ihm zu ihr. »Gut, dann werde ich es Ihnen sagen – Sie haben Ihre Tochter verkauft. Sie haben Ihre Tochter an Menzel verkauft und zugelassen, daß er mit ihr schläft oder besser gesagt, sie mißbraucht.« Sie wurde leiser, sagte dann: »Nein, Menzel hat mit Vera nicht geschlafen, er hat sie gefickt, gevögelt, gebumst, nennen Sie es, wie Sie wollen, wahrscheinlich hat sie auch seinen Schwanz in den Mund nehmen müssen, aber glauben Sie bloß nicht, daß das am Montag auch nur das geringste mit Zärtlichkeit zu tun hatte! Aber was vielleicht das schlimmste ist, Sie haben ihm die Unschuld Ihrer Tochter verkauft. Und noch was«, die Augen zu Schlitzen verengt, deutete sie mit dem Finger auf Rückert, »Menzel war bestimmt nicht der einzige, der Vera bestiegen hat!« Sie hielt inne, keiner der beiden traute sich, ihr ins Gesicht zu sehen. Sie fuhr fort: »Wußte Ihre Tochter vorher, was mit ihr am Montag abend geschehen würde?«

»Mein Gott, Sie haben doch überhaupt keine Ahnung, was Sache ist! Wenn Sie nämlich wirklich Ahnung hätten, würden Sie uns verstehen! Ich bin seit fünf Jahren Frührentner, weil meine verdammte Pumpe nicht mehr richtig arbeitet, wir haben seit Jahren nichts anderes als diese verfluchte Bude gesehen, wir haben Schulden über Schulden, und keine Sau kümmert es! Schauen Sie sich doch mal um! Die Tapeten, der Boden, die Möbel! Alt und vergammelt und kein Pfennig da, um dieses Leben auch nur ein bißchen lebenswert zu machen! Sie haben Martin gesehen, er ist mongoloid, er wird nie in der Lage sein, für sich zu sorgen!« Rückert schüttelte den Kopf. »Kommen Sie mir, um Himmels willen, nicht mit irgendwelchen Vorwürfen! Sie wissen nämlich nichts, absolut nichts!«

»Das mag sein. Ich sagte Ihnen aber auch, daß ich nicht gekommen bin, um Ihnen etwas anzuhängen. Wie Sie mit Ihrer Tochter, vor allem aber mit Ihrem Gewissen klarkommen, ist letztendlich Ihr Problem. Im Moment interessiert mich nur Menzel.«

»Verdammt noch mal, warum wir, warum ausgerechnet wir? Gibt es nicht andere, die Sie sich vornehmen können?« schrie er verzweifelt. »Er wird uns seine Schläger auf den Hals hetzen! Er wird uns vernichten! Er hat gedroht, daß er uns umbringt, wenn wir das Maul aufmachen!« Rückert wirkte plötzlich gar nicht mehr so kolossal und stark.

»Einen Teufel wird er tun, wenn ich ihm nicht verrate, woher ich meine Informationen habe. Vertrauen Sie mir.«

»Es geht nicht, verdammt noch mal, wir können das nicht tun!« sagte Rückert.

»Herr Rückert, es geht nicht nur um Ihre Tochter, es geht auch um Mord. Einen kaltblütigen, grausamen Mord an einem jungen Mädchen. Und es geht um Mißbrauch und Vergewaltigung Minderjähriger. Wie ich schon sagte, ich kann Sie auch aufs Präsidium vorladen. Und ich habe Kollegen, die sehr, sehr unfreundlich sein können.«

Rückert fuhr sich mit beiden Händen durchs fettige, schüttere Haar und meinte dann: »Das Mädchen hat Vera am Freitag in der Schule angesprochen. Am Samstag dann kam ein Mann im dunklen Anzug vorbei und hat uns ein Angebot gemacht...«

»Was für ein Mädchen?«

»Keine Ahnung, Vera kannte sie nicht. Sie war schon älter.«

»Wieviel zahlt man Ihnen?«

»Zehntausend Mark fürs erste Mal...«

313

Durant wartete eine Weile, in ihr kochte es, sie fragte: »Heißt das etwa, es sollte noch weitergehen?«

»Für jedes weitere Mal die Hälfte. Wir hätten alle unsere Schulden bezahlen können…«

»Dafür, daß Ihre Tochter mit allen möglichen Männern schläft! Wissen Sie eigentlich, was Sie dem Kind antun?«

»Wissen Sie eigentlich, was dieses verfluchte Leben mir und uns angetan hat?!« schrie er. »Wir haben nichts, wir sind nichts, wir werden nie etwas haben! Aber unsere Kinder hätten es eines Tages besser haben können!«

»O nein, Herr Rückert, so einfach können Sie sich das nicht machen! Ich sage Ihnen, was Sie eines Tages gehabt hätten! Sie hätten eine Tochter gehabt, die ihre Seele und den Glauben an das Gute im Menschen verloren hätte! Eine Tochter, die eines Tages zur Flasche oder zu Drogen gegriffen hätte oder noch schlimmer, ihren Körper verkauft hätte, so wie Sie es ihr beigebracht haben! Ist es das, was Sie wollen? Ist das die Liebe, die Sie für Ihre Tochter übrig haben? Wissen Sie, bevor ich zur Mordkommission kam, war ich bei der Sitte. Viele Huren sind zu Huren geworden, weil in ihrer Kindheit etwas furchtbar schiefgelaufen ist. Und ich kenne einige, die irgendwann einmal von ihren Eltern verkauft oder mißbraucht wurden!«

Sie machte eine Pause, steckte sich, als sie den vollen Aschenbecher auf dem Tisch sah, eine Zigarette an, um ihre Nerven zu beruhigen, fragte: »Was hat Menzel mit Ihrer Tochter gemacht?«

»Er hat wohl mit ihr geschlafen«, flüsterte Rückert.

»Nur mit ihr geschlafen?«

»Hat er doch, oder?« fragte er und blickte hilfesuchend auf seine Frau. Ihre Mundwinkel zuckten nervös.

»Hat er?« fragte Julia Durant.

»Ja, er hat. Sie kann sich aber nicht an alles erinnern. Er hat ihr vorher wohl irgendwas gegeben.«

»Was? Drogen, Alkohol?«

»Keine Ahnung.«

»Hat er sie geschlagen?«

»Sie hatte blaue Flecken an den Armen und Beinen und so etwas wie einen Knutschfleck am Hals.«

»Warum läuft Vera um diese Zeit im Nachthemd herum? Ist sie krank, und warum ist sie krank? Sind es die Auswirkungen von Montag nacht?«

»Sie wird die Woche über zu Hause bleiben.«

»Sie hat Schmerzen, nicht?«

Frau Rückert nickte verzweifelt, wieder Tränen.

»Haben Sie das Geld schon?«

»Der Mann hat es gleich am ersten Abend dagelassen. Müssen wir es abgeben?« fragte Rückert ängstlich.

Die Kommissarin unterdrückte ihre unsägliche Wut, sie hätte am liebsten alles kurz und klein geschlagen. Sie zwang sich zur Ruhe und sagte kühl: »Nein, das brauchen Sie nicht. Ich müßte jetzt aber noch mit Vera sprechen. Unter vier Augen.«

Rückert und seine Frau gingen zögernd hinaus, schickten Vera ins Zimmer.

»Würdest du bitte die Tür schließen?« bat Julia Durant. Vera schloß die Tür; sie machte einen verschüchterten Eindruck und blieb mitten im Zimmer stehen. Sie war dreizehn, sah aus wie dreizehn. Unschuldig, kindlich, naiv. So wie sie dastand, schüchtern, ängstlich, traurig, hätte Julia Durant sie am liebsten in die Arme geschlossen und sie beschützt, bis sie alt genug sein würde, sich selber zu beschützen.

»Setz dich zu mir«, bat sie, »ich will dir nichts tun, nur ein paar Fragen stellen.«

315

Vera folgte der Aufforderung. Sie hielt die Beine eng geschlossen, die Hände über dem Schoß gefaltet, vom Aussehen her ähnelte sie der Mutter, das gleiche Profil, die Nase, der zartgeschwungene Mund. Julia Durant hätte zu gern in ihre Seele geschaut, um zu sehen, welche Kämpfe sich dort jetzt abspielten, wie groß der Trümmerhaufen war, den die geilen Schwänze hinterlassen hatten.

Sie ging behutsam mit ihr um, Vera beantwortete alle Fragen, so gut sie konnte, doch die Erinnerung an Montag nacht war nur bruchstückhaft vorhanden, oder, was auch sein konnte, Vera wollte sich nicht erinnern, ein Schutzmechanismus, der automatisch in Gang gesetzt worden war, um das gräßliche Geschehen zu verdrängen. Sie erzählte sehr leise, machte viele Pausen, sie sprach von den vielen Männern und ein paar Frauen, wie es ein paarmal in ihrem Leib sehr weh getan hatte. Als die Kommissarin sie fragte, warum sie nicht in der Schule war, antwortete Vera, wegen der Schmerzen.

»War schon ein Arzt bei dir?«

»Nein, meine Eltern sagen, das würde von allein aufhören.«

Julia Durant wollte Vera nicht länger quälen, sie hatte genug erfahren, und das genügte hoffentlich, Menzel zumindest vorläufig einen Strick zu drehen. Und wenn erst die Öffentlichkeit davon erfuhr...

Bevor sie ging, sprach sie noch einmal mit den Rückerts.

»Vera sollte baldmöglichst in psychologische Behandlung. Sie haben ja keine Ahnung, was Sie ihr angetan haben. Ich werde mich regelmäßig bei Ihnen nach Veras Befinden erkundigen, und sollte so etwas noch einmal vorkommen, glauben Sie mir, dann werde ich das Jugendamt einschalten. Was dann passiert, können Sie sich ausmalen. Und noch was, Sie werden mit niemandem, absolut niemandem, über unser Gespräch reden. Zu Ihrer eigenen Sicherheit und vor allem der Ihrer Tochter. Sie haben mich verstanden?«

»Was meinen Sie mit psychologischer Behandlung?« fragte Rückert naiv. »Sie wird bald wieder gesund sein...«

»Körperlich ganz sicher, aber das andere... Wie gesagt, ich werde mich regelmäßig erkundigen. Und noch etwas, ich brauche Ihre Aussage schriftlich mit Unterschrift. Ich oder einer meiner Kollegen wird das in den nächsten Tagen erledigen. Guten Tag.«

Als sie draußen war, empfand sie die Trübsal des Hinterhofes, die kühle, regengeschwängerte Luft als wahre Wohltat. Sie atmete ein paarmal tief durch, ihre Gefühle fuhren Achterbahn. Es gab vieles, was sie nicht verstand und womöglich nie verstehen würde. Sie lief durch das Tor zur Straße, setzte sich in ihren Opel, stellte das Radio an. Es gab Zeiten, da haßte sie ihren Beruf.

Mittwoch, 16.00 Uhr

Berger legte gerade den Hörer auf, als die Kommissarin das Büro betrat. Er streckte sich und gähnte.

»Ich bin saumäßig müde. Ich glaube, ich werde älter. Das eben war die Gerichtsmedizin. Sie haben wegen Antonia Delgado angerufen, die Obduktion ist beendet.«

»Und?«

»Sie war heroinsüchtig.«

Durant zeigte sich wenig beeindruckt, fragte: »Und weiter? Sie sehen aus, als hätten Sie noch was.«

»Stimmt, ich hab tatsächlich noch was...« Berger stand auf, schenkte sich einen Kaffee ein und trank einen Schluck.

»Antonia Delgado hatte Aids.« Kurz und trocken, als wäre es das selbstverständlichste von der Welt. Er trank aus, nahm seine Jacke von der Stuhllehne, machte Durant ein Zeichen. »Kommen Sie, wir düsen mal schnell rüber zur Gerichtsmedizin. Ich will ein bißchen mit Bock plaudern. Koslowski, Sie sagen Schulz und Kullmer Bescheid, wenn sie zwischenzeitlich kommen sollten. Ich muß heute noch mit ihnen reden.«

Auf dem Gang erzählte Julia Durant von ihrem Besuch bei den Rückerts. Nachdem sie geendet hatte, blieb Berger am Treppenabsatz stehen, sagte leise, doch eindringlich: »Hören Sie zu, ich bin lange genug in dem Geschäft, um zu wissen, was hier abgeht. Ich warne Sie in Ihrem eigenen Interesse, unternehmen Sie keine voreiligen Schritte! Menzel ist gefährlicher als eine gereizte Viper, er kann uns alle vernichten. Ich habe vorhin Informationen über ihn eingeholt, und ich kann Ihnen sagen, daß einige höchst einflußreiche Leute auf seiner Lohnliste stehen. Wir können uns nicht erlauben, nach oben auszuschlagen. Die da oben sind immer stärker.«

Durant war entsetzt, und Berger sollte ruhig merken, was in ihr vorging: »Bitte, was? Habe ich mich jetzt eben verhört, oder soll diese alte Drecksau etwa ungeschoren davonkommen? Nur, weil er Geld und Macht hat? Und nur, weil vielleicht so ein paar Stinkstiefel, sogenannte hochrangige Persönlichkeiten und was-weiß-ich-nicht-alles auf seinen Partys ungestraft Kinder vögeln dürfen? Sie meinen das doch nicht wirklich, oder?«

Berger nickte ernst, kaute einen Moment auf der Unterlippe. »Ich meine es ernst, und zwar verdammt ernst. Ich habe erstens keine Lust und zweitens auch keine Kraft mehr, mich mit irgendeinem da oben anzulegen. Die Zeiten der großen Kämpfe sind für mich vorbei. Was glauben Sie wohl, weshalb ich Sie geholt habe? Vor ein paar Jahren

318

noch hätte ich diesen Fall selbst übernommen. Aber jetzt? Nein, nein, kein Kampf mehr, und auch Sie werden sich an die Regeln halten.«

Durant hielt sich am Geländer fest, kochte vor Wut und sagte lauter als beabsichtigt: »Welche Regeln? Die Regeln der Verbrecher oder die Regeln des Gesetzes?«

Berger verzog ärgerlich das Gesicht. »Ach, kommen Sie, hören Sie mir auf, einen Unterschied zwischen diesem und jenem zu machen! Die Grenzen sind längst verwischt, und ich maße mir schon lange nicht mehr an, ein Urteil zu fällen...«

»Aber ich tue das! Und wenn Sie wollen, daß ich Ihnen helfe, Morde aufzuklären, dann stelle ich die Bedingung, wenigstens zu einem Teil meiner Überzeugung folgen zu können! Soll Menzel vielleicht noch mehr Vera Rückerts kaputtmachen?«

Berger winkte genervt ab. »Kommen Sie jetzt, Bock macht gleich Schluß...«

»Ich werde mir Menzel zur Brust nehmen...«

»Nein, das werden Sie nicht tun! Andererseits sähe ich mich gezwungen, einem anderen den Fall zu übertragen...«

»Bitte, wenn Sie meinen, dann tun Sie's doch sofort, wenn Sie überzeugt sind, damit der Öffentlichkeit, vor allem aber sich selbst einen guten Dienst zu erweisen!« Die Kommissarin kramte nervös eine Zigarette aus ihrer Tasche, zündete sie an, giftiger Blick zu Berger.

Er holte tief Luft, rollte mit den Augen, zündete auch sich eine Zigarette an und sagte in etwas gemäßigterem Ton: »Wenn Sie nur begreifen könnten...«

»Wenn *Sie* nur begreifen könnten! Wenn Menzel eine Viper ist, dann muß man ihr den Kopf zertreten, damit sie nicht weiter ihr tödliches Gift verspritzen kann!«

Berger, sichtlich nervös, sagte: »Also, in Ordnung, tun Sie, was Sie nicht lassen können, aber rechnen Sie um Himmels willen nicht auf meine Unterstützung. Sie handeln ganz allein und auf eigene Faust. Wenn ich gefragt werde, ob ich von Ihrem Vorgehen weiß oder wußte, werde ich das bestreiten. Solange ich es kann, werde ich meinen Kopf retten. Sie allein halten Ihren Kopf hin, meiner ist mir zu schade dafür.«

Durant lachte zynisch auf, Kopfschütteln. »Komisch, wenn's um die Morde an den Mädchen geht, da wollen Sie unbedingt den Kerl haben. Aber Menzel vergewaltigt ja *nur* kleine Mädchen, von seinen anderen Sauereien ganz abgesehen! Es ist schon seltsam, wie viele unterschiedliche Auffassungen von Moral es gibt!«

Berger schnippte die Asche auf die Treppe, winkte ab. »Moral? Was wissen Sie schon von Moral! Wo ist heutzutage Moral? Sagen Sie's mir! Ist Moral vielleicht, wenn eine Frau und ein Kind von einem Besoffenen totgefahren werden und der Richter diesem Ungeheuer nicht die Zukunft verbauen will und ihm nur ein paar Monate auf Bewährung gibt? Vergessen Sie's, es gibt keine verdammte Moral! Gut, Menzel tut etwas, was in unseren Augen unmoralisch und verwerflich ist, aber Sie sagen es ganz richtig, er bringt keinen um, zumindest wissen wir nichts davon. Aber der andere Saukerl ist grausam und weidet sich auch noch an den Qualen seiner Opfer. Und den will ich haben.«

»Und aus welchen Gründen? Damit Sie eine Rechtfertigung vor der Presse haben.«

»Sparen Sie sich Ihren Zynismus! Das Thema ist beendet. Außerdem wartet Bock auf uns.«

Berger ging vor Durant die Treppe hinunter. *Verdammtes Arschloch!* dachte sie und folgte ihm zum Auto.

Dr. Bock, der Leiter des Zentrums der Rechtsmedizin, das der Universitätsklinik angegliedert war, hatte die Obduktion von Antonia Delgado beendet. Er wusch sich gerade die Hände, als Durant und Berger eintrafen, der intensive Geruch von Desinfektionsmitteln hatte sich in dem großen Raum mit dem kalten Licht, den kalten Wänden und dem kalten Fußboden festgesetzt.

»Also, erzähl mir mehr von dieser Antonia Delgado«, forderte Berger.

»Was gibt's da großartig zu erzählen? Das wichtigste weißt du ja schon, sie war heroinabhängig und hatte Aids«, sagte er wie selbstverständlich. »Ihr Lebensende war ohnehin absehbar. Drei, vier, höchstens fünf Jahre. Wenn überhaupt. Bei ihrem Lebenswandel wäre die Krankheit wahrscheinlich schon sehr bald ausgebrochen. Die Frage ist, wie viele sie angesteckt hat. In Vagina und Anus sowie an der Mundschleimhaut habe ich insgesamt fünf verschiedene Sorten Sperma gefunden, davon gehört eine zum Täter von der Nettleton, der Preusse und der Schubert. Wenn die Kleine eine Hure war, dann hat sie ohne Schutz gearbeitet, zumindest sehr oft.«

»Vierzehn und Aids!« sagte Julia Durant kopfschüttelnd.

»Vierzehn, Aids und heroinsüchtig«, erwiderte Bock gelassen, als wäre es das Selbstverständlichste von der Welt. »Ich habe hier schon andere Fälle gehabt. Zehnjährige, die an der Spritze gehangen haben, Zehnjährige, die auf den Strich gegangen sind und sich den Virus eingefangen haben. Es ist nun mal so in dieser Stadt in dieser Zeit. Schauen Sie sich doch um, Kinder vergewaltigen Kinder, stechen sie wegen zwei Mark auf dem Schulhof mit dem Messer ab! Da glauben Sie, es ist ungewöhnlich, wenn ein vierzehnjähriges Mädchen, das sich wie eine Zwanzigjährige rausputzt, den Virus hat?«

»Kann der Mörder den Virus übertragen bekommen haben?«

Bock zog seinen Kittel aus, hängte ihn an den Wandhaken, zog eine Lederjacke über. »Die Wahrscheinlichkeit beträgt eins zu hundert, daß er's nicht hat. Er hat sich nämlich nicht nur vaginal, sondern auch anal an ihr vergangen, wobei Analverkehr für sie nichts Ungewöhnliches gewesen zu sein scheint. Es sind deutliche Einrisse am Schließmuskel zu erkennen sowie Spermaspuren des Täters im Analbereich. Das heißt, es müßte mit dem Teufel zugehen, wenn der Kerl sich nicht infiziert hätte. Genau wie die anderen, die es ohne Schutz mit ihr getrieben haben. Und jetzt, liebe Kollegen, so leid es mir tut, ich möchte euch bitten, meine geheiligten Hallen zu verlassen, ich habe nämlich auch Feierabend. Den Abschlußbericht kriegt ihr morgen früh.«

»Ist es sicher, daß die Einrisse am Anus vom Mörder sind? Ich meine, wenn sie auf den Strich gegangen ist... dort ist Analverkehr nichts Ungewöhnliches.«

»Das Sperma im Anus stammt einwandfrei vom Täter. Aber lest morgen den Bericht, und laßt mich jetzt allein.«

Berger und Durant liefen über den langen Kellergang, an dessen Decke sich Wasser- und Heizungsrohre entlangzogen, bis zum Aufzug, drückten den Knopf, warteten, bis der Lift mit leisem Surren hielt.

»Ein vierzehnjähriges Mädchen, heroinsüchtig, Hure, Aids. Wie viele gibt es wohl noch davon?« fragte Berger kopfschüttelnd.

»Ist das eine moralische Frage?« fragte die Kommissarin mit leichtem Spott.

»Ich höre Ihren Zynismus sehr wohl, Kollegin. Aber Sie können mich damit nicht treffen«, sagte Berger müde. Der Aufzug hielt ruckartig, die Tür öffnete sich langsam. Draußen sagte Berger: »Es ist alles ein gottverdammter

Sumpf aus Scheiße! Und wieder einmal hatten die lieben Eltern keinen Schimmer vom Treiben ihrer Tochter. Aber ich überlasse es gerne Ihnen, die frohe Botschaft zu überbringen. Ob mit oder ohne Schulz, bleibt Ihnen überlassen.«

»Ach, übrigens«, sagte Durant, während sie ins Auto stieg, »Sie sagen, Sie hätten Informationen über Menzel eingeholt. Kann ich die haben?«

Berger schluckte schwer, versuchte zu lächeln: »Bitte, es läßt sich wohl nicht vermeiden.«

Die Kommissarin entschied, weil niemand anderes verfügbar war, Kullmer mit zu den Delgados zu nehmen. Er benahm sich auffällig friedlich, keine Anzüglichkeiten, die meiste Zeit während der Fahrt schwieg er. Frau Delgado wirkte übernächtigt, rotgeweinte Augen, Zittern, die linke Wange rot und leicht geschwollen.

Sie gab die Tür wortlos frei. Delgado lag schwer atmend auf der Couch, Rauchnebel in der Wohnung, es roch streng nach Erbrochenem, einer von beiden mußte sich erst vor kurzem übergeben haben.

»Wir werden es kurz machen. Ihre Tochter ist von einem Gerichtsmediziner obduziert worden, und dabei sind einige erstaunliche Dinge festgestellt worden. Wußten Sie zum Beispiel, daß Ihre Tochter drogenabhängig war?«

Frau Delgado schaute erschrocken auf und schüttelte ungläubig den Kopf. »Antonia und Drogen? Niemals!«

Delgado schoß hoch und warf einen bösen Blick auf seine Frau. »Ich hab ja immer gesagt, sie ist eine verfluchte kleine Schlampe! Sie und Heroin, das paßt zusammen!« Er spie die Worte verächtlich aus. Seine Augen funkelten wie Höllenfeuer, er schlug mit einer Hand auf den Tisch. »Sie soll zur Hölle fahren, dieses verdammte Miststück! Und wissen Sie auch, warum sie so geworden ist?« Er wartete auf eine Reaktion, und als die nicht kam, sagte er, auf seine Frau deutend: »Hier, sie ist schuld! Sie hat sie immer in Schutz genommen. Antonia war ihr kleines Häschen, das alles haben durfte! Da siehst du, was du angerichtet hast! Sie hat andauernd die Schule geschwänzt, hier«, sagte er und deutete auf den Wohnzimmerschrank, »hier drin liegen die ganzen Briefe von der Schule.«

»Herr Delgado, ich glaube nicht, daß es der richtige Zeitpunkt...«

»Es ist, zum Teufel noch mal, der richtige Zeitpunkt! Antonia hat sich dieses Heroin gespritzt, und ich habe es nicht gewußt! Ich hätte sie aus dem Haus geprügelt, wenn ich es gewußt hätte!«

»Julio, bitte! Ich hab doch nur versucht...«

»Halt dein Maul! Deine Erziehung war es!«

»Herr Delgado, bevor Sie hier weiter rumschreien, haben wir Ihnen noch etwas zu sagen; Ihre Tochter war nicht nur drogensüchtig... sie war außerdem HIV-infiziert.«

»Was ist das?« Er zog die Stirn fragend in Falten.

»Sie hatte Aids.«

Von einem Moment zum anderen wurde Delgados Gesicht zu einer aschfahlen, starren Maske. Er stand auf, die Augen vor Panik geweitet, ging zur Balkontür, holte tief Luft, drehte sich wieder um, tastete an seiner Hemdtasche, dann an seiner Hose. »Haben Sie eine Zigarette?« fragte er mit plötzlich schwacher Stimme. Kullmer holte die Schachtel aus seiner Jacke, hielt sie ihm hin, Delgado nahm eine, steckte sie zwischen die Lippen, Kullmer gab ihm auch noch Feuer.

»Danke.« Seine Hände hatten Mühe, die Zigarette zu halten. »Sie hatte Aids? Wirklich? Und da gibt es keinen Zweifel? Überhaupt keinen?« Er versuchte zu lächeln, heraus kam eine Fratze.

324

»Unsere Ärzte arbeiten zuverlässig. Aber wie Sie sicherlich wissen, brauchen Sie persönlich keine Angst zu haben, sich infiziert zu haben. Der Virus wird in der Regel durch ungeschützten Geschlechtsverkehr oder verseuchte Spritzen bei Drogenabhängigen übertragen.«

Delgado verzog plötzlich das Gesicht, als litt er heftige Schmerzen. Er atmete hastig, blankes Entsetzen in den Augen. »Nein, nein, natürlich, ich brauche wohl keine Angst zu haben. Wenn Sie sagen...«

»Können wir Ihnen helfen, Herr Delgado?« fragte Julia Durant, die einen bösen Verdacht hatte, weshalb Delgado sich auf einmal so seltsam benahm.

»Gehen Sie, bitte gehen Sie! Und lassen Sie uns in Ruhe!«

»Wenn wir Ihnen irgendwie helfen können...«

»Gehen Sie, verdammt noch mal, hauen Sie endlich ab!« schrie er.

Durant und Kullmer folgten der Aufforderung. Draußen sahen sie sich kurz und vielsagend an. Kaum hatte sich die Tür hinter ihnen geschlossen, hörten sie lautes Geschrei, das Splittern von Geschirr. Delgado schrie, sie schrie lauter. Klatschende Geräusche, Prügel. Und wieder Schreie, diesmal nur von ihr. Die Schreie gingen in Wimmern über. Kullmer und Durant warteten einen Moment, um notfalls eingreifen zu können.

»Wir sollten vielleicht besser noch einmal hineingehen«, sagte Kullmer.

Die Kommissarin zögerte, hielt Kullmer zurück. »Warten Sie.«

Eine Frau mit Lockenwicklern im pechschwarzen Haar steckte ihren Kopf aus der Tür, eine Zigarette lose im Mundwinkel, ein giftgrüner Nylonmorgenmantel umspannte ihre fette Gestalt, ihre Füße waren nackt und schmutzig.

»So geht das andauernd«, sagte sie mit heiserer Stimme. »Die prügeln sich fast jeden Tag. Und die Kleine hat auch ständig was abgekriegt.«

»Was meinen Sie damit?« fragte Kullmer.

»Na ja, die sind doch bekannt dafür. Er säuft, hurt rum und schleppt ständig andere Schlampen hier an. Kein Wunder, daß Antonia so geworden ist. Sie war kein schlechtes Mädchen, sie hatte nur einen Scheißvater!«

»Wie ist sie denn geworden?«

»Ach kommen Sie, jeder im Haus weiß das doch – die ist schon mit zwölf oder dreizehn auf den Strich gegangen. Ich will ja nichts Schlechtes sagen, aber Sie sollten mal den Alten fragen, wie seine Tochter auf den Strich gekommen ist – er wird's zwar abstreiten, aber der hat sie selber dahingeschickt. Oder was glauben Sie, wovon die sich das ganze Zeugs in der Wohnung leisten konnten?«

»Sie scheinen gut informiert zu sein, Frau ...«

»Äh!« sagte sie abwinkend, ohne die Zigarette aus dem Mund zu nehmen. »Man weiß schnell, was hier los ist!« Sie knallte die Tür zu, ohne die Gelegenheit zu einer weiteren Frage zu geben.

»Danke für die Auskunft!« flüsterte Julia Durant grinsend und bewegte sich mit Kullmer auf das Treppenhaus zu.

»Denken Sie das gleiche wie ich?« fragte Kullmer.

»Ich weiß zwar nicht genau, was Sie denken, aber die Reaktion war doch ziemlich eindeutig. Delgado hat Angst. Und wenn das stimmt, was die Alte gesagt hat, daß er sie auf den Strich geschickt hat, dann hat er sie womöglich auch zugeritten. Und deswegen hat er Angst, sich bei seiner eigenen Tochter infiziert zu haben. Es ist wirklich ein verdammt tiefer Sumpf aus Scheiße, wie Berger zu sagen pflegt!«

Auf dem Weg zurück ins Präsidium fragte sie: »Sagen Sie, würden Sie mir bei Menzel helfen?«

Kullmer lachte kurz auf, schüttelte den Kopf. »Bei jedem andern würde ich ja sagen, bei Menzel aber... Nein, der ist mir eine Nummer zu groß. Wir können nur verlieren.«

»Wozu gibt es dann überhaupt noch Polizei, wenn diejenigen, auf die es ankommt, in den entscheidenden Augenblicken kneifen?«

»Was meinen Sie damit?«

»Ich habe vorhin mit Berger gesprochen, er zieht den Schwanz auch ein. Keiner traut sich an Menzel ran. Warum? Nur, weil er alle möglichen Dreckärsche schmiert?«

»Ja, vielleicht. Ich habe Ihnen schon heute mittag gesagt, Sie sollen vorsichtig sein. Ich bleibe bei so was gerne außen vor...«

»Hören Sie, wir beide sind schon einige Male aneinandergeraten...«

»Nennen Sie es, wie Sie wollen, aber das hat nichts mit Menzel zu tun...«

»Was soll's auch, lassen wir das Thema. Wenn Sie schon nicht mutig genug sind, es mit Menzel aufzunehmen...«

Kullmer unterbrach sie: »Sie sind verrückt, wahrhaftig, das sind Sie! Na gut, ich werde sehen, was ich machen kann. Aber erwarten Sie keine Wunder. Und Sie sollten wissen, daß das Ihr Ende sein kann.« Er verzog den Mund zu einem gequälten Lächeln. »Mal sehen, ob ich später wenigstens in irgendeinem Büro unterkomme, oder wenn ich großes Glück habe, kriege ich vielleicht sogar eine Anstellung als Kaufhausdetektiv.«

»Witzbold! Solange wir es clever anstellen, kann Menzel uns gar nichts. Ich habe nicht vor, ihn einfach mit vagen Vermutungen zu konfrontieren, weiß Gott nicht, ich knöpfe ihn mir erst vor, wenn ich hieb- und stichfeste Beweise gegen ihn in der Hand habe. Keinen Moment früher. Ich werde auf Nummer Sicher gehen.«

Mittwoch, 19.00 Uhr

Berger, Schulz, Kullmer und Durant waren im Präsidium. Schulz hatte den Tag damit zugebracht, wegen Sexualdelikten einschlägig vorbestrafte Leute zu vernehmen, ergebnislos. Er hatte tiefe Ränder unter den Augen, wirkte erschöpft, trank einen Kaffee und rauchte eine Zigarette. Er bat Berger um einen Cognac. Berger zog die unterste Schublade seines Schreibtischs auf, holte die fast volle Flasche hervor. »Noch jemand?« fragte er. Kopfschütteln. Er schenkte Schulz' leeren Becher viertelvoll, dann sich ein. Durant las. Die Informationen, die Berger über Menzel hatte, waren brisantes Material. Schätzungen zufolge galt er als einer der reichsten Männer der Stadt, mit einem Vermögen von über hundert Millionen Mark. Seit mehr als zwei Jahren schon tauchten im Bundeskriminalamt immer wieder Gerüchte auf, daß er in Geldwäscherei und Waffenschiebereien involviert war, doch konnte ihm bisher nichts nachgewiesen werden. Bis jetzt war er einfach zu clever, außerdem hatte er sich einen Schutzwall von Gönnern geschaffen, Gönner, die jeden Eid für ihn ablegen würden und in Positionen saßen, die ihnen alle Rechte und Freiheiten gaben. Und Gönner, die in der Regel über jeden Zweifel erhaben waren und deren Wort bei den meisten als heilig galt.

Es war bekannt, daß Menzel Verbindungen zum Mob unterhielt, doch auch hier fehlten eindeutige Beweise. Er war mit allen Wassern gewaschen, doch besonders schwer ins Gewicht fiel die Tatsache, daß er als möglicher Kandidat der CDU für die nächste Wahl zum Oberbürgermeister gehandelt wurde.

Als Durant im Bericht las, wer alles Menzel den Rücken freihielt, sank auch ihr der Mut. Es schien wirklich nur ein

Kampf gegen Windmühlen werden zu können, aus dem Menzel als lachender Sieger hervorgehen würde. Als sie fertig gelesen hatte, legte sie die Notizen auf den Tisch zurück.

»Hab ich zuviel gesagt?« fragte Berger.

»Nein, haben Sie nicht.«

»Und, wollen Sie sich immer noch mit ihm anlegen?«

Die Kommissarin überlegte einen Moment, dann stand sie auf. »Ja«, sagte sie mit fester Stimme, »ich will es immer noch. Wenn Sie das Mädchen heute mittag gesehen hätten, wenn Sie gesehen hätten, in welch armseligen Verhältnissen die Familie haust, und daß dann so ein versauter Geldsack kommt und alles noch viel schlimmer macht... Ich will ihn haben, und wenn es nur dazu dient, daß die Öffentlichkeit von seinen Sauereien erfährt. Es sind schon andere Sümpfe trockengelegt worden. Ganz andere Sümpfe, an die sich auch sonst keiner ranwagen wollte.«

»Also gut, ich will Ihrem Tatendrang und Mut nicht im Wege stehen. Versuchen Sie Ihr Glück, nur rechnen Sie nicht auf meine Hilfe.«

»Wer kommt mit?« Sie blickte Schulz und Kullmer an.

»Haben Sie denn schon Ihr sogenanntes hieb- und stichfestes Material?« fragte Kullmer. »Wenn nicht, dann tut es mir leid...«

»Was ich habe, reicht im Moment. Also, wer kommt mit?« Schulz nickte, erhob sich.

329

Mittwoch, 20.00 Uhr

Julia Durant stand zusammen mit Schulz eine Weile vor Menzels Haus. Es regnete seit dem Nachmittag wieder, die Temperatur war auf zehn Grad gefallen. Sie hatten sich über Menzel und die Rückerts unterhalten, die Kommissarin war noch einmal kurz auf ihr Treffen mit der Unbekannten eingegangen. Der Platz vor der Garage war leer, das Hausinnere hell erleuchtet. Sie war nervös, Schulz hingegen wirkte ruhig. Die unfreundliche Hausangestellte öffnete, hinter ihr stand ein großer, bulliger Mann, der sie argwöhnisch betrachtete. Die Kommissarin zeigte ihren Ausweis.

»Wir würden gerne mit Herrn Menzel sprechen«, sagte sie.

»Tut mir leid«, sagte die Frau, ohne eine Miene zu verziehen, »aber Herr Menzel wird erst im Laufe des Abends zurückerwartet, er ist geschäftlich unterwegs.«

»Ich weiß, in Saudi-Arabien, wenn ich mich recht erinnere.«

»Auch Herr Menzel junior und Frau Menzel sind nicht zu sprechen, falls das Ihre nächste Frage sein sollte.«

»Heute abend, sagen Sie. Wann?«

»Das kann ich nicht genau sagen. Kann ich etwas ausrichten?«

»Nein. Nein, danke. Guten Abend.«

Julia Durant machte enttäuscht kehrt. »Ich hatte Angst vor diesem Moment, und jetzt... ach, Scheiße, ich hätte mir denken können, daß er noch nicht zurück ist. Saudi-Arabien!«

»Er kommt zurück«, sagte Schulz. »Irgendwann treffen wir ihn an. Er kann uns nicht weglaufen.«

Sie wollte schon den Motor starten, als ein Wagen um die Ecke bog. Ein dunkelblauer neuer Mercedes 600.

Geräuschlos öffnete sich das Tor, der Mercedes fuhr auf das Grundstück. Der Chauffeur stieg aus, ließ den Regenschirm aufschnappen, ging um das Fahrzeug, öffnete die rechte hintere Tür, achtete darauf, daß Menzel nicht naß wurde, begleitete ihn zum Eingang.

Durant und Schulz blieben im Wagen sitzen, sahen sich an. »Sollen wir?« fragte Schulz.

»Geben wir ihm ein paar Minuten.« Sie warteten genau eine Viertelstunde.

Menzel saß vor dem Kamin und telefonierte. Er hatte die Beine übereinandergeschlagen, seine Frau, die angeblich nicht zu Hause war, saß auf dem Sofa, eine großflächige, fast schwarze Sonnenbrille verdeckte einen Großteil ihres Gesichts und offensichtlich Spuren von Prügeln. Ein kalter Blick auf die Eintretenden, Menzel beendete das Gespräch, versprach, sich später wieder zu melden.

»Sie schon wieder? Warum um alles in der Welt belästigen Sie mich so spät am Abend? Ich komme gerade aus Riad, habe zwei anstrengende Tage hinter mir und soll mich auch noch mit Ihnen abgeben! Kommen Sie ein andermal wieder, und machen Sie vor allen Dingen vorher einen Termin aus. Sie werden dann erfahren, ob ich verfügbar bin.«

»Wäre Ihnen eine Vorladung aufs Präsidium lieber, Herr Menzel? Sie haben die Wahl. Allerdings müßten wir mit Ihnen allein sprechen, und zwar jetzt«, sagte die Kommissarin.

»Oh, gleich solch schwere Geschütze! Gehen wir in mein Büro«, sagte er gespielt freundlich. »Aber machen Sie's, verdammt noch mal, kurz! Wer sind Sie überhaupt?« fragte er, auf Schulz deutend, und schloß die Bürotür hinter sich.

»Kommissar Schulz, auch von der Mordkommission.«

»Ah, Kommissar Schulz von der Mordkommission. Aber bitte, ich will nicht unhöflich erscheinen, nehmen Sie doch Platz.«

»Können Sie sich denken, weshalb wir hier sind?« fragte Julia Durant.

»Bestimmt nicht, um mit mir Rätsel zu lösen! Also, ich warte!«

»Es geht noch einmal um Sabine Lindner. Und nicht nur darum. Es geht um eine ganze Menge mehr.« Sie forschte nach einer Reaktion in Menzels Gesicht, dessen Miene keinen seiner Gedanken verriet.

»Und, weiter? Hören Sie zu, wenn das hier ein Verhör werden sollte, möchte ich mit meinem Anwalt sprechen! Wird es eins?« fragte er eisig.

»Wie kommen Sie darauf, daß wir Sie verhören wollen? Aber gut, es wird eines. Machen wir doch einen Deal, Sie halten Ihren Anwalt raus und wir dafür die Presse. Einverstanden?«

»Was wird das hier – eine kleine Erpressung?«

»Nennen Sie es, wie Sie wollen. Beantworten Sie unsere Fragen, und dann können Sie immer noch entscheiden, ob Sie Ihren Anwalt einschalten möchten. Also, wie sieht's aus?«

»Fangen Sie an, aber machen Sie's kurz«, sagte er betont gelangweilt.

»Frage eins, in welchem Verhältnis standen Sie zu Sabine Lindner?«

»Sie war die Freundin meines Sohnes, mehr weiß ich nicht.«

»Nun, Herr Menzel«, sagte Julia Durant überlegen lächelnd, »machen wir es doch anders, für jede Unwahrheit gebe ich Ihnen eine Chance weniger, daß die Presse rausgehalten wird. Und für einen Mann Ihrer Position...

die Presse kann den Tod bedeuten. Also noch mal, wie standen Sie zu Sabine Lindner?«

»Was wollen Sie?« fragte er gefährlich leise.

»Die Wahrheit, Herr Menzel. Wir wollen endlich die Wahrheit.«

»Die Wahrheit? Wissen Sie, was, stecken Sie sich Ihre verdammte Wahrheit in Ihren niedlichen Arsch. Und jetzt verschwinden Sie!«

»Dann, Herr Menzel, lassen Sie uns leider keine andere Wahl, als Sie zu bitten, uns aufs Revier zu begleiten. Wenn Sie sich also etwas anziehen würden...«

Menzel machte eine abwehrende Handbewegung, lenkte ein: »Okay, okay, diese Runde geht an Sie. Fangen wir noch mal an. Was wollten Sie wissen?«

»In welchem Verhältnis Sie zu Sabine Lindner standen.«

Menzel grinste gequält, lehnte sich zurück, schlug die Beine übereinander. »Sie war eine kleine Hure, das ist die Wahrheit. Nichts als eine erbärmliche kleine Hure! Sie hat sich an mich rangemacht, mit allen ihr zur Verfügung stehenden Mitteln.« Menzels Selbstsicherheit schien zurückgekehrt. »Die Mittel einer reifen Siebzehnjährigen können sehr vielfältig sein. Und ein Mann in meinem Alter braucht ab und zu ein paar Streicheleinheiten, das Gefühl, noch attraktiv genug für das junge Gemüse zu sein.« Er erhob sich, ging zur Bar, schenkte sich einen Scotch ein, trank aus, schenkte sich nach, blieb an der Bar stehen. »Ich habe leider zu spät erfahren, was ihre wirklichen Absichten waren. Tja, man lernt eben nie aus.«

»Und was waren das für Absichten?«

»Sie war verdammt berechnend, wollte, daß ich mich für sie scheiden lasse. Verdammtes Flittchen!«

»Sie geben also zu, ein Verhältnis mit ihr gehabt zu haben?«

Menzel nickte. »Ja, verdammt noch mal, ich hatte eines mit ihr! Ist es neuerdings wieder verboten, wenn ein erwachsener Mann mit einer Siebzehnjährigen...? Das macht doch heutzutage jeder zweite oder dritte! Bei mir ist es natürlich doppelt schlimm, weil ich eine bedeutende Persönlichkeit bin.«

»Das würde ich so nicht behaupten, das mit dem doppelt schlimm. Was ist mit Sabines Schwangerschaft?«

»Was für eine Schwangerschaft?« gab sich Menzel unwissend.

»Ach kommen Sie, Herr Menzel, tun Sie um Himmels willen nicht so, als hätten Sie nicht gewußt, daß Sabine schwanger war! Sie hatten ein Verhältnis mit ihr und wollen nicht gewußt haben...« Die Kommissarin verzog das Gesicht. »Das können Sie jemand anderem weismachen!«

»Also gut, ich wußte davon! Und jetzt?« fragte er, trank aus und schenkte wieder nach, setzte sich in einen alten Sessel neben der Bar.

»Und jetzt werde ich Ihnen etwas über meine Theorie sagen – Sie haben Sabine geschwängert, und als sie anfing, Forderungen zu stellen, haben Sie sich ihrer entledigt. Sie haben dabei die Vorgehensweise des anderen Mörders imitiert, doch leider sind Ihnen dabei ein paar entscheidende Fehler unterlaufen. Sie sind eben nicht mit anatomischen Kenntnissen ausgestattet.«

Menzel sprang auf, mit puterrotem Gesicht. »Jetzt passen Sie sehr gut auf, Frau Kommissarin!« sagte er, drohend auf Julia Durant deutend. »Ich habe mir das alles bis jetzt gefallen lassen, aber was zu weit geht, geht zu weit! Ich soll Sabine umgebracht haben? Sie spinnen, weiß Gott, Sie spinnen! Ich weiß wirklich nicht, was in Ihrem Polizistenhirn vorgeht, aber mir scheint, Sie haben zu oft Krimiserien gesehen, in denen die Reichen und Schönen auch immer die Mörder sind. Ich jedenfalls habe noch nie jemand umgebracht! Das mit Sabine hätte ich auf eine ganz andere Weise erledigt...«

»Und wie, mit Geld?«

»Zum Beispiel.«

»Wer hat sie dann umgebracht?«

»Woher soll ich das denn wissen? Sie sind die Polizei! Sie sollten sich viel lieber darum kümmern, wer all die unschuldigen Dinger abschlachtet, anstatt hier einen honorigen Bürger in die Mangel zu nehmen!«

Die Kommissarin funkelte Menzel giftig an: »Honorig, sagen Sie? Nennen Sie es honorig, wenn auf Ihren Partys Dreizehn- und Vierzehnjährige von Männern Ihres Schlages mißbraucht werden? Ich weiß jetzt auch, weshalb ich aus dem Verkehr gezogen wurde. Ihr Spezial-Mix ist wirklich bemerkenswert! Sie sehen, wir sind nicht nur wegen Sabine hier. Aber dazu kommen wir später noch.«

Menzel wurde kalkweiß, die Hand, in der er das Glas hielt, zitterte, Julia Durant hatte ins Schwarze getroffen. Schulz schaute etwas verwundert, sagte aber nichts und überließ seiner Kollegin das Feld.

Menzel verteidigte sich: »Ach, kommen Sie, Sie sind am Montag hier angetanzt, obwohl Sie nicht eingeladen waren! Es tut mir leid, okay? Aber ich habe mit dem Mord an Sabine nichts zu tun!«

»Gut, das werden wir sehen, nachdem wir Ihr Blut untersucht haben. Sie hatte nämlich unmittelbar vor ihrem Tod Geschlechtsverkehr.«

»Was beweist das schon, wenn ich mit ihr geschlafen habe? Mein Gott, Sie tun das alles doch nur, weil ich Menzel heiße!«

Julia Durant sprang wütend auf, fauchte ihn an: »Verdammt, wir würden das mit jedem machen! Mit jedem, der

Kinder für seine Schweinereien mißbraucht und den Eltern einen Batzen Geld zahlt, damit sie die Schnauze halten! Leute wie Sie gehören aus dem Verkehr gezogen! Aber gut, im Moment geht es allein um Sabine Lindner. Haben Sie sich mit ihr an ihrem Todestag im Stadtwald getroffen?«

»Ich will meinen Anwalt sprechen!«

»Das läßt sich einrichten, auf dem Präsidium.«

»Hören Sie«, sagte er, sein Grinsen geriet zu einer Grimasse, »können wir die Sache nicht hier bei mir und in aller Ruhe erledigen? Sie werden sicher schnell herausfinden, daß ich nicht der Täter sein kann.«

»Warum haben Sie sich mit ihr im Stadtwald getroffen?«

»Sie rief mich am Mittwoch in meinem Büro an und bat um ein Gespräch. Da ich den ganzen Mittwoch und auch Donnerstag ausgebucht war und sie selber einen wichtigen Arzttermin hatte, verabredeten wir uns in der Nähe ihrer Wohnung, aber natürlich so, daß uns keiner sehen konnte. Sie schlug den Stadtwald in der Nähe des Oberforsthauses vor. Und da ich wenig Lust auf ein längeres Gespräch mit ihr hatte, stimmte ich dem Treffpunkt zu.«

»Warum wollte sie sich mit Ihnen treffen?«

»Warum, warum?! Das wissen Sie doch ganz genau! Sie war hinter mir her und...«

»Und was?«

»Ach, vergessen Sie's!«

»Ich will es aber nicht vergessen, sondern jetzt wissen!«

»Mein Gott, sind Sie hartnäckig! Sie wollte, daß ich mich für sie scheiden lasse, doch ich habe ihr klarzumachen versucht, daß dies ein geradezu absurder Gedanke war. Wie sollte die Öffentlichkeit jemals akzeptieren, daß ein Mann in meinem Alter eine Verbindung mit einem Fast-noch-Kind eingeht! Ich hatte ihr das vorher schon gesagt und alles getan, um sie zur Vernunft zu bringen, aber sie beharrte darauf, daß sie mich liebte und meine Gefühle ähnlich gelagert sein müßten. Und sie wollte einfach nicht begreifen, daß sie...«

»Sie was? Nur ein Spielzeug in ihren schmutzigen Fingern war? Dieses Fast-noch-Kind, wie Sie es nennen, war doch offensichtlich im Bett kein Kind mehr, oder?«

»Hören Sie, ich lasse mich von Ihnen nicht beleidigen! Ich...«

»Lassen Sie uns fortfahren. Sie sind also am Donnerstag zu diesem Treffen gefahren. Wann genau trafen Sie sich, und wie lange hat es gedauert?«

Menzel schüttete den Inhalt des Glases in sich hinein, schenkte gleich nach, seine Zunge wurde etwas schwer. »Ich war etwa um Viertel vor neun am Oberforsthaus. Ich ging zu unserer verabredeten Stelle, wo wir uns schon öfters getroffen hatten, etwa fünfzig Meter von der Straße entfernt. Sabine hat schon auf mich gewartet. Sie wollte, daß wir einen Spaziergang machen. Aber es war schon ziemlich dunkel, und mir fehlte die Lust. Wir gingen vielleicht zweihundert Meter. Sie hat mir ihre Schwangerschaft gebeichtet. Ich Idiot, ich hätte ahnen müssen, daß so etwas eines Tages passieren würde, aber gerade mit ihr! Sie hat mich unter Druck gesetzt, alle möglichen Forderungen gestellt!«

»Was für Forderungen?«

»Hab ich doch schon gesagt, Scheidung, Geld und so weiter. Sie war völlig außer sich.«

»Und dann?«

»Nichts und dann! Ich habe versucht, sie zu beruhigen. Sie war, wie gesagt, völlig außer sich, drohte, sich das Leben zu nehmen, sich und das ungeborene Kind zu töten... Mein Gott, sie hat geheult und sich an mich geklammert!

Ich hatte alle Mühe, mich von ihr zu lösen! Ich habe einen verdammten Fehler gemacht, und ich wollte nicht für den Rest meines Lebens dafür büßen müssen...«

»Und deshalb haben Sie sie umgebracht!« unterbrach ihn die Kommissarin.

»Papperlapapp! Lassen Sie mich gefälligst ausreden! Ich bot ihr natürlich an, für sie zu sorgen, ich hätte eine eventuelle Abtreibung bezahlt oder den Unterhalt für sie und das Kind, wenn sie es denn unbedingt zur Welt bringen wollte. *Ich* habe ihr keine Bedingungen gestellt, ihr weder zur Abtreibung geraten noch zur Fortführung der Schwangerschaft! Aber sie wollte, verdammt noch mal, mehr, sie wollte nämlich mich! Und Sie werden verstehen, das ging nicht!« Er machte eine Pause, beugte sich nach vorn, faltete die Hände und blickte zu Boden.

Julia Durant wartete einen Augenblick, fragte dann hart: »Haben Sie sie umgebracht und dabei versucht, die Vorgehensweise des anderen Mörders zu imitieren?«

»Hören Sie«, sagte Menzel müde, »es mag in meinem Leben die eine oder andere Ungereimtheit geben, aber ich habe noch niemanden umgebracht. Das schwöre ich Ihnen!«

»Haben Sie mit ihr an diesem Abend geschlafen?«

»Mein Gott, was wollen Sie eigentlich?«

»Den Mörder finden, das ist alles! Sie haben bei meinem allerersten Gespräch mit Ihnen behauptet, Sie hätten Sabine Lindner nur flüchtig gekannt und hätten Ihren Sohn vor ihr gewarnt! Erinnern Sie sich? Sie haben mich damals angelogen, und glauben Sie mir eines, ich vergesse so was nicht! Und dann mußte ich doch tatsächlich feststellen, daß Sie ein Verhältnis mit diesem Mädchen hatten! Und noch was, Sabine mag sicher die eine oder andere Absicht gehabt haben, aber so schlecht, wie Sie sie darstellen, so schlecht war sie nicht! Wir haben ein Tagebuch bei ihr gefunden, und dort liest sich das alles ganz anders. Was sie geschrieben hat, macht ganz und gar nicht den Eindruck, als wollte sie Sie erpressen oder unter Druck setzen. Andererseits, Sie stehen selbst heute noch nicht zu Ihrer Beziehung und der Schwangerschaft von Sabine, und allein das ist doch zumindest moralisch höchst bedenklich.«

»Was interessiert mich Ihre Moralvorstellung? Diese Welt hat so viele Moralvorstellungen, wie es Menschen gibt...«

»So was hab ich heute schon mal hören müssen! Aber genau das ist es doch, woran unsere Welt krankt, fehlende Moral. Wer Geld hat, für den sind die Grenzen aufgehoben. Sabine war siebzehn – und sie ist tot! Die Leiche war kein angenehmer Anblick. Ausgestochene Augen, unzählige Einstiche, alles voll von getrocknetem Blut, eine Brust abgeschnitten – vielleicht *Ihre* Lieblingsbrust? Junges, zartes Fleisch, das zur Schlachtbank geführt wurde!« Hier stockte sie, musterte Menzel, forschte nach einem Zeichen in seinem Gesicht. Keine Reaktion. »Doch vielleicht haben Sie sie ja auf die Schlachtbank geführt.«

»Ich habe sie nicht umgebracht, glauben Sie mir! Ja, ich habe mit ihr geschlafen, im Wald. Ich tat es, damit sie ruhiger wurde. Wissen Sie, diese jungen Dinger meinen, wenn man mit ihnen schläft, liebt man sie auch. Sabine war da keine Ausnahme. Es war zwar nur ein kurzer Akt, aber es genügte ihr. Wir haben uns für den kommenden Tag zum Mittagessen in einem Wiesbadener Restaurant verabredet. Sie hatte schulfrei und versprach zu kommen, und da ich sowieso in Wiesbaden zu tun hatte... Ich habe eine Stunde auf sie gewartet, und als sie nicht kam, dachte ich, sie hätte es sich anders überlegt. Ich konnte da ja noch nicht ahnen, daß sie tot war!«

»Gibt es jemanden, der das Treffen mit Sabine im Wald bezeugen kann?«

»Mein Chauffeur, er hat mich dort abgesetzt.«

»Kann er bezeugen, daß Sabine noch gelebt hat, als Sie wiederkamen?«

»Woher soll ich das wissen?«

»Wußte er von Ihrer Beziehung zu Sabine?«

Menzel sah die Kommissarin wie aus weiter Ferne an, kniff die Lippen aufeinander, sagte: »Ja, er wußte davon.«

»Hat er Sabine gesehen?«

»Weiß ich nicht, fragen Sie ihn.«

»Wohnt er hier?«

»Nein, er wohnt in Sachsenhausen. Hier ist seine Adresse.« Er kritzelte schnell die Adresse auf einen Zettel und reichte ihn Julia Durant.

»Was sagen Ihnen die Namen Maureen Nettleton, Carola Preusse, Antonia Delgado?« fragte Durant, obgleich sie wußte, daß sie ihm die Frage nach Maureen und Carola bereits am Sonntag gestellt hatte. Sie erinnerte sich aber an den Obduktionsbericht, in dem stand, daß das bei Maureen und Sabine gefundene Sperma identisch sei.

»Haben Sie mich das nicht schon mal gefragt?« antwortete Menzel, ohne sie dabei anzuschauen.

»Und wenn, dann frage ich Sie eben noch einmal! Also, kennen Sie sie?«

»Nur dem Namen nach.«

»Auch Antonia Delgado?«

»Antonia Delgado?« Er verzog das Gesicht fragend, blickte zu Boden, wirkte angespannt, schüttelte den Kopf. »Nein, sagt mir nichts, der Name.«

»Sie ist das dritte Opfer. Maureen, Carola und Antonia. Wir werden eine Blutprobe von Ihnen nehmen müssen, Herr Menzel.«

»Das dürfen Sie nicht ohne weiteres!« protestierte er. »Und

warum wollen Sie ausgerechnet von mir eine? Ich sagte Ihnen doch, ich habe niemanden umgebracht!«

»Sie würden es sich und uns erleichtern, wenn Sie sich ohne viel Aufhebens dazu bereit erklären würden. Wissen Sie, ich habe alle Gründe, Sie festzunehmen, und kein Anwalt dieser Welt holt Sie aus dem Gefängnis heraus, bevor Ihre Unschuld nicht zweifelsfrei bewiesen ist. Und außerdem sagte ich bereits, daß da auch noch die Presse ist, mit Journalisten, die wie die Aasgeier nur darauf warten, eine tolle Story geliefert zu bekommen. Und glauben Sie mir, ich zögere nicht eine Sekunde, sogenannte vertrauliche Infos weiterzugeben. Also, wie sieht's aus?«

»Es ist eine Sauerei, was Sie mit mir vorhaben. Aber gut, wenn sich's nicht vermeiden läßt!«

»Kannten Sie Maureen Nettleton, Carola Preusse, Antonia Delgado persönlich?«

»Nein, nein, nein! Und diese Delgado schon gar nicht!« Er hielt inne, der eisige Blick der Kommissarin irritierte ihn. Er rollte mit den Augen und sagte: »Ja, ich kannte Maureen.«

»Und Sie hatten mit ihr, wie mit vielen andern Mädchen, Intimverkehr?«

»Und wenn?«

»Sagen Sie nur ja oder nein!«

»Ja, ich hatte. Und weiter? Es ist nicht verboten, mit einem Mädchen in ihrem Alter zu schlafen!«

»Nein, das nicht, aber mit einer Dreizehnjährigen. Was ist mit Antonia Delgado und vor allem Vera Rückert?«

»Mein Gott, was wollen Sie noch alles von mir?« Schweißperlen.

»Das erkläre ich Ihnen vielleicht irgendwann einmal. Beantworten Sie bitte meine Frage!«

»Kann sein, ich weiß es nicht mehr! Bei uns verkehren so

viele Menschen; wenn ich mir immer alle Namen merken müßte!«

»Nun, alle Namen nicht, aber ein paar besondere vielleicht. Wie Vera Rückert. Sie ist dreizehn und war Montag nacht hier. Und mit dreizehn ist man minderjährig! Sie haben die Eltern bezahlt und damit die Unschuld dieses Kindes gekauft. Auch dafür werden wir Sie belangen. Dafür und für eine Menge mehr. Und wenn es sein muß, auch für Mord.«

»Reden Sie doch nicht so einen Scheiß! Wo sind Ihre Beweise? Kommen Sie, beweisen Sie Ihre Behauptungen! Und was haben Sie von meinem Blut? Beweist es, ob ich der Mörder bin oder nicht?«

»Unter Umständen. Wenn Sie allerdings Pech haben, reicht es nur für einen Indizienprozeß. Wenn Sie Glück haben, auch für einen Freispruch. Ich werde auf jeden Fall alles in meiner Macht Stehende tun, daß ein Mann wie Sie, der Partys veranstaltet, auf denen sich die obere Gesellschaft von Frankfurt und Umgebung trifft, wo Minderjährige erst willenlos gemacht und dann von Männern, die sich alles leisten können, mißbraucht werden, eines Tages diese Stadt regiert! Ich fände es zum Kotzen, wenn ich nicht alles getan hätte, dies zu verhindern! Ich frage mich, was in einem kranken Hirn wie Ihrem vorgeht! Tut mir leid, Herr Menzel, aber für das, was Sie tun, fehlt mir jegliches Verständnis.«

»Ich werde jetzt meinen Anwalt anrufen. Ich lasse mir diese Beleidigungen von Ihnen nicht länger bieten! Ich habe einen Ruf zu verteidigen.«

Menzel griff mit zittrigen Fingern zum Telefon und wählte eine Nummer. Wenig später meldete sich der Teilnehmer. Menzel sprach ihn mit Vornamen an. Er sagte ihm, nein, er befahl ihm, sofort aufs Präsidium zu kommen. Er werde beschuldigt, einen Mord begangen zu haben.

Mittwoch, 22.30 Uhr

Dr. Tschirke, der Anwalt von Menzel, war vor den Beamten auf dem Revier. Keiner, der Tschirke nicht kannte, die einflußreichste und gerissenste Persönlichkeit unter den Anwälten. Für Geld tat er alles, und er machte es exzellent; selbst seine Feinde zogen vor ihm den Hut. Wo andere keinen Ausweg mehr wußten, fand er immer noch ein Schlupfloch. Die Prozesse, die er in den vergangenen dreißig Jahren verloren hatte, waren an einer Hand abzuzählen. Und das machte die Sache für Julia Durant gefährlich. Er saß auf einer Holzbank auf dem Flur, grinste maliziös, stand auf, nahm seinen Mandanten auf die Seite, sprach ein paar kurze Worte mit ihm.

Sie kannte diese Typen, ihre Reaktionen, ihr Gehabe, ihr Reden gehörten zum Geschäft. Privat waren manche von ihnen die reinsten Engel, kuschten, wenn die Ehefrau sich nur räusperte, und kümmerten sich nach Feierabend rührend um die Kinder. Als Anwälte aber konnten sie zu Hyänen werden, verteidigten sie ihre Klienten – und ihre Honorare – mit eisernen Klauen. Er war etwas kleiner als die Kommissarin. Seine Augen blitzten sie an, er zischte, welche ungeheure Frechheit das sei, Herrn Menzel eines solch schwerwiegenden Verbrechens zu bezichtigen, er sagte, dies werde Konsequenzen für die gesamte Abteilung haben, dann forderte er, sich umgehend mit seinem Mandanten besprechen zu dürfen.

Nach zehn Minuten kamen die beiden Männer zurück. Menzel wirkte entspannt, Tschirke setzte sich, sagte: »Also, mein Mandant, Herr Menzel, stimmt einer Blutuntersuchung zu. Er gibt zu, Sabine Lindner, Maureen Nettleton und Antonia Delgado persönlich gekannt zu haben. Letztere jedoch nur flüchtig, sie war einmal in Begleitung eines anderen Mädchens in seinem Haus. Er hatte keinen sexuellen Kontakt zu ihr.«

»Und Vera Rückert?« fragte die Kommissarin schnell.

»Ach so, natürlich. Er hat den Namen nie gehört. Herr Menzel kennt keine Vera Rückert.«

»Bitte?« Sie hatte den Kopf ungläubig geneigt.

»Sie hören doch, was ich sage, er kennt sie nicht. Er hat sie nie gesehen. Und da Ihre Beweise offensichtlich sehr dürftig und aus der Luft gegriffen sind, würde ich vorschlagen, daß Herr Menzel jetzt wieder nach Hause zurückkehrt und morgen früh die Blutuntersuchung vornehmen läßt. Sie haben doch nichts dagegen einzuwenden?«

»Was, wenn wir eine schriftliche Aussage von den Rückerts haben?«

Tschirke grinste abfällig. »Wissen Sie, es gibt viele böse Menschen, die meinem Mandanten ans Leder wollen. Diese Rückerts zählen vielleicht auch dazu. Zeigen Sie mir doch bitte die schriftliche Aussage.« Er wartete einen Moment, fuhr dann süffisant lächelnd fort: »Nun, wo kein Kläger, da auch keine Anklage, habe ich recht?«

Durant war wie versteinert. Berger zeigte keinerlei Reaktion. Schulz, der losgefahren war, um den Chauffeur von Menzel zu befragen, kam gerade ins Büro, flüsterte Berger etwas ins Ohr. An seinem Gesicht war abzulesen, daß die Befragung ein totaler Reinfall war. Der Mann, der seit fünfzehn Jahren für Menzel arbeitete und über alle Intimitäten informiert war, der sich sogar als den einzigen bezeichnete, der Menzel wirklich kannte, sagte, er habe Menzel an besagtem Donnerstag am Stadtwald abgesetzt und war selbst einen Moment in den Wald gegangen, um seine Blase zu entleeren, und das war, als Menzel von Sabine zurückkam. Er konnte sich genau erinnern, daß Sabine in etwa fünfzig Meter Entfernung dastand und ihren Rock

344

glattstrich. Er würde dies jederzeit unter Eid bezeugen. Auf die Dunkelheit angesprochen, sagte er, das Licht der Weglaternen hätte ausgereicht, um zumindest zu sehen, daß Sabine noch gelebt hatte.

Bevor Menzel als weiterhin unbescholtener Bürger das Präsidium verließ, bat er, kurz mit Schulz allein sprechen zu dürfen. Es würde nicht lange dauern. Schulz war einverstanden. Sie begaben sich in das Nebenzimmer, wo sie ungestört waren, blieben dort kaum fünf Minuten.

Als Menzel herauskam, lächelte er siegessicher und auf eine gewisse Weise bösartig, gab Dr. Tschirke ein Zeichen. Um kurz vor Mitternacht verließ er als freier Mann das Präsidium. An der Tür drehte sich Tschirke noch einmal um. »Im übrigen ist mein Mandant bereit, die Sache auf sich beruhen zu lassen. Sollte jedoch auch nur ein einziges Wort hierüber oder über meinen Mandanten in der Presse erscheinen, zerreißen wir Sie in der Luft. Guten Abend.«

Mittwoch, Mitternacht

Schulz war im Zimmer geblieben, wohin er sich mit Menzel zurückgezogen hatte, saß mit versteinerter, aschfahler Miene auf einem Stuhl und wirkte, als hätte er eine Begegnung mit dem Satan persönlich gehabt. Berger kam zu ihm, fragte, was passiert sei, Schulz reagierte nicht, stand nur auf und verließ wortlos das Präsidium.

»Was ist auf einmal in ihn gefahren?« fragte Berger ratlos.

»Als ob ihn der Schlag getroffen hat.«

»Es kann nur etwas mit Menzel zu tun haben.«

»Wahrscheinlich haben Sie recht«, sagte Berger. »Menzel ist wirklich eine Klapperschlange, überall verspritzt er sein Gift.«

Er zog sich die Jacke über, schaute zur Uhr. »Ich habe es Ihnen gleich gesagt, Sie kommen an Menzel nicht ran. Und an Tschirke schon gar nicht vorbei. Ich hoffe, Sie haben Ihre Lektion gelernt.«

Durant fuhr sich nachdenklich über den Mund. »Warum streitet er so selbstsicher ab, Vera Rückert zu kennen? Ich habe doch die Aussagen, und wenn ich Menzel mit denen konfrontiere, dann...« Sie schloß die Augen, faßte sich an die Stirn. »Mein Gott, was bin ich bloß für ein Trottel! Heutzutage trägt jeder Idiot ein Handy mit sich rum! Ich gehe jede Wette ein, daß Menzel vom Nebenraum aus jemanden instruiert hat, mal kurz bei Rückerts vorbeizuschauen. Entweder mit Geld oder mit Drohungen. Oh, oh, daran habe ich nun wirklich nicht gedacht.«

»Sehen Sie, das ist es, was ich meine. Kein Vorbeikommen. Aber Kopf hoch, Fehler passieren jedem einmal. Sie sind noch jung. Und jetzt gute Nacht.«

Sie hatte geglaubt, wenigstens einen Teilerfolg erzielen zu können, doch es stimmte, ein Mann wie Menzel machte sich nicht selbst die Finger schmutzig. *Nur an seinem verdammten Schwanz klebt dieser Dreck*, dachte die Kommissarin wütend und fühlte sich beschissen.

Donnerstag, 23. September, 9.00 Uhr

»Ich habe von Ihrem Mißerfolg gehört«, sagte Kullmer mitfühlend, der sich allein im Büro aufhielt und gerade in die Akten vertieft war. »Ich hätte Ihnen den Erfolg gegönnt. Was ist mit seiner Vorliebe für kleine Mädchen? Diese Vera Rückert, kann man ihm nicht daraus einen Strick drehen?«

»Dazu bräuchten wir die schriftliche Aussage des

Mädchens und vor allem ihrer Eltern. Und ich fürchte, die werden wir nicht mehr bekommen. Er war gestern nach dem Gespräch mit Tschirke so verdammt selbstsicher, er weiß genau, daß die Rückerts nicht mehr reden werden. Ehrlich gesagt, ist mir fast alle Lust vergangen, mich weiter mit diesem ekelhaften Typ auseinanderzusetzen. Berger hat wohl doch recht gehabt, an Menzel ist nicht ranzukommen. Ich sehe nur, daß wir wieder am Anfang stehen.«

»Was ist mit Antonia Delgado? Haben Sie schon mal daran gedacht, daß vielleicht auch sie auf einer von diesen Partys von Menzel gewesen sein könnte?« fragte Kullmer, stand auf und schenkte sich von dem frisch aufgebrühten Kaffee ein, sah kurz zu Julia Durant, füllte einen zweiten Becher und stellte ihn auf den Tisch.

»Natürlich«, unterbrach sie ihn und hängte ihre Lederjacke über die Stuhllehne, »er gibt ja zu, daß er sie kennt, aber nur oberflächlich. Kein Sexualkontakt, wie er behauptet.«

»Ach, Menzel behauptet viel, und nichts davon stimmt. Als ich letzte Nacht eine Weile wachlag, kam mir die Idee, daß eine Verbindung zwischen den Mädchen bestehen müsse. Wir sollten herauszufinden versuchen, ob diese Antonia auf den Partys war. Wenn Menzel sich Mädchen einfach so beschaffen läßt, warum nicht auch diese Delgado? Wenn wir zum Beispiel wüßten...«

Durant unterbrach ihn: »Genau das gleiche habe ich auch schon gedacht, doch was ist mit Carola Preusse? Sie war definitiv nie auf einer von Menzels Partys. Sie ist aber unserem Mörder in die Hände gefallen.«

»Das besagt nicht viel. Wir haben Sabine, Maureen, Antonia und Annette. Menzel behauptet zwar, Antonia nur flüchtig zu kennen, was bei diesem Aasgeier aber nichts heißt. Was, wenn diese Mädchen allesamt auf den Partys waren und dort ihren Mörder kennenlernten?«

»Aber Carola Preusse?«

»Darüber bin ich mir noch nicht im klaren. Es muß aber trotzdem eine Verbindung geben«, sagte Kullmer und tigerte im Zimmer auf und ab. Die Tür ging auf, Berger trat ein. Er wirkte muffelig, schlecht gelaunt, murmelte ein »Guten Morgen«, riß das Fenster auf und zündete sich eine Zigarette an, blieb am Fenster stehen.

»Bitte«, sagte er an Kullmer gewandt, »ich will Sie nicht unterbrechen. Fahren Sie fort.«

»Wir suchen nach einer Verbindung zwischen den ermordeten Mädchen. Und wahrscheinlich oder wenn überhaupt gibt es diese Verbindung über Menzels Partys. Nur Carola Preusse paßt im Augenblick noch nicht ins Bild.« Kullmer setzte sich und legte die Beine auf den Schreibtisch, was Berger mißmutig registrierte, aber nicht kommentierte. Kullmer steckte sich einen Kaugummi in den Mund, kaute genüßlich, formte das Papier zu einer winzigen Kugel, zielte auf den Papierkorb, verfehlte ihn aber knapp.

»Menzel kommt nicht in Frage, er ist Rechtshänder«, sagte Berger.

»Menzel scheidet als Mörder sowieso aus, aber vielleicht haben wir es mit jemandem zu tun, der immer oder fast immer auf diesen Partys anwesend ist?« sagte Durant.

»Legen wir doch einfach Menzels Chauffeur die Fotos der ermordeten Mädchen vor! Wenn er wirklich wie behauptet alles von Menzel kennt, dann müßte er auch die Mädchen kennen.«

»Es werden aber nicht immer dieselben Gäste dagewesen sein. Wie wollen wir denjenigen herausfiltern…« Er schüttelte den Kopf. »Ich halte es für nahezu aussichtslos. Wie viele Gäste waren am Montag dort?«

Durant zuckte die Schultern. »Zwischen sechzig und hundert, schätze ich.«

»Und wie viele Männer?«

»Keine Ahnung, die Hälfte vielleicht. Kann auch sein, daß die Männer in der Minderheit waren. Und natürlich waren viele Verheiratete dort. Ich denke an diesen Staatsanwalt und seine Frau, Tomlin, der Schönheitschirurg, der auch mit seiner Frau da war, und noch der eine oder andere.«

»Ich schlage vor«, sagte Kullmer, »daß wir uns auf die Unverheirateten beschränken. Daß wir von vornherein die möglicherweise Integren ausgrenzen...«

»Wie wollen Sie wissen, wer integer ist?« fragte Berger sarkastisch. »Menzel ist nach außen hin integer, in Wahrheit aber ist er eine alte Drecksau. Und wenn ich höre, welche großen Namen sich so bei Menzel rumtreiben und vielleicht ihre verdammten Schwänze in kleine Mädchen oder Jungs stecken...« Er winkte ab. »Vergessen Sie's, in diesem beschissenen Leben gibt es keine wirklich integren Menschen.«

Kullmer fuhr unbeirrt fort: »Ich nehme jetzt die Fotos aller ermordeten Mädchen und werde sie Menzels Chauffeur vorlegen. Ich werde ihn nach meiner Methode befragen. Mein Gefühl sagt mir, daß wir auf der richtigen Spur sind.«

Er steckte die Fotos in die Innentasche seiner Lederjacke und wollte sich gerade auf den Weg machen, als das Telefon läutete. Durant, die am nächsten zum Telefon saß, nahm ab, meldete sich.

»Durant.«

»Kantzer, Abendpost. Ich möchte bitte mit dem Leiter der Sonderkommission sprechen, Hauptkommissar Berger! Ich würde mich gerne mit ihm entweder im Präsidium oder hier bei mir oder wo immer er will treffen.«

»Moment, Moment«, wehrte die Kommissarin ab, »nicht so schnell. Zuerst würde ich schon ganz gerne wissen, was Sie überhaupt möchten.«

»Informationen. Vertrauliche Informationen.«

»Für Informationen ist unsere Pressestelle zuständig…«

»Das weiß ich selber! Ich möchte *Ihnen* Informationen geben. Brisante Informationen, die Sie sicher interessieren werden. Und zwar über die Mädchenmorde. Na, wie sieht's aus?« Der Vorschlag machte den Mann am anderen Ende nicht gerade sympathischer, seine Arroganz war unerträglich.

»Warten Sie einen Moment«, sagte sie kühl, hielt die Sprechmuschel mit einer Hand zu. »Hier ist einer von der Abendpost, der uns Informationen geben will. Sprechen wir mit ihm?«

Berger zuckte mit den Schultern. »Informationen für uns? Bitte, es kann nichts schaden. Aber wenn das nur ein Vorwand ist für Informationen, die er von uns haben will, kriegt er einen Tritt in den Hintern, sagen Sie ihm das!«

»Also in Ordnung, kommen Sie her. Wann können Sie hiersein?«

»Wenn ich gut durchkomme, in zehn Minuten.«

»Sie wissen, wo unser Büro ist?«

»Klar doch. Bis gleich dann.«

Sie legte langsam den Hörer auf. Fragende Blicke.

»Was kann der für Infos für uns haben?« fragte Kullmer.

»Hören wir ihn uns an. Rausschmeißen können wir ihn immer noch.« Berger trommelte mit den Fingern der rechten Hand auf die Schreibtischplatte. Seine Kiefer mahlten aufeinander. Es war stickig im Büro, trotz des geöffneten Fensters. Berger löste den obersten Knopf seines Hemdkragens, lockerte die Krawatte. »Ich schlage vor, Kullmer,

Sie nehmen sich jetzt den Chauffeur vor. Ich möchte wirklich wissen, wo Schulz heute bleibt.«

Der Mann trat ein, ohne anzuklopfen. Er war mittelgroß und hager, mit einem spitzen, roten Gesicht, in dem das Auffallendste wasserblaue, stechende Augen waren.

»Kantzer«, sagte er, schloß die Tür und setzte sich ohne Aufforderung auf den freien Stuhl.

»Schon mal was von Anklopfen gehört, Herr Kantzer?« sagte Berger und beugte sich nach vorn. »Ich hoffe, es gibt einen guten Grund dafür, daß Sie hier sind.«

Auch Kantzer beugte sich nach vorn, stützte die Ellbogen auf den Schreibtisch und grinste frech. »Darauf können Sie Ihren Allerwertesten verwetten, daß ich den habe! Einen sehr guten Grund sogar. Allerdings erwarte ich eine Gegenleistung für mein Entgegenkommen. Denn wenn ich recht vermute, sind Sie noch nicht so weit, wie ich das bin.« Er lehnte sich wieder zurück, spielte mit dem Kugelschreiber, den er aus seiner Hemdtasche gezogen hatte. Arroganz pur.

»Und die wäre?« sagte Berger, mühsam die Beherrschung wahrend.

»Exklusivstory. Schlicht und ergreifend eine Exklusivstory. Sagen wir, ein Interview mit dem Killer. Oder Ihrem Psychologen. Sie haben doch so einen Psychoheini, oder? Und natürlich mit Ihnen. Sie wissen, umsonst ist in unserem Geschäft nichts. Schließlich hab auch ich mir Mühe gegeben bei meinen Recherchen.«

Berger zuckte die Achseln und grinste jetzt ebenfalls. »Sie wissen so gut wie ich, daß Exklusivstories hier in Deutschland unmöglich sind. Gehen Sie nach Amerika, wenn Sie welche wollen. Hier sind alle gleichberechtigt.«

»Ach was, das ist doch nur Gerede! Von wegen gleichbe-

351

rechtigt! Entweder zu meinen Bedingungen – oder ich stehe auf und gehe, und Sie suchen Ihren Mann weiter. Und ich garantiere Ihnen, Sie finden ihn nicht, oder höchstens nachdem er noch zehn oder zwanzig Mädchen gekillt hat. Also?«

»Erst die Information.«

»Erst die Zusage.«

Kantzer gab sich ungerührt, zog in aufreizender Manier eine Schachtel Stuyvesant aus seiner Hemdtasche und zündete sich eine Zigarette an. Berger sah Durant hilfesuchend an. Sie nickte.

»Und wie stellen Sie sich diese Zusage vor?« fragte Berger zähneknirschend.

»Nun, ganz einfach. Wenn Sie ihn haben, bin ich der erste, der's erfährt. Mit Namen, wann und wie er geschnappt wurde, und so weiter. Sie kennen das Procedere ja. Wie Sie das anstellen, ist Ihre Sache.«

»Die erste Instanz ist immer die Pressestelle.«

Kantzer grinste wieder – Durant hätte ihm für seine Arroganz eine runterhauen können – und nahm einen tiefen Zug an seiner Zigarette. »Dann ist es eben diesmal nicht zuerst die Pressestelle, sondern ich. Egal, zu welcher Tages- und Nachtzeit Sie das Schwein kriegen, ich bin der erste. Mit meinem Mobiltelefon bin ich jederzeit erreichbar. Denn wenn Sie meine Information haben, dann sind Sie auf einer heißen Spur! Garantiert. Und außerdem, Sie müssen doch nur eine Nachrichtensperre verhängen. Irgendwie ist dann eben doch was durchgesickert. Wenn Sie verstehen, was ich meine?« Wieder dieses unverschämte Grinsen.

»Sie glauben, Sie sind ein ganz gwiefter Hund, was? Aber gut, ich gebe Ihnen die Zusage. Hier vor meiner Kollegin. Und jetzt die Information.«

Kantzer drückte die Zigarette im Aschenbecher aus und zündete sich gleich eine neue an. Auf einmal wurde er ernst.

»Haben Sie schon mal daran gedacht, daß der Killer kein Deutscher sein könnte?«

»Natürlich haben wir das!« entgegnete Berger gereizt, obgleich ihm dieser Gedanke bis jetzt noch nicht gekommen war.

»Sie scheinen aber nicht besonders scharf drüber nachgedacht zu haben, wie mir scheint. Hier«, sagte er und holte aus einem Aktenordner ein paar Kopien heraus, behielt sie aber noch in Händen. »Das hier hat mir ein Freund aus Seattle zugefaxt. Es stammt aus der Zeit von 1984 bis 1992, jeweils nur die Monate April und September. Lesen Sie.«

Er legte die Blätter auf den Tisch, es handelte sich um Kopien von Zeitungsartikeln aus Amerika. Berger schaute den Reporter nur an und schüttelte den Kopf.

»Ich kann kein Englisch. Und Sie?« fragte er Durant.

»Nicht gut genug«, antwortete sie.

»Macht nichts, dann werde ich Ihnen eben sagen, was in diesen Artikeln steht.

4. April, Seattle Star, *16jähriges, blondes Mädchen bestialisch ermordet. Der Täter hat das Mädchen mit über vierzig Stichen verstümmelt und brutal vergewaltigt. Die rechte Brust abgetrennt.*

16. April, Seattle Star, *17jähriges, blondes Mädchen grausam verstümmelt. 50 Stiche, vermutlich mit einem Stilett, danach brutal vergewaltigt. Die rechte Brust abgetrennt.*

10. September, Seattle Star, *16jähriges blondes Mädchen brutal vergewaltigt und mit über dreißig Stichen mit einem Stilett ermordet. Die rechte Brust abgetrennt.*

17. September, Seattle Star, *15jähriges blondes Mädchen usw. usw.«*

Er las alle Details vor, auch die, die mit den Rattenschwänzen, der zertrümmerten Vagina, der Aufbahrung zu tun hatten.

Kantzer blickte in die Runde. Berger atmete hörbar aus, Durant war zum Fenster gegangen, kaute auf der Unterlippe.

Kantzer, jetzt sehr ernst: »Das war nur 1984. Und so ging das über mehrere Jahre hinweg. Aber den Mörder hat man nie gefaßt. Ist das nicht eine geradezu erstaunliche Parallele zu dem, was sich gerade hier bei uns abspielt? Seien Sie ehrlich, ist diese Information im Erfolgsfall nicht eine Exklusivstory wert?«

»Ein Amerikaner. Ein GI«, stieß Berger fassungslos hervor und trommelte wieder nervös mit den Fingern auf die Tischplatte. »Verdammt, warum sind wir nicht schon viel früher draufgekommen?!«

»Warum ein GI?« fragte Durant zweifelnd. »Warum nicht einer, der von den Staaten nach Deutschland gezogen ist, ein Geschäftsmann oder so was? Außerdem sind GIs in der Regel eher jüngere Männer, weshalb dann, wenn überhaupt, nur ein Berufssoldat in Frage käme.«

»Ein GI liegt nun mal auf der Hand, aber es kann natürlich auch sein, daß ich mich irre.«

»Ist ja auch erst mal egal, ob es ein Soldat oder ein Privatmann ist. Das Wesentliche ist doch, daß wir hier das gleiche Vorgehen haben wie in den Staaten«, verkündete Kantzer siegessicher. »Die Mädchen zwischen fünfzehn und siebzehn, Stilett, Vergewaltigung und so weiter und so fort. Was mir dabei einfällt, was ist bei unserem Kerl mit diesen Rattenschwänzen und dieser seltsamen Aufbahrung? Ich habe bis jetzt nichts davon erfahren.«

»Muß die Presse alles im Detail wissen?« Berger grinste.

Kantzer nickte verstehend. »Ich lasse Ihnen die Artikel

hier. Die wichtigsten Punkte habe ich markiert. Sie werden sicherlich wissen, was jetzt zu tun ist, oder?«

»Natürlich wissen wir das!« antwortete Berger schroff.

Kantzer erhob sich von seinem Platz. »Und Ihr Versprechen gilt, darauf kann ich mich doch verlassen?! Hier, auf dieser Karte stehen meine Büro- und Privatnummer. Ich bin jederzeit zu erreichen.« Er wandte sich um, wollte das Zimmer verlassen.

Durants Stimme hielt ihn zurück. »Hören Sie, Sie sind doch an einer heißen Story interessiert? Es könnte sein, daß ich bald eine für Sie habe. Vorausgesetzt, die Zusammenarbeit zwischen uns klappt in diesem Fall. Klar? Sie könnten sozusagen in den Olymp der Reporter eingehen.«

»Natürlich, Sie wissen, wie ich zu erreichen bin.«

Berger wartete, bis Kantzer die Tür hinter sich geschlossen hatte, dann brüllte er los: »Was, zum Teufel, bilden Sie sich eigentlich ein? Lassen Sie mich raten, was für eine Story Sie ihm geben wollen...«

»Ein paar Andeutungen über Menzel vielleicht, wenn wir nicht weiterkommen.«

»Sie wissen doch genau, daß dieses Arschloch sich im Leben nicht an sein Versprechen hält! Sie bringen dadurch nicht nur sich, sondern die ganze Abteilung in allergrößte Schwierigkeiten!«

»Moment, Moment«, sagte die Kommissarin mit einer beschwichtigenden Handbewegung und zündete sich eine Zigarette an. »Ich vertraue diesem Kerl. Das ist doch genau das, was wir brauchen, einen Schleimer, der nur auf seinen Vorteil bedacht ist. Aber auch ein ekelhafter Typ wie er muß sich an gewisse Regeln halten. Und ich denke mir, wenn wir es schon nicht schaffen, Menzel kleinzukriegen, dann doch wenigstens die Presse. Stellen Sie sich nur vor, wie Menzel in seine Bestandteile zerlegt wird! Außerdem können wir immer noch dementieren.«

Berger fuhr sich mit beiden Händen übers Gesicht, schüttelte den Kopf. Als er sich beruhigt hatte, sagte er: »Es ist der blanke Wahnsinn, was Sie da vorhaben! Und warum muß so ein Schmierfink uns sagen, wo wir zu suchen haben?« Er haute mit der Faust auf den Tisch. »Wir Idioten drehen uns im Kreis, laufen uns die Hacken ab, und dieser Arsch kommt hier reinspaziert und knallt uns die Fakten auf den Tisch! Pah, ich könnt an die Decke springen!«

»Bitte, beruhigen Sie sich wieder«, sagte Durant. »Diese Schmierfinken müssen sich eben nicht jeden Tag mit solch enervierendem Kleinkram abgeben wie wir. Der Typ wird nach Erfolg bezahlt, und wer nur lange genug im Dreck wühlt, wird auch schon auf einen Haufen Scheiße stoßen. Eigentlich sollten wir ihm dankbar sein.«

»Und was, wenn die Morde hier nur eine Kopie sind?«

»Bitte?«

»Vergessen Sie's, schon erledigt. Was jetzt?«

»Die amerikanischen Behörden einschalten. In der Vergangenheit war der CID doch immer recht kooperativ.«

»Das kann nur die Staatsanwaltschaft.«

»Allerdings werden die Amis auf Auslieferung bestehen, sollten *wir* ihn schnappen«, warf Durant ein.

»Die können noch so lange auf Auslieferung bestehen; wenn wir ihn haben, wird er hier vor Gericht gestellt und abgeurteilt. Und dann sollen die Amis und die unsrigen sich von mir aus um seinen Kopf prügeln. Aber erst will ich ihn haben.«

»Was ist jetzt? Schalten wir die Amis ein oder nicht?«

Berger grinste. »Können die mehr ausrichten als wir? Ich bezweifle das. Und wenn die erst mal Lunte gerochen haben, wollen sie den ganzen Kuchen für sich. Mal sehen, ich werd's mir überlegen.«

»Ich glaube, wir sollten jetzt kein Kompetenzgerangel veranstalten. Wichtig ist, weiteres Unheil zu verhindern.«

»Ich werde einen Termin mit Staatsanwalt Köhler ausmachen«, sagte Berger und verschränkte die Arme hinter dem Kopf. »Ich will seine Meinung dazu hören. Ich spüre nämlich, daß wir jetzt ganz nahe dran sind. Ganz, ganz nahe. Und *ich* will ihn haben.«

Donnerstag, 12.00 Uhr

Kullmer hatte Menzels Chauffeur, einen älteren, kräftig gebauten Typ mit Halbglatze und Knollennase, befragt und ihm die Fotos der ermordeten Mädchen vorgelegt. Carola Preusse kannte er angeblich nicht, bei Antonia Delgado und Maureen Nettleton zögerte er, wollte sich aber nicht festlegen, sagte nur, es wäre möglich, daß er sie kenne. Bei Sabine Lindner hingegen gab er freimütig zu, sie einige Male nach Hause gefahren zu haben. Kullmer fragte ihn, was er über die regelmäßig bei Menzel stattfindenden Partys wisse; der Mann sagte, er könne überhaupt nichts sagen, weil er nie an einer teilgenommen habe. Auf die Frage, ob denn immer dieselben Gäste Menzels Partys besuchten, hatte er geantwortet, er wisse es nicht genau, doch in der Regel würden diese Zusammenkünfte höchstens alle zwei Monate abgehalten und er wisse von einigen Gästen, die wohl regelmäßig kämen. Ob er sagen könne, was auf den Partys geschehe, ob er von besonderen Vorfällen wüßte – nein. Kullmer bat ihn, eine Liste der regelmäßig bei Menzel verkehrenden Gäste aufzustellen, doch der Chauffeur meinte, das könne er nicht, da diejenigen, die er mit Namen kannte, an den Fingern seiner beiden Hände abzuzählen wären. Er schrieb insgesamt die Namen von acht Leuten auf, durchweg über jeden Zweifel erhabene Personen und Persönlichkeiten, von denen Menzels Chauffeur genau wußte, daß es nichts gab, was ihre weiße Weste besudelte. Krüger, der Bankdirektor, der erst im vergangenen Jahr, nachdem er in Pension gegangen war, ein Buch über die Ethik der Gegenwart geschrieben hatte, Fendreich, ein kirchlich und sozial stark engagierter Großunternehmer, Tomlin, der Schönheitschirurg, der armen, verwahrlosten Kindern medizinische Hilfe leistete, Kauffeldt, der Autor esoterischer Bestseller, und ein paar mehr, deren Unschuld und Reinheit wahrscheinlich auf immer und ewig gewahrt bleiben würden.

Es war offensichtlich, daß der Mann log, auch wenn er nur wesentliche Dinge verschwieg, aber Verschweigen war in diesem Fall nichts anderes als Lügen, doch Kullmer war überzeugt, daß er seinem Herrn und Meister demütig untertan war und wahrscheinlich auf Verlangen auch noch seine Zunge in Menzels Hintern gesteckt hätte.

Frustriert kehrte Kullmer aufs Revier zurück, knallte die Liste schweigend, aber wütend auf den Schreibtisch. Berger überflog sie und reichte sie weiter an Durant, die gerade vom Mittagessen aus der Kantine zurückkehrte. Sie las die wenigen Namen, rümpfte die Nase, legte die Liste zurück. »Nein«, sagte sie kopfschüttelnd, nahm die letzte Gauloise aus der Packung, zerknüllte die Schachtel und warf sie in den Papierkorb, zündete die Zigarette an, inhalierte, »ein paar Namen kenne ich, die meisten aber sagen mir absolut nichts. Lassen wir sie überprüfen. Lebenslauf und so weiter. Wenn uns irgend etwas nicht ganz koscher erscheint, können wir die Leute ja immer noch vernehmen.« »Sie sind koscher, ich garantiere es Ihnen!« fauchte Kullmer zornig und hieb mit der Faust gegen die Wand. »Keine Sau würde auch nur im entferntesten zu denken wagen, daß einer von denen nicht ganz sauber ist! Sie *sind* sauber! Ich wette, dieser verdammte Saukerl würde Menzel auch noch Hundescheiße von den Schuhsohlen lecken, wenn's sein müßte! Aber können wir ihm nachweisen, daß er lügt? Nein, können wir nicht! Es ist ja bloß ein gottverdammter Fahrer! Und wenn ich mir dieses alte Arschloch ansehe, dann muß ich davon ausgehen, daß er schon Menzels Vater in der Gegend rumkutschiert hat!«

»Regen Sie sich doch nicht so auf«, sagte Berger gelassen. »Ich weiß, daß wir in einem Haufen Scheiße wühlen, aber es war klar, daß Menzel nicht zu kriegen ist. Und außerdem sollten wir uns jetzt in allererster Linie darum kümmern, unseren großen Unbekannten zu schnappen, bevor er noch mehr Unheil anrichten kann. Ich wette, er hockt schon in den Startlöchern, um sich sein nächstes Opfer zu holen.« Er hielt kurz inne, schenkte sich einen Kaffee ein, sagte: »Hat übrigens einer von Ihnen irgend etwas von Kommissar Schulz gehört?«

Kullmer schüttelte den Kopf. Kaum hatte Berger die Frage gestellt, wurde die Tür aufgerissen. Schulz, unrasiert und ungekämmt, kam hereingetorkelt, stand für jeden im Raum sicht- und riechbar unter Alkoholeinfluß.

»Na, was passiert, als ich nicht da war?« lallte er. »Ach Scheiße, was soll's auch!« Er kickte die Tür mit dem Absatz zu.

»Du solltest besser nach Hause gehen und deinen Rausch ausschlafen«, sagte Berger sehr ungehalten. »Was ist überhaupt in dich gefahren? Drehst du jetzt völlig durch? Wir brauchen im Augenblick jeden Mann und du...«

»Leck mich«, unterbrach ihn Schulz und winkte ab, goß sich den letzten Rest aus der Kaffeekanne ein. »Ihr könnt

mich alle mal kreuzweise, hört ihr! Diese ganze gottverdammte Welt kann mich mal!« Jetzt grinste er auf einmal,
trank einen Schluck, verzog den Mund, kniff die Augen
zusammen, der Kaffee war zu heiß. Er sagte: »Aber es
stimmt, ich bin besoffen, und wißt ihr auch, warum? Nee«,
er lachte meckernd, »könnt ihr nicht wissen, aber wir haben es, wir haben das Scheißgeld, damit Sabrina operiert
werden kann!« Er stellte den Becher auf den Schreibtisch,
stützte sich mit beiden Händen auf, schaute Berger in die
Augen, schwankte ein wenig. »Hast du gehört, wir haben
das Geld! Einhunderttausend Mark! Wir haben gottverdammte einhunderttausend Mark!« Er wartete einen Moment, Berger hatte sich zurückgelehnt, sah Schulz fragend
an. Schulz sagte: »Willst du gar nicht wissen, woher wir es
haben? Nein?« Er schüttelte selbst den Kopf. »Gut so, ich
hätt's dir sowieso nicht verraten. Es ist ein Geheimnis«,
lallte er, »ein riesengroßes, verfluchtes Scheißgeheimnis
zwischen Joanna und mir.« Er hielt inne, als überlegte er,
kratzte sich übers unrasierte Kinn, grinste wieder.
»Scheiße, hab ich ganz vergessen, ich weiß ja selbst nicht
mal, woher sie das Geld hat. Na ja, eigentlich weiß ich es
schon, aber sie weiß nicht, daß ich es weiß. Aber was für
eine Frau, meine Joanna! Beschafft so mir nichts, dir nichts
hunderttausend Mark. Ein geiles Weib, was? Sag ehrlich,
alter Kumpel, ein echt geiles Weib!«
Berger sah Schulz mitleidig an, kam mit dem Stuhl nach
vorn, sagte fast väterlich: »Geh nach Hause und schlaf dich
aus. Und komm wieder, wenn du dich besser fühlst. Okay?«
Schulz winkte wieder ab. »Aber ja doch, Papi, ich wär sowieso wieder gegangen. Es ist schon irgendwie ein Scheiß-
gefühl, wenn man die ganze Nacht durchgemacht hat und
die Zunge nicht mehr richtig will. Na ja, ich verzieh mich
dann. Adios, Freunde!« An der Tür blieb er stehen, rülp-

360

ste leise, drehte sich um, fragte Berger: »Soll ich vielleicht Joanna von dir grüßen? Oder ihr einen herzlichen Glückwunsch ausrichten, daß sie's fertiggebracht hat, die Mäuse anzuschaffen«, er verdrehte grinsend die Augen, verbesserte sich dann, »ich meine natürlich ranzuschaffen?«

»Richte ihr einen herzlichen Gruß von mir aus. Und du, mach's gut. Moment noch«, rief Berger ihm hinterher, »soll dich jemand nach Hause fahren?«

»Ich nehm ein Taxi, das werd ich mir schon noch leisten können, oder?! Jetzt, wo ich nicht mehr für Sabrinas Operation sparen muß!«

Betretene Gesichter, Kullmer betrachtete seine Fingernägel, Durant hatte den Blick gesenkt, kaute auf der Unterlippe. Berger war der erste, der die Sprache wiederfand. »Das ist nicht mehr der Schulz, den ich kenne«, murmelte er nachdenklich. »Möchte zu gern wissen, was mit ihm los ist. Und mich würde tatsächlich interessieren, woher er auf einmal so viel Geld hat. Ich habe ihn noch nie so erlebt. Mir scheint, ihm wächst allmählich alles über den Kopf. Dabei sollte man meinen, daß es ihm eigentlich bessergehen müßte, jetzt, wo er das Geld für die Operation seiner Tochter hat. Da versteh einer die Welt!«

Durant und Berger verließen gemeinsam das Büro um kurz nach sieben, während Kullmer noch blieb und Akten wälzte.

Eine Weile liefen sie schweigend über den leeren Flur, ihre Schritte hallten von den Wänden wider. Kurz bevor sie an der Treppe anlangten, sagte die Kommissarin: »Darf ich Ihnen eine Frage stellen, ohne daß Sie gleich an die Decke gehen?«

Berger blieb stehen, drehte sich zu ihr um, sah sie fragend an. »Fragen Sie.«

»Schulz, Kommissar Schulz, ist er wirklich noch tragbar für die Abteilung? Ich kenne ihn erst seit wenigen Tagen, aber sein Benehmen und was mir so zu Ohren gekommen ist... Es tut mir leid, aber mir fehlt ein wenig das Verständnis, vor allem in der Situation, in der wir jetzt stecken. Ich hoffe, ich habe nicht zuviel gesagt, und wenn ich mich irre, dann berichtigen Sie mich bitte.«

Berger kaute einen Moment auf seiner Unterlippe, blickte zu Boden, lehnte sich an das Treppengeländer, atmete tief ein und stieß die Luft hörbar aus. Er holte aus seiner Jackentasche die Schachtel Zigaretten, hielt sie seiner Kollegin hin, die eine herausnahm. Berger gab erst ihr, dann sich Feuer. Er inhalierte tief, blies den Rauch durch die Nase wieder aus.

»Wissen Sie«, sagte er ruhig, »ich kann Schulz nicht einfach fallenlassen. Es müssen bald zwanzig Jahre sein, die ich ihn kenne und mit ihm zusammenarbeite, er war damals noch bei der Polizeischule, wir sind so etwas wie Freunde. Er ist nicht immer so gewesen, weiß Gott nicht, es hat erst richtig angefangen, als das mit der Krankheit seiner Tochter kam. Er war immer ein eifriger und dienstbeflissener Polizist, er hat sich nie etwas zuschulden kommen lassen, ich möchte fast sagen, er hat viel von seinem Leben für seinen Beruf geopfert. Er ist einfach zusammengebrochen, und die Gründe dafür kennen Sie, zumindest zum Teil.«

»Aber...«

»Nein, kein aber! Er wird wieder auf die Beine kommen, da bin ich sicher. Und bis dahin wird er von mir alle Deckung erhalten, die ich ihm geben kann. Das hat nichts damit zu tun, daß ich Schulz bevorzugen würde«, er zuckte mit den Schultern, verzog den Mund ein wenig, »na ja, vielleicht bevorzuge ich ihn ja doch etwas, aber das spielt jetzt keine Rolle. Er steckt in einer verzweifelten Lage, und ich werde der letzte sein, der ihm aus dieser Lage auch noch einen Strick dreht. Können Sie mich ein klein wenig verstehen?«

Durant nickte, schnippte die Asche auf den Boden. »Ich werde es zumindest akzeptieren. Ich wollte nur Ihre Meinung dazu hören.«

»Natürlich werde ich ihn nicht immer decken können. Sobald er sich was zuschulden kommen läßt, muß ich natürlich handeln. Aber heute war er nur betrunken. Warten wir einfach die nächsten Tage ab, okay?«

Als Julia Durant am Abend nach Hause kam, war sie erschöpft und entmutigt, warf enttäuscht und zornig ihre Sachen in die Ecke, zog eine Leggings über und ein Sweatshirt, ließ sich in den Sessel fallen. Legte die nackten Füße auf den Tisch. Sie kam sich vor wie eine Katze, die vergeblich ihren eigenen Schwanz zu fangen suchte, sich dabei im Kreise drehte, ohne jemals eine Chance zu haben, den Schwanz auch zu erwischen. Ein Gefühl sagte ihr, während sie rauchte, eine Dose Bier trank und der Fernseher lief, ohne daß sie hinsah, daß Bergers Theorie, ein GI könnte für die Morde verantwortlich sein, nicht paßte, nicht passen konnte. Irgend etwas störte sie daran; was es genau war, wollte ihr nicht einfallen. Schon im Büro hatte sie dieses Gefühl, hatte Berger dies auch mitgeteilt, er jedoch schien felsenfest überzeugt von seiner GI-Theorie. Für ihn stand die Lösung des Falles offensichtlich unmittelbar bevor.

Sie wollte vorerst nicht weiter darüber nachdenken, nur entspannen und etwas Kraft tanken. Sie stand auf, ließ Wasser in die Wanne laufen. Schloß das Fenster, zog die Vorhänge zu, sie fröstelte. In der Küche machte sie eine Dose Tomatensuppe auf, kippte den Inhalt in einen kleinen Topf, stellte ihn auf den Herd. Schnitt zwei Scheiben

Brot ab, legte sie auf einen Teller, stellte Butter auf den Tisch, hörte das Rauschen des einlaufenden Wassers. Sie wollte mit dem Essen bis nach dem Bad warten, sich einen gemütlichen Abend machen.

Als sie in die Wanne stieg und einen Moment mit geschlossenen Augen ausgestreckt dalag, dachte sie (sie wollte doch nicht darüber nachdenken!) noch einmal an die Ungereimtheit in Bergers Theorie – es mußte sich tatsächlich, wenn es ein GI war, um einen älteren Mann handeln, einen Berufssoldaten, der dann auch noch über einen längeren Zeitraum bei einer Einheit in der Gegend von Seattle stationiert gewesen und dann nach Deutschland gekommen war. Doch soweit ihr bekannt war, wurden Soldaten öfters versetzt, blieben also nur selten so lange an einem Ort. 1984 hatten die Morde in den USA begonnen und, wenn alles stimmte, 1992 dort aufgehört. Damit wäre der Mann, vorausgesetzt es war ein Soldat, mindestens acht Jahre an einem Ort stationiert gewesen. Dies schien ziemlich unwahrscheinlich. Dann war ein Jahr verstrichen, bis die Morde in Frankfurt begannen. Doch warum immer nur im April und September, warum diesmal nur im September? Womöglich war es nur ein Zufall, daß die Morde im April und September geschahen, was aber, wenn System dahintersteckte? War es denn ein und derselbe Täter? Natürlich war es das, so viele Zufälle auf einmal waren praktisch unmöglich. Dennoch, dachte Durant, sollten sie, bevor der CID eingeschaltet wurde, erst mehr Informationen zu den Morden in den USA einholen. Ob denn wirklich alle Details mit den hier verübten Taten übereinstimmten, die Art, wie die Brüste abgeschnitten wurden, ob es sich definitiv um einen Linkshänder handelte, die Lage der Toten, die über der Brust verschränkten Arme, die Rattenschwänze, und, und, und. Nein, kein

GI, eher jemand, der aus den Staaten nach Deutschland übergesiedelt war, jemand, der vielleicht für eine begrenzte Zeit von einem Unternehmen hergeschickt worden war, seinen Trieb aber hier weiter auslebte. Intelligent und womöglich bereits in den besten Kreisen eingeführt. Und integer. Und gerissen. Und voller Haß, den er aber niemandem zeigte, nur blonden Mädchen.

Sie strich sich über den Bauch, dachte an Tomlin, die Zeit nach ihrer Behandlung. Sie ließ ihre Hand tiefer, zwischen ihre Schenkel gleiten, sie sehnte sich nach einem Mann, nein, sie brauchte endlich mal wieder einen richtigen Mann, einen, der ihren Hormonhaushalt in Ordnung brachte. Nicht nur One-Night-Stands. Ihr in letzter Zeit schlechter Schlaf, ihre häufig üble Laune, die vielen Zigaretten und etwas zu viel Alkohol, das alles hatte fast nur eine Ursache, das Fehlen körperlicher Zuwendung. Tomlin, wenn er nur nicht verheiratet wäre, warum mußten immer alle Männer, die ihr gefielen, verheiratet sein? Aber die Frau an seiner Seite war eine Klasse für sich, die sich von den üblichen mondänen Weibchen in ihren Kreisen auf sehr angenehme Weise unterschied. Sie war elegant und schön, mit warmen, liebevollen Augen. Wahrscheinlich hatte Tomlin diese Frau gesucht und sie verdientermaßen gefunden. Doch wenn Tomlin Julia Durant jemals fragen sollte (was ja doch nie passieren würde), ob sie mit ihm schlafen würde, sie würde, ohne zu zögern, einwilligen.

Sie blieb eine halbe Stunde in der Wanne, die Finger einige Minuten lang zwischen den Beinen. Sie schüttelte den Kopf, stieg aus der Wanne, ließ das Wasser ablaufen. Sie war unbefriedigt, es machte keine wirkliche Freude, es immer wieder selber tun zu müssen. Keine Luftschlösser mehr, nicht länger träumen, wie es wäre mit Tomlin. Vielleicht wäre es ein Traum, vielleicht aber auch nur eine Enttäuschung. Irgendwer hatte mal gesagt, die schönsten Männer seien angeblich die lausigsten Liebhaber. Und wenn das stimmte, dann müßte Tomlin der lausigste Liebhaber der Welt sein. Sie trocknete sich ab, holte eine Flasche Bier aus dem Kühlschrank, nahm die jetzt warme Suppe vom Herd, machte sich zwei Wurstbrote, aß. Später stellte sie die beiden Teller in die Spüle, nahm die Flasche Bier, lief ins Wohnzimmer.

Immer noch nackt, setzte sie sich auf den Sessel, legte die Beine hoch, die kalte Flasche Bier auf den Schenkeln. Sie betrachtete ihren üppigen Busen. Tomlin! Immer und immer wieder tauchte sein jungenhaftes Gesicht vor ihr auf. Sie schalt sich eine Närrin, trank das Bier aus, stellte die Flasche neben den Sessel. Sah die Nachrichten, den Wetterbericht. Es sollte noch mehr regnen, noch kälter werden, auf der Zugspitze lag bereits ein Meter Schnee.

Sie drückte den Aus-Knopf der Fernbedienung, ging zu Bett. Zog die Bettdecke bis übers Kinn, blieb einen Moment auf dem Rücken liegen, starrte zur Decke, wo sich die Lichter der Straßenbeleuchtung in bizarren Formen abzeichneten.

Sie beschloß, am Wochenende ihren Vater zu besuchen. Sie hatten sich seit einem halben Jahr nicht gesehen, nur regelmäßig miteinander telefoniert. Einmal raus aus Frankfurt, einmal für zwei Tage ausspannen. Sich in den gepflegten Wintergarten ihres Elternhauses setzen, sich vorstellen, die Welt wäre eine saubere, friedliche Kugel. Vater zuhören, dem alt gewordenen Priester, der von der Weisheit Gottes und der Ungerechtigkeit der Menschen sprechen würde, von Mutter, die er so sehr geliebt hatte und die so verantwortungslos mit ihrem Körper umgegangen war, obgleich er sie immer wieder vor dem Rauchen gewarnt hatte, bis Mutter schließlich ihr Ende in einem fürchterlichen Leiden gefunden hatte. Vater würde sich die Last dieser Welt von der Seele reden, sie würde geduldig zuhören, und dann würde das Wochenende viel zu schnell vorüber und sie selbst so frustriert sein wie zuvor. Aber sie liebte ihren alten Vater, seine Marotten, seinen unerschütterlichen Gottesglauben, den er durch alle Schwierigkeiten und Fußangeln des Lebens hindurch nicht verloren hatte, und sie empfand es als ihre Pflicht, sich zumindest dann und wann um ihn, diesen alten, kränkelnden und manchmal auch einsamen Mann, zu kümmern. Wenn sie es nicht tat, dann tat es kaum jemand, aber nicht einmal diese Ungerechtigkeit ließ ihn verzweifeln. Sie drehte sich auf den Bauch und rollte sich in ihre Bettdecke. Sie schlief schnell ein.

Freitag, 24. September, 10.00 Uhr

Berger hatte noch am Vorabend Kontakt mit Staatsanwalt Köhler aufgenommen, der daraufhin umgehend den CID einschaltete. Der CID hatte sich sofort bereit erklärt, alle Informationen, die über Soldatenbewegungen zwischen den USA und Deutschland abrufbar waren, der Frankfurter Polizei zur Verfügung zu stellen. Doch die Hoffnung, der Mörder könnte ein GI sein, wurde gleich zu Anfang gedämpft, denn der Leiter des CID sagte, es käme nur sehr selten vor, daß ein GI über einen derart langen Zeitraum an einem einzigen Ort stationiert wäre, und außerdem wären bereits über die Hälfte der im Rhein-Main-Gebiet stationierten Soldaten anderen Einheiten zugeteilt worden. Die Informationen, die dann am Freitag morgen über Telefax im Präsidium eingingen, waren deshalb auch nicht

367

anders als erwartet. Von den während der vergangenen zehn Jahre in Seattle stationierten Soldaten war bis auf einen keiner länger als drei Jahre in Seattle geblieben. Dieser eine war fünf Jahre in Seattle stationiert gewesen, bevor er nach Guam im Pazifik versetzt wurde, wo er seit 1988 als Lieutenant-Colonel eine Einheit befehligte. Der Mann hatte nachweislich nie deutschen Boden betreten.

Ein Soldat schied also mit größter Wahrscheinlichkeit aus. Und doch – die in den USA begangenen Morde waren bis ins kleinste Detail identisch mit den in Deutschland verübten. Und es war völlig ausgeschlossen, daß ein Triebtäter die Vorgehensweise eines anderen so exakt imitieren konnte. Durant wußte jetzt, daß sie es mit einem Mörder zu tun hatten, der nicht nur in Deutschland sein Unwesen trieb, sondern die gleichen Verbrechen auch schon Jahre zuvor in den USA begangen hatte. Immer blonde Mädchen, immer die rechte Brust abgeschnitten, immer Rattenschwänze mit roten Schleifchen, immer die Arme über der Brust verschränkt, der Täter ein Linkshänder. Doch warum immer im April und September? Wann war er nach Deutschland gekommen, nach September letzten oder April dieses Jahres? Doch warum hatte er dann im April nicht in Amerika noch einmal zugeschlagen bzw. nicht hier? Was waren seine Beweggründe, warum haßte er blonde Mädchen einer bestimmten Altersgruppe bis aufs Blut?

Sie saß den halben Freitag im Büro, zermarterte sich das Hirn, fand keine Lösung. Kein GI, intelligent, schlau bis gerissen, nekrophil, krank. Sollte der Täter regelmäßig bei Menzel verkehren, mußte er mit neunundneunzigprozentiger Sicherheit Amerikaner sein. Denn kein Deutscher begann eine Mordserie in den Staaten, um sie dann Jahre später hier fortzusetzen! Diese Möglichkeit schied aus.

368

Freitag, 12.00 Uhr

Patanec machte sich zum Gehen bereit, als die Tür aufging. Susanne Tomlin. Designer-Jeans, rote Bluse, blaue Wildlederjacke, hochhackige Pumps. Das Haar diesmal nicht zu einem Pferdeschwanz gebunden, sondern offen über die Schultern fallend. Sie war, wie immer, dezent geschminkt, hatte tiefe Ringe unter den Augen. Patanec hatte ein Sakko übergezogen und den Autoschlüssel in der Hand, sie sah ihn verlegen an, sagte: »Oh, ich sehe, Sie wollen gerade gehen. Es tut mir leid, ich werde ein andermal wiederkommen.« Pause. Dann: »Außerdem habe ich meine Hausaufgaben zu Hause vergessen. Es tut mir leid.«
Patanec runzelte die Stirn, sah sie fragend an. »Was für Hausaufgaben? Ach, natürlich, aber das habe ich sowieso erst nächste Woche erwartet. Sie stören nicht, das habe ich Ihnen schon einmal gesagt. Mein Mittagessen kann warten, ich muß sowieso abnehmen.« Er grinste und faßte sich an den Bauch. »Kommen Sie, leisten Sie mir Gesellschaft.«
»Danke.«
Eine sanfte Duftwolke zog an ihm vorbei, er schloß die Tür, wartete, bis sie Platz genommen hatte, bevor er sich setzte. Da war wieder dieser unendlich ferne und traurige Ausdruck in ihren Augen.
»Haben Sie mit Daniel gesprochen?« fragte sie, schlug die Beine übereinander, holte eine Schachtel Zigaretten aus der Handtasche.
»Worüber?«
»Ich habe die Frage falsch gestellt«, verbesserte sie sich. »Ich meine, ob Sie Daniel diese Woche gesehen haben?«
»Nein, wir hatten keinen Kontakt. Unter Umständen treffen wir uns am Samstag zum Tennis. Warum fragen Sie?«
»Nur so.« Sie lehnte sich zurück, die Augen geschlossen.

Ihr Brustkorb hob und senkte sich ruhig und gleichmäßig, sie trug keinen BH, ihre Brustwarzen waren erigiert, was Patanec mit einer gewissen Erregung registrierte. Dabei, das wußte er, war diese Erektion lediglich ein Ausdruck innerer Anspannung.

Sie sagte: »Meine Schwiegermutter kommt jetzt definitiv am Montag. Ich habe Ihnen von ihr erzählt. Sie hat gestern noch einmal zur Bestätigung angerufen. Daniel war nicht da, ich habe mit ihr gesprochen. Aber deswegen bin ich nicht hier. Ich möchte Ihnen etwas erzählen, etwas über Daniel, etwas darüber, warum ich immer mehr glaube, daß mit ihm etwas nicht stimmt.« Sie hielt inne, sie wirkte unendlich traurig.

»Ich mache mir große Sorgen um Daniel. Seine Alpträume, Sie wissen schon, kehren Nacht für Nacht wieder. Immer wacht er dann schreiend auf, immer ist er schweißüberströmt. Wenn ich ihn jedoch beruhigen will, weist er mich zurück wie ein lästiges Tier. Gestern habe ich sogar den waghalsigen Versuch unternommen, mit ihm zu schlafen, ich wollte es wirklich, was sage ich, ich brauche es. Er reagierte nicht einmal darauf. Er gibt mir immer öfter das Gefühl, als wäre ich eine Fremde oder zumindest komme ich mir selbst wie ein Fremdkörper in diesem Haus vor. Mein Gott, ich habe das Gefühl, als wäre ich Luft für ihn! Wenn ich vor ein paar Tagen noch sagte, ich vermute, daß er eine Freundin hat, so glaube ich es nicht mehr. Was immer diese Veränderung bei ihm hervorrief, was immer ihn dazu bringt, sich von mir abzuwenden, ich habe keine Erklärung dafür. Daniel ist mir einfach ein Rätsel. Kann es sein, daß er mir, seit wir verheiratet sind, etwas vorgespielt hat? Daß ich den wahren Daniel Tomlin nicht kenne? Früher haben wir so viel gemeinsam unternommen. Jetzt stehe ich morgens auf, und er ist nicht mehr da, und immer öfter kommt er nachts heim, wenn ich längst schlafe. Ich glaube, seine Alpträume haben etwas mit mir zu tun. Womit sonst, frage ich Sie? Kürzlich habe ich in der Garage etwas gesucht und dabei eine alte Regentonne aufgemacht und darin total verschmutzte Kleidung gefunden, darunter eine Hose und eine Jacke, die ich ihm erst letztes Weihnachten geschenkt hatte. Auch das macht für mich keinen Sinn. Als wenn er sich auf Äckern rumtreibt oder alte Maschinen repariert! Wenn er nur mit mir darüber sprechen würde! Verdammt, warum spricht er nicht mit mir?!«

Sie streckte sich, sah Patanec hilfesuchend an. »Bitte, helfen Sie mir! Wenn Sie mir helfen, dann helfen Sie auch ihm. Denn wenn es noch lange so weitergeht, werde ich mich von ihm trennen müssen. Glauben Sie mir, auch meiner Kraft sind Grenzen gesetzt.« Sie betrachtete ihre langen, schlanken Finger, die burgunderrot lackierten Nägel, schlenkerte ein wenig mit den Beinen. »Seit ich Ihnen meine Jugendgeschichte erzählt habe, wird mir immer klarer, daß ich anfangen muß, mein Leben selbst in die Hand zu nehmen. Ich kann auf Daniel nicht länger zählen, es sei denn, es tritt eine Änderung zum Positiven bei ihm ein. Doch ehrlich gesagt habe ich die Hoffnung darauf aufgegeben. Er ist einfach mit seinen Gedanken woanders, und er ist ein Eisblock geworden.«

Sie seufzte resignierend, veränderte ihre Haltung ein klein wenig. »Daniel und ich sind für Sonntag nachmittag bei einer alten Freundin eingeladen. Ich mochte sie immer lieber als meine eigene Mutter, die Gründe dafür können Sie sich bestimmt denken. Daniel hat sich gesträubt, es hat mich viel Mühe gekostet, ihn zu überreden, sich einmal wenigstens zwei Stunden für mich Zeit zu nehmen, schließlich habe ich Maria seit mehr als zwei Jahren nicht gesehen, obgleich sie gerade mal in Sossenheim wohnt. Es kann also sein, daß aus Ihrem Tennis nichts wird.«

»Das wäre nun wirklich nicht weiter schlimm«, sagte Patanec. »Wichtig ist, daß Sie einen schönen Tag verbringen. Wie ist er mit den Kindern?«

»Wieder etwas besser. Aber er ist ja fast nie zu Hause. Er macht den Kindern Geschenke, mit Laura war er am Mittwoch im Kino. Wenn er Zeit hat, läßt er sich auch mal dazu herab, eine Gutenachtgeschichte vorzulesen. Aber das ist die Ausnahme. In der Regel haben die Kinder nicht viel von ihrem Vater. Sein verdammter Beruf frißt ihn auf. Er hat mir meinen Mann geraubt. Und was bleibt? Ich werde allein sein, für die Erziehung der Kinder zuständig sein, wobei Laura sich von mir schon kaum noch was sagen läßt, und manchmal habe ich panische Angst, sie könnte diesem wahnsinnigen Killer in die Fänge geraten. Sie ist fünfzehn, sie ist blond, und sie hat lange Haare. Ich weiß, was für ein perverses Schwein dieser Mensch ist, aber andererseits scheint es pervers zu sein, wenn man denkt, man müßte vielleicht auch Mitleid mit einem solchen Menschen haben. Ich kann mir einfach nicht vorstellen, daß jemand grundlos solche schrecklichen Dinge tut. Habe ich recht?«

Patanec zuckte mit den Schultern. »Sicher wird derjenige krank sein. Doch es wird sehr schwer werden, jemals die wahren Hintergründe aufzudecken, warum er auf so grausame Weise mordet. Aber machen Sie sich nicht allzu viele Sorgen um Laura, machen Sie ihr nur klar, daß sie abends nicht mehr allein auf die Straße gehen darf. Und auch im Haus sollte sie nicht allein bleiben.«

»Ich will Ihnen nicht länger Ihre kostbare Zeit rauben«, sagte sie, stand auf, strich kurz mit einer Hand über ihre Bluse. Hängte ihre Tasche über die rechte Schulter. »Nächste Woche komme ich wieder zum verabredeten Termin. Es tut mir leid, wenn ich Ihnen Unannehmlichkeiten bereite, ich denke, es wird bald aufhören. Zumindest in meinen Gedanken nimmt meine Zukunft immer konkretere Formen an. Ich werde nicht darum herumkommen, einen Schnitt zu machen. Ohne Sie hätte ich vielleicht den Mut nie gefunden...«

»Ich habe nichts dazu beigetragen«, sagte Patanec lächelnd. »Sie haben erzählt und dabei erkannt, was wichtig und wesentlich ist. Sie werden es schaffen.« Er reichte ihr die Hand. Sie lächelte etwas verschämt, ein kleines Mädchen, das er in den Arm hätte nehmen mögen.

Als sie ging, war es kurz vor zwei. Patanec hatte auf sein Mittagessen verzichtet. Er zog sein Sakko wieder aus, hängte es in den Schrank. Schenkte sich einen Martini on the Rocks ein, trank, sah aus dem Fenster. Vom Wind getriebene Wolken, nahender Regen, Blätter, die durch die Luft wirbelten. Trank aus, rauchte eine Davidoff, trank noch einen Martini. Wusch sich die Hände, bürstete sein Haar, ein Blick durchs Zimmer. Er spürte die Wärme des Alkohols in sich aufsteigen, er hätte doch etwas essen sollen. Er kannte seine Grenzen, vor dem Abend würde er nichts mehr trinken.

Eine Endvierzigerin, gekleidet in teuren Stoff, wartete bereits, die Hände gefaltet, Patanec traurig ansehend. Sie kam das dritte Mal, hatte zwei Selbstmordversuche hinter sich. Er kannte ihre Geschichte bereits, vergewaltigt als Kind, vergewaltigt und verprügelt in der Ehe, sitzengelassen wegen einer Jüngeren. Drei Kinder, Reichtum. Patanec sah auch hier nur eine Möglichkeit: Hypnose. Es würde eine lange und schwierige und vielleicht sehr harte Behandlung werden. Er bat sie in sein Zimmer.

Freitag, 15.00 Uhr

Julia Durant verabschiedete sich aus dem Präsidium und meldete sich ohne Vorwarnung bis Montag früh ab.

»Was haben Sie vor?« fragte Berger überrascht.

»Ich werde meinen Vater besuchen. Wir haben uns lange nicht gesehen.«

»Lassen Sie mir wenigstens Ihre Telefonnummer hier, Sie müssen immer erreichbar sein.«

»Bitte«, sagte sie und schrieb die Nummer auf einen Zettel.

»Was ist das denn für eine Nummer?« fragte Berger gereizt.

»Gleich bei München...«

»Sie können jetzt nicht fahren...«

Durant blieb stur. »Ich kann und ich muß. Sie sind da, Kullmer, Koslowski, Schulz vielleicht auch und ein paar andere Kollegen stehen Ihnen sicher gern hilfreich zur Seite, sollte etwas Gravierendes geschehen.«

»Das macht keinen guten Eindruck, wenn...«

»Ich pfeife auf einen guten Eindruck. Ich habe mir die vergangenen Tage die Füße wund gelaufen und den Mund fusselig geredet, und ich habe jetzt einfach vor, ein einigermaßen ruhiges Wochenende zu verbringen. Wollen Sie mich daran hindern?«

Berger schüttelte resignierend ob so viel Sturheit den Kopf.

»In Gottes Namen, fahren Sie, aber seien Sie pünktlich am Montag morgen hier. Ich hoffe nicht, daß Sie gebraucht werden!«

Als sie die Tür hinter sich zugezogen hatte, hörte sie Berger ihr nachrufen: »Und fahren Sie verdammt noch mal vorsichtig!«

Julia Durant mußte grinsen. Berger war gar nicht so übel,

wie oftmals behauptet wurde. Und es stimmte schon, eigentlich hätte sie sich im Augenblick nicht leisten können, nach München zu fahren.

Sie kam zügig voran, obwohl Freitag nachmittag war. Die Autobahn war erstaunlich leer. Als sie gegen zwanzig Uhr vor dem Haus ihres Vaters den Motor abstellte und Lichtschein hinter den zugezogenen Vorhängen sah, war sie erleichtert. Sie hatte sich nicht angemeldet, und es hätte immerhin sein können, daß er weggefahren war, er fuhr oft allein weg, jetzt wo seine Frau nicht mehr lebte und er auch sonst kaum jemanden hatte, mit dem er seine Tage und vor allem einsamen Abende verbrachte. Er reiste dann in irgendeine Stadt in irgendein Hotel, buchte plötzlich einen Flug in irgendein Land dieser Erde, er konnte es sich leisten, hatte genug Geld auf die hohe Kante gelegt. Sie drehte sich kurz um, sah etwas versetzt auf der anderen Straßenseite die Kirche, die Wirkungsstätte ihres Vaters über Jahrzehnte hinweg. Unter den meist erzkatholischen Orten in der Gegend war dieser hier überwiegend von Protestanten bewohnt. Sie selber entstammten einem alten Hugenottengeschlecht.

Sie sah einen Schatten hinter dem Wohnzimmerfenster vorbeihuschen, nahm ihre Reisetasche, schlug die Tür zu, schloß ab. Trat durch das schmale, niedrige, rotgestrichene Gartentor, ging über den gefliesten Weg zum Haus. Drückte den Klingelknopf, wartete einen Moment, hörte Schritte näher kommen. Der alte Mann öffnete die Tür, grau gewordene Augen, die plötzlich zu strahlen begannen, als wäre ein Lichtschalter angeknipst worden.

»Julia!« sagte er, streckte seine Arme aus. »Das ist aber schön! Wieso hast du dich nicht angemeldet, ich hätte ein paar Vorbereitungen treffen können. Laß dich umarmen.«

»Ich wollte dich überraschen. Und außerdem ist mir der Gedanke, dich zu besuchen, erst gestern abend in der Badewanne gekommen. Ich muß einfach mal für ein Wochenende ausspannen.«

»Jetzt komm schon rein«, sagte der alte Mann. »Mach dich erst mal frisch, ich bereite inzwischen das Abendbrot vor, du wirst sicher hungrig sein nach der langen Fahrt.«

»Keine Umstände bitte, Paps, eine Scheibe Brot reicht. Ich bin wirklich ziemlich abgespannt.«

Der alte Mann nahm ihr die Tasche ab, trug sie die Treppe hinauf in das Zimmer, in dem Julia Durant zweiundzwanzig Jahre gelebt hatte. Seit ihrem Auszug vor etwas über zehn Jahren war nichts verändert worden. Selbst die Poster der Idole aus ihrer Jugendzeit hingen noch an der Wand. Er stellte die Tasche auf das Bett, drehte sich um.

»Seltsam, ich habe letzte Nacht von dir geträumt, als hätte ich geahnt, daß du kommen würdest. Wenn ich nur viel öfters auf meine innere Stimme hören würde! Sie hat es mir gesagt. Na ja, komm, laß dich anschauen.« Er faßte sie mit beiden Händen an den Schultern und sagte: »Ich finde, du wirst von Monat zu Monat hübscher. Wie deine Mutter früher. Ja, ja, deine Mutter, sie könnte noch leben, wenn sie nur auf mich gehört hätte. Aber sie wollte ja unbedingt ihr Grab so früh wie möglich schaufeln. Diese törichte Frau!« Er schüttelte den Kopf.

»Papa, das ist jetzt sechs Jahre her…«

»Ich gehe jeden Tag auf den Friedhof«, sagte er gedankenverloren. Sah auf und zog die Stirn in Falten. »Du solltest übrigens auch endlich aufhören zu rauchen. Es wäre tragisch, wenn du eines Tages genauso enden müßtest.« Dann lächelte er wieder. »Ich seh dich gleich unten«, sagte er und ging aus dem Zimmer.

Julia Durant duschte und zog sich einen Freizeitanzug an.

Legte einen Hauch Parfüm auf, mehr für sich als für ihren
Vater. Sie packte nur einen Teil der Tasche aus, stellte sie
auf den Boden vor den Schrank und ging hinunter, die
dritte Stufe von oben knarrte immer noch erbärmlich, das
Holzgeländer hätte einen neuen Anstrich dringend nötig
gehabt.

Ihr Vater hatte Tee gekocht und eine Platte belegter Brote
gemacht, als erwartete er noch mindestens fünf oder sechs
Gäste. Eine Kerze brannte, im Hintergrund lief Vivaldi,
Die Vier Jahreszeiten. Der weiche, harmonische Duft von
Kirschtee erfüllte das Zimmer.

»Setz dich doch«, sagte er, auf den Stuhl deutend, ihren
Stuhl. »Ich bin gleich fertig.« Er verschwand in der Küche,
Klappern von Geschirr, er kam zurück mit einer Schale
voll frischem Obst. Er setzte sich, seine Tochter hatte bereits Tee eingeschenkt. Der alte Mann faltete die Hände
und schaute sie an. »Ich freu mich sehr, dich zu sehen. Du
hast mir damit eine große Freude bereitet. Aber laß mich
die Speisen segnen, bevor wir anfangen.«

Er sprach das Gebet, dankte auch für den Besuch seiner
Tochter. Er sah auf und fragte: »Wie lange wirst du bleiben?«

»Leider nur bis Sonntag abend, ich hatte ohnehin schon
Mühe, mich für dieses Wochenende frei zu machen.«

»Was macht deine Arbeit?«

»Anstrengend, sehr, sehr anstrengend. Und teilweise fru-
strierend.«

»Arbeitest du gerade an einem besonderen Fall?«

Sie nahm sich eine Scheibe von dem Sechskornbrot und
legte es auf den Teller. Blickte ihren Vater an, der seine
Scheibe Brot mit Butter bestrich. »Du hast doch sicher von
den Mädchenmorden in Frankfurt gehört? Ich leite die Ermittlungen.«

»Du bist jetzt bei der Mordkommission?«

»Seit neuestem.«

»Ja, allerdings, ich habe von diesen schrecklichen Morden gehört. Diese armen jungen Dinger! Habt ihr wenigstens schon eine Spur?«

»Bis jetzt leider nicht. Dieser Mann ist wie ein Gespenst. Als ob es ihn überhaupt nicht gäbe. Jetzt haben wir auch noch erfahren, daß dieser Kerl schon in Amerika mindestens dreizehn Mädchen umgebracht hat.«

»Was ist mit Verdächtigen?«

»Es gibt so viele, die im ersten Moment verdächtig erscheinen, bekannte Triebtäter, Vergewaltiger, Sadisten, und so weiter. Aber alle, die wir bis jetzt vernommen haben, scheiden aus. Entweder haben sie für die Tatzeiten ein hieb- und stichfestes Alibi, oder sie sitzen noch ein. Vorgestern dachten wir, wir hätten einen, der zumindest für einen der Morde in Frage käme. Einer von diesen Typen, die vor Geld stinken. Wir haben schlüssige Beweise, daß er sich regelmäßig Minderjährige beschaffen läßt, um sie zu entjungfern oder das von einem seiner Freunde erledigen zu lassen. Aber an ihn ist nicht ranzukommen. Er hat zu viel Einfluß. Lassen wir das jetzt, Vater...«

»Als ich noch Pastor war, hatte ich mehr, als mir lieb war, mit Kindesmißbrauch zu tun. In den ehrbarsten Familien gab und gibt es das. Väter, die dir auf der Straße nett ins Gesicht sehen und in Wirklichkeit den Teufel im Leib tragen. Mütter, die ihre Söhne, wenn sie gerade den Windeln entwachsen sind... es ist abscheulich, und doch glaube ich, müssen wir auch für solche Menschen Verständnis aufbringen...«

Julia Durant ließ das Brot sinken. »Verständnis? Höre ich richtig? Ich soll Verständnis für ein Schwein aufbringen, das nur, weil er Geld hat, sich alles kaufen kann?! Tut mir leid, du kennst diesen Mann nicht, aber ich habe vertrau-

378

liche Informationen, die so widerlich sind, daß ich für diesen Kerl nicht auch nur den Funken von Verständnis aufbringen kann. Er ist böse, und genauso, wie du früher manchmal den Teufel beschrieben hast, liebenswürdig, sauber gekleidet, höflich. Genau das ist dieser Kerl! Liebenswürdig, sauber gekleidet, höflich. Du weißt, ich habe Verständnis für viele Menschen, ich verurteile nicht einfach, doch auch für mich gibt es eine Grenze, vor allem wenn unschuldige Kinder darunter leiden müssen! Ich habe mit den Eltern eines der Mädchen gesprochen, der Vater ist herzkrank und arbeitslos, die Mutter eine verbitterte kleine Frau, die wahrscheinlich die Sonne nur vom Himmel kennt, aber nicht in ihrem Herzen, sie wohnen in einer schäbigen Gegend und können sich nichts, aber auch gar nichts leisten. Und dann wurde vor ein paar Tagen das Mädchen auf dem Schulhof angesprochen, kurz darauf tauchte ein Mann bei ihren Eltern auf, wedelte mit einem Scheck vor ihrer Nase, wenn... ja, wenn sie bereit wären, ihre Tochter für eine Nacht zu verkaufen. Das Mädchen ist gerade dreizehn Jahre alt! Verdammte dreizehn Jahre und muß für Geld ihre Unschuld hergeben! Sie wird nie, nie in ihrem ganzen Leben diesen Schock vergessen. Ich hoffe nur, sie zerbricht nicht daran.« Sie schüttelte den Kopf, ihr Vater blickte stumm und mitleidig auf sie. Sie trank einen Schluck Tee. »Ein anderes Mädchen, sie ist gerade vierzehn geworden, war möglicherweise auch bei diesem Kerl. Sie ist auf dem Strich gelandet. Als wir sie fanden, war sie gekleidet wie eine Hure, später erfuhren wir, daß sie tatsächlich eine war.«

»Sie ist tot?«

»Sie ist unserem Mörder in die Hände gefallen.«

»Und sie war bei diesem Kinderschänder?«

»Wenn unsere Vermutungen stimmen, ja.«

»Waren die anderen Mädchen...«

»Ja, bis auf eine.«

»Kann es da eine Verbindung geben?«

»Wir haben es geglaubt, bis wir erfuhren, daß dieser Mörder auch schon in Amerika sein Unwesen getrieben hat.«

Eine kurze Pause trat ein, sie aßen und tranken und hörten Musik. Dann fragte der Vater, während er sich eine Pfeife stopfte: »Und ihr denkt, es ist ein Amerikaner?«

»Was sonst?! Die meisten in der Abteilung denken es, warum?«

»Könnte es nicht auch ein Deutscher sein, der nur dann und wann nach Amerika geht? Ich meine...«

»Was sagst du da?« Julia Durant lehnte sich zurück, stieß die Luft aus. In ihrem Kopf drehte sich ein Karussell. Sie hielt die Tasse Tee zwischen den Händen, starrte auf den Tisch. »Es würde zumindest Sinn machen. Kein Mord wurde in einem andern Monat außer April und September verübt. Wenn es jemand ist, der immer zu dieser Zeit in die USA fliegt, weil er dort zu tun hat, oder weil er Urlaub macht... Vater, weißt du eigentlich, was du da sagst! Dann ist der Kerl aber dieses Jahr nicht geflogen, denn im April gab es keine Morde.«

Sie zündete sich eine Zigarette an. Der alte Mann warf ihr einen mahnenden Blick zu, sie nahm einen Zug, drückte die Zigarette im Ascher aus, lächelte entschuldigend.

»Aber du und deine Pfeife«, konnte sie sich nicht verkneifen zu sagen.

»Ich rauche eine Pfeife am Tag, wenn überhaupt. Manchmal vergeht eine ganze Woche. Es ist kein Vergleich.«

Sie räumten gemeinsam den Tisch ab, der alte Mann holte eine Flasche Wein aus dem Keller, stellte sie auf den Tisch und sagte: »Komm, laß uns ein wenig auf die Terrasse gehen, der Abend ist zwar kühl, aber schön. Es hat in den letzten Tagen viel geregnet, bei euch auch?«

»Es geht.«

Sie setzten sich auf die Hollywoodschaukel, Dunkelheit hatte das Land eingehüllt, die letzten Wolken verzogen sich und machten Platz für einen endlosen Sternenhimmel. Eine Weile lauschten sie in die Stille hinein, ein Dorf, nur wenige Kilometer außerhalb von München und doch ein Ort tiefen Friedens und großer Beschaulichkeit. Nach kurzer Zeit begann Julia Durant zu frösteln, sie ging ins Haus und zog sich eine Strickjacke über.

Der alte Mann sagte nach einer Zeit langen Schweigens: »Du kennst die Hofmayers, nicht?«

Seine Tochter nickte, ihr war jetzt kalt an den Beinen, sie wollte aber nichts sagen, um ihrem Vater nicht die Freude zu nehmen, mit ihr im Freien zu sitzen und vielleicht in Erinnerungen zu schwelgen.

»Sie waren, wie du weißt, eine große Familie. Die Eltern leben beide nicht mehr, und ich glaube, ich kann dir jetzt, nachdem einige Zeit vergangen ist, die Geschichte dieser Familie erzählen. Hier im Ort waren sie über Generationen hinweg die Familie schlechthin, vorbildliches Familienleben, der Hof zweihundert Jahre lang immer vom Vater auf den jeweils ältesten Sohn weitergegeben, soweit ich herausgefunden habe, war keiner unter ihnen, der nicht Sonntag für Sonntag die Kirche besucht hätte. Sebastian Hofmayer war ein fleißiger, hilfsbereiter Mann, seine Frau eine perfekte Hausfrau.

Irgendwann aber hatte ich das Gefühl, daß etwas bei ihnen nicht stimmte. Du weißt ja, man merkt etwas, schenkt dem aber nicht gleich Beachtung. Es fiel mir an den Kindern auf, sie wurden immer ruhiger und in sich gekehrter, je älter sie wurden. Ich versuchte einige Male, mich mit ihnen zu un-

381

terhalten, doch sie waren immer darauf bedacht, so schnell wie möglich wieder von mir wegzukommen. Ich begriff es nicht, machte mir aber keine weiteren Gedanken darüber. Bis vor etwa fünfzehn Jahren eines der Mädchen, die inzwischen eine junge Dame war, zu mir kam und mich um ein Gespräch bat. Wir verbrachten die halbe Nacht in meinem Büro, und was sie mir erzählte, war das Unglaublichste und Schrecklichste, das mir je zu Ohren gekommen ist, obwohl ich schon viel Schlimmes hören mußte. Sie war so hübsch an jenem Abend, ich werde ihren Anblick nie vergessen, dieses zarte Gesicht; aber ihre Augen – ihre Augen waren hell und ausdruckslos, und sie hatte einen Zug um den Mund, den sonst nur alte, verbitterte Frauen haben. Ich erfuhr, daß sie seit ihrem sechsten Lebensjahr von ihrem Vater, und nicht nur von ihm, sondern auch von ihren beiden Onkeln regelmäßig sexuell mißbraucht wurde. Wenn es stimmt, was sie sagte, dann haben sie die ekelerregendsten Dinge von ihr verlangt. Diese freundlichen, hilfsbereiten Männer, die geachtet waren im ganzen Ort, hatten eines der widerlichsten und verdammungswürdigsten Verbrechen begangen, das ein Mensch nur begehen kann. Und das war nicht alles, ein paar Wochen später kam ihr Bruder zu mir, sie hatte ihm von ihrer Beichte bei mir berichtet, und er kam mit fast der gleichen Geschichte, nur daß diesmal die Mutter die treibende Kraft gewesen war. Die Kinder waren nicht nur von ihren Eltern, sondern auch von Onkeln und Tanten und einigen Bekannten und sogenannten Freunden mißbraucht worden. Man hatte sie gezwungen, sexuell miteinander zu verkehren. Man hatte keine Perversion ausgelassen, und keiner im Ort hat's gemerkt. Ich sagte den beiden damals, sie sollten zur Polizei gehen und alles aufdecken. Daraufhin meinten sie resignierend, zur Polizei zu gehen wäre sinnlos, sie könnten ja nichts beweisen.«

Der alte Mann stockte, fuhr dann fort: »Das sind Momente, da wünscht man sich, nicht an ein Beichtgeheimnis gebunden zu sein. Du kannst dir vorstellen, wie schwer es mir von da an fiel, die alten Hofmayers jeden Sonntag in der Kirche zu begrüßen und in ihre scheinheiligen Gesichter zu blicken. Ich brauchte mir nicht großartig vorzustellen, welche Abgründe sich hinter ihren freundlichen Gesichtern auftaten...«

»Du hast nie mit ihnen gesprochen?«

»Wie denn? Hätte ich sie darauf angesprochen, hätte ich mich strafbar gemacht. Ich hätte nicht nur das Beichtgeheimnis verletzt, sie hätten mich auch wegen Verleumdung belangen können. Jetzt sind beide tot, und eventuelle Fragen werden sie nie beantworten, zumindest nicht hier auf der Erde. Aber sie werden sich vor einem anderen, höheren Richter zu verantworten haben. Wo die Kinder jetzt sind und was sie machen, weiß ich nicht, ich habe nie wieder etwas von ihnen gehört. Aber seither weiß ich, daß in dieser Welt nichts unmöglich ist. Ich glaube dennoch weiterhin an das Gute im Menschen, doch ich kann nie ausschließen, daß sich im Innern des nettesten und geachtetsten Menschen ein furchtbarer Abgrund auftut.«

Er machte eine Pause und sah seine Tochter an, als forschte er nach einer besonderen Reaktion in ihrem Gesicht. »Ich habe dir das erzählt, um dir zu zeigen, daß es Dinge zwischen Himmel und Erde gibt, die uns unbegreiflich erscheinen. Ich stelle mir oft die Frage, ob ich denn, obgleich so viel Schreckliches geschieht, das Recht habe, zu verurteilen. Fast vierzig Jahre lang habe ich gepredigt, daß wir alle Gottes Kinder sind, jeder einzelne Mensch auf dieser Erde. Und was immer jemand tut, er bleibt immer noch ein Kind Gottes. Ich kann nicht erwarten, daß du das verstehst...«

»Du hast nie wirklich akzeptieren können, daß ich Polizistin geworden bin, aber hier auf dieser Erde können wir mit göttlicher Gerechtigkeit nichts anfangen, hier zählt einzig das Gesetz der Stärke. Vater, du weißt, das mit Gott ist so eine Sache. Ich glaube ja daran, daß es eine Macht gibt, die größer ist als jede menschliche Macht, aber ich habe immer noch Mühe, mir diesen einen Gott vorzustellen. Wenn ich das ganze Elend dieser Welt sehe, frage ich mich oft, wo dieser von dir gepredigte Gott ist. Wo versteckt er sich, wenn ein Kind von seinen Eltern verkauft wird, um lüsternen, geilen Böcken zu Willen zu sein? Wo ist er, wenn blonde Mädchen Angst haben müssen, massakriert zu werden, wo ihnen doch eigentlich noch das ganze Leben offenstehen sollte?« Sie hielt inne, ihr Vater hatte seinen Blick zum Himmel gerichtet, er erwiderte nichts. »Sag mir, Papa, wo ist dieser Gott?«

»Ich weiß nicht, wo er ist, vielleicht aber ist er genau in diesem Augenblick in deinem Herzen, vielleicht hat er gewollt, daß du Polizistin geworden bist, um das Schlechte zu bekämpfen. Aber auf viele Fragen kann ich dir keine Antwort geben, und wenn ich es täte, würdest du es wahrscheinlich nicht begreifen. Gott wird auch für mich, solange ich lebe, stets etwas Mystisches haben. Doch was immer geschieht, ich werde ihn nie verleugnen.« Er legte seine Hand auf die seiner Tochter und sagte: »Es ist kalt geworden, laß uns hineingehen.«

Er erhob sich gleichzeitig mit ihr, die Schaukel bewegte sich noch einige Male vor und zurück, der alte Mann schloß die Terrassentür. Julia Durant schenkte die beiden Gläser voll Wein, reichte eines davon ihrem Vater. Drei Kerzen tauchten das Zimmer in ein warmes Licht, Schatten wurden an die Decke gezaubert.

Als sie zu Bett ging, war es nach Mitternacht. Sie schlief

lange nicht ein, grübelte. Was, wenn es tatsächlich ein Deutscher war, einer, der nur jeweils im April und September nach Amerika jettete, zumindest bis vor kurzem? Und der jetzt hier sein Unwesen trieb. Der Gedanke war beinahe unglaublich.

Sie verließ München am frühen Sonntag abend. Tankte unterwegs, kaufte Lebensmittel, Bier und Zigaretten im Tankstellenshop, zahlte mit Scheckkarte. Brauchte fünf Stunden bis Frankfurt, zähflüssiger, teilweise stockender Verkehr.

Der Himmel in Frankfurt sternenklar, böiger Nordwestwind. Im Briefkasten Reklame, zwei Briefe, einer von der Bank, Kontoauszüge, der andere von Tomlins Klinik. Sie riß den Brief auf, ein kurzes Schreiben mit der Bitte, den beigefügten Antrag für die Operation zu unterschreiben und einen Termin für eine weitere Untersuchung auszumachen. Sie wollte gleich morgen anrufen.

Sie ging langsam die Treppe nach oben, ihr graute vor der Leere der Wohnung. Es war nicht aufgeräumt (seit Wochen schon hatte sie sich vorgenommen, einen Putz- und Waschtag einzulegen), ungewaschene Wäsche in den Ecken, Essensreste auf dem Tisch und in der Küche, abgestandene Luft. Mißmutig ließ sie ihre Reisetasche auf den Boden fallen, ging zum Kühlschrank und holte eine Dose Bier heraus. Sie schaltete den Fernsehapparat ein, drückte alle Kanäle durch, blieb bei MTV hängen. Sie war müde, glaubte aber nicht an einen erholsamen Schlaf. Dachte an morgen. Das Telefon klingelte. Ihr Vater. Er wollte wissen, ob sie gut angekommen war, sie versicherte ihm, wie gut ihr das Wochenende getan hatte, daß sie gern länger geblieben wäre. Vielleicht Weihnachten wieder. Sie machte sich ein belegtes Brot, ließ Wasser in die

Wanne laufen. Stellte sich ans offene Fenster, kühle Herbstluft. Die Bäume warfen jetzt endgültig die Blätter ab, es roch nach Regen. Sie hatte das Wasser vergessen, zuckte erschrocken zusammen, lief ins Bad, stellte den Hahn ab, das Wasser stand bereits bis zum Rand. Sie zog den Stöpsel heraus, ließ etwas ablaufen. Entkleidete sich, der obligatorische Blick in den Spiegel, den Bauch eingezogen, mit einer Hand darübergestrichen, bald würde auch dieser Makel beseitigt sein. Sie stieg in die Wanne, schloß die Augen, lauschte der Musik aus dem Fernsehapparat. Sie hatte eine zweite Dose Bier neben sich stehen, trank in kleinen Schlucken. Sie wurde müde, stieg aus der Wanne, trocknete sich nur oberflächlich ab und legte sich nackt ins Bett. Sie schlief sofort ein.

Montag, 27. September, 8.00 Uhr

Das Wochenende war erstaunlich ruhig gewesen, in jeder Beziehung. Sie besprachen den Einsatzplan für den Tag, es standen noch eine ganze Reihe an Befragungen von Bekannten und Freunden der Opfer an, Julia Durant wollte sich um die Eltern und das Umfeld von Antonia Delgado kümmern und außerdem versuchen, hieb- und stichfeste Beweise zu sammeln, daß das Mädchen mindestens einmal auf Menzels Partys gewesen war, um so vielleicht Menzel doch wegen Verführung Minderjähriger dranzukriegen. Berger zeigte sich von dieser Idee alles andere als begeistert, sprach von den möglichen Konsequenzen, von Menzels Einfluß. Durant blieb unbeeindruckt. Schulz war nicht zum Dienst erschienen, er hatte sich krank gemeldet, der Schein lag vor Berger auf dem Tisch.

Die Kommissarin schilderte kurz die Vermutung ihres Vaters, ohne ihn dabei zu erwähnen – es könnte sich bei dem Täter um einen Deutschen handeln, der sich regelmäßig in den Staaten aufhielt. Berger überlegte, nickte dann anerkennend, die Arme hinter dem Kopf verschränkt, und meinte: »Das würde zumindest erklären, daß der CID einen Soldaten als Täter ausschließt. Doch warum hat der Kerl dann in den Staaten damit angefangen?«

»Keine Ahnung«, sagte Kullmer und fuhr sich mit einer Hand übers Kinn, »aber was, wenn der Täter doch kein Deutscher ist, sondern ein Amerikaner?«

»Haben Sie nicht zugehört?« fragte Berger unwirsch. »Es ist fast unmöglich, daß er ein Amerikaner ist!«

Kullmer legte die Beine auf den Tisch, sagte aufreizend langsam: »Doch, ich habe sogar sehr gut zugehört. Was, wenn er ein Amerikaner ist, der nur seit einiger Zeit in Deutschland lebt und in schöner Regelmäßigkeit seinem Heimatland einen Besuch abstattet? Ein Amerikaner in Deutschland. Vielleicht aber auch ein Amerikaner, der die deutsche Staatsangehörigkeit hat.«

»Es gibt eine Menge Amerikaner, die in Frankfurt arbeiten und mit deutschen Frauen verheiratet sind«, stimmte Julia Durant zu, die wieder einmal Kullmers aufblitzende Kombinationsgabe bewunderte.

»Es wird aber nicht leicht sein, die alle herauszufinden«, sagte Berger. »Und wenn es nun ein Alleinstehender ist? Oder einer, der immer zwischen Deutschland und Amerika hin und her pendelt? Es gibt einfach zu viele Möglichkeiten.«

Julia Durant schenkte sich einen Kaffee ein und stellte sich ans Fenster. Am Platz der Republik wurde immer noch mit Preßlufthämmern gearbeitet, eine lange Blechschlange zog sich bis weit hinter den Güterplatz. Straßenbahnen, Autohupen, der Gestank der Abgase, Stop-and-go-Verkehr.

387

Berger hielt ihr einen Ordner hin. »Der endgültige Bericht der Gerichtsmedizin über die letzten beiden Opfer. Hier, wenn Sie Interesse haben...«

»Später«, sagte Durant, trank den Kaffee aus. Drehte sich um, nahm ihre Tasche vom Haken. »Ich nehme mir die Rückerts noch mal vor. Ich werde versuchen, eine schriftliche Aussage zu bekommen. Auch wenn ich mir ehrlich gesagt nicht allzuviel davon verspreche. Und danach fahre ich in den Heisenrath, mal sehen, was bei den Delgados rauszukriegen ist. Ich werde wohl für den Rest des Tages unterwegs sein.«

Montag, 12.00 Uhr

Rückerts. Er war allein zu Hause und wollte die Kommissarin zuerst nicht in die Wohnung lassen – bis sie ihm mit einer Vorladung drohte. Erst dann gab er widerwillig die Tür frei. Er stank nach billigem Fusel, hatte glasige Augen. Sie blieben im dunklen Flur stehen.

»Herr Rückert«, sagte Julia Durant, »ich bin gekommen, weil ich möchte, daß Sie und Ihre Frau mir die Aussage vom Mittwoch schriftlich bestätigen. Es ist nur eine Formalität.«

Rückert schüttelte seinen massigen Schädel, schaute böse. »Verschwinden Sie! Von uns bekommen Sie gar nichts. Ich weiß nicht einmal, wovon Sie reden.«

»Hören Sie, Sie haben mir vor ein paar Tagen gesagt...«

»Gar nichts habe ich, verstehen Sie, gar nichts! Und jetzt hauen Sie endlich ab!«

»Hat man Ihnen gedroht? Sie unter Druck gesetzt?«

»Verflucht noch mal, kapieren Sie nicht, Sie sollen endlich abhauen! Merken Sie nicht, wieviel Unheil Sie anrichten?«

»Ich? Schauen Sie doch mal in den Spiegel, und dann fragen Sie sich, wer von uns beiden wohl mehr Unheil anrichtet oder angerichtet hat! Wollen Sie wirklich, daß ein Mann wie Menzel weiter frei herumläuft und seine Schweinereien ungestraft machen kann?«

»Hören Sie, mir ist scheißegal, wer welche Schweinereien macht! Ich weiß von nichts, meine Frau weiß von nichts, Vera weiß auch von nichts!«

»Ob Vera etwas weiß oder nicht, kann Sie uns selber sagen. Außerdem möchte ich nicht drohen, aber haben Sie schon mal was vom Jugendamt gehört? Wäre es Ihnen recht, wenn ich jemanden vorbeischicken würde? Glauben Sie mir, ein dreizehnjähriges Mädchen, das allein verhört wird, bricht sehr schnell zusammen! Es liegt an Ihnen, Sie können es verhindern.«

Rückert nahm eine drohende Haltung ein, seine Augen blitzten gefährlich auf. »Wenn Sie meiner Vera auch nur eine einzige Frage stellen, dann...«

»Was dann? Glauben Sie allen Ernstes, sich dagegen wehren zu können? Herr Rückert, wenn ich sage, daß wir Vera verhören, dann wird Vera auch verhört, und Sie können überhaupt nichts dagegen unternehmen. Kapiert?«

Rückert grinste auf einmal. »Na und, selbst wenn ich etwas unterschreiben würde, ich würde später behaupten, Sie hätten mir gedroht. Vera ist eingeschüchtert worden, genau wie meine Frau. Ich bin doch nicht blöd! Und jetzt hauen Sie endlich ab, ich hab die Schnauze voll von euch Bullen!«

»Gut, ich werde gehen. Aber ich komme wieder, versprochen! Zum Schluß noch eine Frage – wieviel hat man Ihnen diesmal gezahlt? Wieder zehntausend? Oder hat man Ihnen gedroht?«

Rückert antwortete nicht darauf, packte Durant blitzschnell bei den Schultern, stieß sie in den Hausflur, knallte die Tür zu. Es ging so schnell, sie hatte nicht einmal Zeit, sich zu wehren. Aber selbst wenn sie es gekonnt hätte, sie hätte es seinlassen, sie wußte, daß Rückert nicht reden würde. Der Mann hatte Angst, panische Angst. Menzel und seine Helfer und Helfershelfer kannten sicher alle Tricks, jemanden gefügig zu machen.

Montag, 12.00 Uhr

Patanec schob gerade die Schreibtischschublade zu, als die Tür aufging. Er hatte Hunger, aber keinen Appetit, litt seit dem Wochenende unter migräneartigen Kopfschmerzen. Susanne Tomlin. Sie war angemeldet, machte einen abgehetzten Eindruck, setzte sich wortlos auf den Sessel Patanec gegenüber. Sie öffnete ihre Handtasche, holte eine Schachtel Zigaretten heraus, zündete eine an und sagte: »Ich rauche viel in letzter Zeit, und das nach mehr als zehn Jahren Abstinenz. Aber es hilft mir ein wenig, und ich habe wenigstens das Gefühl, etwas Schlechtes zu tun. Sie sehen übrigens blaß aus, geht es Ihnen nicht gut?«
Patanec winkte ab. »Kein Problem, ein bißchen Kopfschmerzen.«
»Haben Sie Zeit?« Sie stieß den Rauch genau in Patanecs Richtung, der seinen Kopf leicht zur Seite neigte.
»Sie haben einen Termin. Wenn es Ihnen nichts ausmacht, rufe ich nur schnell den Pizzaservice an, ich habe fürchterlichen Hunger. Darf ich für Sie eine Pizza mitbestellen?«
»Klingt verlockend, ich habe ewig keine Pizza gegessen. Aber bitte nur mit Käse, Tomaten, Champignons, Salami und Peperoni. Und bevor ich's vergesse, hier, meine Haus-

aufgaben. Sie haben jetzt eine Woche Zeit, sie sich anzusehen.«

Patanec nickte, warf einen kurzen Blick darauf, sagte: »Fünfundzwanzig Seiten! Du meine Güte, ich hätte nicht für möglich gehalten, daß Sie in dieser kurzen Zeit so viel schreiben würden. Alle Achtung!«

Er hob den Hörer ab, gab die Bestellung auf, sah dabei Susanne Tomlin an. Wartete. Sie schien getrunken zu haben, ihre leicht glasigen Augen verrieten es ihm. Sie hatte sich jedoch erstaunlich gut unter Kontrolle.

»Ich will es heute kurz machen. Ich habe Ihnen doch erzählt, daß Daniel und ich bei einer Freundin eingeladen waren. Wir sind hingefahren, auch wenn Daniel es nur äußerst widerwillig tat. Nichts, was mir etwas bedeutet, bedeutet ihm etwas, ich glaube, ich war ihm immer gleichgültig. Jedenfalls, als wir bei meiner Freundin waren, hat Daniel in Gedanken versunken ein Glas in seiner Hand zerbrochen. Er schien so fasziniert von Janina, das ist die Tochter des Hauses, daß ihm dieses Mißgeschick unterlief. Sie ist aber auch ein besonderes Mädchen, eine Mischung aus Claudia Schiffer und Brigitte Bardot.« Sie drückte ihre Zigarette im Ascher aus, lehnte sich zurück, schlug die Beine übereinander und warf den Kopf zurück.

»Hätten Sie vielleicht etwas zu trinken für mich? Einen Whisky oder Cognac?«

»Seit wann trinken Sie?« fragte Patanec ruhig.

»Seit ich die tiefgreifende Erkenntnis gewonnen habe, daß ich auch nur ein Mensch bin. Und weil ich ein Angsthase bin. Wenn Sie's genau wissen wollen, ich habe mich vorgestern nacht das erste Mal richtig besoffen. Eine ganze Flasche Wein und eine halbe Flasche Cognac. Und danach habe ich mir die Seele aus dem Leib gekotzt und mich gestern morgen hundsmiserabel gefühlt. Aber heute fühle ich mich saugut.«

Patanec mußte insgeheim über ihre Ausdrucksweise grinsen, ließ sich das aber nicht anmerken, erhob sich, schenkte ihr Cognac ein. Sie nahm das Glas, nippte daran, benetzte ihre Lippen mit der bronzeglänzenden Flüssigkeit, dann kippte sie den Inhalt in sich hinein, als wäre sie seit ewigen Zeiten daran gewöhnt.

»Alkohol ist kein Heilmittel«, sagte Patanec mahnend und füllte zögernd nach, als sie ihm das Glas hinhielt.

»Ich weiß, ich will aber verdammt noch mal nicht länger das liebe, nette Weibchen sein! Dieser verdammte Bastard...« Sie hielt inne, sah Patanec entschuldigend an, zuckte mit den Schultern und fuhr fort: »Na ja, er soll auf jeden Fall endlich merken, daß es mich auch noch gibt!«

Sie stellte das Glas auf den Tisch, fing aus heiterem Himmel an zu weinen. Patanec hatte sie noch nie weinen sehen. Sie, die kühle, unterkühlte Person in Seide, sie, die so lange Zeit jede Gefühlsregung so perfekt hatte unterdrücken können, sie weinte, daß ihr ganzer Körper bebte. Patanec, der jahrelang darauf gewartet hatte, sie einmal richtig in den Arm nehmen zu dürfen und jetzt die Gelegenheit dazu gehabt hätte, blieb in seinem Sessel sitzen, die Hände wie zum Gebet aneinandergelegt, betrachtete sie, wie sie sich über das Gesicht wischte, wie ihre Schultern zuckten, ihr Inneres vor Verzweiflung durchgeschüttelt wurde, und anstatt zu ihr zu gehen, sie zu trösten, wartete er, bis sie sich von allein beruhigte. Mit einemmal war sie wieder das sanfte, liebe Reh, das ihn mit rotgeweinten Augen anblickte. Sie nahm mit einer grazilen Bewegung ein Taschentuch aus ihrer schwarzen Tasche (Patanec kannte keine andere Frau, die selbst die einfachsten Be-

392

wegungen derart anmutig vollzog), putzte sich dezent die Nase, wischte mit zartem Strich über die Augenlider.

»Es tut mir leid, ich habe mich gehenlassen. Ich wollte das nicht.«

»Es braucht Ihnen nicht leid zu tun, hier bei mir dürfen Sie alles.«

Ihre Haltung streckte sich, ihr Blick ging an Patanec vorbei an die Wand. »Meine Schwiegermutter ist heute morgen angekommen. Daniel war auf einmal wie ausgewechselt. Lieb, nett, fürsorglich, dieser verdammte Heuchler! Sie ist eine komische Frau, die ihr Aussehen offenbar ständig verändert. Mal hat sie ihr Haar blond gefärbt, mal braun, mal rot, die Fingernägel sind immer grell lackiert, und erst die Schminke! Na ja, jedem das Seine. Sie benimmt sich etwas seltsam, ich würde sagen kindisch. Sie tut manchmal, als wäre sie gerade sechzehn oder siebzehn. Sie hat den Kindern große Geschenke gemacht. Daniel war völlig aus dem Häuschen, als sie kam, ich kann kaum beschreiben, wie überschwenglich sich die beiden begrüßten. Ich weiß nicht, was ich von alldem halten soll.« Sie machte eine Pause, runzelte die Stirn, kniff die Lippen aufeinander, sah zu Boden. Sie sagte, wie aus weiter Ferne, als wäre sie in Trance, sehr leise, sehr bedacht, sehr gefaßt: »Am Sonntag, als wir wieder zu Hause waren, hat Daniel sich umgezogen und ist verschwunden, ohne mir auch nur einen Ton zu sagen. Er kam erst wieder, als ich über dem Klo hing. Er hat mich doch tatsächlich gefragt, was ich da machte – glauben Sie mir, am liebsten hätte ich ihm dafür eine geknallt! Ich möchte mein Leben so gerne selbst in die Hand nehmen, wenn ich nur wüßte, wie!« Sie hielt inne, legte den Kopf in den Nacken, schloß die Augen. Sagte leise: »Ich möchte Dinge tun, die ich noch nie zuvor getan habe, aber ich habe Angst davor. Ich habe Angst vor dem

Alleinsein, Angst vor Verantwortung, Angst vor allem Neuen. Manchmal könnte ich Daniel an die Gurgel springen, habe aber Angst, ihn zu verlieren. Ich möchte abhauen, fürchte mich aber vor meiner eigenen Courage. Ich habe im Moment einen unendlichen Haß in mir, ich hasse Daniel, ich hasse meine Mutter, ich hasse alle, mit denen ich zusammen bin – außer meine Kinder natürlich... Aber am meisten hasse ich mich selbst.«

»Haben Sie schon jemals wirklich mit ihm gesprochen? Haben Sie je versucht, ihm Ihre Gefühle klarzumachen? Kennt er Ihre Gefühle überhaupt? Ein Mensch, der die Gefühle des andern nicht kennt, kann auch nicht auf ihn eingehen, er kann sich nicht auf ihn einstellen. Sprechen Sie mit ihm. Passen Sie einen ruhigen Moment ab und öffnen Sie sich ihm, schildern Sie, was in Ihnen vorgeht. Er kann und wird nicht ständig davonrennen oder Ihnen ausweichen, dazu kenne ich ihn zu gut. Sprechen Sie mit ihm, und dann kommen Sie wieder. Kommen Sie, wann immer Sie wollen, und wenn es nachts ist.«

»Ich habe es versucht, er weicht mir aus. Ich glaube, der Riß ist zu tief. Ich bin ihm völlig gleichgültig.« Sie stand auf, streckte sich. »Erinnern Sie sich, wie ich sagte, ich hätte in einer Regentonne verschmutzte Kleidung von Daniel gefunden?«

Es klingelte, der Pizzaservice. Patanec kam zurück, stellte eine Pappschachtel vor Susanne Tomlin, ging mit der anderen um den Schreibtisch herum. Sie begannen zu essen.

»Ich habe ihn am Freitag darauf angesprochen.« Sie kaute, schluckte herunter. »Sie hätten ihn erleben sollen. Ich fragte ihn, warum er mit den Sachen so achtlos umgeht. Er hat mich angeschrien und gemeint, ich würde ihm wohl nachschnüffeln. Er hat mich bei der Schulter gepackt und

durchgeschüttelt und mich gewarnt, ich solle so was ja nie
wieder tun. Weiß der Teufel, was in ihn gefahren war, aber
ich fürchtete mich vor ihm. Der Ausdruck seiner Augen
machte mir angst. Ich sagte, er solle sich wieder beruhigen, ich hätte das doch nicht böse gemeint. Er sah mich auf
einmal sehr merkwürdig an, ich habe diesen Blick bei ihm
noch nie gesehen, dann murmelte er eine Entschuldigung,
ging weg und kam erst spät zurück. Er wirkte richtig traurig.« Sie wischte sich mit der Serviette über den Mund.
»Ich wollte Ihnen das nur sagen.«
»Wissen Sie, wohin er gegangen ist?«
»Nein, keine Ahnung. Er sagt ja in letzter Zeit nie, wohin
er geht. Und ich könnte hingehen, wohin immer ich wollte, er würde sich einen Dreck drum scheren.« Sie hielt inne und schaute Patanec aus ihren Rehaugen an, als
wünschte sie sich, von ihm in den Arm genommen zu werden; unvermittelt wurde ihr Gesichtsausdruck aber abweisend, fast hart, sie lächelte ihr typisch kühles und un-
verbindliches Lächeln, stand auf und sagte: »Ich werde
jetzt besser gehen. Vielen Dank, Dr. Patanec. Ach übrigens,
die Pizza war hervorragend. Das können wir bei Gelegenheit wiederholen.«
Noch bevor Patanec ihr die Hand reichen konnte, war Susanne Tomlin weg. Als die Tür hinter ihr zugefallen war,
lehnte er sich zurück, schaute nachdenklich, den linken
Zeigefinger auf die Lippen gelegt, an die Tür. Er war verwirrt, er spürte die Migräne kaum noch, dafür ein leichtes
Schwindelgefühl. Er dachte an seinen Traum der vergangenen drei Nächte, die immer gleichen Bilder, jedesmal
war er davon aufgewacht. Er wußte, daß dieser Traum etwas bedeutete, was, das wußte er nicht, er wollte es auch
lieber ignorieren, einfach nicht wahrhaben. Ein beklem-
mendes Gefühl beschlich ihn, er atmete ein paarmal tief

ein und wieder aus, verschränkte die Arme hinter dem Kopf. Dachte noch einen Moment an Susanne Tomlin und ihren Mann. Dann stand Patanec auf, wusch sich Hände und Gesicht, betrachtete sein Gesicht im Spiegel. Trotz der Bräune war er blaß, hatte dunkle Ringe unter den Augen. Er registrierte es einfach nur. Er hatte sich mit Tomlin für den Abend verabredet, eine Partie Tennis am Montag als Ausgleich für das entgangene Match vom Wochenende. Obgleich ihm im Moment gar nicht nach Tennis zumute war, er fühlte sich einfach nicht gut. Aber es drängte ihn, Tomlin zu sehen, er wollte oder besser mußte ihm ein wenig auf den Zahn fühlen, herausfinden, ob das, was Susanne von ihrem Mann behauptete, auch nur annähernd der Wahrheit entsprach.

Montag, 18.00 Uhr

Tomlin erschien mit fünfminütiger Verspätung im Vereinsheim. Er trug weder Tennisdreß, noch hatte er seine Ausrüstung bei sich.
»Nanu«, sagte Patanec verwundert, der bereits umgezogen an der Bar wartete, »soweit ich mich erinnern kann, waren wir für ein Match verabredet!«
»Tut mir leid, Freund, aber es wird nichts aus dem Spiel«, sagte Tomlin außer Atem. »Bei mir ist heute abend etwas dazwischengekommen, und ich muß mich vorher unbedingt frisch machen. Ich habe dich angerufen, aber da war wieder mal nur dein dämlicher Anrufbeantworter, der mir ins Ohr gequakt hat. Aber ein paar Minuten habe ich schon noch Zeit.«
Er setzte sich auf den Hocker neben Patanec, bestellte einen Martini für Patanec, einen Orangensaft mit Eis für

sich, trank einen Schluck und sagte: »Susanne war wieder bei dir, stimmt's?«

»Warum fragst du, du weißt es doch.«

»Klar weiß ich das.« Er seufzte auf, verdrehte die Augen. »Ich weiß nicht mehr, was ich mit ihr machen soll! Sie hat große Probleme, Freund, und ich fürchte, auch du wirst sie nicht beseitigen können. Ihr Verhalten wird immer seltsamer, man könnte fast meinen, sie hätte Wahnvorstellungen. Aber um Himmels willen, kein Wort davon zu Susanne, klar?! Das bleibt jetzt genauso unter uns, wie das, was Susanne und du immer besprecht. Ich will dir nur sagen, daß irgend etwas Unerklärliches in ihrem Kopf vorgeht, ich komme aber nicht dahinter, was es sein könnte. Meine Mutter ist, wie du sicher weißt, seit heute morgen zu Besuch da, und ich weiß ja aus der Vergangenheit, daß Susanne und sie sich nicht sonderlich mögen, aber ist das ein Grund, sich gleich zu betrinken? Und dann hat sie auch noch behauptet, ich hätte Sachen, die sie mir angeblich zu Weihnachten geschenkt hat, versaut und verdreckt in einer Tonne versteckt! Mein Gott, die Sachen sind mindestens fünf Jahre alt, und ich habe sie nicht versteckt! Ich ziehe sie öfters an, wenn ich ein bißchen am Auto oder in der Garage rumfummele. Aber sie macht gleich eine Staatstragödie draus. Was ist bloß los mit ihr?«

»Ich weiß es nicht, ehrlich«, sagte Patanec.

»Aber sie kommt jetzt schon im elften Jahr zu dir!«

»Na und? Sie spricht wirklich nur das Notwendigste. Ich kann dir leider nicht helfen«, log Patanec.

»Wenn du es schon nicht weißt, wer dann?« Tomlin schüttelte den Kopf und spielte mit seinem Glas, Patanec beobachtete ihn dabei, dachte automatisch an das, was Susanne ihm von dem zerbrochenen Glas erzählt hatte. »Könnte sie«, er machte eine Pause, fuhr fort, »na ja, es hört sich für dich vielleicht sehr hart an, aber könnte sie...« Tomlin umkrampfte das Glas, seufzte auf, es fiel ihm offensichtlich äußerst schwer, das Folgende auszusprechen, schließlich überwand er sich doch und sagte leise, daß nur Patanec es hören konnte: »Mein Gott, ich weiß nicht, wie ich es ausdrücken soll, aber ich mache mir schon so lange Zeit Gedanken über sie, ich liebe sie doch, sie ist meine Frau, mein ein und alles! Ich kann einfach nicht mehr mit ansehen, wie sie innerlich von irgend etwas zerfressen wird... ich meine, ich weiß nicht, ob du das verstehen kannst, aber ich liebe sie viel zu sehr und... Sag mir, ist es möglich, daß Susanne paranoid ist, ich meine im klinischen Sinn paranoid? Oder ist sie einfach nur hysterisch?«

Patanec trank seinen Martini aus, winkte den Barkeeper heran, bat ihn nachzufüllen, beantwortete erst dann Tomlins Frage. »Ich glaube, nein, ich bin überzeugt, weder das eine noch das andere trifft auf Susanne zu. Sie ist gewiß nicht paranoid. Hysterisch? Vielleicht, aber nicht mehr als andere. Ihr Problem sitzt tiefer. Wo genau, kann ich nicht sagen. Noch nicht. Ich werde mir aber Mühe geben, es herauszufinden. In deinem, vor allem aber in ihrem Interesse. Du weißt, was ich meine.«

Tomlin trank aus, warf einen unergründlichen Blick auf seinen Freund Patanec, erhob sich. Patanec bemerkte jetzt das breite Pflaster in Tomlins linker Innenhand. Er deutete darauf, fragte lachend: »Was hast du denn gemacht? Ist dir bei einer Operation das Skalpell ausgerutscht?«

»So ähnlich«, meinte Tomlin schulterzuckend. »Ich habe mich geschnitten. Halb so schlimm. Ciao, wir sehen uns.«

Patanec sah ihm nach. Er war auf einmal sehr unsicher, er wußte überhaupt nicht mehr, wem und was er glauben sollte. Dennoch war da eine innere Stimme, und er war geneigt, Susanne Tomlin zu glauben, was sie über ihren Mann erzählte. Doch warum, das wußte Patanec nicht.

Montag, 19.00 Uhr

Er verließ das Haus pünktlich um neunzehn Uhr. Hatte sich legere Kleidung angezogen, böiger Nordwind blies ihm entgegen. Er stieg in seinen Porsche, legte das Klavierkonzert Nr. 1 von Tschaikowsky in den CD-Spieler, drehte die Lautstärke hoch. Eines seiner Lieblingsstücke, das ihn immer wieder auf eigentümliche Weise erregte. Karajan mit den Berliner Philharmonikern und Kissin, ein ideales Gespann. In der Nähe der Friedensbrücke ein Unfall zwischen einem Lkw und einem Taxi, ein langer Stau. Es hatte aufgeklart, eine kalte Nacht stand bevor, vielleicht der erste Bodenfrost. Er trommelte nervös mit den Fingern auf das Lenkrad, quetschte einen derben Fluch über die Lippen, weil der Verkehr nur sehr schleppend vorankam. Er fuhr am Main entlang, passierte die Unikliniken, Niederrad und Schwanheim, bog an der Schwanheimer Brücke ab, Richtung Höchst, Kurmainzer Straße, Alt-Sossenheim. Parkte seinen Wagen auf einem kleinen Parkplatz unter einer Linde. Als er ausstieg, war es zwanzig Uhr, kalter Wind, Herbstduft.

Langsam, die Hände in den Taschen seiner Jacke vergraben, den Kragen hochgeschlagen, bewegte er sich durch die schmalen, einsamen Gassen, kaum jemand kreuzte seinen Weg. Dunkelheit begann die Stadt einzuhüllen. Straßenlaternen flackerten auf, spendeten diffuses Licht. Ungefähr eine halbe Stunde lief er scheinbar ziellos durch den Vorort, immer den gleichen Weg, ohne *das* Haus aus den Augen zu lassen.

Dieser ungeheure Druck, als wollte sein Kopf zerbersten. Dazu der Druck in seinen Lenden, in seinem Rücken. Seine Bewegungen mechanisch, die Gedanken nur auf das eine konzentriert. In ihm waren Druck und Haß. Der Dämon. Das eine war absolut mit dem anderen verbunden. Es war, als würde der Dämon sein wahres ICH außer Kraft setzen. Der Dämon ließ ihn nicht mehr klar denken, lenkte seine Beine, befahl, und er gehorchte bedingungslos. Der Dämon hatte sich an die Stelle seines Verstandes gesetzt. Und es war, als hätte der Dämon ihm befohlen, heute herzukommen, heute würde er sie treffen, obgleich es bald Nacht war und blonde Mädchen um diese Zeit und zu diesen Zeiten in der Regel nicht mehr allein aus dem Haus gingen.

Und dann sah er sie durch das große Tor treten, bekleidet mit einem hellen, knapp über dem Knie endenden Rock und einer dunklen Strickjacke. Sie bog ab in einen schmalen, beidseits von Zäunen und Blumenranken gesäumten Weg, Richtung Kleingartenanlage. Damenhafter Gang, erotische, anziehende Bewegungen. Ihr lockeres, seidiges Haar wurde von leichten Windstößen auseinandergetrieben. Er blieb in weitem Abstand hinter ihr. Ein Mann mit einem Irish Setter kam ihm entgegen, zwei Jungs auf Fahrrädern sausten an ihm vorbei, schließlich begegnete ihm noch eine sehr alte, gehbehinderte Frau mit einer dicken, klobigen Brille und zwei Plastiktüten in Händen. Er kam an eine freie Fläche, wo der Wind heftiger blies, Wolken wie im Zeitraffer über den dunkelblauen Himmel flogen, getrieben vom ungestümen Atem des Herbstes, der auch den letzten Rest Sommer davonjagte.

Er beobachtete sie aus einer Distanz von etwa hundert oder hundertfünfzig Metern, wie sie scheinbar gedankenverloren auf eine Gruppe Bäume zulief. Bäume und ein

paar Büsche; folgte man dem Sulzbach weiter, gelangte
man an die Nidda.

Er hielt immer den gleichen Abstand zu ihr, ein Spaziergänger. Rechts von ihm, etwa in Höhe der Büsche und
Bäume die schwachen Lichter einer Gastwirtschaft. Sie
hatte fast die Bäume erreicht, er beschleunigte seine Schritte. Spürte den kalten Stahl des Messers.

An den Bäumen, als nur noch dreißig oder vierzig Meter
sie trennten, stoppte er, als sie sich umdrehte und den Weg
zurück einschlug. Aber nur er konnte sie sehen, er huschte lautlos in die Büsche, wartete, bis sie an ihm vorbei war.
Er folgte ihr.

Montag, 21.00 Uhr

Er war ihr eine Stunde lang gefolgt. Dunkelheit hatte sich
wie ein schützender Mantel über die Stadt gelegt, der
Wind blies kalt durch ihre zu dünne Jacke, als sie an der
Baumgruppe anlangte, machte sie kehrt, um den gleichen
Weg zurück zu nehmen, zur Straße hin, entlang der Zäune und Sträucher, das sanfte Plätschern des Baches als Be-
gleiter, hin zu den Häusern und der Straße Alt-Sossenheim
bis zur kleinen Brücke über den Sulzbach. Sie brauchte
fünf Minuten bis zur Straße, überquerte sie, lief langsam
über den menschenleeren Bürgersteig, ab und zu fuhr ein
Auto an ihr vorbei. An der fünf Meter entfernten Bushaltestelle zwei Frauen, die auf den Bus warteten, dessen
Scheinwerfer bereits von weitem zu sehen waren. Sie langte an der schmalen Brücke an, stützte sich aufs Geländer,
der Bus der Linie 55 hielt auf der anderen Straßenseite, er
war fast leer. Die Türen öffneten und schlossen sich mit einem Zischen, der Bus fuhr davon in Richtung Rödelheim.

Sie vernahm ein Geräusch, das nicht vom Wind stammte. Sie schaute hinter sich und erschrak, doch nur für einen Moment, dann hellte sich ihr Gesicht auf, sie sagte: »Du? Was machst du denn...«

»Ich habe einen Spaziergang gemacht«, unterbrach er sie schnell, stellte sich neben sie und lehnte sich auch auf das Geländer. »Ich wollte einfach einen Moment allein sein, ich mache so was öfters. Und du?«

»Genau das gleiche, allein sein. Aber die Welt ist klein, wie mir scheint. Begleitest du mich nach Hause?«

»Natürlich, wenn du möchtest. Ich würde aber ganz gerne noch einen Moment hier stehenbleiben. Was ist das für ein Bach?«

»Sulzbach, er fließt in die Nidda.«

»Wann fährst du nach Frankreich?« fragte er.

»In genau zehn Tagen, warum?«

»Nur so. Ich kann mir gar nicht vorstellen, daß du fährst.«

»Wie meinst du das?«

Er antwortete nicht, fragte statt dessen, die Augen auf den munter dahinfließenden Bach gerichtet: »Hast du schon einmal gefickt?«

Sie wandte ihren Kopf, sah ihn verständnislos an, runzelte die Stirn, sagte leise und vorwurfsvoll: »He, he, he, was ist denn auf einmal mit dir los? Bist du immer so direkt? Wenn das eine Anmache sein soll, dann...« Sie sprach nicht weiter, rückte nur ein paar Zentimeter von ihm weg, den Blick auf das Wasser gerichtet.

»Was dann?« fragte er mechanisch.

Sie zuckte mit den Schultern, lächelte, ohne daß er es sehen konnte. »Warum eigentlich nicht?!« Sie sah ihn verstohlen von der Seite an, fragte, als er sie plötzlich ansah: »Aber warum schaust du mich so komisch an? Wenn ich ehrlich bin, machst du nicht gerade ein sehr freundliches Gesicht. Hattest du einen schlechten Tag?«

»Nein, es war ein guter Tag, ein sehr guter Tag sogar. Er wird vielleicht sogar noch besser werden, wenn...«

»Wenn was?«

»Du wirst es gleich sehen«, sagte er ernst, doch mit einem kaum merklichen Lächeln.

»Oh, du bist also doch *deswegen* gekommen! Du bist tatsächlich wegen mir gekommen!« Sie schnalzte leise mit der Zunge. »Ich verstehe. Aber es geht heute nicht, doch wie gesagt, ich bin...«

Zu mehr kam sie nicht. Mit einem schnellen Schritt war er dicht bei ihr, rammte das Stilett blitzschnell ein paarmal von hinten in ihren Körper, die andere Hand preßte er brutal auf ihren Mund. Er zerrte sie rasch die steile, doch nicht sehr tiefe Böschung hinunter Richtung Bach und unter die Brücke.

Ihre angstvoll geweiteten Augen flehten ihn stumm an, sie war noch nicht tot. Sie spürte noch, wie seine Hände sich an ihrem Unterleib zu schaffen machten, er unter ihren Rock faßte, ihr das Höschen schnell zerriß. Er öffnete seine Hose, sein erigiertes Glied drang schnell in ihre Vagina ein, doch nur für Sekunden, dann warf er Janina auf den Bauch, drückte ihren Kopf auf den harten Boden, vergewaltigte sie von hinten, ejakulierte nach wenigen Augenblicken. Sein Glied erschlaffte, er zog den Reißverschluß der Hose wieder hoch, drehte Janina wieder auf den Rücken, holte den Polizeiknüppel aus der Innentasche seiner Jacke, stieß ihn ruckartig in die Vagina und riß ihn mehrere Male kräftig von unten nach oben, bis das Schambein gespalten war, das gleiche tat er mit dem Anus, dabei hielt er ständig eine Hand auf ihren Mund gepreßt. Der unsägliche Schmerz durchflutete ihren Körper, Blut rann

403

aus zahllosen Wunden, färbte ihre Kleidung rot, das Leben schwand allmählich aus ihr.

Er hörte Schritte näher kommen, Stimmen, zwei oder mehr Personen, mindestens ein Mann war darunter. Er wartete atemlos, über Janina gebeugt, unter der niedrigen Brücke, bis die Spaziergänger darüber hinweggegangen waren. Janina röchelte nur noch, ihr Rock und ihre Jacke waren blutdurchtränkt.

»That's it, honey«, flüsterte er diabolisch grinsend, und als er nach nur wenigen Sekunden ein zweites Mal, diesmal in die Hose, ejakulierte, stieß er sein Stilett eine halbe Minute lang immer und immer wieder in ihren leblosen Körper. Er kniete sich hin, riß ihre Bluse auseinander, griff mit der rechten Hand ihre wohlgeformte rechte Brust, schnitt sie routiniert, mit beinahe liebevollem Blick mit der linken Hand ab, legte sie neben die Tote. Dann beugte er sich über den Leichnam, biß in die andere Brust, riß wie ein Tier ein Stück Fleisch mit den Zähnen heraus, kaute darauf herum, spuckte es nach dem Kauen in den Bach, der es mit sich forttrug. Er biß in die blutende Vagina, riß auch dort ein Stück heraus. Mit einem Papiertaschentuch wischte er seinen Mund ab, mit einem zweiten das Stilett, ließ es einschnappen, steckte es in die Hose. Ein langer, schweigender Blick auf die Tote.

Aus einem nahe gelegenen Haus dröhnte laute Musik, irgendwo stritten sich ein Mann und eine Frau, entferntes Lachen.

Er holte zwei rote Bänder aus seiner Jackentasche und band sie mit verklärtem Gesichtsausdruck liebevoll in Janinas Haare. Er kreuzte ihre Arme über der Brust, kreuzte ihre Füße. Legte das mit den Schleifen verzierte Haar sorgfältig in einen rechten Winkel zum Kopf, und bevor er sich erhob, nahm er sein Werkzeug und stach je zweimal in beide Augen, bis nur noch die leeren Höhlen zu sehen waren.

Er stand auf, lächelte immer noch verklärt, warf einen letzten, fast mitleidigen Blick auf den dunklen Schemen unter ihm.

Er kletterte behende die Böschung hoch, vergewisserte sich, bevor er die Straße betrat, daß niemand ihn beobachtete, und als er sich sicher fühlte, nahm er den gleichen Weg zurück, den er gekommen war. Er stieg in seinen Wagen, atmete ein paarmal tief durch, das Pochen in seinen Schläfen ließ nach. Er legte wieder Tschaikowsky in den CD-Spieler, drehte die Lautstärke hoch. Er startete den Motor, fuhr langsam vom Parkplatz herunter, dann gab er Gas, überquerte die kleine Brücke über dem Sulzbach. Seine Gedanken waren weit weg.

Montag, 22.30 Uhr

Als Tomlin den Porsche durch die Toreinfahrt lenkte, die Reifen knirschten auf dem Kies, betätigte er die Fernbedienung des Garagentores, das sich lautlos öffnete. Er fuhr auf den freien Platz zwischen dem Mercedes und dem Triumph Cabriolet, löschte die Scheinwerfer und stieg aus. Die Tür schnappte leise ins Schloß. Mit ruhigen, überlegten Bewegungen zog er seine Jacke aus, überprüfte sie auf Blutspuren, machte aber nur vereinzelte Spritzer auf seiner Hose aus. Er nahm die Jacke über den Arm, machte das Garagentor wieder zu und ging durch den direkt mit dem Haus verbundenen, etwa zehn Meter langen, teppichbelegten Gang in die Wohnung. Er nahm jeweils zwei Stufen auf einmal, seine Schritte wurden vom Teppichboden vollkommen geschluckt. Im Wohnraum brannte noch

Licht, er warf einen kurzen Blick hinein, der Fernsehapparat lief, Laura, Tomlins älteste Tochter, lümmelte auf dem Boden, blätterte gelangweilt in einer Zeitschrift. Tomlin kümmerte sich nicht darum, sie bemerkte ihn nicht. Er ging weiter ins Bad, schloß die Tür hinter sich ab, entledigte sich seiner Kleidung. Jetzt, im vollen Licht, sah er, daß seine Schuhe, seine Hose und das Hemd doch wesentlich mehr Blutspritzer aufwiesen, als im matten Licht der Garage zu erkennen gewesen waren. Er wurde allmählich unvorsichtig, schalt sich einen Narren, nicht besser aufgepaßt zu haben. Nicht auszudenken, hätte ihn jemand so gesehen, seine Kleidung, das Blut! Er zog sich bis auf die Unterwäsche aus, verstaute die schmutzigen Sachen in einem blauen Plastiksack, den er in den Schrank zwängte. Gleich morgen früh würde er die Sachen in der Klinik reinigen lassen, dort stellte man keine dummen Fragen wegen ein paar Blutspritzern. Er ließ Wasser in die Wanne laufen, prüfte mit einer Hand die Temperatur. Warf einen Blick nach draußen auf den Flur, alles ruhig. Ging ins Schlafzimmer, die Tür war nur angelehnt, die in den Schrank integrierte Lampe beleuchtete arabische Ornamente. Susanne lag auf der Seidendecke, mit nichts bekleidet als einem hauchdünnen schwarzen Babydoll, sie hatte die Beine gespreizt, dunkelblonde Schamhaare krochen aus beiden Seiten des durchsichtigen Höschens hervor, sie hatte die Augen geschlossen, schnarchte leise, eine Flasche Cognac stand auf dem Nachtschrank, er roch den Alkohol, er hatte eine feine Nase dafür. Tomlin schaute hin, wandte sich aber gleich wieder ab und holte aus seinem Wäscheschrank frische Unterwäsche. Er lehnte die Tür wieder nur an, ging über den Flur, legte sein Ohr an die Tür, hinter der seine Mutter schlief, kein Geräusch außer dem laufenden Fernsehapparat. Es tat ihm leid, seine Mutter gleich am ersten Abend allein gelassen zu haben, er würde sich in den nächsten Tagen mehr um sie kümmern, auch wenn ihm dazu nicht viel Zeit blieb, schon in wenigen Tagen würde er für drei Wochen nach Südamerika fliegen, doch der Termin hatte lange festgestanden, bevor seine Mutter sich anmeldete.

In der Badewanne entspannte er sich, schloß für Sekunden die Augen, das Vibrieren und Pochen in seinem Körper hatte aufgehört, er fühlte nichts. Auf dem Beistelltisch neben der Wanne lag sein Terminkalender, er blätterte ihn durch, merkte sich die Termine für den folgenden Tag, dachte, daß wieder eine Menge Arbeit auf ihn wartete.

Das Telefon klingelte, Laura rief nach ihrer Mutter, es dauerte eine Weile, bis Susanne Tomlin reagierte und den Hörer oben abnahm. Als er nach einer halben Stunde aus der Wanne stieg, trocknete er sein Haar mit einem Handtuch ab und trat nackt auf den Flur, begegnete Susanne, die gähnend sagte, daß Janina vermißt würde. Er meinte lakonisch, Blonde sollten eben zur Zeit nachts nicht auf die Straße gehen, ging ins Bad zurück, kämmte sich durchs handtuchtrockene Haar, zog einen Slip an, legte sich ins Bett. Susanne setzte sich auf den Stuhl vor dem Frisiertisch, schenkte ihr Glas voll mit Cognac, Daniel Tomlin tat, als merkte er es nicht. Er schlief ein, kaum daß er sich hingelegt hatte. Er schlief ruhig und traumlos.

Montag, 23.45 Uhr

Der Anruf ging bei der Polizei um Viertel vor zwölf ein. Ein achtzehnjähriges Mädchen, einssiebzig groß, schlank, langes, blondes Haar, wurde seit knapp zwei Stunden vermißt. Die Meldung wurde sofort an die Kripo weitergegeben, von wo Berger und Durant über Eurosignal gerufen wurden. Berger hatte bereits geschlafen, während Julia Durant bei einer Flasche Bier Musik hörte.

Durant und Berger riefen im Präsidium an, wo sie die Meldung vom vermißten Mädchen erhielten. Beide trafen sich um kurz nach zwölf auf dem nächstgelegenen Revier, besprachen kurz die Lage und entschieden dann, sofort die Familie des Mädchens aufzusuchen. Als sie dort ankamen, war lediglich die Frau des Hauses, Maria, anwesend. Sie wirkte leicht verwirrt, rauchte sehr hastig, machte keinen sonderlich nüchternen Eindruck.

»Kommissar Berger, meine Kollegin Durant«, sagte Berger und trat in das Haus.

»Bitte, gehen Sie vor ins Wohnzimmer. Ein Freund von Janina und mein Mann sind schon unterwegs die Gegend absuchen.«

»Ihre Tochter hat einen Freund?« fragte Durant.

»Ja, sie sind schon fast verlobt.«

»Geben Sie uns bitte eine genaue Beschreibung Ihrer Tochter, am besten wäre natürlich ein aktuelles Foto.«

Maria ging an den Schrank, holte einen Kasten hervor und öffnete ihn. »Hier«, sagte sie und hielt das Polaroidfoto Durant hin, »dieses Foto wurde vor etwa zwei Wochen gemacht.«

»Das ist gut«, sagte die Kommissarin und nahm es an sich.

»Wann haben Sie Ihre Tochter zuletzt gesehen?«

»Das war so gegen acht. Sie wollte nur einen kleinen Spaziergang machen. Und jetzt ist es gleich halb eins!«

»Macht sie so was öfters? Ich meine, Spaziergänge am Abend und allein?«

»Ja, das hat sie eigentlich schon immer gemacht, besonders oft aber in der letzten Zeit.«

»Gibt es dafür einen Grund?«

»Sie redet nicht sehr viel. Sie hängt ihren Gedanken nach, sie ist eben eine Künstlerin.«

»Künstlerin?«

»Sie gilt als eines der größten Talente zur Zeit«, bemerkte sie stolz, »Janina hat den ersten Preis bei ›Jugend musiziert‹ gewonnen und wird ab kommenden Monat in Paris Musik studieren. Zusammen mit Alain übrigens, ihrem Freund.«

»Könnte das ein Grund sein, weshalb sie nicht nach Hause kommt? Ich meine, könnte sie so etwas wie Torschlußpanik haben? Hat sie vielleicht einen größeren Geldbetrag mitgenommen, Kleidung?«

»Torschlußpanik? Nein, nicht Janina! Sie weiß, was sie will, und sie will nach Paris. Und Geld? Sie hat eine Scheckkarte und ein eigenes Konto mit einem größeren Betrag drauf. Und soweit ich weiß, hat sie nichts mitgenommen. Ach ja, mein Mann hat ihr noch nachgerufen, sie solle sich etwas überziehen, es wäre ziemlich kühl geworden. Und das hat sie auch getan. Und sie wollte zurück sein, wenn Alain kommt.«

»Haben die beiden sich vielleicht verkracht?«

»Nein, um Himmels willen, wo denken Sie hin! Alain ist ein Lamm! Und Janina, manchmal geht sie auf die Palme, kommt aber meistens gleich wieder runter. Nein, kein Krach.«

»Und es gibt niemanden, zu dem sie gegangen sein könnte?«

»Absolut nicht. Ich habe alle Freunde und Bekannten angerufen, sie ist bei keinem.«

»Gut, wir werden veranlassen, daß eine Suchmeldung rausgegeben und die Gegend hier abgesucht wird.«

»Glauben Sie, daß ...« Maria wurde noch nervöser.

»Ich glaube im Moment überhaupt nichts«, sagte Berger

vorsichtig. »Häufig genug lösen sich solche Fälle wirklich ganz harmlos.«

»Aber... die Morde der letzten Wochen!«

»Denken Sie nicht gleich das Schlimmste! Bis jetzt hat der Mörder nur in Niederrad und Goldstein zugeschlagen, und diese Stadtteile sind ein ganzes Ende von hier entfernt«, versuchte Berger die Frau zu beruhigen. In Wahrheit befürchtete er das Schlimmste. Genau wie Julia Durant.

»Hoffentlich haben Sie recht«, sagte sie.

»Darf ich bitte Ihr Telefon benutzen?« fragte er.

Maria deutete stumm auf den Apparat.

Berger forderte eine Hundertschaft Bereitschaftspolizei an. In spätestens einer halben Stunde wollten die Männer vor Ort sein. Berger legte den Hörer wieder auf.

»Wir werden jetzt hier auf die Suchmannschaft warten. Ihr Mann und der Freund Ihrer Tochter, wo suchen sie?«

»Ich weiß nicht. Ich nehme an, sie werden noch einmal die umliegenden Gaststätten aufsuchen. Vielleicht auch in Richtung Nidda gehen.«

Die Suchmannschaft traf um kurz vor eins ein. Berger gab dem Einsatzleiter letzte Instruktionen, bevor die Männer ausströmten. Ein Arzt war mittlerweile eingetroffen, um sich um die einem Zusammenbruch nahe Maria zu kümmern.

»Ich kann ihr nur eine leichte Spritze geben«, sagte er bedauernd zu den Beamten. »Sie hat getrunken, und ich weiß nicht, wieviel.«

Dienstag, 28. September, 1.30 Uhr

Die Leiche von Janina wurde um halb zwei gefunden. Unter der kleinen Brücke, die über den Sulzbach führte. Janinas Füße wurden vom Wasser umspült. Berger und Durant eilten sofort an den Fundort, der nur hundertfünfzig Meter von Janinas Elternhaus entfernt lag. Das bekannte Bild. Die Spurensicherung war eingetroffen, ebenso der Fotograf und der Mann mit der Videokamera. Der Fundort wurde weiträumig abgeriegelt.

»Ich will über jeden Schritt, den dieses Mädchen in den letzten Wochen gemacht hat, informiert werden. Keine Sekunde darf außer acht gelassen werden!« sagte Berger leise. »Es darf keinen Bekannten, Freund oder Angehörigen geben, mit dem sie in letzter Zeit zusammen war, der nicht verhört wird. Diese alte Drecksau geht gezielt vor. Er kennt die Lebensgewohnheiten der Mädchen, er weiß, wann und wo er sie am besten kriegen kann. Das ist kein Zufall mehr, das kann, verdammt noch mal, kein Zufall sein! Wir alle werden ermitteln, daß uns der Kopf raucht, und ich werde allen einen solchen Dampf unterm Hintern machen, daß sie glauben, die Hölle sei ein Erholungsgebiet dagegen. Das war das letzte Mädchen«, sagte er und ballte die Fäuste. »Ich schwöre Ihnen, das war das letzte Mädchen!«

»Wir wissen nicht, ob es das letzte Mädchen war«, sagte Durant kühl. »Und wir können nicht mehr als ermitteln. Sie sollten nicht zu hohe Erwartungen stellen. Wir tun, was wir können, aber nicht mehr.«

Berger sah sie entschlossen an. »Nein, das ist nicht genug. In diesem Fall ist das beileibe nicht genug. Haben Sie verstanden?«

Dienstag, 15.00 Uhr

Die Schlagzeile der Nachmittagsausgabe der größten Frankfurter Zeitung prangte in riesigen Lettern auf der Titelseite. Und zum ersten Mal stellte auch diese sonst seriös berichtende Zeitung die Polizeiarbeit in Frage. Julia Durant las den Artikel, knüllte die Zeitung zusammen und warf sie wütend in die Ecke.

Als sie mit Kullmer bei Maria und ihrem Mann Herbert eintraf, war auch Alain anwesend, sein solariumgebräuntes Gesicht hatte etwas Fahles, seine Augen waren rot umrändert. Herbert paffte an seiner Zigarre. Maria lag auf der Couch, mitgenommen von Medikamenten und Alkohol. *Wie die Trauerhäuser sich doch ähneln*, dachte die Kommissarin.

»Ich habe es gewußt«, lallte Maria mit schwerer Stimme, »ich habe gewußt, daß die Kartenlegerin recht hatte. Sie hat gesagt, ein schlimmes Unglück würde geschehen.« Dann bekam sie einen Weinkrampf, den ihr Mann unbeeindruckt und aus sicherer Distanz verfolgte, Alain hielt sich an einem Glas Cognac fest.

»Kennen Sie einen Alexander Menzel?« fragte die Kommissarin.

»Wer kennt den nicht!« sagte Maria und setzte sich auf, betrachtete versonnen das Glas in ihren Händen. »Warum fragen Sie nach ihm? Hat er Janina umgebracht?«

Durant ignorierte die Frage. »Waren Sie je auf einer seiner Partys?«

Alain mischte sich ein. »Was wollen Sie eigentlich? Was hat das alles mit dem Verbrechen an Janina zu tun?«

»Bitte, beantworten Sie meine Frage!« drängte Durant, sah Maria an.

»Nein, ich war auf keiner seiner Partys...«

»Und Janina?«

»Woher soll ich das wissen?«

»Nein, Janina war nie bei Menzel«, sagte Herbert. »Glaub ich zumindest.«

»Und Sie?« fragte Durant Alain.

»Ich sag doch, ich kenne den Typ nicht. Und in den letzten zwei oder drei Monaten war Janina auf keiner Party hier in Frankfurt. Wir waren zwei- oder dreimal in Paris aus, aber da werden Sie Ihren Mörder wohl kaum finden!«

»Was interessiert Sie so an Menzel?« fragte Herbert neugierig und stellte sich dicht vor die Kommissarin, die den unpersönlichen Blick aus seinen stechend grauen Augen kühl erwiderte. Er war ihr in höchstem Maß unsympathisch, ein Zyniker, wie sie vermutete.

»Noch einmal – waren Sie jemals Gast auf einer von Menzels Partys?«

Herbert machte einen Schritt zurück, meinte abfällig lachend: »Glauben Sie mir eins, Janina wäre nie auf eine dieser Partys gegangen. Nicht zu Menzel! Und wir schon gar nicht!«

»Was spricht man denn über diese sogenannten Partys?«

Herbert lachte höhnisch auf. »Nein, nein, ich werde mir die Finger nicht verbrennen! Es muß Ihnen genügen, wenn ich sage, daß wir nie dazugehört haben.«

Er drehte sich um, verschwand rasch in einem anderen Zimmer, knallte die Tür zu, Durant hörte, wie von innen der Schlüssel gedreht wurde.

Die Informationen selbst waren mehr als dürftig. Mehr als fünfzig Namen wurden genannt, Freunde, Bekannte, selbst Geschäftspartner. Durant und Kullmer schrieben alle Namen und Adressen der Personen auf, die mit Janina in letzter Zeit in Berührung gekommen waren.

Nur der Name Tomlin fiel nicht, und das, obwohl er und

413

seine Frau erst vor zwei Tagen einen ganzen Nachmittag lang hier zu Besuch gewesen waren. Warum der Name Tomlin nicht fiel, wird nie jemand ergründen können, es bleibt eines jener unergründlichen Geheimnisse, von denen die Kriminalgeschichte so viele zu bieten hat.

Später am Nachmittag, nach der wenig erfolgreichen Befragung, begaben sich Durant und Kullmer noch einmal an den Tatort, nahmen eine kurze Besichtigung bei Tageslicht vor. Auf der Straße Alt-Sossenheim herrschte um diese Zeit reger Feierabendverkehr.

»Er muß sich verdammt sicher gefühlt haben, das Mädchen quasi von der Straße weg hier herunterzuzerren«, bemerkte Kullmer. »Wie leicht hätte ein Autofahrer oder ein Anwohner etwas bemerken können. Er ist ein verdammt ausgebuffter Hund. Wenn ich mir vorstelle, daß gleich gegenüber die Bushaltestelle ist und so viele Häuser ringsum, ich muß schon sagen, der Kerl hat Nerven! Man kann doch nachts nicht sehen, ob man beobachtet wird!«

»Ich frage mich ernsthaft, wie er das macht. Und vor allem, warum er's macht. Aber es kann kein Zufall sein, daß er sich ausgerechnet dieses Mädchen ausgesucht hat. Für meine Begriffe kannte er das Mädchen zumindest vom Sehen. Wenn ich nur einen Zusammenhang erkennen könnte!«

Sie gingen zum Auto zurück, Berger meldete sich über Funk, gab die Adresse einer Frau durch, die am vergangenen Abend etwas Verdächtiges bemerkt haben wollte. Sie lebte in einem alten Haus direkt an der Straße, nicht weit vom Tatort entfernt.

Die Frau war etwa fünfzig, saß im Rollstuhl, unfähig, mit ihren nach innen gebogenen Händen den Stuhl zu bewegen. Ein junger Mann mit freundlichem Gesichtsausdruck kam und rollte die Frau auf Durant und Kullmer zu. Sie hatte ein hübsches, faltenloses, dezent geschminktes Gesicht, mit grünen, hellwachen Augen, und einen verkrüppelten Körper, eine Decke über den Beinen. Sie lächelte, bot Durant und Kullmer einen Tee an. Der junge Mann, ihr Sohn, ging in die Küche und setzte Wasser auf.

Sie begann: »Ich weiß, Sie haben bestimmt nicht viel Zeit, und bestimmt ist das, was ich gesehen habe, auch nicht wichtig…«

Die Kommissarin unterbrach sie. »Im Moment gibt es nichts Unwichtiges, was diese Fälle betrifft. Erzählen Sie einfach, was Sie beobachtet haben.«

»Wissen Sie«, sagte die Frau, als müßte sie sich entschuldigen, »aber normalerweise sehe ich mir um acht Uhr immer die Tagesschau an, aber gestern hatte ich einen sehr schlechten Tag. Dann gibt es für mich nur eines, ich setze mich an mein Fenster und schaue einfach hinaus. Ich bin in diesem Haus aufgewachsen, und hier will ich auch sterben. Ich leide seit bald fünfzehn Jahren unter Multipler Sklerose, und wenn mein Körper auch zusehends schlappmacht, so ist glücklicherweise mein Geist noch ganz gut beisammen.« Sie stockte, wieder ein entschuldigender Blick. »Es tut mir leid, ich möchte Sie nicht mit meiner Geschichte langweilen. Nun, wie gesagt, ich saß ab etwa Viertel vor acht an meinem Fenster im ersten Stock, das zur Straße zeigt. Wenn Sie möchten, können wir hochgehen, das heißt, ich werde fahren, mein Sohn hat mir extra einen Treppenlift einbauen lassen.« Sie hielt inne, das Sprechen fiel ihr zusehends schwerer, dann, als gäbe sie sich einen Ruck, fuhr sie fort: »Ich saß einfach nur da, beobachtete, wie der Wind ein Blatt nach dem anderen vom Baum löste, ich glaube, wir werden einen frühen und strengen Winter kriegen. Dabei fiel mir ein junger Mann auf, der ei-

415

ne ganze Weile an fast der gleichen Stelle auf und ab ging. Er machte einen nervösen Eindruck, ich würde sagen, er wirkte sehr angespannt, als stünde er unter Druck. Dann kam ein Mädchen auf der andern Straßenseite, sie war ziemlich dünn für die Kälte angezogen und mit einemmal war der Mann verschwunden. Ich dachte mir natürlich nichts weiter dabei, blieb aber am Fenster sitzen, auch wenn es inzwischen dunkel geworden war. Ich war depressiv und hatte Schmerzen, ich wollte einfach sitzen bleiben. Und was sage ich, später, eine gute Stunde später, sah ich das Mädchen und in einigem Abstand zu ihr den jungen Mann den Weg zurückgehen...«

Julia Durant war gespannt, holte die Schachtel Zigaretten aus ihrer Tasche. »Wie groß war der Abstand?«

»Hundert, hundertfünfzig Meter. Ich glaube, er ist ihr gefolgt.« Sie hielt inne, sah die Kommissarin, die sich gerade eine Zigarette anstecken wollte, einen Moment schweigend an und sagte: »Wenn ich Sie bitten dürfte, hier nicht zu rauchen, es bekommt mir nicht.«

»Oh, es tut mir leid, Entschuldigung«, meinte Durant errötend, verstaute die Zigaretten schnell wieder in der Handtasche.

Die Frau fuhr fort: »Ja, und dann sah ich ihn ein drittes Mal vorbeigehen, und kurz darauf ist er weggefahren.«

»Wann war das? Und können Sie das Auto beschreiben?«

»Nein, ich kenne mich mit Autos nicht aus, aber es war ein Sportwagen. Und er schien ziemlich neu zu sein.«

»Und die Farbe?«

»Dunkel, aber es war Nacht, dunkelgrau, dunkelblau, vielleicht auch schwarz. Aber es schien mir ein neueres Modell zu sein.«

»Und das Kennzeichen?«

»Tut mir leid, aber wenn ich gewußt oder geahnt hätte...«

»Schon gut«, sagte Julia Durant sanft, »Sie konnten das wirklich nicht wissen. Aber vielleicht können Sie den Mann beschreiben.«

»Er war groß, ich würde sagen zwischen einsachtzig und einsfünfundachtzig. Ich bin mir aber nicht sicher. Er war schlank, und bei schlanken Menschen kann man sich, was die Größe angeht, leicht vertun... Nein, ich denke einsfünfundachtzig ist realistisch. Er hatte wohl eher dunkle, kurzgeschnittene Haare, er trug einen Windblouson und, soweit ich erkennen konnte, Jeans... Meinen Sie, es könnte sich um den Mann handeln, den Sie suchen?«

»Unter Umständen«, sagte Durant nachdenklich. »Sagen Sie, zeigte er irgendwelche anderen Verhaltensauffälligkeiten?«

»Nein, nicht, daß ich wüßte. Abgesehen davon, daß er so lange hier auf und ab gegangen ist, konnte ich nichts Besonderes feststellen.«

Der Sohn der Frau brachte den Tee auf einem silbernen Tablett, schenkte vier Tassen ein, setzte sich zu ihnen, schwieg aber. Sie tranken, unterhielten sich noch ein paar Minuten, bis Durant das Zeichen zum Aufbruch gab. Der junge Mann geleitete sie zur Tür, verabschiedete die Beamten.

Als Durant und Kullmer im Auto saßen, sahen sie sich kurz an.

»Was halten Sie davon?« fragte sie und zündete sich eine Zigarette an.

»Wir haben zum ersten Mal zumindest einen vagen Hinweis...«

»Ich meine, er muß es nicht sein, aber er könnte es sein. Ein dunkler Sportwagen, dazu die Beschreibung! Ich mußte vorhin sofort an die Beschreibung der Frau aus dem Heisenrath denken. Groß, schlank, Blouson, Windjacke...«

»Wir haben aber weder den Wagentyp noch das Kennzeichen. Aber wir könnten der Frau doch Fotos aktueller Sportwagen vorlegen, vielleicht erkennt sie ihn ja wieder.«
»Eine gute Idee. Übernehmen Sie das.«

Dienstag, 16.00 Uhr

Susanne Tomlin hatte von dem Mord an Janina gegen Mittag erfahren, als sie bei Maria anrief, um sich nach Janina zu erkundigen. Leere. Cognac. Sie verabscheute sich für diese neue Unart. Sie zog sich an, fuhr zu Patanec, traf um kurz vor zwei bei ihm ein. Er war beschäftigt, ein ihr sehr bekannter und angesehener Politiker ließ sich gerade ein Horoskop erstellen. Patanec bat sie, gegen sechzehn Uhr wiederzukommen, ab dann stünde er ihr zur Verfügung. Sie setzte sich ins Auto, wollte nicht zurück in das leere Haus, die Schwiegermutter war mit den Kindern ins Kino gegangen. Sie fuhr ziellos durch die Gegend, Neu-Isenburg, Offenbach, hielt an einer Boutique, kaufte eine Bluse und einen Rock, hörte laute Musik, holte sich an einem Kiosk die Frankfurter Rundschau vom Abend, das Bild von Janina auf der Titelseite, ein ausführlicher Bericht. Sie las im Wagen, stieg wieder aus, kaufte sich einen Flachmann Cognac, trank in einem Zug aus. Fuhr zurück zu Patanec, es war wenige Minuten nach vier.
»Janina ist tot! Sie ist genauso bestialisch umgebracht worden wie die andern Mädchen!«
»Nehmen Sie Platz«, sagte Patanec und zog sich einen Stuhl heran, so daß er ihr direkt gegenübersaß. Er beugte sich nach vorn, die Arme auf die Schenkel gestützt, die Hände gefaltet. »Wer ist diese Janina?«
»Ach so, entschuldigen Sie, Sie kennen sie ja nicht.« Sie

holte ein Taschentuch aus ihrer Blazertasche, wischte sich leicht über die Nase. »Es ist die Tochter der Familie, bei der Daniel und ich am Sonntag nachmittag eingeladen waren.«

»Ich verstehe«, sagte Patanec, zog die Stirn in Falten und lehnte sich zurück, die Arme über der Brust verschränkt. »War das nicht an dem Tag, als Daniel sich in die Hand schnitt?«

»Genau, und wenn ich ehrlich bin, ich hab's ihm gegönnt. Er kann es nämlich auf den Tod nicht ausstehen, wenn er Fehler macht. Und in seinen Augen hat er sich gehörig vor der Familie blamiert. Geschieht ihm recht.«

»Was bedeutet dieser Tod für Sie persönlich?«

»Für mich? Wenn ich das wüßte?! Zorn, Trauer, Haß. Ich habe das Gefühl, in mich zusammengefallen zu sein, wie ein Erdbeersoufflé, das etwas zu scharf angesehen wird. Und wenn ich nicht aufpasse, werde ich noch zur Alkoholikerin... Aber das will ich nicht, weiß Gott, das will ich nicht! Aber dann passieren immer wieder so schreckliche Dinge... Ich habe Janina gemocht, mein Gott, sie war achtzehn, wir haben uns zwar nur selten gesehen, aber sie war so ein liebes Mädchen. Sie hat phantastisch Klavier gespielt, sie war über die Maßen begabt. Eigentlich stand ihr die ganze Welt offen.« Sie schüttelte den Kopf, schloß die Augen. Ballte die Fäuste, stieß in ohnmächtiger Wut hervor: »Und dann kommt so ein elender Schweinehund daher und läßt seinen Haß an ihr aus... Ich traue mich nicht, Maria, Janinas Mutter, anzurufen, ich habe Angst, mit ihr zu sprechen... Und Daniel ist wieder einmal nicht da.«

»Wo ist er?«

»In der Klinik, wo sonst?! Wenn ich nur den Mut aufbrächte...« Sie stockte, den Blick gesenkt.

»Den Mut zu was?«

»Sie werden mit Fingern auf mich zeigen, ich, die schöne Susanne Tomlin verlasse diesen Traum von einem Mann, diesen Gott, diesen Wohltäter der Menschheit!«

»Könnten Sie sich vorstellen, den Täter zu kennen?«

»Wie meinen Sie das?«

»Nun, eine rein hypothetische Frage, aber haben Sie schon einmal darüber nachgedacht, daß es jemand sein könnte, den Sie kennen?«

»Wollen Sie mir angst machen?« fragte sie mit weitaufgerissenen Augen. »Laura ist blond, und sie ist fünfzehn!«

»Tut mir leid, Susanne«, sagte Patanec und streichelte ihr väterlich über die Hand, sie ließ es widerstandslos geschehen. »Ich wollte Ihnen keine Angst einjagen.«

»Wenn meine Schwiegermutter nicht hier wäre, ich würde die Kinder nehmen und für eine Weile fortgehen. Wir haben dieses Haus in Frankreich.«

»Dann tun Sie's. Manchmal ist es wichtig, an sich zu denken und sich einen Teufel um die Meinung der anderen zu scheren…«

»Aber meine Schwiegermutter…«

»Na und? Haben Sie nicht selbst gesagt, sie würden sich nicht gut verstehen? Denken Sie an sich, nur an sich. Sie werden sehen, wenn Sie aus Frankfurt weg sind, wenn Sie Abstand gewonnen haben, werden Sie auch Ihre Probleme in den Griff bekommen. Und auf mich können Sie jederzeit zählen.«

Sie lächelte wieder, verlegen wie ein kleines Mädchen, reichte Patanec die Hand, ging an ihm vorbei, als sie neben ihm stand, hauchte sie ihm einen Kuß auf die Wange. Patanec begleitete sie zur Tür, sah ihr nach, wie sie in ihren Wagen stieg und ihn vorsichtig rückwärts aus der Einfahrt manövrierte.

Er schloß die Tür hinter sich, stellte sich wie immer, wenn

er angestrengt nachdachte, ans Fenster. Er hatte ein seltsames Gefühl im Bauch, Druck im Kopf, spürte das Pochen des Blutes in seinen Schläfen, die jetzt den vierten Tag währende Migräne wurde wieder schlimmer. Das Telefon klingelte, er ignorierte es, der Anrufer hinterließ eine Nachricht auf dem Anrufbeantworter. Die Vorstellung, sein Freund, sein Tennispartner, der Mann, mit dem er so viele Nachmittage und Abende zusammengesessen und über das Glück und Elend dieser Welt philosophiert hatte, der ihm seine Frau anvertraut hatte, der solch immenses Ansehen genoß und sich alles leisten konnte, dem die Welt zu Füßen lag und der der Welt von seinem Reichtum abgab, dieser Mann könnte jener Mensch sein, der diese unglaublich grausamen Verbrechen begangen hatte. Aber es machte Sinn, sein zunehmend seltsames Verhalten Susanne gegenüber, die Eile, die er gestern abend an den Tag gelegt hatte. Wo war er gestern abend gewesen? Und Tomlin war der einzige, dem Patanec erzählt hatte, daß die Schuberts ohne Annette in die Oper gehen würden!

Er hatte Herzklopfen, ging an den Schrank, holte die Flasche Martini heraus, schenkte ein Glas halbvoll, gab Eis dazu, schüttete es mit einem Zug herunter. Aber er wußte nicht genau, wie er sich verhalten und vorgehen sollte. Aber er war neugierig. Er würde mit Tomlin reden, wollte herausfinden, wenn seine Vermutung stimmte, warum Tomlin diese Verbrechen begangen hatte. Er trank einen weiteren Martini, nahm den Telefonhörer in die Hand und wählte die Nummer von Tomlins Klinik.

Dienstag, 18.00 Uhr

Susanne Tomlin lag auf der Couch, die Kinder machten ihre Hausaufgaben erst jetzt, weil sie gleich nach der Schule mit ihrer Großmutter ins Kino gegangen waren.

Susannes Schwiegermutter saß am Kaffeetisch, legte eine Patience, der Duft ihres aufdringlichen Rosenparfüms hatte sich längst im ganzen Raum verteilt. Sie sah kurz auf, strenger Blick, sie fragte: »Hast du irgendwas? Du wirkst so unruhig.«

Susanne erhob sich, ging zum Fenster, schüttelte den Kopf und meinte wie beiläufig: »Es ist nichts weiter, nur die Tochter einer guten Freundin wurde gestern nacht ermordet. Mehr nicht.«

»Ermordet?« fragte Tomlins Mutter entsetzt, legte die Karten mit der Vorderseite nach unten auf den Tisch. »Und das sagst du so ruhig, als wäre es eine Bagatelle?!«

»Das ist jetzt innerhalb der letzten drei Wochen das fünfte oder sechste Mädchen«, sagte Susanne leise. »Langsam bekomme ich Angst um Laura. Mir wird unheimlich.«

»Warum das? Sie ist doch gut aufgehoben hier.«

»Alle Mädchen waren blond, keines älter als achtzehn, ein Mädchen wurde sogar zu Hause getötet. Verstehst du jetzt meine Angst? Ich werde Laura nicht mehr aus den Augen lassen.«

»Mein Gott, das ist ja schrecklich! Was für ein widerliches Schwein macht denn so was?«

»Immer nur Mädchen!« sagte Susanne Tomlin geistesabwesend. »Sie hätten noch ein ganzes Leben vor sich gehabt! Und dann kommt so einer daher und löscht sie einfach aus!« Sie fuhr flüsternd fort: »Wer hat das Recht, so etwas zu tun? Und wo bleibt die Gerechtigkeit?«

»In Amerika haben wir für so was die Todesstrafe…«

Susanne Tomlin drehte sich abrupt um, funkelte ihre Schwiegermutter zornig an. »Wir sind aber nicht in Amerika! Du bist vor über vierzig Jahren ausgewandert«, sagte sie laut, machte eine Pause, fuhr fort mit gedämpfter Stimme: »Ich kannte persönlich drei von den Mädchen. Und die Namen von zwei anderen kannte ich vom Hörensagen. Ich glaube, der Mörder muß einer aus dieser Gegend sein. Ich habe keine andere Erklärung dafür.«

»Hast du jemals mit der Polizei darüber gesprochen?«

»Nein, bis jetzt nicht. Die nehmen mich doch nicht für voll!«

»Du solltest es zumindest versuchen. Sprich mit ihnen. Vielleicht kannst du ihnen Dinge sagen, die dir selbst unbedeutend erscheinen, aber am Ende zum Mörder führen.«

»Dr. Patanec kennt auch einige der Mädchen«, sagte Susanne nachdenklich.

»Wer ist das?«

»Tja, wer ist Dr. Patanec? Er ist Psychologe, Hypnosetherapeut, Kartenleger, Astrologe, Menschenkenner, kurzum, ein wahres Allroundtalent.«

»Bitte was? Wie geht denn das zusammen?«

»Es geht, und zwar hervorragend...«

»Was soll's, du mußt selber wissen, mit wem du dich abgibst. Ich würde mich vor solchen Scharlatanen in acht nehmen.«

»Zum Glück kann ich für mich selbst entscheiden«, sagte Susanne herablassend und beobachtete ihre Schwiegermutter beim Patiencelegen. Plötzlich sagte sie: »Was ist zwischen dir und Daniel?«

Tomlins Mutter zuckte kaum merklich zusammen, sah Susanne kalt und doch erschrocken an. »Was meinst du mit: was zwischen uns ist?«

»Nun, ich denke, ihr habt kein normales Verhältnis zueinander.«

»Was soll auf einmal dieser Blödsinn?« fragte Tomlins Mutter mit erhobener Stimme. »Was...«

»Ach komm, jedesmal wenn ihr euch seht, ist Daniel wie ausgewechselt! Er benimmt sich einfach anders! Liegt es daran, daß ihr euch nur so – *selten* – seht?«

»Du faselst Unsinn! Aber meine Liebe, das muß ich dir leider sagen, du faselst sehr oft dummes Zeug! Leider. Wir sehen uns sogar sehr oft. Immer wenn Daniel...«

»Immer wenn Daniel was?« Susanne legte den Kopf zurück und lachte auf, faßte sich an die Stirn: »Natürlich, mein lieber, guter, hilfsbereiter Mann, der immer wieder nach Afrika und Südamerika fliegt, um den armen Menschen zu helfen! Und wenn er in Mexiko oder Guatemala war, dann hat er dich besucht! Mein Gott noch mal!« Ihre Stimme wurde lauter und zornig, ja, Susanne Tomlin war noch nie zuvor so zornig gewesen, sie ging an die Bar und schenkte sich Cognac ein, trank aus, wischte sich mit dem Handrücken über den Mund, schenkte sich nach, trank gleich wieder aus, sagte laut: »Mein Gott, er hat mir nie auch nur ein Wort davon erzählt! Immer, wenn ich ihn auf dich ansprach, kamen leere Phrasen!«

Sie stellte sich dicht vor Tomlins Mutter, die einen halben Kopf größer war, eine immer noch attraktive, jugendlich wirkende Frau, doch von nahem wurden die Falten, die Krähenfüße sichtbar, die sie immer wieder zu kaschieren versuchte, die beiden tiefen Gräben um ihren Mund, die herabhängenden Mundwinkel, das Eis in ihren Augen, das Susanne Tomlin sonst nur noch von einem anderen Menschen kannte, ihrer eigenen Mutter.

»Was ist zwischen euch?« fragte sie scharf. »Warum darf ich...«

»Nichts ist zwischen uns!« wehrte sich Tomlins Mutter. »Absolut nichts! Ich habe keine Ahnung, warum dein lieber Mann mit dir nicht über mich spricht! Wir haben ein ganz normales Mutter-Sohn-Verhältnis! Und damit basta!« Sie hielt inne, sah Susanne mit stechendem Blick an und verzog den Mund. »Vielleicht liegt es ja an dir, daß er nicht über sich und seine Familie sprechen will!«

»Ich, ich, ich! Immer höre ich nur, es läge an mir! Aber du schneist hier herein und willst mir etwas über mich erzählen! Sag mir nicht, daß ihr ein normales Mutter-Sohn-Verhältnis habt! Soll ich dir sagen, was für einen Eindruck ich von Daniel habe, wenn ihr zusammen seid? Ich habe den Eindruck, als besteht zwischen euch eine geradezu hündische Liebe... Aber irgendwie scheint er dich auch zu hassen. Ich kann's nicht genau beschreiben, aber manchmal schwingt in seinen Worten tatsächlich so was wie Haß mit. Ich kann mich natürlich auch täuschen.«

»Halt den Mund, du redest Blödsinn! Bullshit, wie man bei uns zu sagen pflegt!«

»Schön, dann eben Bullshit! Ich habe nur meine Meinung gesagt.«

Ihre Schwiegermutter kam näher, ihre Stimme wurde plötzlich sanft und versöhnlich. »Ruf die Polizei an, jetzt sofort. Und hör auf, dir über Daniel und mich Gedanken zu machen. Vielleicht liebt er mich, weil seine Jugend kein Zuckerschlecken war. Du darfst es ihm nicht übelnehmen.«

Susanne Tomlin nahm den Hörer ab. Sie wählte die Nummer des Präsidiums und ließ sich mit der Sonderkommission verbinden. Berger war am Apparat, notierte Namen und Adresse, versprach, so bald wie möglich jemanden vorbeizuschicken. Susanne Tomlin legte wieder auf.

Ihre Schwiegermutter hatte den Raum verlassen, sie hörte ihre Stimme aus Sheilas Zimmer, der siebenjährigen Tochter. Sie lachten und gackerten, die Tür ging auf, Tomlins Mutter kam aus dem Zimmer, eilte an Susanne vorbei, ohne sie anzusehen, ging die Treppe hoch. Es dauerte nur einen kurzen Moment, bis sie zurückkam, ein dickes, altes Fotoalbum unter den Arm geklemmt; sie ging wieder in Sheilas Zimmer und schloß die Tür.

Susanne stellte sich an die Tür, legte ein Ohr dagegen und lauschte, hörte das Umschlagen von Blättern, wie ihre Schwiegermutter Erklärungen zu den Fotos abgab. Sheila stellte Fragen, Großmutter beantwortete sie alle geduldig. Susanne ging ins Wohnzimmer zurück, stellte den Fernsehapparat an, trank einen Cognac. Es schmeckte ihr nicht.

Berger reichte Durant den Zettel, als sie mit Kullmer ins Präsidium kam. Sie las die Notiz, runzelte die Stirn, fragte Berger, ob Susanne Tomlin außerdem noch etwas gesagt hätte. Berger verneinte. Durant verließ das Büro sofort wieder, allein.

Eine Viertelstunde Fahrt, sie parkte ihren Wagen auf der Straße, schloß die Tür nicht ab. Das Hausmädchen öffnete, sie wies sich aus, wurde eingelassen. Susanne Tomlin empfing sie im Wohnzimmer, ein Buch in der Hand. Sie stand auf, legte das Buch zur Seite, reichte Julia Durant die Hand.

»Wir haben uns schon einmal gesehen«, sagte die Kommissarin, worauf Susanne Tomlin ihr einen fragenden Blick zuwarf.

»Ja, ja, ich weiß, Sie können sich an mich sicher nicht erinnern, aber es war vor etwas über einer Woche, auf der Party von Herrn Menzel. Ich habe mich sehr lange mit Ihrem Mann unterhalten, ich werde mich demnächst unter sein Messer... aber lassen wir das. Sie wollten mich sprechen?«

Susanne Tomlin schien für einen Moment überrascht, Julia Durant glaubte, die Gedanken hinter ihrer Stirn lesen zu können. *Sie, bei meinem Mann? Können Sie als kleine Polizistin sich so was überhaupt leisten?* Doch Susanne Tomlin sagte: »Nun, eigentlich war es weniger meine Idee als die Idee meiner Schwiegermutter, die zur Zeit zu Besuch hier ist. Ich habe ihr von Janina berichtet...«

»Janina? Etwa Janina Lohnert?« fragte die Kommissarin überrascht.

»Ja, genau die...«

»Sie kennen Janina Lohnert?« Sie war nervös, ungeduldig, ließ Susanne Tomlin nicht aussprechen.

»Seit ihrer Geburt. Ihre Mutter ist eine gute Freundin.«

»Wann haben Sie Janina zuletzt gesehen?«

»Am Sonntag nachmittag. Warum fragen Sie? Sie denken doch nicht etwa, daß...«

»Nein, um Himmels willen, nein!« wehrte Julia Durant ab. »Erzählen Sie mir mehr. Zum Beispiel«, sie zögerte einen Moment, fuhr dann fort, »kannten Sie auch eines von den andern getöteten Mädchen?«

»Nun, ich kannte Janina, Annette Schubert, Maureen Nettleton und auch Carola Preusse...«

»Carola Preusse? Woher?«

»Aus unserer Gemeinde«, sagte Susanne Tomlin und trank ihr Glas leer, schenkte sich erneut ein, bot auch der Kommissarin ein Glas Hennessy an. Diese nahm dankend an, sie konnte jetzt einen Cognac gebrauchen. Susanne bat sie, doch Platz zu nehmen.

»Sie müssen wissen, mein Mann und ich gehören seit mehr als zehn Jahren dieser Kirche an, auch wenn wir uns schon seit längerer Zeit nicht mehr dort haben blicken lassen. Er

427

hat zu viel Arbeit, und ich, nun, ich weiß nicht, wie ich es ausdrücken soll, aber mir fehlt der rechte Draht zur Religion.«

»Kannten Sie Carola näher?«

»Sie war sehr verschlossen, sie hat eigentlich niemandem Zugang zu sich gestattet. Aber darin ist sie nicht die einzige. Leider.«

»Und Maureen?«

»Ich habe sie bei Menzel kennengelernt. Nur flüchtig, sie könnte ja meine Tochter sein. Obgleich sie einen sehr erwachsenen Eindruck machte. Genau wie Annette. Maureen kam öfters, um die Kinder zu hüten. Aber das letzte Mal liegt jetzt auch schon zwei oder drei Jahre zurück.«

»Was ist mit Sabine Lindner?«

Susanne Tomlin zuckte die Achseln. »Kann sein, ich weiß es nicht. Wenn ich ein Foto von ihr sehen könnte.«

»Und Antonia Delgado?«

»Auch von ihr müßte ich ein Foto sehen.«

»Waren Sie regelmäßig bei Menzel?«

»Fast immer, wenn er eines seiner Feste gab. Etwa alle zwei Monate würde ich sagen.«

»Können Sie mir etwas über diese Feste erzählen?«

»Was möchten Sie hören? Etwas, das Menzel in Verruf bringt? Tut mit leid, damit kann ich nicht dienen.«

»Aber Sie wissen, was sich dort abspielt und abspielte?«

»Nur vom Hörensagen, ich gehöre nicht zu denen, die Gerüchte weitertragen. Andererseits, wenn es stimmt, was man sich erzählt... Aber ich weiß nichts Bestimmtes. Ehrenwort.«

»Was erzählt man sich denn?«

»Sagte ich doch schon – Gerüchte.«

»Gut, belassen wir's dabei. Wie war Janina am vergangenen Sonntag? Hat Sie sich vielleicht sonderbar benommen?«

»Sie?« sagte Susanne lachend und trank. »Nein, sie nicht, eher mein Mann. Ihm ist dort nämlich ein Glas in der Hand zerbrochen.«

»Hat er sich verletzt?«

»Nein, um Himmels willen. Es war nur Unachtsamkeit, nichts Schlimmes.«

»Kennen Sie Dr. Patanec?« fragte die Kommissarin.

»Dr. Patanec? Aber natürlich. Und Sie kennen ihn auch?«

»Flüchtig.« Sie hielt inne, fragte: »Was ist mit Menzel selbst? Würden Sie ihm zutrauen...«

Susanne Tomlin überlegte einen Moment, dann schüttelte sie den Kopf. »Menzel mag ein Widerling sein, er mag seine Finger in allerlei dubiosen Geschäften haben, aber Mord? Nein, nicht Menzel. Obgleich...«

»Obgleich was?«

»Ich will nicht schlecht über andere reden, aber sehen Sie sich seine Familie an! Er hat seine Frau zu einem Wrack gemacht. Er hat ihre Seele getötet, langsam, sehr, sehr langsam. Und genau das gleiche macht er mit seinem Sohn.« Sie schien angewidert, ihr Gesichtsausdruck spiegelte Verächtlichkeit wider, sie griff nach ihrem Glas.

»Und warum folgen Sie dann immer wieder seinen Einladungen? Wenn ich einen solchen Menschen kennen würde, ich würde keinen Fuß mehr in sein Haus setzen...«

Susanne Tomlin lachte auf. »Sie kennen die Spielregeln hier nicht. Glauben Sie mir, es gibt ganz feste Spielregeln. Und Menzel gehört zu denen, die sie gemacht haben. Er lädt ein, und er erwartet, daß die Einladungen befolgt werden. Denn auf die eine oder andere Weise hat er fast jeden in der Hand, ich kann Ihnen aber nicht sagen, wie. Ich weiß nur, daß er jeden kaputtmachen kann, wenn er das will.

Menzel ist für mich so etwas wie das personifizierte Böse. Sie haben keine Chance gegen ihn. Ich hoffe, ich habe Sie nicht zu sehr erschreckt? Außerdem, vergessen Sie's, es steht mir nicht zu, schlecht über andere zu reden, vor allem, wenn die sich nicht wehren können. Es tut mir leid, vergessen Sie's einfach.«

»Und wie kann er jemanden kaputtmachen?«

»Vergessen Sie Menzel. Ich kann und will nichts weiter zu ihm sagen.«

»Kennen Sie die Bernhardts?«

»Natürlich, wer kennt die nicht?«

»Hat Menzel auch die in der Hand?«

»Bitte, hören Sie auf.«

»Ich habe gehört«, sagte Julia Durant, »daß Sie eine Tochter haben, die etwa vierzehn oder fünfzehn ist. Stimmt das?«

»Laura, sie ist fünfzehn... Und sie ist blond. Aber ich werde mit Argusaugen über sie wachen. Ich habe mir auch schon vorgestellt, mein Gott – man kann im Augenblick wirklich nur das Schlimmste denken! Ich habe mit ihr gesprochen. Zum Glück sind meine anderen Kinder kleiner... Dr. Patanec hat mir sogar zugeraten, ich solle die Kinder nehmen und für eine Weile in unser Haus nach Frankreich ziehen.«

»Wie viele Kinder haben Sie denn?«

»Drei...«

»Du meine Güte, das sieht man Ihnen nun wirklich nicht an«, sagte Julia Durant anerkennend. »Ich weiß nicht, ob es mir zusteht, das zu sagen, aber ich finde, Sie sind eine sehr hübsche Frau. Wenn ich dagegen andere sehe, die drei Kinder zur Welt gebracht haben!«

»Pure Veranlagung«, wehrte Susanne Tomlin das Kompliment ab. »Kaum einer hat es gesehen, wenn ich schwan-

ger war, kaum einer hat gemerkt, wenn die Kinder aus meinem Bauch wieder raus waren. Aber trotzdem danke.«
Die Kommissarin trank ihren Cognac, der einen feinen, eleganten Geschmack hatte. Er paßte zu diesem Haus.
»Ich würde gerne auch Ihren Mann sprechen«, sagte sie.
Susanne Tomlin zuckte mit den Schultern. »Versuchen Sie's in der Klinik, wenn Sie Glück haben, treffen Sie ihn dort an, wenn nicht, dann sollten Sie vielleicht heute gegen Mitternacht vorbeischauen, das ist in der Regel die Zeit, zu der er nach Hause kommt. Nur so viel, ab übermorgen wird er sich für drei oder vier Wochen in Bolivien und Peru aufhalten. Sie sehen, nicht einmal das weiß ich genau.«
»Was macht er denn dort?«
»Mein Mann kümmert sich um arme Kinder! Mal Südamerika, mal Afrika, mal Asien. Wo immer es ihn hintreibt und wo Not herrscht. Es gibt wohl kaum jemanden, der so oft und auf eigene Kosten solche Strapazen auf sich nimmt. Es stimmt, er zählt zu den selbstlosesten und großzügigsten Menschen – wenn es um andere geht!«
»Er bezahlt alles selbst?« fragte Durant ungläubig.
»Alles! Den Flug, die Medikamente, die Behandlungen. Wenn Sie mit ihm sprechen wollen, dann entweder heute oder morgen. Am besten versuchen Sie's in der Klinik. Er ist meist bis spät am Abend dort anzutreffen.«
»Danke«, sagte die Kommissarin und erhob sich. »Aber wenn ich Sie noch einmal fragen dürfte, Ihnen fällt wirklich niemand ein, dem Sie ein solches Verbrechen zutrauen würden?«
»Nein, tut mir leid. Niemand.«
»Kennen Sie die Autos Ihrer Bekannten? Wir suchen nach einem dunklen Sportwagen neueren Baujahrs.«
Susanne Tomlin schüttelte den Kopf. »Ich kenne eine Men-

ge Autos von einer Menge Leute, die Frage ist nur, was verstehen Sie unter dunkel?«

»Dunkelblau bis schwarz zum Beispiel.«

»Menzel, Patanec, Bernhardt, selbst Maria Lohnert fährt einen schwarzen Lotus. Wollen Sie noch mehr hören?«

»Nein, danke, ist nicht nötig. Es war nur eine Frage. Trotzdem vielen Dank für Ihre Hilfe. Und grüßen Sie Ihren Mann von mir, ich werde mich morgen bei ihm melden.«

Susanne Tomlin begleitete Julia Durant zur Tür. Die Kommissarin holte den Schlüssel aus ihrer Handtasche, ging zum Wagen, drehte sich aber noch einmal zum Haus um. Susanne Tomlin wirkte traurig, sie tat ihr irgendwie leid. Aber warum?

Dienstag, 20.00 Uhr

»War das die Polizei?« fragte Tomlins Mutter und trat ins Zimmer.

»Ja.«

»Und, hast du weiterhelfen können?«

»Ich glaube nicht.« Sie trank einen weiteren Cognac und ließ sich auf den Sessel fallen.

»Weiß Daniel von deiner Trinkerei?« fragte Tomlins Mutter vorwurfsvoll.

»Trinkerei? Was für ein hartes Wort! Bis vor kurzem habe ich nicht getrunken. Aber weißt du auch, warum ich jetzt ab und zu einen trinke? Nein, natürlich weißt du das nicht, aber es ist wegen deines reizenden Sohnes.« Sie schüttete den Inhalt des Glases in sich hinein, schüttelte sich wie eine nasse Katze, rieb sich kurz über die Augen. »Dieses Zeug schmeckt wirklich widerlich, dafür ist die Wirkung um so erfreulicher. Aber du kennst das ja sicherlich, oder?

Doch ich denke, ich werde jetzt fürs erste aufhören, ich merke nämlich, daß ich genug habe. Zurück zu deinem Sohn. Weißt du, wir sind jetzt schon so lange verheiratet, aber ich kenne ihn immer noch nicht. Und in letzter Zeit spricht er nicht einmal mehr mit mir, und ... er würde mich nicht einmal mit einer Beißzange anfassen! Bin ich denn so häßlich geworden? Na ja, Arbeit, Arbeit, Arbeit, er hat eben nichts anderes mehr im Sinn als seine verdammte Arbeit!«

»Soll ich mal mit ihm sprechen?«

»Warum das? Und worüber? Daß ich mich bei dir über deinen werten Sohn beschwert habe?! Vergiß es!«

»Ich bin seine Mutter, ich denke ...«

Susanne Tomlin neigte den Kopf zur Seite, schaute die ihr gegenübersitzende Frau böse an. »Nein, das wirst du schön seinlassen! Es ist mein Problem, und ich werde damit fertig. Ich bin mit Daniel seit einer Ewigkeit verheiratet, und ich werde es schon schaffen. Halt dich einfach da raus, okay?!«

»Wie du meinst, mein Kind ...«

»Und bitte, nenn mich nicht dein Kind! Ich bin es nicht, ich gehe auf die Vierzig zu.«

»Entschuldige ...«

»Schon gut, es ist sowieso alles beschissen.« Sie hielt die Flasche in der Hand, wollte das Glas nachfüllen, stellte die Flasche aber wieder auf den Tisch. »Ich werde mal nach oben gehen und nach Laura schauen.« Mit leicht schwankendem Schritt entfernte sie sich, öffnete die Tür zu Lauras Zimmer. Ihre Tochter saß am Schreibtisch, machte ihre Hausaufgaben und hörte dabei leise Musik, das Fenster stand offen, es war kühl im Zimmer. Susanne blieb einen Moment an den Türrahmen gelehnt stehen, die Arme über der Brust verschränkt, beobachtete Laura. Laura bemerk-

433

te sie nicht, Susanne ging hinein, stellte sich hinter sie, legte ihre Arme um ihre Schultern.

»Immer noch über den Hausaufgaben?«

»Hmh.«

»Kann ich dir bei irgendwas helfen?«

Laura wand sich aus der Umarmung, drehte sich mit dem Stuhl um. Sah ihre Mutter ernst an, sagte: »Mutti, es ist nicht gut, was du machst. Meinst du wirklich, daß davon deine Probleme gelöst werden?«

»Was meinst du?« fragte Susanne, wich einen Schritt zurück.

»Du weißt, wovon ich spreche. Du hast noch nie getrunken, warum jetzt auf einmal? Du hast es nicht nötig.«

Susanne Tomlin machte ein verlegenes Gesicht, sie schämte sich vor ihrer Tochter; sie stellte sich ans Fenster, stützte sich auf die Fensterbank. Fragte: »Bin ich eine attraktive Frau?«

»Mutti, du bist die attraktivste und schönste Frau, die ich kenne. Aber du wirst dich ruinieren!«

»Sag mir, was macht eine attraktive Frau, die sich nach Liebe sehnt und alles mögliche anstellt, sie auch zu bekommen, und sie letztendlich doch nicht bekommt? Was tut sie?«

»Ich verstehe nicht...«

»Nein, wie solltest du auch.«

»Ist es wegen Vater? Habt ihr euch gestritten?«

Susanne Tomlin seufzte auf. »Wenn es das nur wäre! Nein, es geht tiefer. Ich erklär dir's irgendwann einmal, wenn du älter bist.«

»Ich bin alt genug«, protestierte Laura.

»Du bist fünfzehn.«

»Fünfzehn, fünfundzwanzig, was macht das schon?! Aber bitte, um alles in der Welt bitte ich dich, paß auf dich auf!

Ich liebe dich mehr als irgend jemanden sonst und möchte nicht, daß du dich kaputtmachst!«

»Erst mal werde ich auf dich aufpassen. Du bist in Gefahr, ich will nicht, daß dir etwas zustößt.«

»Mutti, ich werde keinen Schritt allein aus dem Haus machen, es sei denn, es ist jemand bei mir. Und ich werde mich auch nicht allein im Haus aufhalten. Ich werde alles befolgen, was du sagst. Versprochen!«

Dienstag, 18.00 Uhr

Patanec und Tomlin hatten sich im Clubheim an der Bar verabredet, Patanec trank einen Martini, während er auf Tomlin wartete.

»Du wolltest mich sprechen, alter Freund?« fragte Tomlin, der sich ein paar Minuten verspätete.

»Ja, aber unter vier Augen. Hier ist nicht der richtige Ort. Wo wollen wir hingehen?«

»In der Klinik sind wir nicht ungestört. Warum gehen wir nicht zu dir?«

»In Ordnung. Fahren wir mit meinem Wagen?« fragte Patanec.

»Meinetwegen. Wenn du mich nachher auch wieder hier absetzt?« Auf der kurzen Fahrt schwiegen sie, nur einmal versuchte Tomlin herauszubekommen, was Patanec denn so Geheimnisvolles von ihm wollte, doch Patanec hielt sich bedeckt. Er sagte nur: »Du wirst es gleich erfahren.«

Patanec hielt vor der Garage, sie stiegen aus, begaben sich in die Praxis, Patanec hinter seinen Schreibtisch, Tomlin blieb stehen, fuhr mit den Fingern über ein paar Buchrücken im Schrank.

»Was möchtest du trinken?« fragte Patanec und stand wieder auf.

»Jetzt gar nichts. Außerdem habe ich nicht viel Zeit. Du weißt, meine Mutter ist da, und ich will bald nach Hause.« Patanec holte eine Flasche Martini Bianco aus dem Schrank und ein Glas, das er bis knapp unter den Rand füllte. Er setzte sich wieder, trank in kleinen Schlucken, sah Tomlin dabei von unten herauf an, die Zeit verrann.

Tomlin blickte zur Uhr, wurde zunehmend ungeduldiger.

»Ich will nicht unhöflich erscheinen, aber jetzt sind wir schon geschlagene fünf Minuten hier, und du hast noch immer keinen Ton von dir gegeben! Irgendwann muß ich nach Hause! Was ist so spannend, daß du mich unter vier Augen sprechen mußt?«

Patanec legte die Hände aneinander, führte sie an die Nasenspitze. »Du hast doch sicherlich von diesen furchtbaren Morden in den letzten Wochen gehört? Ich möchte gerne von dir wissen, wie du die Sache siehst und was für eine Persönlichkeit du hinter dem Mörder vermutest. Warum legt er ein solch perverses Verhalten an den Tag?«

Tomlin blickte Patanec verwundert an, zog die Stirn in Falten und meinte: »Mein Gott, die Frage nach dem Innenleben eines Menschen zu beantworten ist dein Ressort! Ich bin lediglich für das Äußere, das Sichtbare zuständig. Oder um es genauer auszudrücken, ich verschönere Menschen, solange es etwas zu verschönern gibt.«

»Du verschönerst sie?« fragte Patanec ernst und blickte Tomlin über die Fingerspitzen hinweg an.

Tomlin grinste verkniffen und fragte: »Was meinst du damit?«

»Könnte es nicht auch sein, daß du sie... verstümmelst?«

»Mein lieber Freund, ich glaube kaum, daß ich einen derart guten Ruf genießen würde, wenn ich Menschen ver-

436

stümmeln würde. Sicher ist mir schon der eine oder andere Kunstfehler unterlaufen, aber niemals etwas Gravierendes.«

»Das meine ich auch nicht, Daniel.« Patanec lockerte seine Haltung, nahm sein Glas, trank aus, schenkte nach. »Mit Verstümmeln meine ich etwas ganz anderes. Hör zu, ich bin dein Freund, und ich will dir nichts Übles...«

Tomlin kniff die Augen zusammen, schoß nach vorn, stützte sich auf den Schreibtisch, Patanec spürte Tomlins heißen Atem. »Was, zum Teufel, willst du damit ausdrücken?«

Patanec versuchte, gelassen zu reagieren. »Du bist mein Freund, Daniel, seit über einem Jahrzehnt kennen wir uns, und seit über einem Jahrzehnt haben wir viel Gemeinsames erlebt und unternommen. Seit heute frage ich mich, ob es wirklich sein kann, daß ein Mann wie du zu solchen Taten fähig ist.«

»Sag mal, spinnst du?! Du hast nicht mehr alle Tassen im Schrank, scheint mir! Was willst du eigentlich?« fragte Tomlin erregt und lief im Zimmer umher, die Hände in den Hosentaschen vergraben. »Du bittest mich um ein Gespräch, und dabei willst du mir so mir nichts, dir nichts allen Ernstes und so ganz nebenbei die Morde in die Schuhe schieben?« Pause. »Du bist ein Arschloch, Freund, ein großes, gottverdammtes Arschloch! Warum, um alles in der Welt, sollte ich so etwas tun?«

»Sag du's mir«, erwiderte Patanec ruhig. »Weißt du, es macht alles so verdammt viel Sinn! Carola Preusse, ihr seid in die gleiche Gemeinde gegangen, Maureen Nettleton, Gast bei Menzel, wahrscheinlich genau wie die kleine Delgado. Du wußtest zum Beispiel auch, daß Annette Schubert, als ihre Eltern und ihr Bruder in die Oper gingen, allein zu Hause war, denn ich selber habe es dir erzählt, an dem Nachmittag, als wir an der Bar saßen. Und diese Janina Lohnert, warum ist das Glas in deiner Hand in Scherben gegangen, als du sie gesehen hast?«

Das Lächeln, das Tomlin versuchte, mißlang zu einer Fratze. Er ging in die andere Ecke des großen Raumes, die Hände in den Taschen seiner Hose verkrampften sich, seine Kiefer mahlten aufeinander, er brütete dumpf vor sich hin. Er drehte sich abrupt um, kam schnell wieder auf Patanec zu, blieb etwa einen Meter vor ihm stehen. Patanec drehte einen Bleistift zwischen seinen Fingern, gab sich überlegen, plötzlich aber ergriff ihn Angst. Tomlins finsterer Blick, seine drohende Haltung waren ihm fremd. Er spürte, daß er sich vielleicht zu weit vorgewagt hatte.

»Susanne hat also geplappert, was? Denn nur sie wußte das mit dem Glas. Aber gut, was, wenn du wissen würdest, warum das Glas in meiner Hand zerbrochen ist?«

»Nichts, absolut nichts. Du bist mein Freund. Uns verbindet schließlich eine jahrelange Freundschaft.«

Tomlin lachte zynisch. »Freundschaft, Freundschaft! Als ob dieses Wort heutzutage auch nur die geringste Bedeutung hätte! Du würdest es nie verstehen... Nein, ich habe mit den Morden nichts zu tun. Und du solltest aufhören, mir diese Absurditäten zu unterstellen, mir Dinge an den Kopf zu werfen, die vollkommen aus der Luft gegriffen sind! Ich werde gehen, und ich warne dich, als Freund, du wirst deine Vermutung niemandem mitteilen, verstanden?!« Er streckte den linken Arm aus, deutete drohend auf Patanec. »Ich lasse mich nicht verleumden, von dir schon gar nicht! Also, kein Wort zu irgendwem, kapiert?!«

»Und warum nicht, wenn du's nicht warst?«

»Ich hasse Gerüchte und Lügen, das ist alles.«

Patanec stand auf, legte den Bleistift hin, nahm sein Glas, füllte es, fragte: »Wieviel Haß ist wohl in dem Mörder?«

Tomlin war auf einmal weit weg. »Haß? Was ist Haß? Das

Gegenteil von Liebe? Aber was ist Liebe? Sexualität, Bumsen, Ficken, ein dicker, langer Schwanz und eine nasse Fotze? Ist es Schreien, Stöhnen, Schlagen? Was ist Liebe, und was ist Haß? Wo hört Liebe auf, und wo fängt Haß an? Fängt Liebe in dem Moment an, wo du aus einem geilen Schwanz in den Mutterleib geschossen wirst? Ist Liebe eingesperrt sein oder Freiheit? Oder ist all das Haß? Sag mir den Unterschied zwischen Liebe und Haß. Sag's mir, du großer Meister!«

»Kennst du nicht den Unterschied? Deine Frau liebt dich, deine Kinder lieben dich, deine Mutter, sie liebt dich wahrscheinlich mehr als alles auf der Welt!«

Tomlins Augen wurden glühende Kohlen. Er wirkte auf einmal seltsam traurig. »Mutter? Hast du Mutter gesagt? Oh, Freund, wenn du wüßtest, was du da sagst!«

Patanec leerte sein Glas, stellte es auf den Schreibtisch. Er fragte: »Wie viele werden wohl noch dran glauben müssen? Wann wird der Killer aufhören, seinen Haß zu befriedigen? Worin besteht sein Haß?«

Tomlin sah durch Patanec hindurch, er wurde gefährlich ruhig, ging auf Patanec zu, blieb wenige Zentimeter vor ihm stehen, die linke Hand in der Hosentasche, die andere legte er auf die Schulter von Patanec: »Es gibt keinen Haß, und es gibt keine Liebe. Alles ist leer. Leer, leer, leer. Und manche Menschen hören einfach früher auf zu leben, mein Freund! Es tut mir leid.«

Der Anruf erreichte das Präsidium um kurz nach halb acht. Ein Mord am Lerchesberg, ein prominenter Psychologe. Als Berger und Durant am Tatort eintrafen, bot sich ihnen ein Bild des Grauens. Patanec lag in der Mitte seines Behandlungszimmers, die leeren Augenhöhlen zur Decke gerichtet, ein langer Schnitt zog sich von einem Ohr zum anderen, von weitem hätte man es für ein breites, clownhaftes Grinsen halten können. Seine Kleidung war blutdurchtränkt, ein riesiger Schnitt im Brustbein, das Herz lag frei. Blutspritzer bis an die Decke und über den Boden verteilt, an den Möbeln. Die Jalousien waren runtergelassen, auch hier Blutspuren.

Die Putzfrau, eine Spanierin, die den Toten gefunden hatte, saß mit einem Schock auf dem Flur, war in sich zusammengesunken, jammerte auf spanisch vor sich hin. Ein herbeigerufener Arzt kümmerte sich um sie, gab ihr eine Spritze in den Arm.

»Mein Gott!« stieß Durant entsetzt hervor. »Hier hat jemand ein Massaker veranstaltet!«

»Massaker ist genau das richtige Wort«, sagte Berger ruhig. »Ein richtiges Schlachtfest. Aber Patanec war ja kein unbeschriebenes Blatt.«

»Die Sache liegt mehr als zwanzig Jahre zurück!«

»Was wissen Sie schon, was dieser Kerl jetzt getrieben hat?! Vielleicht hat er seine Finger in schmutzigen Geschäften gehabt, oder hat sich nicht an gewisse Regeln gehalten, und jetzt mußte er dafür bezahlen. Sieht ganz nach einem Mafiamord aus.«

»Ich glaube es nicht«, sagte Julia Durant zweifelnd.

»Dann beweisen Sie mir das Gegenteil! Aber glauben Sie mir, ich habe recht. Stellen Sie sich vor, er war in den Fängen dieses Menzel...«

»Menzel, Menzel, Menzel! Ich höre in letzter Zeit immer nur Menzel! Er ist eine Drecksau, aber so was? Nein, da steckt mehr dahinter.«

»Und was, werte Kollegin?« fragte Berger wütend.

»Ich werde es herausfinden und Sie wissen lassen.«

Die Spurensicherung und Fotografen trafen ein, wenig später die Männer mit dem Sarg. Die Kommissarin zog eine Schublade nach der anderen aus dem Schreibtisch, sie suchte nach einem Notizbuch, einem Terminkalender, fand aber weder das eine noch das andere. Es schien, als hätte der Mörder beides mitgenommen.

»Keine Spuren von gewaltsamem Eindringen«, sagte Berger, »es deutet im Augenblick auch nichts auf einen Kampf hin. Es scheint, als habe Patanec seinen Mörder ins Haus gelassen, ohne auch nur im geringsten zu ahnen, daß dies sein Ende bedeuten würde. Die Putzfrau sagt, sie ist um kurz vor halb acht hiergewesen, und die Tür war wie immer verschlossen, das heißt, sie war zugezogen. Sie hat auch nichts Verdächtiges bemerkt, als sie mit dem Fahrrad gekommen ist. Können Sie eigentlich mit dem Computer umgehen?« fragte er Julia Durant.

»Nein, tut mir leid, ich habe keinen blassen Schimmer von diesen Dingern. Soll sich am besten morgen einer vornehmen, der Ahnung hat.«

»Ich dachte nur, weil er an ist. Aber gut, verschieben wir's auf morgen.«

»Der Tod ist gegen neunzehn Uhr eingetreten«, sagte der Arzt, der Patanec untersucht hatte. »Die genaue Todesursache läßt sich jetzt noch nicht bestimmen, aber das dürfte wohl im Augenblick auch nicht das Wichtigste sein.«

Berger und Durant blieben eine Stunde, inspizierten das Haus, gingen dabei sehr vorsichtig zu Werke, um die Arbeit der Spurensicherung nicht zu erschweren. Vor dem Haus hatten sich ein paar Neugierige versammelt. Julia Durant glaubte, unter den Neugierigen für einen Moment das Gesicht einer ihr bekannten Frau zu erblicken. Sie überlegte, kam aber nicht darauf, wo sie das Gesicht schon einmal gesehen hatte.

Sie stieg in ihren Wagen, fuhr nach Hause, leerte den Briefkasten, ein Brief von Vater, die Stromrechnung, Kontoauszüge. Ließ sich ein Bad ein, trank zwei Dosen Bier, fühlte sich elender denn je. Ein Mord nach dem anderen, in immer kürzeren Abständen, dazu diese innere Stimme, die ihr sagte, daß der Mord an Patanec in direkter Verbindung mit den Morden an den Mädchen stand. Aber sie würde sich hüten, diesen Verdacht Berger oder irgendeinem anderen aus dem Präsidium auf die Nase zu binden. Doch die ausgestochenen Augen bei Patanec konnten kein Zufall sein!

Ihr Inneres war aufgewühlt, sie zwang sich zu klaren Gedanken, schaffte es aber nicht. Wer, wer, wer??? Doch Menzel? Nein, zu viele Indizien sprachen gegen ihn als Mörder, vor allem der Bluttest, Menzel hatte Blutgruppe A positiv, der Täter aber Null positiv. Und Menzel tötete nicht, er ließ höchstens töten, wenn es stimmte, was die Unbekannte aus Höchst – mein Gott, dachte sie und schlug sich an die Stirn, die Frau vorhin unter der Laterne, das war die Frau aus Höchst! – und Susanne Tomlin behaupteten.

Sie ging zu Bett, ließ das Licht brennen. Sie schlief nicht gleich ein, hatte beide Arme unter ihren Kopf gelegt, starrte zur Decke. Ihre Gedanken glichen festgefressenen Kolben in einem kaputten Motor.

Nach einer halben Stunde stand sie auf, ihre Arme schmerzten, sie holte eine Flasche Bier aus dem Kühlschrank, leerte sie fast in einem Zug. Holte eine zweite Flasche, stellte sie auf den Wohnzimmertisch, der unaufgeräumt wie immer war. Ließ ihren Blick über den Boden gleiten, Wäsche, Schuhe, Zeitungen, auf den Möbeln fingerdicker Staub, ein überquellender Aschenbecher. Sie trank einen Schluck.

Mittwoch, 29. September, 8.00 Uhr

Einsatzbesprechung. Alle Beamten außer dem krankgeschriebenen Schulz waren anwesend.

»Wir müssen beide Karteien von Patanec durchforsten«, sagte Berger. »Wie einige von Ihnen wissen, war Patanec nicht nur Psychologe, sondern auch und vielleicht sogar in erster Linie Astrologe, es gibt also zwei Karteien. Vielleicht finden wir einen Hinweis in den Karteien, obgleich ich da meine Zweifel habe, da nur Notizbuch und Terminkalender fehlen. Offensichtlich hätten wir darin etwas über seinen Mörder erfahren, welchen Grund sonst sollte es geben, daß ausgerechnet diese beiden Teile verschwunden sind?«

»Auf was sollen wir besonders achten?« fragte Kullmer, der einen Kaugummi auspackte und in den Mund schob.

»Patienten mit sexuell abnormen Neigungen, gewalttätige Personen, Hinweise auf Psychopathen, Sie wissen ungefähr, was ich meine.« Berger lehnte sich zurück.

»Was ist mit seinem Computer?« fragte Julia Durant.

»Ich habe vorhin schon mit unseren Spezialisten telefoniert, in einer Stunde wird einer hiersein und mit hinfahren. Hoffen wir nur, daß auf dem Ding überhaupt noch Daten drauf sind...«

»Wieso sollten keine mehr drauf sein?«

»Patanecs Mörder scheint sehr gezielt vorgegangen zu sein. Hätte er in der Kartei etwas gefunden, hätte er sie mitgenommen. Keiner ist so blöd und bringt einen wie Patanec um und nimmt nur ein Notizbuch und einen Terminkalender mit.«

»Als wir gestern abend bei Patanec ankamen, lief der Computer«, sagte die Kommissarin nachdenklich.

»Ganz genau. Ich mache mir da auch so meine Gedanken.«

»Es wäre ein leichtes, die Festplatte zu löschen, man bräuchte sie nur neu zu formatieren, und schon ist alles weg!« sagte Koslowski.

»Wenn die Festplatte einmal gelöscht ist«, sagte Berger, »besteht dann überhaupt noch eine Möglichkeit, an diese Daten in irgendeiner Form wieder ranzukommen?«

»Nein, es sei denn, er hat Sicherungskopien auf Diskette gemacht.«

»Haben Sie Disketten gesehen?« fragte Berger.

Durant schüttelte den Kopf. »Ich muß zugeben, ich habe auch nicht darauf geachtet.«

»Ach, übrigens«, sagte Berger, »dieser Patanec war alles andere als ein unbeschriebenes Blatt. Er hatte Spielschulden in reichlich sechsstelliger Höhe. Er war ein gerngesehener Gast in allen Spielbanken, sofern er flüssig war. Im Augenblick scheint es ihm nicht sonderlich gutgegangen zu sein. Unter Umständen müssen wir auch in dieser Richtung ermitteln.«

»Könnte Patanec vom selben Täter umgebracht worden sein, der auch für die Mädchen in Frage kommt?« fragte einer der Beamten.

»Wir müssen jede Möglichkeit in Betracht ziehen. Obwohl, es deutet eigentlich nichts darauf hin.«

»Doch, etwas schon«, sagte Durant, die sich noch am Abend zuvor vorgenommen hatte, nichts von ihrem Verdacht mitzuteilen, doch sie hatte plötzlich ihre Meinung geändert. Sie zündete sich eine Zigarette an. »Die ausgestochenen Augen. Es passieren oft Morde, aber in den seltensten Fällen werden einem Opfer die Augen ausgestochen. Ich würde sogar stark dahin tendieren, daß wir es hier mit demselben Typ zu tun haben. Und ich wette mit Ihnen, wenn wir das Obduktionsergebnis vorliegen haben, steht darin, daß der Täter ein Linkshänder und die Tatwaffe aller Voraussicht nach ein Stilett ist.«

»Warten wir's ab«, sagte Berger schulterzuckend.

Bevor die Beamten mit ihrer Arbeit begannen, wurde aufgeteilt, wer welche Aufgabe übernehmen sollte.

Julia Durant wollte zu Tomlin in die Klinik fahren, ihm zu Janina Lohnert einige Fragen stellen, auch wenn sie selber das mehr als Vorwand sah, Tomlin noch einmal zu sehen, bevor er nach Südamerika abreiste. Sie mußte eine Viertelstunde warten, bis Tomlin Zeit für sie hatte; sie erzählte ihm von Patanecs Ermordung, eine Nachricht, auf die Tomlin erstaunlich gelassen reagierte.

Er beantwortete alle Fragen der Kommissarin mit höflicher Zuvorkommenheit. Als sie geendet hatte, sagte sie: »Ich habe erfahren, daß Sie morgen nach Bolivien reisen werden. Was tun Sie dort?«

Ein Hauch von Verlegenheit zeigte sich auf seinem jungenhaften Gesicht. »Woher wissen Sie, daß ich nach Bolivien reise? Normalerweise spreche ich nicht darüber. Aber um Ihre Frage zu beantworten, ich sehe mir die Leute an. Kinder, Alte, Kranke. Ich empfinde es einfach als meine menschliche Pflicht, zu helfen. Ich bin mit solch reichlichen Talenten und auch materiellen Gütern von Gott gesegnet worden, da muß ich mich einfach revanchieren. Und wie anders könnte man Gott beweisen, daß man ihn liebt, als dadurch, daß man andern hilft?« Er stockte hier, als wollte er sich entschuldigen: »Es tut mir leid, ich rede von Gott, obgleich Sie vielleicht...«

»Nein, nein, ich glaube auch daran, daß es etwas geben muß. Ich komme aus einem sehr religiösen Haus, mein Vater war Pfarrer. Ich bewundere, was Sie tun, wirklich.«

»Ich würde mich gerne noch weiter mit Ihnen unterhalten«, sagte Tomlin mit einem Blick zur Uhr, »aber ich habe in zwanzig Minuten eine Operation und muß mich noch umziehen. Wir sehen uns dann im November.«

Julia Durant verließ die Klinik um kurz nach neun, um auf einen Sprung bei Susanne Tomlin vorbeizuschauen. Sie lag noch im Bett, die Kommissarin wartete im Wohnzimmer, das Hausmädchen bot ihr einen Kaffee an, den sie dankend annahm. Während sie wartete, rauchte sie eine Zigarette, studierte das Bücherregal. Sheila, die jüngste Tochter von Tomlin, kam die Treppe herunter, sagte leise: »Guten Morgen«, blieb aber in der Tür stehen, Julia Durant mißtrauisch und aus angemessener Distanz taxierend. Die Kommissarin ging auf das Mädchen zu, reichte ihr die Hand. Sheila war sehr hübsch, hatte ausgesprochen feine Gesichtszüge, eine harmonische Mischung aus Mutter und Vater. Sie war durchschnittlich groß für ihr Alter und schlank. Trug ein verspieltes, in zarten Blau- und Weißtönen gehaltenes Laura-Ashley-Kleid, einen hellblauen Haarreif im blonden Haar und silberne Ohrstecker. »Du mußt Sheila sein, hab ich recht?« fragte Julia Durant lächelnd.

»Stimmt«, sagte Sheila sichtlich erfreut, daß die Besucherin ihren Namen kannte, »und du?«

»Ich bin Kommissarin Durant von der Polizei. Du kannst mich aber Julia nennen...«

»Willst du jemanden verhaften?« fragte Sheila ernst.

»Keine Angst, ich bin nicht gekommen, um irgendeinen von euch zu verhaften. Ich habe nur ein paar Fragen an deine Mutter.«

»Mutti schläft aber noch.«

»Ich denke, sie wird gleich runterkommen. Deine Geschwister sind schon in der Schule?«

»Hmh, ich hab erst um halb elf. Was'n Glück«, seufzte sie

446

theatralisch, »dafür muß ich auch bis Viertel nach eins bleiben. Willst du mein Zimmer sehen? Bis Mutti kommt, das dauert bestimmt eine Weile.«

Sie liefen über den weiten, kreisförmigen Flur, in dessen Mitte ein kleiner Springbrunnen stand, aus dem sanfte Fontänen gestoßen wurden. Und überall Benjamini, Yuccapalmen und andere Pflanzen, deren Namen die Kommissarin nicht kannte. Sheila machte eine Tür auf, führte sie in ein großes, helles, halbrundes Zimmer, das, wie es aussah, ausschließlich nach Sheilas Geschmack eingerichtet war. Sheila zeigte Julia Durant ihre Barbiepuppensammlung – besonders stolz war sie auf ihre Diamant-Barbie –, sie hatte ein erstaunlich gutsortiertes Bücherregal, Durant fragte, ob Sheila denn alle Bücher schon gelesen hätte, worauf sie nur den Mund verzog, die Hände in die Hüften stemmte und meinte, das meiste wären Bücher, die ihre älteren Geschwister bei ihr abgestellt hätten, außerdem wäre sie erst sieben Jahre alt.

Dann führte sie die Kommissarin zum Schreibtisch, auf dem links ein paar Schulbücher und rechts ein Stapel selbstgemalter Bilder übereinander lagen. Julia Durant nahm das oberste Bild in die Hand, betrachtete es, ein großes Haus, ein reife Früchte tragender Baum, ein kleiner Fluß, der sich am Haus entlangschlängelte, eine Familie, die freundlich winkte. Ein hübsches, sehr farbenfrohes Bild, doch nicht außergewöhnlich für eine Siebenjährige. Durant legte das Bild auf die Seite und wollte sich gerade abwenden, als ihr Blick auf das nächste Bild fiel. Es zeigte zwei Bäume, Vögel am Himmel, eine Wiese und – Julia Durant erstarrte. Ihr Herz begann zu rasen, ihr Mund trocken zu werden, sie hatte das Gefühl, als wollten ihre Sinne ihr einen Streich spielen, es war, als stünde sie auf einem Karussell, das sich immer schneller drehte, sie ahnte, sie wußte, was das, was sie sah, bedeutete! Mitten auf der Wiese stand eine Frau. Die Frau hatte lange, blonde Zöpfe, vielleicht sollten es aber auch Rattenschwänze darstellen, in die rote Schleifchen gebunden waren. Julia Durant sah auf einmal die ermordeten Mädchen vor sich, das blonde Haar, die Zöpfe, die roten Schleifchen. Sie holte tief Luft und stieß sie kräftig wieder aus. Sheila sah sie von unten herauf an, die Stirn ein klein wenig in Falten gezogen, deutete auf das Bild und fragte: »Gefällt es dir?«

Die Kommissarin nickte, versuchte, so normal wie möglich zu wirken, sich nichts anmerken zu lassen, und sagte mit trockener Stimme: »Es ist toll. Was ist das?«

»Och, das soll bloß meine Großmutter sein! Sie hat mir gestern ihr Fotoalbum gezeigt, und da habe ich auch dieses Bild gesehen und habe es einfach nachgemalt. Du bist die erste, die es sehen darf«, sagte sie stolz.

»Es ist ein wunderschönes Bild.« Julia Durant drehte sich um und vergewisserte sich, daß niemand ihre nächsten Worte hörte. Sie beugte sich nach unten, faßte Sheila ganz leicht bei der Schulter, sagte sanft, aber ernst: »Hör zu, ich finde dieses Bild sogar ausgesprochen schön. Darf ich es mitnehmen und meinen Kollegen im Präsidium zeigen? Ich verspreche dir, du bekommst es heute nachmittag wieder. Aber verrat nichts davon, bitte. Nicht einmal deiner Mutti.«

Sheila nickte, ein freudiges Strahlen überzog ihr Gesicht, sie war glücklich, daß die Besucherin ihre Malkünste zu schätzen wußte. Diese nahm das Bild, faltete es vorsichtig und steckte es in ihre Handtasche. Dann fragte sie: »Wo kommt deine Großmutter her?«

»Aus Amerika.«

Das Vibrieren in ihrem Kopf wurde stärker. »Kannst du mir auch sagen, wie sie heißt?«

»Karin.«

»Und der Nachname?«

»Weiß nicht, frag sie selber.«

»Sag mal, was für ein Auto fährt dein Papi?«

»Meist fährt er den Porsche.«

»Und wie ist die Farbe von dem Porsche?«

»Ich glaub, der ist dunkelblau.«

»Okay, und noch was, alles, was wir jetzt hier besprochen haben, bleibt voll und ganz unter uns, verstanden? Kein Sterbenswörtchen zu irgendwem. Du hütest ein Polizeigeheimnis, und es gibt nichts Wichtigeres, als ein Polizeigeheimnis zu hüten.«

Sheila nickte ein wenig verstört, ihr kleiner Verstand war noch nicht in der Lage zu verarbeiten, was die Polizistin eigentlich von ihr wollte.

»Du brauchst keine Angst zu haben, es ist nichts Schlimmes. So, und jetzt warte ich noch auf deine Mutti.«

Sie verließ den Raum, während Sheila ihre Schultasche packte. Susanne Tomlin kam die Treppe herunter, notdürftig gekämmt, einen Seidenmorgenmantel umgelegt, den sie vorne gerade zuband, barfuß, sie machte einen verschlafenen Eindruck.

»So früh?« fragte sie gähnend, als sie noch etwa fünf Meter von der Kommissarin entfernt war.

»Leider«, antwortete diese entschuldigend.

Susanne bat sie, sie ins Wohnzimmer zu begleiten. Der erste Weg führte sie an die Bar, wo sie sich einen Cognac eingoß und etwas Sodawasser hinzugab. »Darf ich Ihnen auch einen anbieten?«

»Nein, danke, es ist noch zu früh für mich. Darf ich mich setzen?«

»Entschuldigung, daß ich so unhöflich bin, aber ich bin wohl noch nicht ganz wach. Bitte.«

»Sie haben mir gegenüber gestern den Namen Dr. Patanec erwähnt.«

Susanne Tomlin nickte und nippte an ihrem Glas.

»Sie kennen ihn sehr gut?«

»Ich kenne ihn seit über zehn Jahren – ja, ich glaube, wir kennen uns gut. Warum fragen Sie?«

»Nun, wie soll ich es sagen – Dr. Patanec wurde gestern abend Opfer eines Gewaltverbrechens.«

Das Glas glitt Susanne Tomlin aus der Hand, rollte über den Teppich, die restliche Flüssigkeit verteilte sich. Sie starrte Julia Durant aus großen Augen an, vergrub das Gesicht in ihren Händen. »Das darf doch nicht wahr sein! Nicht Patanec, nicht er! Er war der einzige Freund, den ich hatte!« Sie schluchzte, ging auf die Knie, ihr Morgenmantel fiel auseinander, sie trug schwarze Dessous darunter. Julia Durant kam näher, beugte sich zu ihr hinunter und streichelte über ihr Gesicht.

»Es tut mir leid, ich wußte nicht, daß er Ihnen so viel bedeutet hat...«

Susanne Tomlin setzte sich auf, raffte den Mantel zusammen, wischte sich mit beiden Händen übers Gesicht und meinte, ruhiger geworden: »Nein, nicht, was Sie denken! Er war wirklich nur ein Freund, ein echter Freund, der immer Zeit für mich hatte. Wir haben nichts miteinander gehabt, falls Sie das denken sollten!«

»Ich wollte wirklich nicht indiskret sein, aber das bringt dieser Beruf nun mal leider ab und zu mit sich...«

»Was bringt dieser Beruf mit sich?« fragte eine rauchige Stimme von der Tür her. Die Kommissarin drehte sich um und blickte in die kalten, grauen Augen einer älteren, gutaussehenden Frau, die sich, gekleidet in ein modisches, gelbes Kostüm, mit festem Gang näherte.

Julia Durant erhob sich wieder und sagte: »Manchmal

muß ich Botschaften überbringen und Fragen stellen, die unangenehm sind. Doch im Augenblick bin ich dabei, mich mit... Ihrer Schwiegertochter? ...zu unterhalten. Mein Name ist übrigens Durant, ich bin bei der Kripo Frankfurt.«

»Lindsey, Karin Lindsey.« Sie reichte Durant die Hand, fuhr fort: »Ich bin nur auf Besuch hier. Was ist mit Susanne?«

»Ihr Therapeut ist heute nacht umgebracht worden«, sagte die Kommissarin so leise wie möglich.

»Wie schrecklich! Wie man hört, passieren in letzter Zeit ja noch mehr solcher furchtbaren Dinge in dieser Gegend.«

»Sie sind keine Deutsche?«

»Wie man's nimmt. Ich bin Deutsche mit amerikanischer Staatsangehörigkeit, ich lebe schon ziemlich lange in den Staaten. Im Gegensatz zu meinem Sohn, den es schon sehr früh wieder nach Deutschland zog. Warum fragen Sie?«

»Es interessiert mich nur«, sagte Durant. »Darf ich der Neugierde halber fragen, wo Sie wohnen?«

»Im Augenblick, und das wird wohl auch für den Rest meines Lebens sein, in Tacoma.«

»Tacoma?«

»Sagt Ihnen Seattle etwas?« fragte Tomlins Mutter etwas genervt. »Tacoma liegt in der Nähe von Seattle.«

»Dann gehören Sie also zu jenen Amerikanern, die schon öfters umgezogen sind? Es heißt doch, daß Amerikaner sehr umzugsfreudig sind.«

»Nun, ich gehöre wohl zu den eher seßhaften. Ich bin eigentlich nur zweimal umgezogen«, sagte die alte Frau und schenkte sich ein Glas Orangensaft aus einer neben der Couch stehenden Flasche ein. »Aber ich bin froh, aus diesem furchtbaren Edgewater rausgekommen zu sein.«

»Edgewater? Nie gehört.«

»Wisconsin. Edgewater ist ein gottverlassenes Nest in einem ebenso gottverlassenen Staat.«

»Ah, Wisconsin! Gute Bekannte meiner Eltern sind vor Jahren dorthin ausgewandert. Strenggläubige Sektierer, wenn Sie verstehen«, log die Kommissarin. »Dürfte ich der Neugier halber den Namen wissen, den Sie damals trugen?«

»Meinen Mädchennamen oder den, als ich verheiratet war?« Sie nahm einen Zug an ihrer Zigarette, im Hintergrund schluchzte Susanne Tomlin, hielt sich an ihrem Cognacglas fest. Sheila kam mit ihrer Schultasche herein, sah ihre weinende Mutter, ließ die Tasche fallen, rannte auf ihre Mutter zu und kniete sich neben sie. Flüsterte ihr ins Ohr und streichelte sie.

»Nennen Sie mir beide, vielleicht kenne ich einen davon.«

»Mein Mädchenname ist Scheubel, mein angeheirateter Tomlin. Ein lausiger GI, der mich sitzengelassen hat, gerade, nachdem wir in die Staaten gekommen sind«, sagte sie verächtlich. »Ich hätte wissen müssen, daß es ein Fehler war, sich mit einem Dorftrottel einzulassen! Habe ich Ihre Neugier jetzt befriedigt?« fragte sie spöttisch.

Julia Durant hob die Schultern. »Oh, es tut mit leid, wenn ich aufdringlich erscheine, aber der Name sagt mir nichts. Die sind wohl doch in eine andere Ecke gezogen. Na ja, trotzdem vielen Dank für Ihre Hilfe.«

»Welche Hilfe?«

»Eine einstudierte Phrase ...«

Dann wandte sie sich wieder an Susanne Tomlin, fragte, ob sie noch etwas für sie tun könne. Sie schüttelte nur den Kopf.

»Ich schaue vielleicht heute nachmittag noch einmal kurz vorbei oder rufe Sie an, es könnte sein, daß ich noch die eine oder andere Frage habe.«

Julia Durant marschierte nach draußen, spürte die eisigen Blicke von Tomlins Mutter in ihrem Rücken.

Draußen zündete sie sich eine Zigarette an, sie war nervös wie lange nicht, Pulsieren in den Schläfen, dumpfer, pochender Herzschlag, weiche Knie. Sie nahm ein paar hastige Züge, warf die Zigarette auf den Gehweg, nahm nur nebenbei wahr, wie eine riesige Dogge breitbeinig einen großen Haufen mitten auf den Bürgersteig machte. Durant rauchte eine weitere Zigarette, mahnte sich zur Ruhe, sagte sich, es könne auch eine andere Erklärung für das alles geben. Aber instinktiv wußte sie, sie hatte die Lösung auf einem Bild, das eine Siebenjährige gemalt hatte.

Sie sprang ins Auto, startete den Motor, raste ins Präsidium. Stürmte ins Büro, wo nur Berger sich aufhielt. Sie keuchte, rang nach Atem, ignorierte Bergers fragenden Blick.

Sie riß das Bild aus ihrer Handtasche, breitete es auf dem Tisch aus. Sie sagte kein Wort, ließ das Bild auf Berger wirken. Berger starrte eine Weile darauf, verengte die Augen zu Schlitzen, lehnte sich zurück, zog eine Zigarette aus seiner Hemdtasche, hielt sie zwischen den Fingern, ohne sie anzuzünden. Er drehte sich zum Fenster, schaute auf die Straße.

»Wo haben Sie das her?« fragte er tonlos, den Rücken Julia Durant zugewandt.

Sie stützte sich auf den Tisch, stieß immer noch keuchend hervor, mit dem Zeigefinger auf das Bild klopfend: »Tomlin! Tomlins kleine Tochter hat es gemalt. Und wissen Sie auch, wen dieses Bild darstellt? Nein, können Sie ja nicht, aber halten Sie sich fest – es ist Tomlins Mutter. Das Mädchen hat es nach Fotos gezeichnet, die ihre Großmutter ihr gestern gezeigt hat. Eine blonde Frau mit roten

Schleifchen im Haar! Und jetzt kommt es noch dicker, Tomlin fährt einen dunkelblauen Porsche! Aber das war noch längst nicht alles – die Mutter von Tomlin ist, als sie noch ziemlich jung war, in die Staaten ausgewandert, Moment, ich habe es mir aufgeschrieben, das Nest heißt Edgewater in Wisconsin. Ihr Mädchenname ist Scheubel, nach der Heirat hieß sie Tomlin. Und raten Sie mal, wo sie jetzt wohnt.« Durant ließ eine Pause entstehen, ihr Herzschlag beruhigte sich, das Atmen fiel ihr leichter, sie zündete sich eine Gauloise an.

»Verraten Sie's mir!«

»Tomlins liebe Frau Mutter lebt in einem Ort namens Tacoma, und dieses reizende Städtchen liegt gleich in der Nähe von Seattle. Ich sage nur Kantzer und seine Zeitungsartikel!« Julia Durant setzte sich. »Das heißt, Kantzer hatte nicht einmal unrecht, als er sagte, der Mörder müsse ein Amerikaner sein. Doch ich gebe zu, ich hätte im Traum nicht daran gedacht, daß Tomlin Amerikaner sein könnte. Er hat ja nicht einmal einen amerikanischen Akzent beim Sprechen! Ich will aber sofort alles über diese Scheubel oder Tomlin wissen. Hier«, sagte sie und stieß mit dem Finger auf das Bild, »hier liegt der Schlüssel zu unserem Mörder! Das mit den roten Schleifchen, das ist der Schlüssel!«

»Tomlin ist also aller Wahrscheinlichkeit nach unser Mann! Das ist ein echter Hammer!« Berger hatte seine Sprache wiedergefunden.

»Tomlin!« Sie holte sich einen Becher Kaffee, sagte kopfschüttelnd, als könnte sie es immer noch nicht glauben: »Und mit einemmal macht alles so verdammt viel Sinn! Erstens – Tomlin war auf jeder dieser Partys, die Menzel gab. Zweitens – Tomlin und seine Frau gehören oder gehörten sogar lange der gleichen Kirchengemeinde an, der auch Carola Preusse angehörte, sie sind nur eine ganze Weile nicht dort gewesen. Drittens – Tomlin und seine Frau waren am Sonntag, zwei Tage bevor Janina Lohnert ermordet wurde, bei ihr zu Hause, wobei Tomlin ein Glas in seiner Hand zerbrochen hat. Ich möchte wetten, das ist passiert, als er Janina sah. Und viertens – und ich könnte mich ohrfeigen, daß ich nicht früher draufgekommen bin –, Tomlin ist Chirurg, er kann mit dem Skalpell umgehen wie kaum ein anderer! Wenn jemand weiß, wie eine Brust fachgerecht abgetrennt wird, dann er! Und die Morde in den Staaten, darauf verwette ich ein Jahresgehalt, hat er begangen, als er eine seiner vielen Wohltätigkeitstouren unternahm und dabei so nebenbei seine Mutter besuchte.«

Sie hielt inne, trank ihren Kaffee, drückte die abgebrannte Gauloise im Aschenbecher aus, steckte sich gleich eine neue an, blies den Rauch zur Decke.

»Mein Gott, wenn ich bedenke, welchen Eindruck ich von Tomlin hatte! Alle kamen für mich in Frage, nur er nicht! Wenn er mit Ihnen spricht, Sie würden nie, aber auch niemals hinter seiner Maske einen solchen Teufel vermuten. Im Gegenteil, jeder, der ihn kennt und von ihm spricht, tut dies mit großem Respekt. Er ist für viele so etwas wie ein im stillen wirkender Heiliger. Selbst ich bin darauf hereingefallen, selbst ich habe mich täuschen lassen! Wie konnte ich nur so blind sein!« Sie stellte sich ans Fenster, ausnahmsweise einmal kein Stau vor dem Platz der Republik. Gedankenversunken fuhr sie fort. »Wir müssen uns beeilen. Er will morgen für drei bis vier Wochen nach Südamerika fliegen. Er muß wohl wieder seine soziale Ader befriedigen. Dazu wird es aber diesmal nicht kommen. Wir fahren hin und holen ihn uns! Und dann hat dieser ganze verdammte Spuk endlich ein Ende!«

»Und Patanec?« fragte Berger, die Arme hinter dem Kopf

verschränkt. »Halten Sie Tomlin auch für seinen Mörder?«

»Ob das auch Tomlins Handschrift war, wird sich noch herausstellen. Ich vermute es aber. Wie gesagt, die ausgestochenen Augen gaben mir gestern schon zu denken.«

»Gut, holen wir uns also diesen Tomlin. Ist er zu Hause oder in der Klinik?«

»Er ist in der Klinik, ich habe noch vor etwas mehr als einer Stunde mit ihm gesprochen. Er sagte, er habe eine Operation heute morgen.«

»Ich laß nur schnell den anderen Bescheid sagen.«

Berger nahm seine Jacke von der Stuhllehne, streifte sie über, verließ mit Durant das Präsidium. Sie nahmen Bergers Wagen.

Die Kommissarin konnte sich nicht beruhigen. »Tomlin, Tomlin, Tomlin! Ich hätte meine Hand für ihn ins Feuer gelegt.«

Berger grinste. »Das hört sich gerade so an, als hätten Sie sich...«

»Und wenn?! Ich glaube, es gibt kaum eine Frau, die für Tomlin nicht alles tun würde. Und jetzt stellt sich heraus, daß ausgerechnet er... Ich habe einmal meinen Vater nach einer Predigt gefragt, wie der Teufel aussieht. Er hat geantwortet, mein Kind, bestimmt nicht so, wie du ihn dir vielleicht vorstellst. Er hat keinen Pferdefuß und auch keine Hörner. Kein Mensch würde mit so jemandem etwas zu tun haben wollen. Nein, der Teufel ist eine wunderschöne, liebenswerte Frau oder ein gutaussehender, charmanter Mann. Der Teufel ist alles, nur nicht häßlich, von außen.« Sie hielt inne, fuhr aber gleich fort: »Aber wer kann schon hinter die Fassade eines Menschen blicken?! Auch das hat mein Vater gesagt, der im wahrsten Sinn des Wortes ein Leben lang mit Gott und dem Teufel zu tun hatte.«

Sie kurbelte das Seitenfenster ein paar Zentimeter nach unten, damit der Rauch ihrer Zigarette abziehen konnte. »Diese Welt ist ungerecht, einfach nur ungerecht. Diese Welt ist so ziemlich das Ungerechteste, was es gibt! Ich hoffe nur, seine Frau und seine Kinder verkraften, was jetzt auf sie zukommt. Es wird eine verdammt harte Zeit für sie werden. Ich habe Angst um seine Frau, wenn sie die ganze Wahrheit erfährt. Sie macht auf mich nicht den stabilsten Eindruck.«

»Wie kommen Sie drauf?«

»Sie ist ja schon zusammengebrochen, als ich ihr vorhin von Patanec erzählte. Sie sagte, Patanec sei der einzig wirkliche Freund für sie gewesen. Vielleicht hat sie ihm gegenüber Dinge erwähnt, aus denen Patanec seine Schlüsse zog und Tomlin... Ach Quatsch, es kann auch ganz anders gewesen sein!« Und nach einer Pause bat sie: »Wenn wir ihn haben, würde ich gerne mit ihm allein sprechen. Ist das möglich?«

Berger nickte.

Mittwoch, 11.30 Uhr

Die Klinik. Sie durchquerten die Eingangshalle, Julia Durant führte Berger zielstrebig zu Tomlins Vorzimmer. Frau Neubauer, gestylt und schön wie immer, lächelte ihr Litfaßsäulenlächeln, fragte: »Bitte sehr, was kann ich für Sie tun?«

»Wir würden gerne Dr. Tomlin sprechen.«

»Haben Sie einen Termin? Es wird schwierig sein, ihn heute noch zu erwischen, er operiert gerade und wird danach möglicherweise gleich nach Hause fahren. Ich könnte Ihnen aber einen Termin in, warten Sie...«

»Wir werden trotzdem auf ihn warten«, unterbrach Berger ihre Suche nach einem Termin. »Wie lange wird die Operation dauern?«

»Eine Dreiviertelstunde vielleicht. Wenn Sie warten möchten. Ich kann aber nicht garantieren, daß er...«

»Wir warten«, sagte Berger.

»Wenn es so wichtig ist, ich meine, ich könnte ihm Bescheid sagen lassen.«

»Nein, wir haben es nicht eilig. Jetzt nicht mehr.«

Sie warteten eine Dreiviertelstunde, Berger blätterte in einem Magazin, Julia Durant lief nervös im Zimmer auf und ab. Bis Tomlin, mit Schweiß auf der Stirn, erschien. Seine weißen Zähne blitzten Julia Durant an, es war ihr unmöglich, das Lächeln zu erwidern.

»Nanu, so ernst?« fragte er und setzte sich hinter seinen Schreibtisch. »Kann ich Ihnen bei irgend etwas behilflich sein?«

Berger legte das Magazin zur Seite, erhob sich, sagte mit ruhiger, fester Stimme: »Dr. Tomlin, Sie stehen im Verdacht, in Frankfurt fünf Mädchen ermordet zu haben. Außerdem werden Sie verdächtigt, für dreizehn gleichgeartete Morde in den Vereinigten Staaten verantwortlich zu sein.« Dann zählte Berger die Namen der deutschen Mädchen auf und sagte zum Schluß: »Sie haben das Recht, die Aussage zu verweigern, ansonsten kann alles, was Sie sagen, gegen Sie verwendet werden. Sie haben selbstverständlich das Recht, einen Anwalt zu Rate zu ziehen. Wenn Sie sich bitte anziehen würden.«

Tomlins Gesicht wurde zu einer aschfahlen, starren Maske, er erwiderte nichts, ging erstaunlich gefaßt an seinen Schrank, holte seine Jacke heraus, zog sie über. Berger hielt die Handschellen hoch, Tomlin bat ihn, sie wieder wegzustecken, er versprach, nicht fortzulaufen. Dann folgte er

Berger und Durant, sagte zu Frau Neubauer, sie möge für den Tag alle weiteren Termine absagen, er käme nicht mehr in die Klinik zurück.

Mittwoch, 12.30 Uhr

Bergers Büro. Durant, Kullmer, Berger, zwei weitere Beamte. Tomlin schenkte keinem von ihnen Beachtung, seine blauen Augen starrten düster an die Wand. Er brütete dumpf vor sich hin. Er saß auf einem Holzstuhl. Berger ließ, dem Wunsch Durants nachkommend, sie und Tomlin für einen Moment allein, bat die anderen Beamten, ihm ins Nebenzimmer zu folgen. Die Videokamera war aufgebaut, das Gespräch konnte vom Nebenzimmer aus verfolgt werden.

Tomlin schaute Julia Durant traurig an.

»Warum?« fragte er.

»Warum was?« fragte sie zurück.

»Warum haben ausgerechnet Sie mich geholt?«

»Sie sind Arzt und versuchen Ihr Bestes zu geben. Und genau das gleiche trifft auf mich als Polizistin zu. Meine Frage ist aber auch – warum? Und warum Sie?«

Tomlin schluckte schwer. »Ich weiß es nicht. Ich weiß es wirklich nicht.« Er sah Durant mit unschuldigem Blick an, ein ehrlicher, aufrichtiger Blick, und obwohl sie es nicht wollte, glaubte sie ihm für den Bruchteil einer Sekunde. Für einen Moment war sie tatsächlich geneigt, ihm zu glauben.

»Sie haben alles erreicht, was ein Mensch erreichen kann«, sagte sie ruhig, setzte sich auf die Schreibtischkante, betrachtete ihre Finger. »Und wenn es nichts mehr gibt, wonach man streben kann, bringt man...« Sie kniff die Lippen aufeinander, stieß hervor: »Nein, es war wohl eher der letzte Kick, den Sie brauchten...«

»Hören Sie auf, verdammt noch mal!« zischte er wütend. »Sie suchen nach einer Erklärung und sind krampfhaft bemüht, mein Verhalten zu ergründen! Sie haben aber keine Ahnung! Sie haben keine Ahnung von nichts! Nichts, nichts, nichts! Sie werden nie fühlen können wie ich...«

»Glücklicherweise!«

»Ja, glücklicherweise«, flüsterte er, schaute ins Leere.

»Noch einmal, warum haben Sie es getan? Aus Lust, aus Frust, aus Langeweile? Warum?«

»Weder noch. Sie würden es nicht verstehen.«

Nach nicht einmal zehn Minuten hatte Tomlin alle ihm zur Last gelegten Morde gestanden. Er gab zu, in der Zeit ab 1984 insgesamt 27 Mädchen umgebracht zu haben, außerdem Patanec. Bekannt waren der Polizei aber nur 18 Fälle. Tomlin wußte, das Spiel war zu Ende, Berger und Durant befragten ihn abwechselnd, doch für den Rest des Tages schwieg er, sagte nichts über seine Motive, sosehr ihn Berger und Durant auch bedrängten. Am späten Nachmittag bat er, in seine Zelle gebracht zu werden.

»Sie haben jetzt lange Zeit, über die Vergangenheit nachzudenken«, sagte Julia Durant. »Sie haben verdammt lange Zeit.«

»Ich möchte eine Bibel haben. Nur eine Bibel. Bitte.«

»Ich werde sehen, was ich für Sie tun kann.«

Mittwoch, 17.00 Uhr

Noch wußte Tomlins Familie nicht Bescheid. Nachdem Tomlin in seine Zelle gebracht worden war und Julia Durant sich mit Berger besprochen hatte, erklärte sie sich schweren Herzens bereit, Susanne Tomlin aufzusuchen, sie mit der furchtbaren Wahrheit zu konfrontieren. Sie fühlte sich elend, hatte seit dem Frühstück nichts gegessen, zwei Schachteln Zigaretten geraucht, hielt auf dem Weg an einem Kiosk an, holte sich eine Minisalami und einen Flachmann Cognac, aß die Salami, schüttete den Cognac in sich hinein, es brannte in ihren Eingeweiden, sie fühlte sich schnell leichter, doch nicht besser. Sie hatte zwar schon Todesnachrichten überbracht, doch diese Aufgabe ging an ihre Grenze, Tomlins Frau, einer solchen Frau, sagen zu müssen, daß ihr Mann ein Massenmörder war, seit vielen Jahren ein schauriges Doppelleben geführt hatte, das er geschickt zu verbergen wußte.

Sie drückte die Klingel, wurde vom Hausmädchen eingelassen, bat darum, mit Susanne Tomlin unter vier Augen sprechen zu dürfen.

Im Gegensatz zu gestern schien Susanne Tomlin nichts oder nur wenig getrunken zu haben, sie machte einen wesentlich frischeren Eindruck. Durant schloß die Tür, um sicherzustellen, daß niemand ihr Gespräch mithörte.

»Frau Tomlin, können wir uns setzen?«

»Bitte.«

Julia Durant nahm auf dem Biedermeiersofa neben Susanne Platz. Sie mußte doch etwas getrunken haben, die Kommissarin roch es jetzt, so dicht neben ihr sitzend, an ihrem Atem.

»Wie geht es Ihnen?« fragte sie vorsichtig.

»Wie würde es Ihnen gehen, wenn Sie erführen, daß einer Ihrer besten Freunde ermordet wurde? Aber mir geht es heute erstaunlich gut. Ich weiß selber nicht, woran es liegt, aber ich habe das Gefühl, daß es allmählich bergauf geht. Fragen Sie mich aber um Himmels willen nicht, wieso ich das glaube.« Sie lächelte freundlich. »Aber Sie sind doch bestimmt nicht gekommen, um sich nach meinem Befinden zu erkundigen?«

»Sie haben recht, deswegen bin ich nicht hier. Ich möchte, daß Sie mir jetzt ganz genau zuhören und...« Julia Durant fehlten auf einmal die Worte, sie rückte noch dichter an Susanne Tomlin heran und nahm sie einfach in den Arm, sie hatte das Gefühl, dies jetzt tun zu müssen. Susanne Tomlin war überrascht, ließ es sich aber widerstandslos gefallen. Die Kommissarin löste die Umarmung wieder, faßte Susanne bei den Schultern, blickte ihr in die Augen, glaubte zu sehen, daß Susanne ahnte, was jetzt kommen würde.

»Sie müssen jetzt sehr stark sein«, sagte sie leise. »Sehr, sehr stark... Versprechen Sie mir das?«

Susanne Tomlin nahm den Blick nicht von Julia Durant und sagte: »Daniel, Sie sind bestimmt gekommen, um mir zu sagen, daß etwas mit Daniel ist. Ist er der Mörder, den Sie suchen?«

Sie war verblüfft: »Woher...«

»Ich ahnte es seit dem Tag, an dem ich die schmutzige, blutverschmierte Kleidung durch Zufall in der Regentonne entdeckte. Aber ich wollte es nicht wahrhaben. Ich habe heute den ganzen Morgen gegrübelt, warum ausgerechnet Patanec... Und irgendwann fiel mir ein, daß ich ihm so viel über Daniel und mich erzählt hatte, unter anderem das mit dem Glas. Patanec war nicht dumm, er konnte eins und eins zusammenzählen. Außerdem waren er und mein Mann beste Freunde. Wahrscheinlich hat Patanec versucht, Daniel zu helfen.«

»Inwiefern helfen?«

»Er hätte wahrscheinlich versucht, die Hintergründe herauszufinden, aber Daniel ist verschlossen wie eine Auster. Er wird niemals irgend jemandem Zutritt zu seiner Seele gestatten. Ich habe es in all den Jahren nicht geschafft, und wenn ich schon nicht…«

»Sie werden klarkommen?« fragte Julia Durant.

»Ich habe ohnehin mit dem Gedanken gespielt, mich scheiden zu lassen. Irgendwann wollte ich das, irgendwann, wenn ich die Kraft dazu gehabt hätte. In einem Jahr, in zehn Jahren.« Ihre Mundwinkel zuckten, ihre Nasenflügel bebten, sie stand auf, ging zur Bar, schenkte sich und Julia Durant ein, ohne sie zu fragen. Ihre Hände zitterten, sie kam, reichte Durant das Glas. Sagte gequält lächelnd: »Aber der Gedanke, mit einem Massenmörder verheiratet zu sein, ist trotzdem nicht einfach zu verkraften. Nein, er ist geradezu unerträglich. Ich habe mich gewundert und gewundert, warum er mir gegenüber in den letzten Jahren immer abweisender geworden ist, jetzt endlich habe ich die Erklärung dafür. Wenn ich nur wüßte, warum er es getan hat?! Er konnte doch nie auch nur einer Fliege etwas zuleide tun. Doch wie es aussieht, habe ich den wahren Daniel Tomlin nie gekannt.«

»Was werden Sie jetzt tun?«

Susanne Tomlin lächelte, deutete auf ihr Glas, sagte: »Vielleicht das hier.«

»Nicht Sie haben die Verbrechen begangen. Sagten Sie nicht, daß Sie ein Haus in Frankreich haben? Warum fahren Sie nicht dorthin, nehmen Ihre Kinder mit und wenn es sein muß, einen Privatlehrer. Sie können es sich doch leisten.«

»Mal sehen, vielleicht.«

Die Kommissarin holte aus ihrer Tasche eine Visitenkarte und reichte sie Susanne Tomlin. »Hier, rufen Sie mich an, wenn Sie Hilfe brauchen. Ich bin immer für Sie zu sprechen.«

»Danke«, sagte Susanne Tomlin und hielt die Karte in der

Hand. »Ich werde vielleicht sogar darauf zurückkommen.«

Julia Durant stand auf, um zu gehen. Susanne Tomlin hielt sie zurück. »Warum bleiben Sie nicht noch einen Moment? Nur einen Augenblick, bitte!« Ihre Augen hatten etwas Flehendes, Julia Durant wollte nicht nein sagen. Zuckte mit den Schultern, sagte: »Einverstanden, ich habe im Augenblick sowieso nichts mehr zu tun.«

Mittwoch, 21.00 Uhr

Berger hatte seinen Friedhofsbesuch beendet, er hatte das Bedürfnis, diesmal ausnahmsweise nicht am Donnerstag, sondern schon am Mittwoch zu gehen. Er lehnte sich an den Kastanienbaum direkt neben dem Grab. Er sprach zu seiner Frau, stellte sich vor, sie würde ihn hören und verstehen. Er erzählte ihr von seinen noch geheimen Plänen, das Haus zu verkaufen und wegzuziehen. Er bat sie, ihm nicht böse zu sein deswegen, aber er meinte, daß es besser für ihn und auch für Andrea wäre.

Die Wohnung war, wie so oft, leer. Zwei Weingläser in der Spüle, zwei Teller. Aber die Wohnung war aufgeräumt, Andrea hatte gesaugt und staubgewischt.

Berger war müde, die vielen Überstunden der vergangenen Wochen hatten an seinen Kräften gezehrt, er war ausgelaugt. Schaltete das Radio ein, holte sich die Flasche Wodka aus dem Barfach, aus dem Kühlschrank eine Flasche Cola. Mischte halb Wodka, halb Cola. Der Wetterbericht sagte für die kommenden Tage weitere Abkühlung voraus, stürmische Winde. Regen, im Taunus sogar der erste Schnee.

Er zog die Schuhe aus, legte die Beine auf den Tisch. Mit

einer Fernbedienung schaltete er das Radio wieder aus, mit der anderen den Fernsehapparat ein. Drückte die Programme der Reihe nach durch, bis er bei einem haltmachte, das ihm zusagte. Sah aber nicht hin, sondern schloß die Augen und legte den Kopf zurück, während er das Glas in Händen hielt.

Berger nahm einen kräftigen Schluck aus seinem Glas. Allmählich wurde ihm wohler, aber er war allein. Und auf Andrea brauchte er auch nicht mehr zu zählen, sie wurde flügge, bald bereit, das Nest zu verlassen. Ein paarmal schon hatte er überlegt, das für zwei Personen viel zu große Haus zu verkaufen, andererseits hingen viele Erinnerungen daran. Die meisten davon schön. Aber der Tag würde kommen, an dem er es verkaufte. Er würde es spätestens tun, wenn Andrea auszog. Das Haus war abbezahlt, beim derzeitigen Markt würde er leicht eine halbe Million dafür bekommen, wenn nicht sogar mehr. Vielleicht, dachte er, während er das Glas erneut vollschenkte, vielleicht sollte ich es mal schätzen lassen. Zweihundert Quadratmeter Wohnfläche, Hobbykeller, Waschküche, vierhundert Quadratmeter Garten. Es war bestimmt sogar mehr als eine halbe Million wert. Dazu beste Lage, Geschäfte gleich um die Ecke, Blick auf den Main.

Er beschloß, schon am Wochenende einen Makler kommen zu lassen, um das Haus zu schätzen. Das Geld aus dem Hausverkauf, die Versicherung, die in einem Jahr fällig wurde, der schon ganz ordentliche Pensionsanspruch, er könnte sich zur Ruhe setzen, ein völlig neues Leben beginnen.

Berger war auf einmal bester Stimmung. Er stand auf und ging hinaus in den Garten. Die Luft war mild, ein leichter Wind strich durch die Koniferen und die Birke. Der Gedanke hatte sich in ihm festgefressen. Er würde ihn wei-

terdenken. Und er würde mit Andrea darüber sprechen.
Es war lange her, daß er ein konkretes Ziel vor Augen hatte. Zwei Jahre, um genau zu sein.

Donnerstag, 30. September, 8.00 Uhr

Julia Durant war die Nacht über bei Susanne Tomlin geblieben, hatte nur kurz bei Berger Bescheid gesagt, wo sie
zu erreichen war. Tomlins Mutter, die den Nachmittag mit
Sheila im Zoo verbracht hatte, war um sieben heimgekommen. Die Kommissarin sprach mit ihr über Daniel,
doch außer zu Schlitzen verengten Augen und einem
leichten Zucken um die Mundwinkel zeigte die alte Frau
keine Gefühlsregung.
»Ich werde den besten Anwalt Deutschlands für Daniel
engagieren. Er ist mein Sohn und hat somit den besten Anwalt verdient.« Das war alles, sie machte kehrt, ging in ihr
Zimmer.
Julia Durant und Susanne Tomlin hatten im selben Bett geschlafen, am Abend, nach einem ausgiebigen Abendbrot
Wein und Sekt getrunken, hatten sich über vieles unterhalten, nur nicht über Daniel Tomlin.
Tabu.
Als Durant das Haus verließ, schlief Susanne noch. Berger
war im Büro, wirkte geradezu aufgekratzt, Kullmer und
Schneider, der Psychologe, waren auch da. Der von Tomlins Mutter beauftragte Anwalt war anwesend, um mit
Tomlin zu sprechen, doch Tomlin wollte ihn noch nicht se-
hen.
Als Tomlin ins Büro geführt wurde, erschrak Julia Durant
bei seinem Anblick. Herein kam ein über Nacht alt gewor-
dener Mann, der fast nichts mehr gemein hatte mit dem

strahlenden, jungenhaften Menschen, den sie auf der Party bei Menzel kennengelernt hatte. Sein Blick war finster, seine Bewegungen fahrig. Eine halbe Stunde lang schwieg er auf alle Fragen. Schließlich flüsterte die Kommissarin Berger etwas ins Ohr, kurz darauf gab dieser Kullmer und Schneider ein Zeichen, sie folgten ihm wortlos in den Nebenraum, von wo aus sie die Befragung über Video verfolgten. Julia Durant zog sich einen Stuhl heran, setzte sich Tomlin gegenüber, zündete sich eine Zigarette an, lehnte sich zurück. Sie wollte seine Mimik und seine Gestik studieren, doch Tomlin saß regungslos wie ein Stein vor ihr.

»Bitte, Dr. Tomlin, beschreiben Sie mir Ihre Gefühle, die Sie jetzt im Moment haben.«

Er sah sie mit unergründlichem Blick an, sagte flüsternd, es klang wie das leise Zischen einer verendenden Schlange, und tief resigniert: »Gefühle? Mein Gott, was sind Gefühle?«

»Liebe, Zuneigung, Haß?« Sie registrierte jede Reaktion in seinem Gesicht, wollte sehen, ob seine Augen oder sein Mund oder seine Hände verrieten, was in ihm vorging. Sie bildete sich ein, daß seine braune Haut grau geworden war. Noch vor kurzem hatte sie von ihm geträumt, sich vorgestellt, wie es wäre, mit einem Mann wie ihm zusammenzusein. Und jetzt? Enttäuschung hat viele Gesichter, sie hatte jetzt nur ein neues kennengelernt.

Endlose Minuten vergingen, bis Tomlin ihre Frage beantwortete, die Fäuste dabei ballte und wie unter entsetzlichen Qualen flüsternd hervorstieß: »Sie sind Huren! Elende, gottverdammte Huren!«

»Wer sind Huren?«

»Blonde sind Huren. Sie sind alle Huren, diese blonden jungen Dinger. Verkaufen sich und ihre Seele an den Teufel! *Bitches, goddamn' bitches!*«

»Nicht alle Blonden sind Huren. Und nicht alle Huren sind blond. Es gibt auch schwarzhaarige, brünette, rothaarige Huren...«

»Die Blonden sind es mit dem Herzen«, sagte er mechanisch, starrte weiter ins Leere. Machte eine Pause, sagte: »Ich möchte bitte in meine Zelle zurückgebracht werden.«

»Nein, Dr. Tomlin«, erwiderte die Kommissarin freundlich, doch unnachgiebig, »ich werde Sie nicht in Ihre Zelle zurückbringen lassen. Erst beantworten Sie mir noch eine Menge Fragen. Können Sie sich zum Beispiel noch an die einzelnen Morde erinnern? Ich meine, wann und wo und wie?«

Er lachte kurz auf. »An jedes Detail. Wollen Sie alle Namen wissen? Einige habe ich Ihnen ja schon gestern genannt. Ich kenne sie alle, selbst die kleine Schlampe aus Goldstein. Aber ich wußte nicht, daß sie erst vierzehn war.« Er verzog angewidert und diabolisch lächelnd den Mund. »Aber sie war genauso eine Hure. Eine kleine, blonde Hure, die sich von Menzel hatte kaufen und ficken lassen!«

»Was ist mit Ihrer Frau? Sie ist auch blond?«

»Das ist etwas anderes. Weiß Gott, das ist etwas anderes... Glauben Sie mir, es gab eine Zeit, da habe ich sie geliebt«, er lächelte verklärt, »so, wie ich meine Kinder liebe, Sheila, mein kleiner Engel ... Susanne war keine Hure, nein, sie war ein Engel. Ein wahrer, lieber Engel... Aber sie wurde eine Hure, sie hat sich mit diesem Patanec abgegeben, sie hat ihm alles über uns erzählt...«

»Aber Patanec war doch Ihr bester Freund?«

»Patanec und ein Freund?! Meinen Sie etwa, ich hätte seine wahren Absichten nicht durchschaut? Er wollte Susanne doch nur vögeln, er war eine alte Sau, er hat alles gefickt, was einen Arsch und eine Fotze hatte! Lassen Sie mich also mit ihm zufrieden!«

468

»Muß ich mich eigentlich jetzt an Ihre vulgäre Sprache gewöhnen?« fragte die Kommissarin, zündete sich eine Zigarette an, legte das Feuerzeug auf den Tisch. »Ich hätte nach unserem ersten Treffen schwören können, daß Sie ein sehr zivilisierter Mann sind.«

»Erklären Sie mir den Begriff zivilisiert, und ich werde Ihnen sagen, ob ich es bin. Wenn Sie das nicht können, lassen Sie mich zufrieden!«

»Noch mal zu Ihrer Frau, haben Sie nie gedacht, wie sehr Sie sie verletzen mit Ihrem Tun?«

»Keine Ahnung. Susanne war zuletzt nur noch ein Alibi für mich. Nicht mehr und nicht weniger.«

»Warum haben Sie die Mädchen getötet? Warum so bestialisch?«

»Ich habe sie bestraft, einfach nur bestraft«, sagte er sanft.

»Was haben die Mädchen Ihnen getan?«

Er schaute aus dem Fenster.

»Wußten Sie, daß eines der Mädchen Aids hatte?«

»Aids?« fragte er, lachte auf, warf Durant einen spöttischen Blick zu. »Sie wollen mich doch nur verarschen!«

»Sie können den ärztlichen Befund gerne einsehen. Sie haben sich an Antonia Delgado sowohl vaginal als auch anal vergangen. Sie war schon tot, als Sie sie vergewaltigt haben, aber das wissen Sie ja selbst. Sie hätte auch ohne Sie keine allzu große Lebenserwartung mehr gehabt. Nur Sie, Tomlin, Sie werden aller Voraussicht nach auch nicht uralt werden.«

»Ist das wahr? Sie hatte wirklich Aids?«

»HIV-positiv. Einwandfrei festgestellt bei der Obduktion.«

»*C'est la vie, c'est la pêche, c'est la guerre!*« sagte er schulterzuckend.

»Lassen Sie sich untersuchen, vielleicht haben Sie den Virus ja nicht aufgeschnappt. Aber die Wahrscheinlichkeit ist sehr gering. Sie haben sich bei der Vergewaltigung mit ziemlicher Sicherheit eine kleine Verletzung zugezogen.«

»Nicht jeder, der sich infiziert hat, stirbt gleich«, sagte er abwinkend. »Außerdem habe ich keine Angst davor. Nicht davor und schon gar nicht vor dem Tod. Im Gegenteil, ich wünsche mir, endlich zu meinem Vater im Himmel zurückkehren zu dürfen.«

»Zu Ihrem Vater im Himmel? Welchen Vater meinen Sie, Ihren leiblichen oder Gott?«

»Raten Sie mal«, meinte er grinsend. Pause. Dann, wieder leiser: »Außerdem, woher sollte ich wissen, daß die kleine Schlampe Aids hatte? Seit wann haben so junge Dinger Aids?«

»Heutzutage, Dr. Tomlin, ist alles möglich. Aber Sie haben meine Frage noch nicht beantwortet, warum haben Sie die Mädchen umgebracht?«

»Einfach so.«

»Einfach so?« fragte Julia Durant und drehte den Kopf ein wenig zur Seite; sie streckte den Arm aus, deutete aus dem Fenster, schrie Tomlin unvermittelt an: »Einfach so? Ich meine, Sie haben siebenundzwanzig Mädchen getötet und sagen, Sie hätten es einfach so getan?! Das können Sie vielleicht Ihrer Mutter erzählen!«

»Vielleicht werde ich das auch eines Tages.«

»Wenn wir schon gerade bei Ihrer Mutter sind«, sagte die Kommissarin, mahnte sich zur Besonnenheit und fuhr sich mit der Zunge über die Lippen, »wissen Sie, wie wir auf Sie gekommen sind?«

»Nein, aber Sie werden es mir bestimmt gleich sagen.«

»Hier«, sagte sie, nahm das Bild, das Sheila gemalt hatte, aus dem Aktenordner, legte es vor Tomlin auf den Tisch. Er atmete hastig, bebte, seine Nasenflügel blähten sich auf,

er starrte lange auf das Bild, sagte wie aus weiter Ferne:
»Wer hat das gemalt?«

»Sheila, Ihre Tochter. Sie hat es mir gezeigt. Es stellt Ihre
Mutter dar. Blondes Haar, rote Schleifchen, jung. Was hat
Ihre Mutter damit zu tun?«

»Vergessen Sie's!«

»Was ist es, Haß?«

»Ich sagte, vergessen Sie's!« schrie er mit hochrotem Kopf.

»Also gut«, sagte Durant beherrscht, packte das Bild wieder zu den Akten. »Lassen wir das fürs erste. Aber beantworten Sie mir eine andere Frage – warum diese unbe-
schreibliche Brutalität und Grausamkeit? Warum?«

Tomlin zuckte gelangweilt mit den Schultern, sah die
Kommissarin an, faltete die Hände wie zum Gebet, lehnte sich zurück, die Beine ausgestreckt, lächelte wieder.

»Mir ist einfach nichts Besseres eingefallen.«

Julia Durant zwang sich zur Ruhe, wollte nicht, daß Tomlin ihr den Aufruhr ansah, den sein letzter Satz in ihr ver-
ursacht hatte (mir ist einfach nichts Besseres eingefallen,
mir ist einfach nichts Besseres eingefallen...), sie stand auf,
ging im Zimmer umher, die Arme hinter dem Rücken verschränkt, ging zum Fenster, schaute hinaus, der Himmel
hatte sich bewölkt, erste Regentropfen. Der Verkehr war
dicht wie an jedem Vormittag, die üblichen Geräusche,
Preßlufthämmer, Straßenbahnen, Autos, Flugzeuge. Sie
nahm die Schachtel Zigaretten vom Schreibtisch, holte eine Gauloise heraus, steckte sie zwischen die Lippen, warf
einen kurzen Blick auf Tomlin, der scheinbar völlig entspannt dasaß, die Hände gefaltet, sanft und zahm wirkte
er, harmlos, friedfertig. Siebenundzwanzig Mädchen – mir
ist nichts Besseres eingefallen! Die Brust abgeschnitten –
mir ist nichts Besseres eingefallen! Die Vagina zertrümmert – mir ist nichts Besseres eingefallen! Mir ist nichts

Besseres eingefallen, mir ist nichts Besseres eingefallen, mir ist nichts Besseres eingefallen!!!!!!
Sie zündete die Zigarette an, inhalierte, blies den Rauch in Tomlins Richtung, er hob seine Augen ein Stück, sah Durant schweigend an. Ihr Inneres begann sich zu beruhigen, sie setzte das Verhör geschäftsmäßig kühl fort.
»Wo und wann genau sind die Morde geschehen? Und zwar auch die in den Staaten.«
Tomlin zählte jeden einzelnen Mord auf, nannte jeweils Tag, Uhrzeit, Namen. Drei Stunden dauerte das Geständnis des Grauens und der Kaltblütigkeit. Tomlin erzählte, als wäre es eine Gutenachtgeschichte. Es übertraf bei weitem die schrecklichsten Vorstellungen, zeigte einen Menschen, der zeitweise, zuletzt jedoch immer öfter und immer länger, in einer anderen Welt lebte und gelebt hatte. Der unfähig geworden war, sich selbst zu steuern. Doch auch wenn Tomlin bei selbst den grausamsten Schilderungen lächelte oder zu lächeln schien, so gewann die Kommissarin nie den Eindruck, als wenn er Spaß oder Freude empfand oder sich gar mit seinen Taten brüsten wollte. Mitten in seinen Erzählungen wechselte er einige Male urplötzlich das Thema, sprach von seinem Glauben an Gott und wieviel Armut und Elend es auf der Welt doch gäbe, er hätte schon so viel miterlebt, vor allem die Kinder und Alten hätten am meisten zu leiden. Er fragte Julia Durant, ob sie schon einmal eine dieser Favelas in Südamerika besucht hätte oder die Slums in Indien, Pakistan oder Thailand. »Man wird sehr demütig, wenn man die Dankbarkeit der Menschen dort für eine kleine Gefälligkeit sieht«, sagte er.
Soviel er auch sprach, er sprach nie von seinen Eltern. Nicht von seinem Vater, seiner Mutter, seiner Verwandtschaft. Fragen nach seiner Kindheit beantwortete er aus-

weichend oder überhaupt nicht. Er hielt sich fast ausschließlich bei seinen Taten oder seiner Religiosität auf. Er war sogar in der Lage, beides auf eine fast geniale Weise miteinander zu verbinden, bisweilen hatte die Kommissarin den Eindruck, als wollte Tomlin sie glauben machen, er sei überzeugt gewesen, im Auftrag einer höheren Macht gehandelt zu haben. Wodurch es einem cleveren Anwalt natürlich ein leichtes gewesen wäre, seinen Mandanten auf Unzurechnungsfähigkeit untersuchen zu lassen.

Als er geendet hatte, entstand eine längere Pause, dann sagte er nach einer Weile ungerührt: »Wenn Sie mich nicht gefaßt hätten, Sie können sicher sein, ich hätte weitergemacht. Mindestens eine pro Woche. Oder mehr. Ich weiß genau, was in Ihrem Kopf vorgeht, Sie denken, ich muß eine Bestie sein. Stimmt's? Und Sie haben vielleicht nicht einmal unrecht. Ich habe tatsächlich etwas von einer Bestie. In jedem von uns steckt eine, meine ist leider ausgebrochen.«

Durant atmete tief durch, rief nach nebenan: »Holt doch mal jemand Kaffee für uns alle. Und einen Teller belegte Brötchen gleich dazu.«

»Drei Käsebrötchen für mich«, rief Tomlin. »Und dann will ich zurück in meine Zelle und meinen Anwalt sprechen. Ach ja, sagen Sie meiner Frau Bescheid. Und sagen Sie ihr auch, daß ich keinen Wert darauf lege, sie zu sehen. Sagen Sie ihr, daß sie mich nicht interessiert, nie interessiert hat. Ich will nur noch Ruhe haben. Diese ganze gottverdammte Welt soll mir den Buckel runterrutschen. Haben Sie das behalten? Und meine Mutter, sie soll sich zur Hölle scheren!« Er hielt inne, faltete die Hände wie zum Gebet, legte den Kopf in den Nacken, sagte versonnen: »Um halb drei geht meine Maschine nach La Paz. Ich müßte längst am Flughafen sein und einchecken. Die Kinder werden schon ganz ungeduldig auf mich warten. Aber der gute Dr. Tomlin wird nicht kommen. Er wird wohl nie wieder kommen.«

»Nein, das wird er nicht.«

»Was soll's, vielleicht nimmt ja irgendwann ein anderer meine Stelle ein. So, kann ich jetzt bitte meinen Anwalt sprechen?«

»Was ist mit Ihrem Käsebrötchen? Keinen Hunger mehr? Und außerdem brauchen wir noch ein paar genauere Angaben zu den von uns noch nicht registrierten Morden. Danach lassen wir Sie zurückbringen, dann können Sie auch mit Ihrem Anwalt sprechen.«

»Wenn's unbedingt sein muß! Aber bringen wir's schnell hinter uns. Ich habe keine Lust mehr.«

Donnerstag, 15.30 Uhr

Am frühen Nachmittag wurde ein erschöpfter Daniel Tomlin mit seinem Anwalt zusammengebracht. Julia Durant knüllte die leere Zigarettenpackung zusammen, warf sie in den Papierkorb. Berger und die anderen kamen herein. Berger fuhr sich mit beiden Händen durchs Haar, lehnte sich an die Wand, zündete sich eine Zigarette an.

»Würden Sie mir eine leihen?« fragte Durant müde. »Ich muß mir nachher erst welche besorgen.« Berger hielt ihr wortlos die Lucky Strike Schachtel hin, gab ihr Feuer. Kullmer holte sich Kaffee, fragte, ob noch einer wollte. Kopfschütteln. Langes Schweigen.

Berger, als er fertig geraucht hatte: »Da ist man ein halbes Leben bei der Kripo und dann so was. Wie kann ein Mensch, der siebenundzwanzig Mädchen umgebracht hat, in einer Ruhe und Gelassenheit davon berichten, als wenn er, ja, als wenn er nur ein Zuschauer gewesen wäre?«

»Hier sitzt unser Psychologe, vielleicht weiß er eine Antwort.«

»Nein, jetzt noch nicht, ich muß passen«, sagte Schneider vorsichtig. »Aber vielleicht haben Sie mit dem Zuschauer nicht einmal so unrecht.«

»Sie haben sich intensiv mit Tomlin beschäftigt. Wie ist Ihr persönlicher Eindruck von ihm?« fragte Berger Julia Durant.

»Er ist ein Psychopath. Für mich ist Tomlin krank, und sosehr ich mich auch dagegen wehre, er tut mir irgendwie leid. Er wirkt nach außen hin eiskalt, aber ich glaube, das ist nur Fassade. In seinem Innern spielt sich die Hölle ab. Kein Mensch wird grundlos zu einer solchen Bestie. Es muß einen Auslöser gegeben haben! Aber welchen?«

Berger sah seine Kollegin verständnislos an, er hatte anscheinend eine andere Antwort erwartet. »Ich muß ehrlich sagen, mir ist scheißegal, warum Tomlin so geworden ist. Der Fehler in unserer Gesellschaft ist doch, daß wir andauernd Mitleid mit den Tätern haben oder haben sollen und die Opfer und ihre Angehörigen darüber vergessen!«

»Falsch«, verteidigte sich die Kommissarin vehement, »ich habe keinen von denen vergessen, ich habe nicht das Leid vergessen, das über die Familien gebracht wurde! Aber ich denke, irgendwer anderes ist zumindest zu einem großen Teil mit schuld daran, daß Tomlin dieses Leid über die Leute gebracht hat! Irgendwer hat ihn dazu gemacht, und ich denke, die Ursprünge gehen sehr weit zurück.« Sie sagte es energisch und blickte Berger dabei direkt an. »Und wenn Sie's genau wissen wollen, die Wurzel für mich ist seine Mutter. Sie und niemand anderer. Tomlin selbst ist ein Opfer.«

»Dieses gottverdammte Arschloch soll ein Opfer sein?! Der Kerl lebt, und siebenundzwanzig – mit Patanec acht-undzwanzig – Menschen sind von diesem sogenannten Opfer hingemetzelt worden! Wollen Sie ihn in Schutz neh-men? Bitte, tun Sie's, bemitleiden Sie ihn, den armen, ar-men Jungen! Siebenundzwanzig Mädchen, siebenund-zwanzig Schicksale, siebenundzwanzig Familien, unzäh-lige Freunde, Bekannte, Verwandte! Mitleid, daß ich nicht lache! Wollen Sie dem Freund von Janina Lohnert er-klären, daß Tomlin ja krank ist und eigentlich gar nichts dafür kann?!«

Berger stützte sich auf die Fensterbank, schaute hin-unter, seine Kiefer mahlten aufeinander. Julia Durant zog es vor, still zu sein. Jetzt schenkte sie sich einen Kaffee ein.

Berger drehte sich wieder um. »Ich werde jetzt die Presse informieren, daß wir den Mann haben.«

»Was ist mit diesem Pressetypen, der uns die Infos gege-ben hat?« fragte Kullmer.

»Kantzer? Interessiert mich nicht. Er soll sich anstellen, ge-nau wie die andern auch.«

»Ich finde, einen kleinen Vorsprung hat Kantzer schon verdient.«

Berger winkte genervt ab, sagte: »Machen Sie doch, was Sie wollen! Sagen Sie ihm von mir aus Bescheid. Aber kein Interview mit Tomlin, kein Interview mit uns. Sie geben ihm nur ein paar Informationen. Meinetwegen auch ein paar mehr, die die anderen noch nicht kriegen. Er soll das Gefühl haben, nicht übergangen worden zu sein. Und daß die Polizei sich an ihre gegebenen Ver-sprechen hält.«

Kullmer nahm das Telefon, wählte die Nummer von Kant-zers Handy, hatte ihn gleich darauf am Apparat. Er bat ihn, so schnell wie möglich im Präsidium vorbeizukommen, er würde jetzt die ihm versprochenen Informationen erhalten.

Donnerstag, 17.30 Uhr

Die Nachricht kam um kurz nach fünf und schlug wie eine Bombe im Präsidium ein.

Schulz war tot. Seine Frau hatte ihn gefunden, im Keller seines Hauses, erhängt an einem Heizungsrohr.

»Was soll ich bloß machen?« schrie Joanna Schulz mit tränenerstickter Stimme ins Telefon, jeder im Raum hörte ihr Schreien. »Was soll ich bloß machen, jetzt wo auch noch er...« Ihre Stimme versagte.

»Was heißt ›wo auch noch er‹?« fragte Berger aufgeregt.

Als Joanna Schulz sich einigermaßen gefangen hatte, sagte sie: »Gestern nacht ist doch auch schon Sabrina gestorben. Dabei hat sie in letzter Zeit so wunderbare Fortschritte gemacht! Die Operation war doch schon angesetzt! Mein Gott, was ist bloß passiert?«

»Joanna, bitte, versuch dich zu beruhigen. Ich bin gleich bei dir. Tu jetzt bitte nichts Unüberlegtes. Ich bin schon auf dem Weg.«

Er legte auf, bleich im Gesicht, ein nervöser, verzweifelter Blick, berichtete kurz von Schulz und seiner Tochter, stand auf, zog seine Jacke über, zündete sich eine Zigarette an, schüttelte den Kopf.

»Was soll ich ihr bloß sagen? Was um alles in der Welt soll ich ihr bloß sagen?«

Betroffenheit, Kullmer murmelte »Scheiße«, ballte die Fäuste, Julia Durant hörte Bergers Worte wie aus weiter Ferne, sie schwieg, zu viel war in den letzten Tagen und Stunden auf sie eingeströmt. Das letzte Mal, daß sie geweint

hatte, war an dem Abend, als sie vom wüsten Treiben ihres Ex-Mannes erfuhr. Jetzt lösten sich ein paar Tränen aus
ihren Augenwinkeln, sie versuchte, diese Gefühlsregung
zu verbergen, indem sie den Kopf gesenkt hielt und zur
Seite drehte.

Berger rauchte seine Zigarette zu Ende, drückte sie aus.

»Ich würde jetzt gerne Schluß machen und nach Hause
fahren«, sagte Julia Durant leise.

»Wir machen jetzt alle Schluß. Ich glaube, einige von uns
haben in der letzten Zeit Übermenschliches geleistet. Wir
sehen uns dann morgen. Ich werde mich jetzt erst mal um
Joanna kümmern. Sie gehört auch nicht gerade zu den
Stärksten!«

Donnerstag, 19.00 Uhr

Julia Durant war vom Präsidium aus bei McDonalds vorbeigefahren, hatte einen Hamburger und Pommes frites gegessen, einen Erdbeermilchshake getrunken. Danach hatte
sie ein paar Kleinigkeiten eingekauft, Milch, Butter, Brot,
etwas Salami, ein bißchen Käse, eine Dose Tomatensuppe,
eine Zweiliterflasche Rotwein, zehn Dosen Bier, eine Stan-
ge Zigaretten. Sie stellte die Tasche in die Küche, streifte ihre Schuhe ab, zog sich bis auf die Unterwäsche aus. Packte
die Tasche aus, öffnete die Dose, sie hatte immer noch oder
schon wieder Hunger (das war immer so, wenn sie frustriert war), schüttete den Inhalt in einen kleinen Topf und
stellte ihn auf den Herd. Nur mit BH und Slip bekleidet, lief
sie durch die Wohnung, blieb mitten im Raum stehen, besah sich die Unordnung, schimpfte sich eine elende
Schlampe, stemmte die Hände in die Hüften und ging
zurück in die Küche, machte eine Dose Bier auf, leerte sie

478

in großen Schlucken. Sie wischte sich mit einer Hand über den Mund. Feine Dampfschwaden stiegen aus dem Suppentopf nach oben, sie stellte die Flamme kleiner, ging wieder ins Schlafzimmer und begann, die Schmutzwäsche zu sortieren, steckte die erste Ladung Wäsche in die Waschmaschine im Bad, füllte Waschpulver und Weichspüler ein, betätigte den Startknopf. Den andern Haufen Wäsche legte sie vor die Maschine, dann sortierte sie die Zeitungen, warf die meisten davon weg, leerte den Aschenbecher, fuhr mit einem Küchentuch drüber, gab etwas Möbelpolitur auf den Staublappen und fuhr mit schnellen Bewegungen über Schrank, Tisch und Fernsehapparat, bei der Gelegenheit machte sie ihn gleich an, zum Schluß holte sie den Staubsauger aus der Besenkammer und saugte die sich über Wochen angesammelten Krümel und Schmutzreste vom Teppich. Anschließend machte sie sich über das Schlafzimmer her, zog das Bett ab und legte frische Bettwäsche hin, ging in die Küche, die Suppe hatte jetzt die richtige Temperatur, sie schmierte Butter aufs Brot, legte eine dicke Scheibe Käse drauf und darüber noch drei Scheiben Salami, setzte sich an den Wohnzimmertisch und aß, trank jetzt ein Glas Rotwein. Nach dem Essen bezog sie das Bett, wischte auch im Schlafzimmer Staub und saugte den Boden, lüftete, ein frischer Herbstwind. Sie schaute zur Uhr, kurz vor zehn, sie war nicht mehr müde. Der Alkohol benebelte zwar ein wenig ihre Sinne, doch die Erinnerung an die letzten Tage und Stunden vertrieb er nicht. Sie hetzte weiter durch die Wohnung, versuchte krampfhaft, nicht weiter nachzudenken, einfach zu verdrängen. Sie zog sich ganz aus, duschte nur, sie hatte keine Lust auf ein Bad, ein Bad hätte auch nachdenken bedeutet. Halb elf, sie betrachtete sich kurz im Spiegel, fuhr mit ihren Händen über den Bauch, zog ihn ein, hielt die Luft an, atmete enttäuscht wieder aus.

Aus ihrem Wäscheschrank kramte sie die schwarze Seidenunterwäsche hervor, die sie sich vor Jahren für ihren Ex-Mann gekauft hatte. Zog den raffinierten Slip und den noch raffinierteren BH an, schwarze, halterlose Strümpfe mit Spitzenabschluß, einen hautengen, schwarzen Mini, eine tiefausgeschnittene, nachtblaue Seidenbluse, hochhackige Pumps. Schminkte sich, legte dunkelroten Lippenstift auf, schwarzen Lidschatten, sprühte etwas Obsession auf ihren Hals. Schaltete den Fernsehapparat aus, schloß das Schlafzimmerfenster, löschte das Licht.

Sie kannte einen Ort, wo sie jemanden für die Nacht finden konnte. Sie stieg in ihren Wagen, fuhr los. Der Türsteher, ein riesiger, muskulöser Kerl, musterte sie erst argwöhnisch, ließ sie schließlich, als ihr Outfit ihm zusagte, an sich vorbei. Drinnen diffuses Licht, nur über der Bar helle Lampen, eine Tanzkapelle spielte Schmusesongs, einige Paare drehten sich eng umschlungen auf der kleinen, von unten beleuchteten Tanzfläche. Durant setzte sich an die Bar, rauchte und bestellte einen Scotch auf Eis. Ein mittelgroßer Mann, höchstens einssiebzig, etwas untersetzt, nahm auf dem Hocker neben ihr Platz. Sein Haar war im vorderen Bereich etwas licht, doch er hatte feine, gepflegte Hände, distinguiertes Auftreten. Eine ganze Weile saßen sie nebeneinander, ohne ein Wort zu wechseln, hielten sich an ihren Gläsern fest. Später tanzten sie, in ihren Pumps war Julia Durant etwas größer, doch das interessierte sie im Moment nicht.

Um zwei Uhr morgens verließen sie gemeinsam die Bar. Und am nächsten Morgen, nach diesem One-Night-Stand, wachte sie in diesem fremden Bett auf, und während der Mann, dieser grandiose Liebhaber, dessen Namen sie nicht einmal kannte, noch schlief, zog sie sich leise an und fuhr nach Hause. Es regnete.

Mittwoch, 6. Oktober, 11.00 Uhr

Die Beerdigung von Schulz und seiner Tochter fand am Mittwoch vormittag statt, an einem sonnigen, milden Herbsttag. Die Wege und Grünflächen waren von abgefallenem Laub bedeckt, die Natur machte sich für den Winter bereit. Der Friedhof war überfüllt, die meisten Trauergäste Beamte und Freunde, die sich versammelt hatten, um Abschied zu nehmen. Schulz' Frau saß in vorderster Reihe in der Kapelle, sie trug Schwarz, sie hatte keine Tränen mehr, ihr Blick war auf die blumenübersäten Särge vor sich geheftet, einen kleinen und einen großen, alle Trauer dieser Welt in ihrem Gesicht vereinigt.

Julia Durant hatte schon viele Trauerreden gehört, doch diese zählte zu den schönsten und ergreifendsten und gleichzeitig mutmachendsten. Sie hatte das Gefühl, als gäbe es dieses vom Pfarrer angesprochene Leben nach dem Tod wirklich. Auch ihr Vater war so fest davon überzeugt, sie selber hätte zu gern daran glauben mögen.

Mit festen Schritten folgte Joanna Schulz den beiden Särgen, sie brauchte niemanden, der sie stützte. Julia Durant bewunderte diese Frau, die ihr Schicksal mit großer Würde trug, und irgendwie fiel es ihr schwer, die seltsamen Geschichten zu glauben, die über sie durchs Präsidium geisterten. Aber vielleicht stimmten die Geschichten ja, vielleicht hatte Schulz all das, was auf ihn eingestürzt war, nicht ertragen, doch keiner würde dies wohl je erfahren; er hatte nicht einmal einen Abschiedsbrief hinterlassen.

Bevor Schulz sich nachts im Heizungskeller an einem an der Decke entlanglaufenden Heizungsrohr aufgeknüpft hatte, hatte er, während er das Seil am Rohr befestigte und den Knoten knüpfte, eine halbe Flasche Bier getrunken. Er hatte seinen Tod akribisch geplant und ausgeführt.

Julia Durant sah Berger zum ersten Mal weinen. Er stand am Grab, die Hände in den Taschen, eine dunkle Brille verdeckte seine Augen. Für den restlichen Tag hatte Berger sich frei genommen.

EPILOG 1

Einen Monat lang wurde Mark Daniel Tomlin, wie er mit vollem Namen hieß, verschiedenen langwierigen Tests unterzogen. Dr. Schneider und zwei weitere unabhängige Psychologen wechselten sich in ihren Untersuchungen ab. Am Ende der vierten Woche lagen erste Ergebnisse vor. Am Morgen des 28. Oktober kamen Schneider und seine Kollegen mit Berger, Durant und Kullmer zusammen, um diese Ergebnisse vorzulegen. Die Akte umfaßte 524 Seiten, dazu 33 Videobänder.

»Meine Dame, meine Herren«, sagte Schneider mit bedeutungsvollem Gesichtsausdruck, »meine Kollegen Dr. Hoffmann, Dr. Wirsing und meine Wenigkeit haben uns während der vergangenen vier Wochen intensiv mit Dr. Mark Daniel Tomlin beschäftigt. Es war eine harte, eine für alle Beteiligten sehr harte, zum Teil aufreibende, aber nichtsdestoweniger erfolgreiche Zeit, wobei ich den Begriff erfolgreich nicht mißzuverstehen bitte. Wir glauben, nein, wir sind der festen Überzeugung, hier ein Material in Händen zu halten, das eine recht einmalige Persönlichkeit reflektiert und das vor Gericht sicher starke Verwendung finden wird. Doch ich möchte nicht viele Worte machen, sondern gleich in medias res gehen.

Sie erinnern sich, wie ich einst sagte, daß mir vereinzelte Fälle multipler Persönlichkeiten bekannt sind. Bei Mark

Daniel Tomlin, und da sind meine Kollegen und ich uns einig, liegt mit allergrößter Wahrscheinlichkeit ein solcher Fall vor. Tatsache ist, er hat die Morde weder aus niederen noch aus sadistischen Beweggründen begangen. Der eine Mensch Tomlin war ein Geber mit einer starken sozialen Ader, er hat mehr als zehn Jahre lang den Ärmsten der Armen gedient, er hat unentgeltlich oder gegen ein geringes Honorar wichtige kosmetische und plastische Operationen in seiner Klinik durchgeführt, wenn die Patienten das Geld dafür nicht oder nur teilweise aufbringen konnten. Er war, und ist dies wohl immer noch, ein wohltätiger Mann, ohne mit dieser Wohltätigkeit jemals hausieren gegangen zu sein. Dieser Tomlin hätte die Taten nie begangen, die Taten wurden von seinem zweiten Ich begangen, das in den letzten Jahren immer dominierender wurde. Tomlin selbst oder das gute Ich war sich in den Momenten seines mörderischen Tuns seiner Taten nicht bewußt. Dies mag wie ein Widerspruch klingen, wenn man bedenkt, daß er sich an jede Einzelheit erinnern kann, doch wir müssen einen Unterschied zwischen dem Erinnerungsvermögen per se und dem Augenblick ziehen. Die Prozesse, die sich in seinem Innern abspielen und abspielten, können wir nicht nachvollziehen.

Der andere Mensch Tomlin war zerfressen, wie ein Krebsgeschwür hatte etwas in seinem Innern versucht, das Gute zu zerstören. Zuletzt wurde Tomlin fast nur noch von diesem, nennen wir es einfach Krebsgeschwür beherrscht. Wenn er sich seiner sozialen Ader auch noch bewußt war, wenn er auch weiterhin ein höflicher, charmanter Mann war, freundlich, hilfsbereit, so nur, weil das Krebsgeschwür unentdeckt bleiben und deshalb unbedingt die Fassade aufrechterhalten mußte, um eben nicht entdeckt zu werden.

Nun werden Sie fragen, warum hat er das getan? Warum hat er gemordet, warum so bestialisch? Was war der Grund? Nun, was immer er getan hat, die Wurzeln dafür liegen in seiner frühesten Kindheit, die für ihn eine einzige Zeit des Schreckens gewesen sein muß. Sein Vater war ein GI in Deutschland, der hier ein Mädchen gefunden und sie geheiratet hat, Karin Scheubel. Direkt nach dem Umzug in die Staaten und kurz nach der Geburt von Tomlin hat der Vater die Familie Knall auf Fall sitzengelassen. Sie lebten in einer Kleinstadt in Wisconsin, und da Tomlins Mutter, die gerade achtzehn geworden war, auch die englische Sprache nur mäßig beherrschte, fand sie natürlich keine Arbeit. Eine Weile lebten die beiden von der Wohlfahrt, bis Tomlins Mutter sich einer einfachen, aber höchst einträglichen Möglichkeit bediente, zu Geld zu kommen, sie verdingte sich als Hure, heutzutage würde man sie als Callgirl bezeichnen. Ihr Ruf breitete sich in einem kleinen Städtchen wie Edgewater mit seinen gerade einmal knapp viertausend Einwohnern wie ein Lauffeuer aus. Sie war schon nach kurzer Zeit eine stadtbekannte Hure, die mit jedem schlief, der das Geld dafür hatte. Aber das ist nicht alles, was wir über sie in Erfahrung bringen konnten.

Wir haben aus den 33 Videobändern einen Zusammenschnitt angefertigt, dem Sie alles Wesentliche entnehmen können. Hier nun unsere Fragen, und die von Tomlin gegebenen Antworten. Es ist das Protokoll eines Mannes, der in der entscheidenden Phase seines Lebens nichts als Demütigung und Lieblosigkeit erfuhr und vor allem niemanden hatte, dem er sich anvertrauen konnte. Er war über Jahre hinweg mit einem Problem und einer Last allein, die ihn erdrückten. Aber sehen und hören Sie selbst, beachten Sie bitte auch Tomlins Reaktionen, seine Blicke, seine Gesten, Veränderungen in der Haltung bei bestimmten Fragen, seinen Gesichtsausdruck. Und vor allem, beachten Sie seine Sprache, die Wahl seiner Worte. Nur noch ganz, ganz selten ist er jetzt noch der höfliche, auf die Wahl seiner Worte bedachte Arzt, meist bedient er sich einer sehr knappen, einfachen Sprache, oftmals redet er sehr vulgär, nach unserem Dafürhalten eine Sprache, die er in seiner Kindheit oft gehört und in seinem Unterbewußtsein gespeichert hat. Oft spricht er eher wie ein Kind oder ein etwas zurückgebliebener Erwachsener, dann aber wieder in bestimmten Momenten erstaunlich klar und geschliffen, ein Phänomen, das weder ich noch meine Kollegen in dieser extremen Form jemals erlebt haben.«

Die Jalousie wurde heruntergelassen, der Videorecorder angestellt.

Dr. Tomlin, wie ist Ihr Verhältnis zu Ihrer Mutter?
> *Ich möchte nicht über meine Mutter sprechen.*

Lieben Sie Ihre Mutter?
> *Sie ist meine Mutter, nicht mehr und nicht weniger.*

Sie haben meine Frage nicht beantwortet – lieben Sie sie?
> *Ich, ich, glaube schon.*

Sie sind sich nicht sicher? Warum glauben Sie es nur? Wissen Sie es nicht?
> *Mein Gott, was soll diese blöde Fragerei? Ich weiß es nicht! Verdammt noch mal, ich weiß es nicht!!!*

Hassen Sie Ihre Mutter?
> *Ich glaube nicht.*

Auch das wissen Sie nicht?
> *Nein.*

Wie alt war Ihre Mutter, als Sie geboren wurden?
> *Achtzehn.*

Und Ihr Vater?

Ich habe keinen Vater.

Sie haben keinen Vater? Jeder Mensch hat einen Vater.

Er ist abgehauen.

Wann ist er abgehauen?

Weiß nicht. Kurz nach meiner Geburt wohl.

Dann hat Ihre Mutter Sie allein großgezogen?

Sie hat es wohl oder übel müssen.

Was hat Ihre Mutter gemacht, um für den Lebensunterhalt von Ihnen beiden aufzukommen? In Amerika gibt es ja nicht ein solch komplexes soziales Netz wie bei uns. Dort ist doch jeder auf sich selbst angewiesen.

Sie hat wohl gearbeitet.

Und wo? Konnte sie gut Englisch sprechen?

Sie hat es wohl gelernt. Ich weiß nicht, wo sie gearbeitet hat. Irgendwo.

Wenn sie gearbeitet hat, wo hat sie Sie dann gelassen? Zur Arbeit mitnehmen konnte sie Sie ja wohl schlecht? Hatte sie Sie zu Großeltern gebracht?

Ich habe keine Großeltern.

Keine Großeltern? Wo leben denn die Eltern Ihres Vaters?

Keine Ahnung, irgendwo.

Wie lebten Sie? Ich meine, hatten Sie ein Haus, eine Wohnung, oder lebten Sie in einem Wohnwagen, was ja in den Staaten nicht unüblich ist?

Eine Wohnung.

Groß, klein?

Drei Zimmer, ein kleiner Garten. Ich hatte eine Katze. Eine wunderschöne, kleine Katze. Sie war vierfarbig und wollte immer nur von mir gestreichelt werden. Von Mom wollte sie nichts wissen. Immer nur von mir.

Sie haben sehr an dieser Katze gehangen?

Bitte? Katze? Na ja, sie war nur eine Katze.

Aber eben haben Sie doch ganz liebevoll von ihr gesprochen?

Vergessen Sie's!
Und Ihre Mutter, hat sie die Katze auch geliebt?
Mom haßt Katzen. Sie haßt alle Tiere.
Nun aber zurück zu meiner Frage – wo hat Ihre Mutter Sie gelassen, wenn sie arbeiten ging?
Ich weiß nicht. Ich kann mich nicht erinnern.
Dr. Tomlin, wie weit in Ihre Kindheit können Sie sich zurückerinnern? Ich meine, ich kann mich schon an Erlebnisse erinnern, als ich gerade drei Jahre alt war.
Weiß nicht. Ich habe ein sehr schlechtes Gedächtnis.
Sie können sich aber an jede Einzelheit Ihrer Opfer erinnern. Das paßt doch irgendwie nicht zusammen, oder?
Das eine hat mit dem anderen nichts zu tun.
Wo hat Ihre Mutter Sie gelassen, als Sie, sagen wir, fünf waren? Ich nehme einfach einmal an, etwas davon wird in Ihrem Gedächtnis haften geblieben sein.

An diesem Punkt schaltete Schneider das Videogerät auf Pause, lehnte sich zurück, holte eine Pfeife aus seiner Brusttasche, stopfte sie, zündete sie an. Sah in die Runde, paffte dabei an seiner Pfeife.
»Ich möchte jetzt hier an dieser Stelle etwas erklären. Tomlin gab lange vor, sich nicht an seine Kindheit erinnern zu können. Dabei ist erwiesen, daß es kaum einen Menschen gibt, der sich nicht an wenigstens ein paar Ereignisse erinnert, die bis etwa zum dritten Lebensjahr zurückreichen. Aber Tomlin wollte sich offensichtlich nicht erinnern, das wurde immer klarer. Wir mußten also das Warum herausfinden. Es mußte aus dieser Zeit und möglicherweise auch später etwas geben, das so gravierend war, daß es zu einem Schnitt in seiner Persönlichkeit führte. Er wußte angeblich nicht, wo seine Mutter gearbeitet hat, wo er während dieser Zeit blieb und so weiter und so fort. Wenn

er auf meine Fragen antwortete, dann beobachteten wir ihn natürlich dabei, und es war auffällig, wie sich sein Blick, seine Gestik und Mimik jedesmal veränderten, wenn die Rede auf seine Mutter kam. Wir wußten natürlich, daß er sich sehr wohl an viele Details aus seiner Kindheit und Jugend erinnern konnte, und genauso sicher waren wir, daß es sich dabei um äußerst unangenehme Details handelte, bei ihm hatte nur ein Verdrängungsmechanismus eingesetzt. Seine Mutter war die zentrale Figur in seiner Erinnerung. Aber sehen wir weiter.« Schneider drückte den Knopf, das Videogerät startete wieder.

Weiß nicht.
Beschreiben Sie doch mal die Gegend, in der Sie gewohnt haben. Sie sagten, dieses Edgewater ist eine Kleinstadt. Wie klein ist Edgewater? Ist es ein Kuhdorf oder ein Marktflecken oder doch eine Stadt, in der es ein Einkaufszentrum und Kinos und so weiter gibt? Und wie ist die Umgebung? Berge, Flüsse, beschreiben Sie ganz einfach Edgewater und Umgebung.
Edgewater hat etwa viertausend Einwohner. Vielleicht auch weniger. Genau kann ich es nicht sagen. Es gibt nicht viel dort, aber einen Supermarkt und ein paar andere Sachen. Einen See, an dem man wunderbar angeln kann. Catfish. Haben Sie schon jemals Catfish gegessen? Das einzige, was ich in Frankfurt wirklich vermisse, ist Catfish. Und erst die Wälder! Sie sollten Edgewater einmal besuchen, wenn Indian Summer ist! Die Bäume, es ist ein phantastisches Bild. Grün und rot und gelb die Blätter. Es ist eine ganz schöne, kleine Stadt. Trotzdem, immer wohnen wollte ich dort nicht. Die Leute dort sind manchmal komisch... Und es gibt so gottverdammt viele Hurenböcke in Edgewater. Edgewater ist ein Sünden-

pfuhl, den die Strafe Gottes eines Tages noch treffen wird. Das garantiere ich Ihnen! Aber ansonsten ist Edgewater schön.

Was meinen Sie damit, es gäbe so viele Hurenböcke in Edgewater? Und daß es ein Sündenpfuhl ist, den die Strafe Gottes eines Tages noch treffen wird?

Vergessen Sie's! Nein, vergessen Sie's nicht. Alle Männer dort sind Hurenböcke. Mit großen und mit kleinen Schwänzen, egal, sie sind Hurenböcke. Sie treiben es mit Weibern, mit Huren, mit ihren Schweinen und Kühen, es ist schlimmer als Sodom und Gomorrha! Fahren Sie hin und überzeugen Sie sich selbst davon. Zuerst werden die Leute dort nett und freundlich sein, aber dann wird Satan aus ihnen sprechen. O ja, sie sind vom Teufel besessen.

Haben Sie persönliche Erfahrungen gesammelt, was das angeht?

Kann sein.

Haben die Leute dort sich auch an Ihnen vergangen?

Keiner hat sich an mir vergangen... Außer...

Außer wer? Und woher wissen Sie dann, was in Edgewater so genau mit den Männern los war?

Das ist mein Geheimnis.

Haben Sie sich nun in Edgewater wohl gefühlt oder nicht?

Wenn ich allein war, schon.

Waren Sie oft allein?

Geht so.

Und Ihre Mutter, hat sie gerne dort gelebt? Ich meine, woher aus Deutschland kommt denn Ihre Mutter?

München.

Ja und, hat es ihr in Edgewater gefallen?

Verdammt noch mal, woher soll ich das wissen?! Laßt mich doch um Himmels willen damit zufrieden! Möchte zu gerne wissen, was das mit dem zu tun hat, was ich gemacht habe?!

*Hat sich Ihre Mutter denn nie mit Ihnen darüber unterhalten,
ob sie nicht viel lieber wieder nach Deutschland zurückgehen
würde? Eine junge Frau, die aus der Stadt kommend aufs Land
verschlagen und dazu noch von ihrem Mann sitzengelassen
wird, wird sich doch bestimmt das eine oder andere Mal über ihre Situation geäußert haben, oder? Wie war das, Dr. Tomlin?
Hat sie's getan oder nicht?*

 Ja. Sie wäre gerne zurück nach München gezogen.
Hat sie das öfters gesagt?

 Ein paarmal.
*War sie unzufrieden mit ihrer Situation? Ist Ihre Mutter wü-
tend geworden, vielleicht sogar jähzornig? Hat sie ihre Wut
dann an Ihnen ausgelassen?*

 Weiß nicht.
*Sie wissen nicht, ob Ihre Mutter wütend war? Und auch nicht,
ob sie ihre Wut an Ihnen ausgelassen hat?*

 *Und wenn, was spielt das für eine Rolle? Sie ist meine
 Mutter.*
Wie sieht Ihre Mutter aus?

 Sie ist eine hübsche Frau. Nicht sehr groß, schlank.
Ist sie blond?

Schneider schaltete hier das Gerät wieder auf Pause. »Hier,
bei dieser Frage habe ich Tomlins Reaktion genau studiert.
Sie können das auch auf der Videoaufzeichnung genau sehen. Die meiste Zeit über war Tomlin relativ kühl und gelassen bei der Beantwortung der Fragen. Doch genau bei
der Frage trat eine kurze, aber ungeheuer stark sichtbare
Veränderung ein. Seine Hände verkrampften sich, sein
Gesicht wurde zu Stein. Für Momente hatten wir das Gefühl, wenn jetzt ein blondes Mädchen durch die Tür treten würde, dann würde er sich auf sie stürzen. Mit einemmal hatten wir das Gefühl, auf der richtigen Spur zu

sein. Und dann das, aber hören Sie selbst.« Er drückte den Knopf, das Gerät lief weiter.

Nein, sie hat braunes Haar, dunkelbraunes, wenn Sie's genau wissen wollen.

Und wieder drückte Schneider auf Stop. »Dunkelbraun. Und Tomlin grinste auf einmal, als ahnte er, auf was ich hinauswollte. Er wollte das Spiel mit uns spielen.«

Es war ja auch nur so eine Frage. Haben Sie ein Bild Ihrer Mutter mit dunkelbraunem Haar?
Nein.
Lieben Sie Ihre Mutter?
Haben Sie mich das nicht schon mal gefragt?
Kann sein, Entschuldigung. Erzählen Sie mir etwas aus Ihrer Kindheit. Sind Sie zum Beispiel auch in Edgewater zur Schule gegangen? Was für Kameraden hatten Sie? Was haben Sie besonders gern gemacht?
Ich bin in Edgewater zur Schule gegangen. Ich hatte keine Freunde. Ich habe nichts besonders gern gemacht.
Wie waren Sie denn in der Schule?
Mittelmäßig. Es gab Bessere.
Nun, Dr. Tomlin, Sie haben es zu großem Ansehen und Reichtum gebracht. Wir haben mit Ihnen einen Intelligenztest durchgeführt, den Sie mit Bravour bestanden haben. Trotzdem behaupten Sie, nur ein mittelmäßiger Schüler gewesen zu sein?
Ich war eben faul. Das haben alle Lehrer zu mir gesagt.
Außerdem hat die Schule mir keinen Spaß gemacht.
Und warum nicht?
Ich ging lieber angeln oder in die Kirche, um dort meine Ruhe zu genießen. Und Christus anzusehen und die heilige Jungfrau Maria. Das hat Freude gemacht.

War Ihre Mutter sehr religiös?

> *Einen Teufel war die! Ich hatte einen Freund, dessen Vater Priester war. Durch ihn habe ich Gott kennengelernt.*

Sie sagten doch eben, Sie hätten keine Freunde gehabt?!

> *Dann hab ich eben nicht die Wahrheit gesagt. Auf Freunde kommt's ja auch nicht so sehr an. Das Wichtige ist doch, daß ich Gott hatte. Er war mein Freund, er hat mir immer geholfen. Auf ihn konnte ich mich verlassen.*

Aber wenn Gott Ihnen immer geholfen hat, warum hat er Ihnen dann nicht geholfen, wenn Sie diesen Druck verspürt haben? Warum hat er Sie nicht davon abgehalten, die Mädchen zu töten?

> *Vielleicht, weil Gott wollte, daß es passierte. Vielleicht denkt er über diese Mädchen genau wie ich.*

Meinen Sie wirklich?

> *Keine Ahnung, aber es könnte doch immerhin sein. Schon in der Bibel lesen Sie von Sodom und Gomorrha, von den Huren und ihren Freiern. Gott hat dies zu allen Zeiten verurteilt.*

Aber Gott ist unsichtbar, Menschen nicht. Wäre es nicht besser gewesen, sich wenigstens ein paar Freunde auch auf der Erde zu suchen?

> *Warum? Menschen sind schlecht.*

Was hat Ihre Mutter gemacht, wenn sie nicht gearbeitet hat? Wo hat sie gleich noch mal gearbeitet?

> *Ich sagte doch schon, ich weiß es nicht! Irgend so ein Fastfood Restaurant.*

Und was hat sie gemacht, wenn sie nicht gearbeitet hat?

> *Weiß nicht.*

Hat sie sich zu Hause aufgehalten? Oder ist sie weggegangen? Hat sie etwas mit Ihnen unternommen?

> *Mal dies, mal das.*

Hat Ihre Mutter Sie jemals geschlagen?

    Glaub nicht.

Glaub nicht?

    Nein, nicht wirklich. Sie hat mich nicht geschlagen.

Hatte Ihre Mutter jemals vor, wieder zu heiraten?

    Heiraten?! Sie hat es doch so viel besser gehabt! Wenn sie
    geheiratet hätte, dann hätte sie doch das nicht mehr ma-
    chen können, was sie die ganze Zeit über gemacht hat!
    Außerdem ist sie jetzt verheiratet!

Schneider drückte auf Pause, sagte: »Ich sagte Ihnen, daß
dies ein Zusammenschnitt der wesentlichen Fragen und
Antworten ist. Was jetzt kommt, hat Tomlin uns erst vor
etwa einer Woche erzählt. Es handelt sich hier um eine
Schlüsselszene.«

Aber Ihre Mutter hatte doch sicherlich einen Freund?

    Einen? Bitch!

Was meinen Sie mit bitch?

    Schauen Sie im Wörterbuch nach!

Bitch heißt Hure. War Ihre Mutter eine bitch?

    Sie ist eine Hure. Eine gottverdammte, elende Hure.
    Sie hat nie wirklich gearbeitet, nur jeden Tag diese ver-
    dammten Typen empfangen. Wenn einer kam, dann hat
    sie mich eingesperrt. Und glauben Sie mir, sie empfing
    jeden, nicht nur einen. Sie sperrte mich dann in mein
    kleines, dunkles Zimmer, mit Gittern vor den Fenstern,
    die Fensterläden verriegelt und keine Chance für mich,
    sie zu öffnen. Sie hat mich eingesperrt, jeden Tag ein
    paar Stunden lang. Immer wenn diese Hurenböcke ka-
    men, um sie zu besteigen. Sie hat mir nichts zu essen
    und nichts zu trinken gegeben. Manchmal habe ich ge-
    schrien und an die Tür gehämmert, weil ich mal muß-

te, aber sie ließ mich nie raus. Ich habe dann mitten ins Zimmer gemacht, und wenn die Typen gegangen waren, hat sie es natürlich gesehen und mich verprügelt. I guess she's been fucked by every motherfuckin' guy in Edgewater! Ihr war es egal, ob ich verrecke! Und bevor diese Hurenböcke kamen, zog sie sich immer ein kurzes Röckchen an, unter dem sie nie ein Höschen trug, damit man ihre geile Fotze sehen konnte, setzte sich eine blonde Perücke auf und band sich diese roten Schleifchen ins Haar, weil diese verdammten Wichser das geil fanden. Sie sah immer aus wie eine Sechzehn- oder Siebzehnjährige! Diese Hure! Diese elende Hure! Sie hat es nicht gekümmert, was mit mir war! Sie hätte mich wohl am liebsten verrecken lassen!

Hassen Sie Ihre Mutter?

Nein, ich habe Mitleid mit ihr. Sie ist meine Mutter.

Und warum haben Sie dann die Mädchen getötet?

Weil ich innerlich geplatzt bin. Sie kennen das nicht, wie das ist, wenn hier drinnen ein Druck sich aufbaut, der nicht auszuhalten ist. Wenn Sie das Gefühl haben, gleich zu explodieren. Und Sie haben keine Chance, diesen Druck loszuwerden. Es gab nur eine Möglichkeit, diesen Druck loszuwerden.

Was für ein Druck war das? So, wie ihn ein Mann verspürt, der eine Frau sieht und unbedingt mit ihr schlafen will? Oder wenn man lange nicht mit einer Frau geschlafen hat und man das Gefühl hat, es muß jetzt endlich mal wieder geschehen? Bitte beschreiben Sie dieses Gefühl.

Es ist ganz anders. Es ist nicht zu beschreiben. Es ist irgendwie im Kopf und dann geht es auf den ganzen Körper über. Es ist wie ein Schwindel, alles dreht sich um einen, alles andere wird auf einmal unwichtig, aber es stimmt schon, da ist auch ein Druck in der Leiste. Aber

das allein ist es nicht. Es kommt sehr viel zusammen.
Nein, es tut mir leid, aber ich kann es nicht beschreiben.

Und Ihre Frau, was ist mit ihr?

Sie ist ein Engel. Ich schäme mich, solche Schande über sie und die Kinder gebracht zu haben. Ich liebe sie und hoffe, daß ihr restliches Leben so ist, wie sie es verdient. Sie hat nur das Beste verdient.

Glauben Sie, daß Sie krank sind?

Vielleicht. Denke schon. Nur ein Kranker kann das tun, was ich getan habe.

Glauben Sie, daß Sie geheilt werden können?

Nein.

Und warum glauben Sie das nicht?

Weil ich es mir nicht vorstellen kann.

Haben Sie es mit Freude getan?

Was?

Das mit den Mädchen?

Nein, unter Zwang. Ich glaube, Satan hat mich dazu gezwungen. Satan hat ungeheure Macht über uns. Über jeden. Aber besonders über mich. Ich weiß nicht, warum, aber es ist so. Er will die Welt vernichten.

Satan? Gibt es Satan wirklich? Oder ist er nicht nur ein Hirngespinst?

Es gibt Satan. So wie es Gott gibt.

Wie ist Ihr Verhältnis zu Gott?

Ich hoffe, er vergibt mir. Und die Mädchen auch.

Haben Sie Angst vor dem Tod?

Nein, nicht wirklich. Am liebsten wäre ich tot.

Warum?

Weil ich dann endlich Frieden hätte. Es gibt keinen Frieden für mich auf der Welt.

Sie werden aber nicht so schnell sterben. Lieben Sie jemanden?

Nein.

Und was ist mit Gott?

> *Ich glaube, er verzichtet gern auf meine Liebe. Ich habe ihn enttäuscht.*

Lieben Sie sich selbst?

> *Wie könnte ich das?*

Möchten Sie in Deutschland verurteilt werden oder lieber in den Staaten?

> *In Deutschland.*

Dr. Tomlin, sind Sie sich der Tragweite dessen bewußt, was Sie angerichtet haben? Sie haben, wie Sie selbst sagen, siebenundzwanzig Mädchen und Ihren Freund Dr. Patanec getötet. Aber nicht nur das, Sie haben damit auch Familien zerstört, Freundschaften zerbrochen, Menschen an den Abgrund getrieben. Sind Sie sich dessen bewußt?

> *Jetzt ja. Aber die Menschen sind schlecht. Sie haben es nicht anders verdient. Wer hat sich denn um mich gekümmert, als ich jemand brauchte? Was war denn, als meine Mutter von ihren Liebhabern gefickt wurde? Hat es vielleicht jemand gekümmert, was mit mir war?! Der Bürgermeister hat sie gefickt, der Sheriff, einfach alle, die was zu sagen hatten. Aber sie hat sich auch von kleinen Schwänzen ficken lassen. Meine Mutter, die gottverdammteste Hure von Wisconsin!*

Hat sie es denn nicht getan, um den Lebensunterhalt für Sie und sich zu verdienen?

> *Sie hätte normal arbeiten können. Sie hätte nicht ihren Körper verkaufen brauchen! Aber nein, sie hat es getan. Und nicht nur, weil sie Geld brauchte. Sie hat es getan, weil sie Spaß daran hatte. Ihr Leben war eine einzige große Fickerei.*

Noch mal, Dr. Tomlin, sind Sie sich im klaren, was Sie angerichtet haben? Wenn Sie an Gott glauben, dann wissen Sie doch

*auch, daß er immer nur Liebe und Vergebung und Gewaltlosig-
keit gepredigt...*

> *Tut mir leid, wenn ich Sie unterbrechen muß, aber nicht
> Gott hat das gepredigt, sondern sein Sohn Jesus Christus.
> Und jetzt hören Sie endlich auf, mich andauernd mit mei-
> nem akademischen Titel anzureden!*

*Gut, Jesus Christus hat das gepredigt. Wie vereinbart sich das
aber mit dem, was Sie getan haben?*

> *Ich glaube an Gott den Vater, an seinen Sohn Jesus Chri-
> stus und an den Heiligen Geist. Und ich hoffe, Gott wird
> mir vergeben und mir Ruhe und Frieden schenken und
> mich eines Tages in seinen Schoß aufnehmen. Amen.*

Bereuen Sie Ihre Taten?

> *Ich habe noch nicht darüber nachgedacht.*

Haben Sie Mitleid mit Ihren Opfern bzw. deren Angehörigen?

> *Ich habe noch nicht darüber nachgedacht.*

Was stellen Sie sich unter Liebe vor?

> *Ich habe noch nicht darüber nachgedacht. Ich weiß es
> nicht. Ich glaube, es gibt keine Liebe. Nur Haß. Jeder haßt
> jeden.*

Und Ihre Frau? Ihre Kinder?

> *Ausnahmen.*

Aber wenn es Haß gibt, muß es doch auch Liebe geben, oder?!

> *Wenn Sie es sagen!*

Sind Sie von Ihrer Mutter geliebt worden?

> *Sie hat andere geliebt und gefickt...*

Wieder schaltete Schneider das Gerät aus, holte tief Luft
und blies ein paar dicke Rauchwolken in den Raum. »Sie
merken, daß Tomlin hier eine Pause macht. Beachten Sie
seine Haltung, die Art, wie er die Hände verkrampft, wie
sein Gesicht sich wie unter Schmerzen verzieht, wie für
Sekunden all seine Qual auf diesem Gesicht erscheint. Wir

waren hier sicher, daß die Ursache für Tomlins Haß allein darin bestand, daß seine Mutter sich als Hure verkauft hat. Doch das war weiß Gott nicht alles. Hören und sehen Sie selbst.«

Sie wollten noch etwas hinzufügen?
    Nein.
Vertrauen Sie mir, Sie können mir blind vertrauen. Ich verspreche Ihnen, was immer Sie sagen werden, es wird nur zu Ihrem Vorteil sein. Was ist mit Ihrer Mutter?
    Nur Väter machen das mit ihren Kindern ...
Was?
    (Tomlin fing an zu weinen, er vergrub sein Gesicht in den Händen, und er weinte fast fünf Minuten lang.) *Nur Väter vergreifen sich an ihren Kindern. Ich war zwölf, ich war gottverdammte zwölf Jahre alt, als sie mich vergewaltigte. Und ich war siebzehn, da hat sie es immer noch gemacht. Ihr ganzes gottverdammtes Leben war eine einzige Fickerei! Und dann kam auch noch dieser verdammte Kerl, mit seinem riesigen Schwanz ... Und nicht nur er, auch seine verfluchte Frau, dieses fette, wasserstoffblonde Ungeheuer, sie hat mit ihrem Mund und ihrem stinkenden Arsch ... Sie haben mich fast umgebracht, diese elenden Schweine!* Auf einmal grinste Tomlin, sagte dann: *Aber wissen Sie, was, ich habe mich gerächt! Diesen Kerl und seine fette Frau gibt es nicht mehr. Sie schmoren beide in der Hölle.*
Was meinen Sie damit?
    Sie hatten einen Autounfall, ganz einfach. Es war eine alte Rostlaube, und ich hab ein bißchen an der Achse rumgespielt. Keiner hat nachgeprüft, ob da was faul gewesen sein könnte. Der Typ war sowieso die meiste Zeit besoffen, auch an dem Tag, als sein Auto von der Straße abge-

499

kommen ist. Man hat die Sache gleich zu den Akten gelegt.

Wie alt waren Sie damals?

Vierzehn, ich weiß das so genau, es war nämlich am 4. Juli, an meinem Geburtstag.

Haben Sie noch mehr solche Sachen gemacht?

Nein, die beiden waren die einzigen in Edgewater.

Warum haben Sie nichts dagegen unternommen? Warum haben Sie sich nicht gewehrt?

Wehren? Wenn eine ganze Stadt gegen Sie ist? Wenn Ihnen gesagt wird, man würde Ihnen die Eier rausreißen oder den Schwanz abschneiden, wenn man eine Kettensäge vor Ihr Gesicht hält und Sie auslacht? Wenn Ihnen gesagt wird, man würde Sie finden, wo immer Sie auch hingehen würden?

War Töten der einzige Weg, diesen Druck loszuwerden?

Es gab keinen andern. Ich habe, glaub ich, andere probiert. Nein, keinen andern. (Er schluchzte wieder.)

Könnten Sie Ihre Mutter töten?

Sie ist meine Mutter. Eine Mutter ist heilig, sie tötet man nicht. Man verachtet sie höchstens.

Haben Sie die Mädchen mit Ihrer Mutter verglichen?

Ich will weg.

Möchten Sie sterben?

Möchten Sie sterben?

Meinen Sie nicht, daß die Mädchen auch noch gerne länger gelebt hätten?

Ich habe nicht darüber nachgedacht.

Haben Sie überhaupt nachgedacht, wenn Sie ein Mädchen getötet haben?

Nein. Da war nichts mehr. Nur Leere und Druck. Keine Gedanken, kein Überlegen.

Denken Sie an Ihre Opfer, wenn Sie allein in der Zelle sind?

Nein.

Könnten Sie mit Ihren Opfern Mitleid empfinden?

Vielleicht, vielleicht auch nicht.

Verspüren Sie jetzt auch Leere und Druck im Kopf?

Nein, Sie fragen mich, und ich antworte.

Halten Sie sich selbst für verrückt?

Es gibt wohl Verrücktere als mich.

Vorhin aber haben Sie gesagt, Sie glauben, krank zu sein.

Krank und verrückt sind zwei paar Schuhe. Ich bin krank, aber nicht verrückt!

Tomlin, wenn ich Sie jetzt frage, was Sie vorschlagen, was am besten für Sie wäre, was Ihre Zukunft angeht, was würden Sie dann antworten?

Die Ruhe im Gefängnis genießen und mich ungestört Gott nähern.

Und wie sieht dieses Sich-Gott-Nähern aus?

Das ist mein kleines Geheimnis.

Buße tun?

Wofür?

Fragen Sie das im Ernst?

Ja, wofür soll ich Buße tun?

Sie haben eine schwere Sünde auf sich geladen.

Habe ich das wirklich? Die Welt ist von Grund auf schlecht, wieso habe ausgerechnet ich dann eine schwere Sünde auf mich geladen?

In der Bibel steht doch, du sollst nicht töten. Haben Sie nicht gegen dieses Gebot verstoßen?

Jeden Tag werden Tausende von Menschen getötet. Jeden Tag krepieren Tausende von Kindern, weil sie verhungern. Ich habe geholfen, ein wenig Leid zu lindern. Gehen Sie einen Tag in die Favelas von Rio oder in eine gottverlassene Stadt in der Wüste, wo die Kleinen am Verhungern sind und keiner da ist, der ihr Leid lindert. Ich habe *das getan, weil ich es als meine Pflicht ansah, zu helfen. Ich habe keine Gegenleistung dafür erwartet. Sie können die Hunderte von Briefen gerne sehen, die ich als Dank erhalten habe. Wissen Sie, der größte Dank, den ich mir vorstellen kann, ist der Dank in den Augen eines Kindes, wenn es weiß, daß da jemand ist, der ihm hilft. Aber das können Sie nicht nachvollziehen, weil Sie sich nie darüber Gedanken gemacht haben! Sie sitzen lieber hier und versuchen, mein Innerstes nach außen zu kehren, um eines Tages ein paar schlaue Sätze in einem Fachbuch über geistesgestörte Mörder wiederzufinden. Ihr seid allesamt Idioten, erbärmliche, nichtssagende Idioten! Fangt endlich an, etwas Sinnvolles zu tun! Das hier ist nicht sinnvoll. Was wollt ihr eigentlich? Ich gehe doch eh für den Rest meines Lebens ins Gefängnis, also, warum die Mühe? Gebt das Geld, das das alles hier kostet, lieber den Armen, dort ist es besser aufgehoben.*

Sind Sie sich einer Sünde bewußt?

Weiß nicht.

Vorhin sagten Sie aber, daß Sie hoffen, Gott vergibt Ihnen? Wie paßt das zusammen?

Kann mich nicht erinnern, das gesagt zu haben.

Möchten Sie, daß Ihre Mutter Sie besucht?

Tell the bitch to stay where she is!

Hier schaltete Schneider das Videogerät ab, sagte, während er zum Fenster ging und die Jalousie hochzog: »Ich glaube, das war ein eindrucksvolles Bild, das Sie von Tomlin erhalten haben. Hier unser Fazit. Tomlin ist krank, auch wenn wir zu dem Schluß gekommen sind, daß er nicht vollkommen schuldunfähig ist. Er war sich zeitweise durchaus seiner Taten bewußt und doch unfähig, sie nicht zu begehen. Auch wie er sich während unserer Befragungen verhalten hat, zeigt, daß er sich in bestimmten Momenten außerhalb der Norm bewegt. Wir haben übrigens zusätzliches Material aus den Staaten über ihn. Hier in dieser Akte steht alles. Lassen Sie mich der Einfachheit halber einfach ein paar kurze Details aus seiner Vorgeschichte vorlesen. Der Vater verließ ihn und seine Mutter, als er gerade wenige Wochen alt war. Die Mutter schlug sich anfangs mit Gelegenheitsarbeiten durch, später hat sie tatsächlich die Laufbahn einer stadtbekannten Hure eingeschlagen. Dadurch war es ihr möglich, einen recht angenehmen Lebensstandard zu halten. Die Aussagen von Tomlin, daß er, während seine Mutter Männerbesuch empfing, in einem dunklen Raum eingesperrt war, lassen sich nicht nachprüfen, sind jedoch aufgrund von Tomlins Ehrlichkeit in allen anderen Bereichen eher wahrscheinlich. Auch die Aussage, daß seine Mutter ihn seit seinem zwölften Lebensjahr sexuell mißbraucht habe, läßt sich nicht beweisen, ist aber anzunehmen. Physische Gewalt seitens Tomlin wurde erstmals in einer Akte vermerkt, als er acht Jahre alt war. Er hatte einen, wie Mitschüler es darstellten, recht harmlosen Streit mit einem Schulkameraden, diesen dabei aber urplötzlich mit einem Messer lebensgefährlich verletzt. Tomlin wurde daraufhin an eine andere Schule versetzt, wo er in den folgenden Jahren einige Male durch unkontrollierte Gewalttätigkeiten auffiel. Mit sechzehn beschuldigte man ihn, ein Mädchen aus dem Ort vergewaltigt und schwer verletzt zu haben. Allerdings wurde er aufgrund mangelnder Beweise freigesprochen. Mit achtzehn, direkt nach Abschluß der High-School, meldete er sich bei der Army, wurde aber wegen eines Knieschadens ausgemustert. Mit neunzehn kam er nach Deutschland, wo er in Tübingen studierte. Der Rest ist bekannt. Noch Fragen?«

»Eine. Wird Tomlin, sollte er aus irgendeinem Grund jemals wieder freikommen, für den Rest seines Lebens eine Gefahr für junge blonde Frauen bleiben?«

»Das ist schwer vorauszusagen. Er ist kein sexueller Triebtäter, er konnte sich nur in bestimmten Situationen nicht mehr selber steuern. Haß ist häufig nicht steuerbar. Er kann dann nicht wie wir anderen sagen: Schluß, ich höre jetzt auf. Das Gewissen, das mich davon abhalten würde, jemanden zu töten, der Respekt vor dem Leben, diese Dinge sind auch bei ihm vorhanden, sogar in einem sehr starken Maß, aber in gewissen Situationen auch wieder völlig außer Kraft gesetzt, ich erinnere an das Krebsgeschwür. Und genau das ist es, was Tomlin so unberechenbar macht. Ob wir jemals herausfinden werden, was wirklich in ihm vorgeht, steht in den Sternen. Vielleicht finden wir oder jemand anderes eines Tages den Schalter in seinem Kopf oder zu seiner Seele, der gedrückt werden muß, um ihn wieder steuerbar werden zu lassen. Doch solange es keine Möglichkeit gibt, ihn umzupolen, so lange wird er vermutlich eine Gefahr für blonde Mädchen bleiben.«

»Können wir das Band hierbehalten?« fragte Berger.

»Sicher, wir haben extra eine Kopie für Sie angefertigt. Wissen Sie schon, wann der Prozeß sein wird?«

»Nein, aber wahrscheinlich noch vor Weihnachten. Wir glauben auch nicht, daß es ein langer Prozeß sein wird. Die Beweislage ist einfach zu klar. Die Frage dürfte lediglich sein, ob er für voll zurechnungsfähig oder vermindert bzw. unzurechnungsfähig gehalten wird.«

EPILOG 2

Der Prozeß gegen Tomlin begann zwei Wochen vor Weihnachten. Und er dauerte nur zehn Tage. Seine Mutter hatte die beiden besten und gewieftesten Verteidiger engagiert, die zur Zeit in Deutschland zu haben waren, mit allen Wassern gewaschene Füchse, die im Paragraphendschungel jeden auch noch so kleinen Ausweg aus scheinbar aussichtslosen Lagen fanden.

Mehrere Gutachter kamen während des Prozesses zu Wort, waren der einhelligen Meinung, daß Mark Daniel Tomlin ein Psychopath und bei den Taten nur bedingt zurechnungsfähig war. Dr. Schneider und seine beiden Kollegen versuchten, Tomlins multiple Persönlichkeit herauszustellen, stießen damit bei der Staatsanwaltschaft und beim Richter jedoch auf wenig Gegenliebe, vor allem da andere Gutachter und Psychologen von einer solchen Theorie in Tomlins Fall nichts hielten.

Die USA hatten mittlerweile formell Tomlins Auslieferung beantragt, damit ihm auch wegen der in den Staaten begangenen Morde der Prozeß gemacht werden konnte. Bisher war über diesen Antrag nicht entschieden worden und wahrscheinlich würde ihm nicht stattgegeben werden, da Tomlin die deutsche Staatsangehörigkeit besaß.

Beim Prozeß nicht anwesend war Susanne Tomlin. Sie hatte sich auf Anraten von Julia Durant mit ihren Kindern in das Haus nach Frankreich zurückgezogen, um dort Abstand zu gewinnen und ein neues Leben zu beginnen. Außerdem hatte Tomlin selbst darauf bestanden, daß sie nicht am Prozeß teilnahm, nicht einmal im Gerichtssaal wollte er sie sehen. Zunächst schien es, als interessierte sie ihn nicht mehr, doch einmal bemerkte er wie beiläufig, daß er seiner Frau lediglich noch mehr Leid ersparen wollte. Ihr und den Kindern. Als man ihm mitteilte, daß Susanne Tomlin sich in Frankreich aufhielt, war er sichtlich erleichtert.

Wie das neue Leben von Susanne Tomlin aussehen sollte, wußte sie noch nicht, sie hatte Zeit, sie hatte Geld, keiner drängte sie zu einer Entscheidung.

Mark Daniel Tomlin wurde, wie nicht anders zu erwarten, zu lebenslanger Haft verurteilt, seine Einweisung in eine geschlossene psychiatrische Abteilung angeordnet. Das Gericht entsprach damit dem Antrag der Verteidigung, die auf verminderte Zurechnungsfähigkeit plädierte.

In der Öffentlichkeit war, wie nicht anders zu erwarten, eine kurze, aber heftige Debatte über die Wiedereinführung der Todesstrafe entflammt, die jedoch schnell wieder abebbte.

＊

Tomlin wurde in der geschlossenen Abteilung einer psychiatrischen Klinik untergebracht, Einzelzimmer, Radio, Fernsehen, Privilegien, die ihm von höchster Stelle zugebilligt worden waren. Er las viel, er schrieb. Ab und zu hörte man ihn leise beten. Mit der Einweisung in die Klinik war die Fassade, die Mark Daniel Tomlin über so lange Zeit geschützt hatte, vollkommen von ihm abgefallen. Kein Psychologe vermochte herauszufinden, wann Tomlins Persönlichkeit sich gespalten hatte, ab wann er nicht mehr fähig gewesen war, zwischen Gut und Böse zu unterscheiden, und ab wann er nicht mehr imstande war, zu lieben.

*

Der Mord an Sabine Lindner wurde nicht aufgeklärt. Bis Mitte Dezember, der erste Schnee war gefallen und wieder geschmolzen, sobald er den Boden berührte, als Andreas Menzel, blaß und übernächtigt, ungekämmt und leicht alkoholisiert auf dem Präsidium erschien. Er hätte eine Aussage zu machen, bat gleichzeitig um die Anwesenheit einiger Journalisten. Zunächst waren Durant und Berger über diese Bitte erstaunt, gaben dem trotzigen Drängen des Jungen schließlich nach und bestellten vier Reporter in ihr Büro, unter ihnen Kantzer. In ruhigen, gefaßten Worten schilderte Andreas Menzel den Abend, an dem Sabine Lindner starb. Er holte drei Fotos aus seiner Jacke und legte sie auf den Tisch, alle drei zeigten, wenn auch etwas verschwommen, da sehr ungünstige Lichtverhältnisse herrschten, Alexander Menzel beim Geschlechtsverkehr mit Sabine. Andreas berichtete detailliert, wie er, nachdem sein Vater wieder fortgefahren war, Sabine aufgelauert und sie vergewaltigt hatte. Er hatte versucht, die Vorgehensweise von Tomlin zu kopieren, hatte sich dabei streng an die Presseberichte der vorangegangenen Morde gehalten, doch er hatte selbst gemerkt, daß auch eine Kopie nicht möglich war. Auf die Frage, warum er Sabine getötet habe, antwortete er nur, es aus Rache und aus Liebe getan zu haben. Rache gegenüber seinem Vater für alles, was dieser getan hatte, daß er kleine Mädchen, manchmal aber auch kleine Jungs mißbrauchte und

mißbrauchen ließ, vor allem aber dafür, daß er Andreas'
Mutter immer wieder gedemütigt und verprügelt und ihr
damit die Seele geraubt hatte. Dafür, daß ein Leben seinem
Vater nichts bedeutete. Rache gegenüber Sabine, die er so
sehr geliebt hatte und die ihn ausgerechnet mit seinem Vater betrogen hatte. Vor allem aber hatte er es aus Liebe zu
seiner Mutter getan.

So ruhig er begonnen hatte zu erzählen, so ruhig endete er
auch. Andreas Menzel war bereit, alle Konsequenzen für
seine Tat auf sich zu nehmen. Aber er wollte seinen Vater
niemals mehr wiedersehen. Er sagte, es täte ihm leid um
Sabine, er hätte seit jenem Abend keine ruhige Minute
mehr gehabt, immer wieder wären die Bilder vor seinem
geistigen Auge aufgetaucht. Wenn er die Tat selber als abscheulich und verwerflich bezeichnete, so meinte er doch,
daß sie zumindest einen kleinen Wert hatte, nämlich den,
weil durch sie sein Vater vernichtet werden konnte.

Als die Zeitungen davon berichteten, ein Boulevardblatt
druckte sogar eines der Fotos, war die Karriere von Menzel blitzartig beendet. Er verschwand urplötzlich von der
Bildfläche, es hieß, er hielte sich in Spanien auf, doch genau wußte das niemand.

Doch zu einem Prozeß gegen Menzel kam es nicht, denn
es fand sich keiner, der bereit gewesen wäre, gegen ihn
auszusagen oder gar Anklage zu erheben, zu viele vor-
geblich ehrenhafte Bürger hätten um ihren Ruf fürchten
müssen. Menzel hatte immer noch zu viele sogenannte
Freunde und Kontakte, die alles für ihn getan hätten. Und
man munkelte, es würde bestimmt nicht lange dauern, bis
Menzel wieder ganz oben stand, er war ja noch nicht alt,
und er hatte vor allen Dingen eines – Geld.

*

Berger hatte sein Haus schätzen lassen. Schließlich beauftragte er einen Makler mit dem Verkauf. Nach Abzug sämtlicher Kosten würden immer noch über eine halbe Million übrigbleiben.

Kurz nach Prozeßende reichte Berger seine Kündigung ein. Er wollte noch ein Jahr arbeiten und bis dahin und in aller Ruhe ein Domizil für sich und seine Tochter in Florida suchen.

Es gab viel zu vergessen, das Leben neu zu überdenken. Nicht nur er, auch Julia Durant fragte sich mehr als einmal, was wohl aus Joanna Schulz und ihrem Sohn geworden sein mochte, es hieß nur, sie hätten eine Wohnung in Hamburg gefunden, außerdem kursierte das Gerücht, es gäbe schon einen neuen Mann in ihrem Leben.

Sie hatte Berger gefragt, warum Schulz sich das Leben genommen hatte, sie wußte genau, daß er es wußte, aber er wollte mit der Sprache nicht rausrücken. Er murmelte etwas von Depressionen, unter denen Schulz angeblich schon seit längerem gelitten hatte, der Tod seiner Tochter wäre nur der berühmte letzte Tropfen gewesen.

Aber die Kommissarin vermutete, daß irgendwie Menzel seine Finger im Spiel hatte. Sie würde nie das entsetzte Gesicht von Schulz vergessen nach der kurzen Unterhaltung, die er allein mit Menzel geführt hatte. Und auch nie, wie er sich benommen hatte, als er betrunken ins Präsidium getorkelt war. Die Frage, die sie sich immer wieder stellte, war, woher hatte Joanna Schulz auf einmal die hunderttausend Mark? War sie wirklich eine Nymphomanin, die es mit jedem trieb und getrieben hatte, vielleicht sogar auch mit Menzel? Was hatte Joanna Schulz tun müssen, damit man ihr das Geld gab? Fragen über Fragen, auf die nur Joanna Schulz eine Antwort hatte, vielleicht auch Berger, aber der würde sich hüten, auch nur eine Andeutung zu machen, zum einen, weil ihn mit Schulz eine tiefe Freundschaft verbunden hatte, zum andern, weil er die Gerüchteküche, in der Gehässigkeiten und Verleumdungen brodelten, nicht noch zusätzlich anheizen wollte. Berger hielt sich raus, er war kein Kämpfer, er sehnte sich nur nach Ruhe.

Der Anruf erreichte Julia Durant am Tag des Prozeßbeginns abends um zehn. Susanne Tomlin. Sie rief aus Frankreich an.

»Hallo«, sagte sie, »ich habe versprochen, mich einmal bei Ihnen zu melden. Es ist zwar schon spät und es tut mir leid, daß ich so lange nichts habe von mir hören lassen, aber ich hatte eine Menge zu verdauen, wie Sie sich vorstellen können. Aber ich will nicht lange reden, ich rufe eigentlich nur an, um Sie zu fragen, ob Sie nicht Lust hätten, mich an Weihnachten und vielleicht auch über Neujahr...« Sie druckste verschämt herum, bevor sie fortfuhr, »nun, ich möchte Sie einladen, mich und meine Kinder in Frankreich zu besuchen. Natürlich nur, wenn Sie es einrichten können.«

»Meinen Sie das im Ernst?« fragte Julia Durant, die ihre Freude nicht verbergen konnte. »Gerade gestern hat mein Vater, mit dem ich die Feiertage verbringen wollte, mich angerufen und mir mitgeteilt, daß er über Weihnachten für unbestimmte Zeit auf die Kanaren fliegen will. Ich wäre sowieso allein hier.«

»Prima, und natürlich meine ich die Einladung ernst. Ich würde mich sehr freuen, Sie wiederzusehen. Sagen Sie einfach nur ja. Ich muß Ihnen ganz ehrlich gestehen, ich kann meine blasierten Nachbarn nicht mehr ertragen«, sagte sie lachend. »Ich möchte endlich mal wieder ein normales Gesicht sehen.« Es war schön, Susanne Tomlin lachen zu hören.

»Also gut, ich nehme an. Ich habe sowieso ab dem zwei-
undzwanzigsten Urlaub...«
»Zwei Wochen? Oder bleiben Sie, so lange Sie möchten.
Ich wette mit Ihnen, Sie werden gar nicht mehr weg wollen. Ob Sie es glauben oder nicht, selbst jetzt haben wir
herrliches Wetter hier. Ab und zu ein bißchen Regen...«